Weiß, Bienen-Pathologie

Imker freund

Imker freund

Bruder Adam, Meine Betriebsweise
Böttcher, Bienenzucht als Erwerb
Dany, Pollensammeln heute
Dany, Rund um den Blütenpollen
Dany, Selbstgemachtes aus Bienenprodukten
Englert, Imkern im Blätterstock
Herold/Leibold, Heilwerte aus dem Bienenvolk
Herold/Weiß, Neue Imkerschule
Hüsing/Nitschmann, Lexikon der Bienenkunde
Kloft/Maurizio/Kaeser, Waldtracht und Waldhonig in der Imkerei
Lorenz, Die Magazinbetriebsweise der Weltimkerei
Lorenz, Bauanleitung für das Langstroth-Magazin
Maurizio/Grafl, Das Trachtpflanzenbuch
Pohl, Arbeitsweise in der modernen Imkerei
Ruppertshofen, Der summende Wald
Ruttner, Zuchttechnik und Zuchtauslese bei der Biene
Schuster, Imkern im Flachzargenmagazin
Schwendner, Handbuch Bienenrecht
Tiesler/Englert, Aufzucht, Paarung und Verwertung von Königinnen
Weber, Leichter imkern mit Trogbeuten
Weber, Das Wachsbuch
Weiß, Bienen-Pathologie
Weiß, Wochend-Imker
Weiß, Zuchtpraxis des Imkers in Frage und Antwort

Imker freund

Karl Weiß

Bienen-Pathologie

Krankheiten, Schädlinge, Vergiftungen, gesetzliche Regelungen

Ein Lern- und Arbeitsbuch

2., überarbeitete und erweiterte Auflage

Ehrenwirth Verlag München

CIP-Titelaufnahme der Deutschen Bibliothek

Weiss, Karl:
Bienen-Pathologie : Krankheiten – Schädlinge – Vergiftungen – gesetzliche Regelungen ; ein Lern- und Arbeitsbuch / Karl Weiss. – 2. überarb. u. erw. Aufl. – München : Ehrenwirth, 1990
(Imkerfreundbücher)
ISBN 3–431–02594–3

ISBN 3–431–02594–3

Umschlag: Walter Rupprecht-Freigang
Satz und Druck: Pustet, Regensburg
Printed in Germany 1990a

Inhalt

Vorwort

Im Bienenvolk leben viele Tausende von Artgenossen, einschließlich der Bienenbrut, auf engstem Raum zusammen. Es ist deshalb verständlich, daß sich hier Krankheiten, infektiöser oder parasitärer Art, besonders heftig auswirken können. Gefährdet ist immer das ganze Volk. Wenn man nichts tut, kann das sein Ende sein. Um aber etwas tun zu können, muß man die Krankheit kennen. Man muß um ihre Ursache, ihren Verlauf und ihre besonderen Kennzeichen wissen – und man muß die gesetzlichen Regelungen kennen, falls sich auch die Behörde mit der Krankheit befaßt.

Den Bienen können *pathogene Kleinsterreger* (z. B. Bakterien und Viren), *parasitische Lebewesen* (pflanzlicher und tierischer Herkunft), aber auch *Schädlinge anderer Art* gefährlich werden. Letztere machen ihre Opfer zwar nicht krank, rufen aber bestimmte Schadbilder hervor, die dem Imker geläufig sein sollten. Dasselbe gilt für Räuber aus der Tierwelt, die den Bienen nachstellen, und für andere Übeltäter, die es auf den Wabenbau und die Vorräte der Bienen abgesehen haben.

Dann sind da noch die *Bienenvergiftungen*! Es gibt Vergiftungen, die sich die Bienen durch Einsammeln von giftigem Pollen, Nektar und Honigtau aus der heilen Natur holen können; ungleich schwerwiegender sind aber Vergiftungen, die der Mensch bei den Bienen durch unsachgemäßen Einsatz von *Pflanzenbehandlungsmitteln* verursacht. Diese Schäden sind deshalb so beklagenswert, weil sie vermeidbar wären, wenn nur die bestehenden rechtlichen Bestimmungen eingehalten würden. Ihr Erscheinungsbild ist für uns wichtig, damit wir sie nicht mit Bienenkrankheiten verwechseln. Wenn wir zur Linderung solcher Unglücksfälle im nachhinein auch nicht mehr viel tun können, so ist es doch wichtig, den einwandfreien Vergiftungsnachweis zu führen und Beweise zu sichern, damit ein späteres Entschädigungsverfahren Erfolg haben kann.

Die Beschreibung von Krankheiten, Schädlingen und Vergiftungen der Bienen ist das Hauptthema dieses Buches. Dabei werden *bienenhygienische Maßnahmen* ebenso behandelt wie *medikamentöse Behandlungsmethoden.* In der Bundesrepublik Deutschland fällt die Anwendung von Arzneimitteln zur Bekämpfung von Bienenkrankheiten unter die Bestimmungen des Arzneimittelgesetzes. Das bedeutet u. a., daß die Mittel durch das Bundesgesundheitsamt in Berlin zugelassen werden müssen. Da es sich dabei wegen der vorgeschriebenen umfangreichen Prüfungen um eine langwierige und kostspielige Prozedur handelt, werden Zulassungen wohl nur selten beantragt und erreicht. Deshalb sollte man wissen, daß in berechtigten Ausnahmefällen auf Grund tierärztlicher Entscheidung auch nicht zugelassene Medikamente zum Einsatz kommen können. Davon abgesehen sind in einem Buch über Bienenkrankheiten die jeweils wirksamen Mittel zu nennen – ganz gleich, ob sie gesetzlich zugelassen sind oder nicht.

Die Bekämpfung bestimmter Bienenkrankheiten wird vom Gesetzgeber reglementiert. Ich habe Art und Umfang der Einflußnahme des Staates jeweils im Anschluß an die Abhandlung der betreffenden Krankheiten aufgezeigt. Der genaue Wortlaut der *gesetzlichen Bestimmung* ist im Schlußkapitel des Buches wiedergegeben, wo auch andere wichtige Verordnungen, die sich mit der Biene befassen, abgedruckt sind.

Da das Erkennen der Bienenkrankheiten die notwendige Voraussetzung für ihre Bekämpfung ist, wird man sich wünschen, die am Bienenstand gemachten Beobachtungen durch Laborbefunde zu erhärten. Aus diesem Grund wurden die wichtigsten zur Absicherung der klinischen Befunde dienenden Untersuchungsmethoden in ein eigenes Kapitel aufgenommen. Es sind im wesentlichen Methoden, die der Imker mit mäßiger Ausrüstung selbst bewältigen kann.

Das Buch ist nicht für den Wissenschaftler, sondern für den praktischen Imker geschrieben. Der imkerliche Seuchensachverständige wird es brauchen können, der Amtsveterinär, aber auch sonst jedermann, der sich aus Liebe oder des Profites wegen mit den Bienen beschäftigt. Wissenschaftliche Details werden besonders dann behandelt, wenn sie zum Verständnis des Sachverhaltes wichtig oder von praktischer Bedeutung sind.

Ich habe das Buch nicht mit Literaturhinweisen belastet. Dazu sind größere Standardwerke da. Aber ich habe mit großer Sorgfalt auf die anschauliche Aufbereitung des umfangreichen Stoffes geachtet, wozu auch die vom Verfasser angefertigten Zeichnungen anstelle von Fotographien dienen sollen. Unter dem gleichen Gesichtspunkt sind die Merktafeln entstanden, die für das Lernen und Nachschlagen gleichermaßen geeignet sind.

Ich danke meinen Mitarbeitern an der Bayerischen Landesanstalt für Bienenzucht, Frau Dr. F. Schaper und Herrn Dr. D. Mautz, für die kritische Durchsicht verschiedener Manuskriptteile und Hilfen bei der Korrektur. Für fachliche Hinweise bin ich Herrn Dr. D. Brasse von der Biologischen Bundesanstalt in Braunschweig, Herrn R. Parusel von der Bayerischen Landesanstalt für Bodenkultur und Pflanzenbau in München, Herrn Dr. W. Jüstl vom Bayerischen Staatsministerium des Innern, Herrn Dr. H. Dötterl vom Veterinäramt Kehlheim, Herrn Prof. Dr. W. Steche von der Landesanstalt für Bienenkunde an der Universität Hohenheim, Herrn Dr. H. Wille von der Eidgenössischen Forschungsanstalt für Milchwirtschaft – Sektion Bienen in Bern-Liebefeld und der Deutschen Gesellschaft für Schädlingsbekämpfung mbH in Frankfurt verbunden. Herrn O. Woelke in Hagen danke ich für die Überlassung des Farbdias für das Titelbild.

So ziehe denn hinaus, kleines Buch, und suche den Weg zu den Arbeitsstätten der Imker. Dort, vor Ort, sollst du dich bewähren, sollst im wahren Sinne des Wortes dem Imker zur Hand gehen, seine Zweifel ausräumen und ihm Ratgeber und Nothelfer sein. Dein Erscheinen fällt in eine imkerlich schwierige Zeit, in der die Auseinandersetzung mit der »neuen« Bienenkrankheit Varroatose in besonderem Maße den Charakter der Herausforderung trägt. Das ist jedoch kein Mangel. Streng genommen sollte jede Bienenkrankheit und jeder schädigende Einfluß auf die Bienen eine unablässige Herausforderung für Wissenschaft und Praxis sein. Deine Aufgabe ist es, Zwiesprache mit dem Imker zu führen, ihn wach und bereit zu machen für ständiges Beobachten und Lernen. Wenn es dir gelingt, den imkerlichen Erfolg dadurch zu sichern oder gar zu erhöhen, freut sich am meisten der Verfasser, der nicht verschweigen will, daß es ihm großes Vergnügen bereitete, dich zu schreiben.

Erlangen, im Sommer 1983 *Karl Weiß*

Vorwort zur 2. Auflage

Nicht nur weil es mich besonders forderte, sondern weil sein Stoff Türen zu mancherlei interessanten Bereichen der Naturwissenschaft aufschließt, ist mir dieses Buch besonders ans Herz gewachsen. Ich habe seinen Inhalt gewissenhaft überarbeitet und mich bemüht, ihn auf den neuesten Stand zu bringen. Viele Stellen wurden um- und neu geschrieben, vielerorts gab es Erweiterungen. Das betrifft nicht nur die alten, »klassischen« Bienenkrankheiten, sondern vor allem die inzwischen landesweit verbreitete *Brutmilbenkrankheit* mit zahlreichen neuen Erkenntnissen. Ich habe sie wegen ihrer großen Aktualität und Gefährlichkeit besonders eingehend abgehandelt. Ihre Verknüpfung mit Sekundärerkrankungen hat das Interesse an Bienen-Virosen wieder stärker aufleben lassen, weshalb ich auch diesen Abschnitt etwas mehr gewichtet habe. Einer gründlichen Überarbeitung bedurfte das Kapitel über Bienenvergiftungen in Verbindung mit dem umfangreichen Fragenkreis des sich wandelnden Pflanzenschutzes. Ich danke Herrn Dr. D. Brasse von der Biologischen Bundesanstalt in Braunschweig für seine neuerliche freundliche Hilfestellung, wie ich auch allen Fachkollegen, verbandblichen und behördlichen Stellen, die mir mit Auskünften behilflich waren, und letztendlich dem Verlag für die gefällige Gestaltung des Buches meinen herzlichen Dank sage.

Im Rahmen der Einbettung des Bienengesundheitswesens in gesetzliche Regelungen habe ich der amtlichen Zulassung von Arzneimitteln für die Bienen besondere Beachtung geschenkt. Auch erschien es in diesem Zusammenhang lohnend, die sehr spezielle Rückstandsproblematik in Bienenprodukten etwas näher zu beleuchten.

Ein Fachbuch, das sich nicht scheut, Rechtsvorschriften in den Lehrstoff aufzunehmen, muß immer damit rechnen, daß die hierzu gemachten Aussagen schnell veraltern. Die »Bienen-Pathologie« muß mit diesem Handikap leben. Inzwischen hat die *Bienenseuchen-Verordnung* ihre sechste Änderung erfahren, was Neuregelungen auch in Hinblick auf die Bienenwanderung mit sich brachte. Alle übrigen mit den Bienen befaßten gesetzlichen Bestimmungen waren in ihrer derzeit gültigen Form zu berücksichtigen. Da die lange angekündigte

Novellierung der *Bienenschutzverordnung* weiter auf sich warten läßt, habe ich die anstehenden Änderungsvorschläge im Vorgriff aufgezeigt. Ein von vielen Imkern angestrebtes Gesetz, das über die seuchenrechtlichen Bestimmungen in der *Bienen-Einfuhrverordnung* hinaus den unkontrollierten Import von außereuropäischem Bienenmaterial verhindern soll, befindet sich noch im Stadium kontroverser Diskussion.

Obgleich die »Bienen-Pathologie«, als ein auf die Praxis abgestimmtes Lese-, Lern- und Nachschlagebuch, auf die namentliche Darlegung von Literaturquellen weitgehend verzichtet, hat sie in der Bienenwissenschaft ein gutes Echo gefunden. Auch erhielt sie willkommenen Einlaß in Veterinäramtszimmer und in Beratungsstellen des Pflanzenschutzes. Sie wurde zum Handwerkszeug von Bienenseuchensachverständigen und anderer fortschrittlicher Imker. Dennoch scheint sie sich im großen Imkerrund nicht allzu leicht zu tun. Es ist schade, daß sich so viele sonst sehr eifrige Jünger unserer Zunft fast ausschließlich für Behandlungspraxis und Zucht der Bienen interessieren, allenfalls noch Aufmerksamkeit für die bedrohliche Brutmilbenkrankheit aufbringen, dagegen die vielen anderen Fragen der Bienengesundheit nur allzugerne außer Acht lassen. Sie tun das zu der Bienen und ihrem eigenen Schaden. Ich würde wünschen, daß mehr Imker nicht nur ausgezeichnete betriebstechnische Fachleute wären, sondern ebenso gute Kenntnisse auch auf dem Gebiet der Bienenkrankheiten besäßen. Die Gesundheit der Bienen ist die Grundvoraussetzung für den imkerlichen Erfolg.

Erlangen, im Herbst 1990 *Karl Weiß*

I. Allgemeine Bienengesundheitspflege

Krankheit ist nur zu einem geringen Teil im Organismus selbst begründet, in der Regel hat sie äußere Ursachen. Bei ansteckenden Krankheiten sind Kleinstlebewesen (Bakterien, Rickettsien, Viren, Protozoen) oder Parasiten (d. s. mehrzellige, pflanzliche oder tierische Krankheitserreger) im Spiele. Zwischen dem befallenen Organismus und dem Krankheitserreger kann sich ein Gleichgewichtszustand einstellen. Durch ungünstige Lebensverhältnisse des Wirtsorganismus kann das Gleichgewicht aber auch gestört werden: die Krankheit bricht aus. Wenn der Wirtsorganismus, als welchen man auch ein ganzes Bienenvolk ansehen kann, nicht auf den Krankheitserreger eingestellt ist, oder wenn dieser zu massiv einfällt, kann das tödlich für das Wirtstier ausgehen.

Für die Entstehung und Ausbildung einer Krankheit ist die Widerstandsfähigkeit des Organismus von entscheidender Bedeutung. Die Widerstandskraft aber hängt von verschiedenen Faktoren ab. Wir wissen, daß sich auch in äußerlich gesunden Bienenvölkern Krankheitserreger verschiedener Art aufhalten. Trotzdem kommt es nicht zum Ausbruch einer Krankheit, weil *natürliche Abwehrkräfte* wirksam sind. Honig, Pollen, Kittharz und Futtersaft enthalten *antibiotisch wirkende Stoffe*, die den krankheitserregenden Mikroorganismen das Leben schwer machen. Keimtötende Stoffe haften auch an der Körperoberfläche der Bienen. Zu den natürlichen Abwehrkräften gehört vor allem aber der bekannte *Putztrieb* der Bienen. Als äußerst reinliche Tiere säubern sie sich selbst unentwegt und tragen Schmutz und Fremdkörper aus dem Bienenstock hinaus. Sie reinigen den Boden und die Wände des Bienenkastens und halten das Wabenwerk sauber. Vor allem sind sie bestrebt, jedes tote oder kranke Volksglied, vor allem auch eingegangene Maden und Puppen, schnellstens zu entfernen oder, wenn das aus irgend einem Grunde nicht möglich sein sollte, mit Kittharz einzubalsamieren. Was das Bienenvolk aber am meisten gegen den Ausbruch von Krankheiten schützt, ist seine große *Regenerationsfähigkeit.* Verluste an Bienen und Brut können von einem intakten Bienenvolk bei günstigen Außenbedingungen sehr rasch ausgeglichen werden.

Das Bienenvolk mit seinem hoch entwickelten sozialen Gefüge ist also mit mancherlei sinnvollen Regulationsmechanismen in der Lage, bienenfeindlichen Einwirkungen bis zu einem gewissen Grad aus eigener Kraft zu begegnen. Man spricht dann von einer *Resistenz* gegenüber der Krankheit – von einer angeborenen echten, oder auch nur scheinbaren, die z. B. durch einen besonders ausgeprägten Putztrieb des Bienenvolkes entstehen kann. In der Hauptsache aber sind die äußeren Lebensbedingungen eines Bienenvolkes für seine Gesundheit maßgebend. Bienenfreundliche Umweltverhältnisse helfen dem Bienenvolk, bienenfeindliche dem Krankheitserreger.

Was für die infektiösen und parasitären Bienenkrankheiten zutrifft, hat auch für andere schädigende Einflüsse auf den Bienenorganismus Gültigkeit. Denken wir an den Angriff von Schädlingen auf die Bienen selbst oder deren

Vorräte, an Unregelmäßigkeiten in der Bienenernährung, an mechanische, thermische, chemische Schädigungen oder an Vergiftungen durch Pflanzenschutzmittel oder Industrieabgase. Die Umwelt, in der der Organismus lebt, ist für dessen Gesundheitszustand und seine Gesunderhaltung stets von größter Wichtigkeit.

Für uns Imker will das heißen, daß wir darauf bedacht sein müssen, die äußeren Lebensbedingungen für unsere Bienen so günstig wie möglich zu gestalten. Natürlich ist das leichter gesagt als getan. Das Wetter können wir nicht machen, und vom Wetter hängt das Wohlbefinden unserer Schutzbefohlenen am meisten ab. Trotzdem können wir – auch ohne überhaupt noch spezielle Kenntnisse von den Krankheiten der Bienen zu haben – etwas für ihre Gesunderhaltung tun. Es gibt in der Imkerei bestimmte Grundsätze, die für das Gedeihen der Bienen ganz allgemein von Bedeutung sind. Nur wenn man diese Regeln beachtet, darf man mit einem imkerlichen Erfolg auf Dauer rechnen.

A. Ort und Größe des Bienenstandes

Wo Bienen stehen, sollte es auch Nahrung für sie geben. In einer Kultursteppe mit Getreide und Hackfrüchten können Bienen nicht gedeihen, ebensowenig fühlen sie sich im Häusermeer der Städte wohl. In einem lockeren Siedlungsgebiet haben sie es schon besser, und gut gedeihen sie in ländlichen Gegenden mit Obst- und Futtersamenbau. Am besten ist es für sie im Wald, wo sie auch ursprünglich zu Hause waren. *Der Waldrand* ist der optimale Aufstellungsplatz für die Bienen. Hier finden sie, was für ihr Gedeihen vor allem wichtig ist: eine gute Pollentracht im Frühjahr und im Herbst.

Dabei ist aber nicht jede Lage gleich gut geeignet. Schattige und feuchte Orte sind Gift für die Bienen. Kaltluftseen und Nebelgebiete wirken sich allemal ungünstig auf ihre Gesundheit aus. Auch sind windige Gipfellagen zu vermeiden. Der Hang auf halber Höhe bietet sich dagegen an.

Manchmal muß man Aufstellungsorte ausprobieren und gegebenenfalls, bei wiederholter schlechter Überwinterung, die Bienen abziehen und an eine andere Stelle bringen.

Im Zusammenhang mit dem *Standort* ist die *Standgröße* wichtig. Überwinterungsplätze sollten nicht mit mehr als 20 Bienenvölkern besetzt sein. Das hat wieder in erster Linie mit der Herbst- und Frühjahrspollenversorgung zu tun. Nur wo es genügend Naturpollen gibt, zeigen die Völker eine zufriedenstellende Entwicklung. Bei Pollenmangel treten sie in einen schädlichen gegenseitigen Nahrungswettstreit. Lediglich in Gebieten mit Massentrachten, z. B. im Raps, in großen Futtersamenkulturen, in der Heide und vor allem im honigtauspendenden Wald, können sich auch einmal viele Völker zusammenfinden, ohne daß sie sich gegenseitig Konkurrenz machen.

Aber große Völkermassierungen an einem Platz sind auch aus anderem Grund nicht ratsam: sie bedeuten ein *Gesundheitsrisiko*. Wenn hier eine anstekkende Bienenkrankheit ausbricht, ist ihrer Verbreitung Tür und Tor geöffnet. Dann können dem Imker die notwendigen Bekämpfungsarbeiten leicht über den Kopf wachsen. Und, was besonders schmerzlich ist, die amtlich angeordneten Sperren legen die Wanderung mit den Bienen lahm. Das führt zu wirtschaftlichen Verlusten, die man durch Aufteilen der Bienen auf mehrere Standplätze ohne Zweifel geringer halten könnte.

B. Starke Völker – gesunde Völker

Gesundes Imkern heißt: mit starken Völkern imkern! Es gibt eine ganze Skala von Behandlungsgrundsätzen, welche alle auf dieses wichtige Ziel, den Aufbau starker Bienenvölker, ausgerichtet sind. Einzelheiten hierüber muß ein praktisches Imkerlehrbuch vermitteln. Aber ein paar Maßnahmen sind doch von so allgemeiner Bedeutung, daß sie hier genannt werden sollen.

Eine gute Königin – Es ist eine Binsenweisheit, daß eine junge Königin legefreudiger ist als eine alte. Ein gesunder Imkereibetrieb sollte deshalb auf eine regelmäßige Verjüngung der Völker aus sein. Da man diese aus wirtschaftlichen Gründen nicht gerne über Schwärme bewerkstelligt, kommt der künstlichen Nachschaffung eine besondere Rolle zu. Man kann die Königinnenzucht ohne viel Aufwand in die allgemeine Völkerbehandlung integrieren, wie es besonders in der Erlanger Schule gelehrt wird, oder man befleißigt sich eines klassischen Aufzuchtverfahrens unter Verwendung von Zucht- und Pflegevölkern. In jedem Fall wird man Wert auf die Abstammung des Zuchtmaterials legen. Man wird den Zuchtstoff aus einem leistungsfähigen (erbmäßig starken und gesunden) Volk entnehmen und nach Möglichkeit auch die Paarung der gezüchteten Königin mit geeigneten Drohnen unter Kontrolle halten.

In der Regel wird man Königinnen – ohne das Geburtsjahr – nicht länger als zwei Jahre in den Völkern dulden. Schlechte Leger oder Tiere mit leistungsschwachem Nachwuchs werden schon früher ersetzt.

Einengen – Die schwierigste Zeit für die Bienen sind die Frühjahrsmonate, in denen die zusammengeschrumpften Wintervölker zu einem neuen Start antreten. Umweltbedingte Einflüsse, wie Witterungs- und Trachtverhältnisse des Frühjahrs oder des vorausgegangenen Herbstes, schaffen einmal bessere und einmal schlechtere Entwicklungsbedingungen für die Völker. So kann es bei der »Durchlenzung« der Völker geraten sein, den Beutenraum zunächst nicht zu vergrößern, sondern erst einmal kleiner zu machen. Schwach ausgewinterten Völkern kann die Wegnahme der unteren Überwinterungszarge oder die Verkleinerung des Volkssitzes mit einem seitlichen Schied von großem Nutzen sein. Mit Beginn des Brutgeschäftes muß das Bienenvolk zusätzliche Wärme erzeugen. Kleine Völker regeln die Brutnesttemperatur in einem engen Wohnraum leichter als in einem großen. Man darf nur später das rechtzeitige Erweitern nicht verpassen, um nicht unnötige Schwarmlust heraufzubeschwören.

Vereinigen – Auf einem Bienenstand sind im Frühjahr niemals alle Völker gleich: es gibt schwache, mittlere und starke. Die Schwachen sollte man nicht dulden. Sie sind, wenn nicht bereits krank, so doch immer besonders krankheitsanfällig. Man gebe sich nicht der trügerischen Hoffnung hin, daß sie später doch noch aufholen könnten. Sie werden statt dessen nur schwächer und gehen häufig während des Nachfrühlings ein.

Eine Möglichkeit, mit solchen Völkern fertig zu werden, ist ihre Zusammenlegung zu größeren Einheiten. Wie man das macht, darf hier als bekannt vorausgesetzt werden. Man sollte allerdings bedenken, daß mit der Vereinigung auch die Übertragung von Krankheiten möglich ist. Aus diesem Grund schlägt man schwache Völker mit fraglichem Gesundheitszustand nicht gerne gesunden, starken Völkern zu. Lieber vereinigt man die schwachen untereinander.

Wenn die Waben, das Bodenbrett und die Kastenwände stark verkotet sind, sollte man mit der Vereinigung vorsichtig sein. Solche Ruhrerscheinungen können verhältnismäßig harmlos sein (S. 141 ff.), sie können aber auch im Gefolge der berüchtigten ansteckenden Nosemaseuche (S. 108 ff.) oder anderer ansteckender Krankheiten der erwachsenen Bienen auftreten. Völker, von denen man annehmen muß, daß sie ansteckend erkrankt sind, darf man nicht mit gesunden vereinigen. Man beseitigt sie lieber ganz.

Abtöten – Wir haben in Deutschland zu dieser Prozedur den *Schwefel.* Man schafft in der Beute durch Herausnehmen von Waben oder durch Aufsetzen einer leeren Zarge einen leeren Raum. Dahinein stellt man einen Blechbehälter als Abbrenntopf. Am Abend, wenn alle Bienen heimgekehrt sind, wird dann unter kurzem Öffnen der Beute der »Schwefelstreifen« entzündet. Das Flugloch muß geschlossen sein, und auch sonst sollte der Bienenkasten überall dicht schließen. Schwefelstreifen (-schnitten oder -fäden) erhält man in den Drogerien.

In der Regel sind die Bienen schon nach wenigen Sekunden tot. Wenn das Volk aber noch relativ stark ist, und wenn die auf den Kastenboden herunterfallenden Bienen sich aufhäufen, werden die zu unterst liegenden Tiere nur betäubt und erwachen später wieder. So kann es notwendig werden, ein zweites Mal zu schwefeln, um das Volk sicher und vollständig abzutöten.

Weniger umständlich und fachmännischer wäre die Tötung der Bienenvölker mit *Blausäuregas,* wie sie in Nordamerika und Kanada in Zusammenhang mit der Paketbienenzucht in früheren Jahren tausendfach geübt wurde. Man verwendete dort Kalziumzyanid, eine farblose, feste Substanz, in Pulver- oder Flockenform. Davon schüttete man einen Teelöffel auf ein Stück Pappe und schob diese durch das Flugloch in den Bienenkasten. Flugloch und Ritzen in der Beute waren abzudichten. Der Kohlensäuregehalt der feuchten Stockluft genügte, um die Blausäure (Zyanwasserstoff) freizusetzen, deren Dämpfe (Bittermandelgeruch) die Bienen rasch und vollkommen töteten. Nach Abziehen des Gases blieben so gut wie keine Spuren auf den Waben und Vorräten im Bienenkasten zurück, weshalb zumindest von der Rückstandsfrage her keine Bedenken gegen das Verfahren bestehen.

Kalziumzyanid und die als Gas entstehende Blausäure sind für den Menschen außerordentlich giftig. Deshalb darf dieses Tötungsverfahren bei den Bienenvölkern in den Vereinigten Staaten heute auch nicht mehr überall und ohne weiteres angewendet werden. In der Bundesrepublik kann man die gefährliche Chemikalie überhaupt nicht im offenen Handel bekommen. Es gibt aber ein niedriger prozentiges Präparat, das von der *Deutschen Gesellschaft für Schädlingsbekämpfung mbH* (DEGESCH) in Frankfurt unter dem Namen *Calcyan* hergestellt und in gasdichten, wiederverschließbaren Verpackungseinheiten vertrieben wird. Calcyan fällt unter die Verordnung über die Schädlingsbekämpfung mit hochgiftigen Stoffen und unterliegt strengen Bestimmungen hinsichtlich Anwendung und Bezug, die von den Bundesländern unterschiedlich geregelt sein können. Wer sich dafür interessiert, erhält bei der oben genannten Firma Auskunft. Sinnvoll dürfte das aber nur für Veterinäre und Berufsbienenzüchter zu sein.

Calcyan ist auch ein hervorragend wirksames Mittel zur Wachsmottenbekämpfung, worauf an entsprechender Stelle noch eingegangen wird (S. 172).

Die beim Abschwefeln oder Vergasen eines Bienenvolks anfallenden toten Bienen kann man verbrennen oder vergraben, was man auch mit den aus den Waben auszuschneidenden Brutteilen tun kann. Das übrige Wabenwerk führt man einer normalen Wachsverarbeitung zu.

C. Risikofaktor Bienenfutter

Hungern schwächt den Organismus; das gilt auch für das Bienenvolk. Vor allem während der Entwicklungszeit wirkt sich Hunger als ein schwerwiegender Hemmfaktor aus. Das Bienenvolk entwickelt sich, solange es brütet – gleich ob im Frühjahr, Sommer oder Herbst. Erfahrungsgemäß verlangsamt sich die Entwicklung bereits, wenn kein Sammelgut mehr einkommt. Sie stoppt oder geht rückwärts, wenn sich die Vorräte dem Ende zuneigen. Es kann deshalb zweckmäßig sein, unter gewissen Bedingungen auch im Sommer zu füttern. Wenn man auch über den Wert einer Reizfütterung im Frühjahr oder Herbst geteilter Meinung sein darf, so sind doch in unseren wetterlaunischen Gefilden *Notfütterungen* nicht nur erlaubt, sondern manchmal geradezu lebensnotwendig für die Bienen.

Wichtig ist eine reichliche Futterversorgung der Bienenvölker im *Herbst.* Es ist nicht sinnvoll, die Bienen zu überfüttern, so daß das überschüssige Zuckerfutter zu Beginn der Frühtracht erst wieder entfernt werden muß; aber es ist doch ratsam, den Futtervorrat so reichlich zu bemessen, daß er bis zum Anschluß an die erste Tracht im Frühjahr ausreicht.

Über die notwendige *Winterfuttermenge* Aussagen zu machen, ist schwierig, weil hier Volksgröße, Ein- und Zweiraumüberwinterung, Beutenisolation, Bienenhaus- oder Freiaufstellung, geographische Lage u. a. eine Rolle spielen können. Ich rechne für Normalvölker im 9-rahmigen Erlanger Magazin bei

Zweiraumüberwinterung in Mittelfranken 15 kg Wintervorrat – und weiß, daß ich mich damit im Gegensatz zu manchen Fütterungsexperten befinde, die am liebsten das Doppelte vorschreiben würden. Das wichtigste aber ist, daß während des ersten Brutgeschäftes kein Futtermangel auftritt, der zu einem nicht wieder gut zu machenden Entwicklungsrückschritt führen kann. Auf der anderen Seite darf aber auch kein Zuckerfutter in nennenswertem Ausmaß in den Frühjahrshonig gelangen. Haben die Völker einmal mehr als gewöhnlich gezehrt, sei es, daß sie im Herbst noch lange brüteten oder durch zu raschen Frühjahrseinfall allzu zeitig damit begannen, wird man im Frühjahr auch einmal nachfüttern müssen, notfalls mit Honig. Die Völker werden uns eine solche Liebesgabe danken.

Ein Risikofaktor für die Bienen kann auch die *Qualität* des zu verabreichenden Futters sein. Zuckerwasser, hergestellt aus Haushaltszucker und Wasser in einer Konzentration von 1:1 oder 3:2, ist das am wenigsten problematische Bienenfutter. Auf alle Fälle sollte man mit gut gemeinten *Zusätzen* jeglicher Art zum Einwinterungsfutter vorsichtig sein; keine Tees, Vitamine, Fermente, Heilsalze usw.! Es geht auch *ohne* diese Wunderstoffe – und sicher besser als *mit* ihnen.

Seltener zur Einfütterung, aber häufig als Reiz- und Notfutter und vornehmlich in der Königinnenzucht und bei der Ablegerbildung, werden *Zuckerteige* verwendet. Industrielle Zuckerteige sollten eigens als Bienenfutter ausgewiesen sein, wenn man sie zu diesem Zweck verwenden will. Anderenfalls kann man seine Bienen auch damit umbringen, denn bei manchen Herstellungsverfahren solcher Produkte entstehen bienenunverträgliche Stoffe.

Problematisch kann auch die Verarbeitung von Honig und Pollen zu Futterteigen oder Feuchtzucker werden. Gegen die einheimischen Produkte ist dabei kaum etwas einzuwenden, ein deutliches Veto gilt aber für *Auslandshonig* und *Auslandspollen*. In den Hauptausfuhrländern dieser Bienenprodukte ist die gefährliche *Bösartige Faulbrut* weit verbreitet; sie kann damit nur allzuleicht auf unsere Völker übertragen werden (s. S. 38).

Aber auch bei der Verfütterung von eigenem Honig ist Vorsicht geboten – insbesondere bei der Wiederverfütterung von ausgeschleuderten Vorräten aus Waben von aufgelösten schwachen Völkern. Man sollte das Schleudergut für alle Fälle ein paar Minuten auf 60 °C erhitzen, ehe man es, als Lösung oder zu Futterteig oder Feuchtzucker verarbeitet, den Bienen anbietet. Durch diese Vorsichtsmaßregel werden die stark ansteckenden *Sporen des Nosemaerregers* vernichtet (s. S. 119). Unter allen Umständen verboten ist die Verfütterung von *Schleudergut aus Faulbrutvölkern* (s. S. 46). Es gibt kein Mittel oder Verfahren, womit die Infektionsfähigkeit der sehr hartnäckigen Faulbrutsporen im Futter beseitigt werden kann.

D. Reinlichkeit am Bienenstand

Zu jeder gesunden Tierhaltung gehört die Beseitigung von Abfällen jeder Art, besonders aber der tierischen Ausscheidungen, die in hohem Maße zur Übertragung von Krankheiten geeignet sind. Reinlichkeit bei der Pflege von Tieren macht sich deshalb immer bezahlt. Die Bienen sind von sich aus reinliche Wesen. Normalerweise koten sie nicht in ihrer Wohnung, sondern im Freien. Das ist anders, wenn sie krank sind. Innere oder äußere Störungen können kritische Verhältnisse schaffen, die zur Verunreinigung des Stockes führen.

Eine selbstverständliche Hilfe gibt der Imker den Bienen im Frühjahr, indem er den Wintertotenfall und das Gemüll auf dem Bodenbrett beseitigt. Aber auch die Säuberung der ganzen Bienenwohnung kann von Zeit zu Zeit nichts schaden. Vor allem muß eine verschmutzte Beute, die nach dem Abtöten eines schwachen oder kranken Volkes zurückbleibt, gründlich gereinigt werden. Zu säubern sind auch die Rähmchen, aus denen die Waben – gegebenenfalls nach Ausschleudern der Futterreste – herausgeschnitten wurden. Dazu kommt alles Zubehör wie Flugkeil, Absperrgitter, Trenngitter, Futtertrog und was es sonst noch für lose Teile geben mag.

Abb. 1: *Zum Säubern von Beuten, Beutenteilen und Arbeitsgeräten gehört Ätznatron (oder Ätzkali). Man arbeitet mit einer langstieligen Bürste und schützt sich mit Gummihandschuhen und Schutzbrille. Die Beuteninnenwände kann man zusätzlich mit einer Gaslötlampe abflammen.*

Ideal zum Reinigen der Bienenwohnungen ist ein (alter) Waschkessel, den man im Freien aufstellen und schüren kann. Als Desinfektionsmittel verwenden wir Ätzkali oder -natron (Kalium- bzw. Natriumhydroxid). Heiße Lauge ist immer wirksamer als kalte, doch muß man die beiden Ingredienzien stets erst in kaltem Wasser lösen, ehe man die Lauge zum Kochen bringt. Sonst schäumt sie über, was gefährlich werden kann. Die Mittel werden im allgemeinen 1%ig verwendet. Wenn man jedoch die *Bösartige Faulbrut* auf dem Stand hat, wird die Konzentration auf 3% erhöht (s. S. 43).

Vor dem Eintauchen der Magazine und Rähmchen in die kochende Lauge kratzt man Wachsbrücken und Kittharzüberzüge sauber ab. Das geht bei kaltem Wetter leichter als bei warmen. Das Kittharz kann man sammeln und verkaufen oder selbst verarbeiten. Geschrubbt werden die Zargen und Rähmchen auf dem Kesselrand mit einer langstieligen Bürste (Klobürste). Nach dem Säubern spritzt man alle Teile mit kaltem Leitungswasser tüchtig ab. Wenn man will, kann man Holzbeuten noch mit der Gaslötlampe abflammen. Beuten aus Kunststoff oder Stroh vertragen dies jedoch nicht. Strohteile muß man im Zuge der Sanierung eines Bienenstandes von *Bösartiger Faulbrut* sogar aus den Beuten entfernen und verbrennen.

Vorsicht! Die Waschlauge darf nicht an die Haut gebracht werden und auch nicht mit der Kleidung in Berührung kommen. Auf jeden Fall sind Gummihandschuhe und Schutzbrille zu tragen (Abb. 1).

E. Wabenhygiene

Wir lassen unsere Bienen im Zuge einer gesunden Völkerbehandlung jedes Jahr eine gewisse Anzahl neuer Waben bauen. Würden wir das nicht tun, müßten wir damit rechnen, daß die Zellen der bebrüteten alten Waben durch die zurückbleibenden Kokonhäutchen der darin erbrüteten Bienen allmählich kleiner würden, was den Schlupf kleinerer Bienen zur Folge hätte. Auch werden die alternden Waben immer dunkler und wir müssen mit einer Zunahme von Krankheitserregern im Bienenvolk rechnen. So scheiden wir nicht nur im Frühjahr anfallende verkotete und verschimmelte Waben aus, sondern sorgen auch dafür, daß die dunklen Waben im Brutnest von Zeit zu Zeit erneuert werden. Ein vierjähriger Umtrieb hat sich bewährt. Das will aber nicht heißen, daß man schöne dunkle Waben nicht auch länger aufheben und verwenden kann. – Man sollte sie dann aber nur im Honigraum einsetzen und während ihrer Lagerung außerhalb des Volkes stets gut pflegen.

Wenn wir von dem sehr gefährlichen Erreger der *Bösartigen Faulbrut* absehen, dessen Vorhandensein das sofortige Einschmelzen des gesamten Wabenwerks der befallenen Völker erfordert (s. S. 43), gibt es noch eine ganze Reihe anderer ansteckender Krankheitskeime, mit denen die Waben verunreinigt sein können. Ich denke hier nur an die Dauerformen der *Nosemaseuche* (S. 108ff.) und die Vermehrungscysten der Amöbenruhr (S. 120ff.). Äußerlich ist diesen

Waben in der Regel gar nichts anzumerken; dabei können sie Ansteckungsherde höchsten Grades sein. Deshalb ist es immer geraten, die Waben, solange sie sich außerhalb der Völker befinden, zu desinfizieren. Wie man das macht, wird auf Seite 100f. ausführlich beschrieben.

Während ihrer Lagerung in der Wabenkammer können die Waben von verschiedenen *Schädlingen* befallen werden. Die weitaus übelsten sind die *Kleine* und die *Große Wachsmotte* (s. S. 167). Die Larven dieser Kleinschmetterlinge sind in der Lage, in kürzester Zeit beliebig große Wabenlager vollständig zu vernichten. Daneben können den Waben, soweit sie Pollen enthalten, auch noch *Vorratsschädlinge* gefährlich werden (s. S. 175) – auch wenn diese es auf das Innengut, nicht eigentlich auf die Waben, abgesehen haben. Die Waben werden durch ihren Einfluß aber allemal in Mitleidenschaft gezogen. Um die Wachs- und Vorratsschädlinge in Schach zu halten, gibt es wirksame Maßnahmen, worüber in Kapitel V berichtet wird.

Hier gilt es nur noch einmal zu betonen, daß eine ordentliche Imkerei ohne eine ständige Vorsorge für das Wabenwerk nicht auskommt. Auch wenn die Bienen durch gute Tracht oder durch Füttern jederzeit zum Bauen angeregt werden können, ist eine sorgsame Wabenpflege unerläßlich. Hygienische und wirtschaftliche Erwägungen sind dabei gleichermaßen von Bedeutung.

F. Wir entnehmen Bienen- und Gemüllproben

Bestimmte Bienenkrankheiten sind aus dem »klinischen Befund«, d. h. aus dem äußeren Erscheinungsbild der Krankheit, nicht immer einwandfrei zu diagnostizieren. Um Sicherheit zu erlangen, muß man die Krankheitserreger selbst auffinden. Zu diesem Zweck kann die Untersuchung des *winterlichen Leichenfalles* im Bienenvolk und des *Gemülls* sehr nützlich sein.

Wir könnten diese Untersuchung mit etwas Aufwand selbst durchführen. Kapitel VII gibt dazu die notwendige Anleitung. Da aber zu den fraglichen Bienenkrankheiten auch zwei staatlich reglementierte Bienenseuchen gehören (*Varroatose* und *Acarapiose*!), übernimmt der Staat auch die *Diagnoseuntersuchung*. Er ist sogar auf Grund der Bienenseuchengesetzgebung (Kap. VIII) unter bestimmten Voraussetzungen berechtigt, die Untersuchung des Wintertotenfalls und des Gemülls amtlich anzuordnen. Wir sollten das nicht als Bürde, sondern als Vorteil sehen. Und mehr noch: wir sollten diese Untersuchung – auch ohne Vorliegen eines akuten Krankheitsfalles – zum festen Bestandteil der allgemeinen Gesundheitspflege auf unserem Bienenstande machen. Das dürfte uns umso leichter fallen, als Kosten bei der Untersuchung auf anzeigepflichtige Krankheiten nicht entstehen.

Was müssen wir tun, um *Bienen-* und *Gemüllproben* in einem für die Untersuchung brauchbaren Zustand zu gewinnen? Dazu empfiehlt es sich, im Herbst, nach dem Auffüttern der Völker, eine *Bodeneinlage* in die Beuten einzuschieben. Man kann sie aus ungesandeter Dachpappe oder festem Tapeten- oder

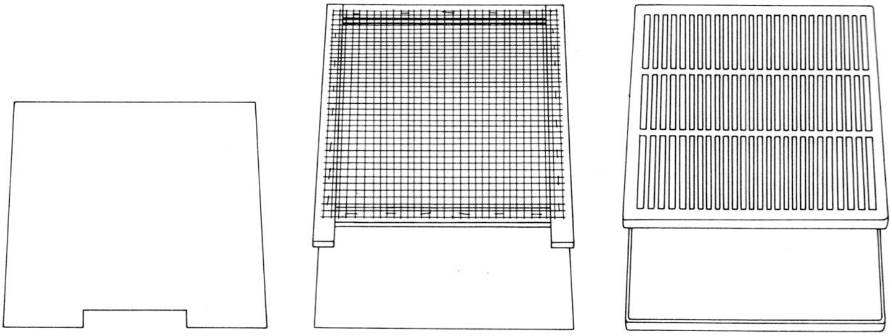

Abb. 2: *Als Bodeneinlage eignen sich Zuschnitte aus ungesandeter Dachpappe (links). Aufschlußreicher ist die Verwendung eines »Varroagitters«, selbst gefertigt (Mitte) oder gekauft (rechts).*

Packpapier ausschneiden (Abb. 2, links). Um zu verhindern, daß sich die Einlage im Bereich des Fluglochs hochwölbt und dieses verstopft, sollte man an dieser Stelle eine kleine Aussparung lassen oder die Einlage so bemessen, daß sie vom Flugkeil auf das Bodenbrett gedrückt wird. Unebenheiten auf dem Bodenbrett, Wachs- und Kittharzerhebungen, muß man vor dem Einlegen entfernen. Auf dieser *»Winterwindel«* sammelt sich das abgeschrotete Entdekkelungswachs unter den Wabengassen in Form von Gemüllstreifen. Hier liegen auch die während des Winters von der Wintertraube abgefallenen Bienen.

Vor dem ersten größeren Flugbetrieb im Frühjahr, also noch ehe die Bienen mit dem Säubern des Kastenbodens beginnen, nehmen wir die Einlage heraus. Aus der Gemüllmenge und der Menge der toten Bienen lassen sich Rückschlüsse auf den Überwinterungsverlauf ziehen. Wir erhalten Hinweise auf die winterliche Zehrung, Weiselrichtigkeit und indirekt auch auf den Gesundheitszustand der Völker. Jetzt haben wir auch Gelegenheit, die Bienen- und Gemüllproben für die *amtliche* Gesundheitsuntersuchung unserer Völker einzusammeln.

Zunächst die *Bienenproben*! Wir entnehmen aus dem Winterleichenfall jedes Volkes 25–30 Bienen und verpacken sie, volkweise getrennt, in kleinen *luftdurchlässigen* Schachteln. Geeignet sind Zündholzschachteln oder, neuerdings, auch eigens dafür hergestellte Faltschachteln aus Pappe (Abb. 3, rechts). Auf keinen Fall dürfen Kunststoff- oder Blechbehälter zur Aufnahme der Bienen verwendet werden, da die Bienen sonst schimmeln und faulen würden und damit für die Untersuchung nicht mehr brauchbar wären. Die Schachteln sind mit der jeweiligen Stocknummer zu versehen.

Wie steht es mit den *Gemüllproben?* Die Untersuchung des Wintergemülls kann zum Nachweis der gefährlichen Brutmilbenkrankheit *(Varroatose)* der Bienen führen. Sie war früher für die Erteilung einer amtlichen Wandererlaubnis für die Bienen zwingend vorgeschrieben. Als mit der sechsten Verordnung zur Änderung der *Bienenseuchen-Verordnung* vom 6. Dezember 1988 die

Anzeigepflicht für die Varroatose aufgehoben wurde, entfiel auch die Untersuchungspflicht. Wer will, kann das Gemüll aber trotzdem amtlich untersuchen lassen, um sich Sicherheit zu verschaffen. Was ist dabei zu tun? Zuerst muß man das Gemüll von den im Winter eingegangenen und heruntergefallenen Bienen trennen. Das geht am besten, wenn man die Bienen mit einem 4 mm weiten Drahtgitter (Pollensammelgitter!) vom Gemüll absiebt. Aufschlußreicher als im Januar ist die Untersuchung des Gemülls Ende Februar oder Anfang März. Dann besteht allerdings die Gefahr, daß die Bienen während der ersten Reinigungsausflüge das Gemüll bereits selbst aus dem Stock hinausschaffen. Das läßt sich jedoch durch das Einlegen eines »*Varroa-Gitters*« verhindern.

Diese praktische Vorrichtung kann man sich leicht selber machen. Dazu bastelt man aus 5–10 mm starken Holzleisten einen viereckigen flachen Rahmen, der etwas kleiner als die innere Bodenfläche des Bienenkastens ist. Der Rahmen wird mit Nylongewebe von 3 mm Maschenweite bespannt und auf die Bodeneinlage gelegt. Es gibt aber auch schon fertige Varroa-Gitterrahmen aus Kunststoff zu kaufen. Sie bestehen aus einem Gitterteil, das sich über eine sehr flache Bodenpfanne stülpen läßt. Eine zusätzliche Bodeneinlage ist damit entbehrlich (Abb. 2, Mitte u. rechts).

Man kann über den Einsatz des Varroa-Gitters im Winter geteilter Meinung sein. Die Trennung des Gemülls von den herunterfallenden toten Bienen ist meist recht unvollkommen, da die Bienen auf dem Gitter liegen bleiben und das

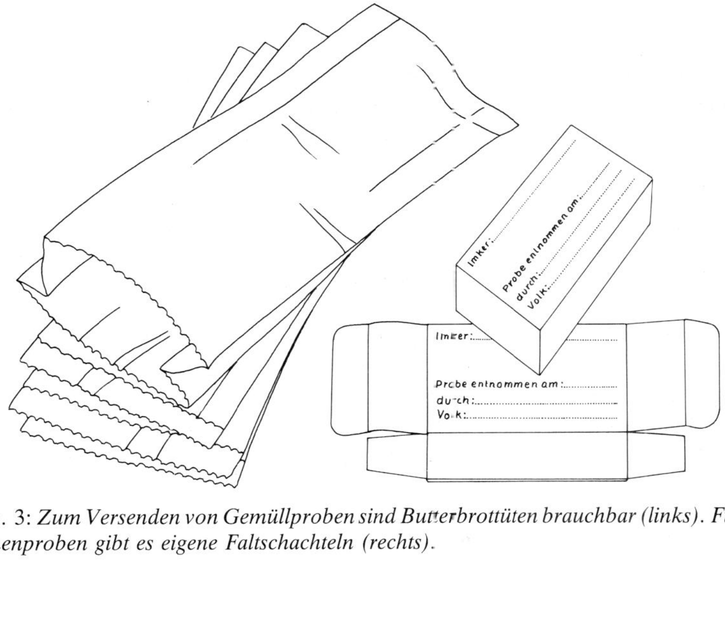

Abb. 3: *Zum Versenden von Gemüllproben sind Butterbrottüten brauchbar (links). Für die Bienenproben gibt es eigene Faltschachteln (rechts).*

Gemüll dann auf sie herunterfällt. Deshalb muß man in der Regel nachsieben. – Wirksamer und aufschlußreicher ist die Verwendung des Varroa-Gitters bereits während des Sommers und noch mehr im Spätsommer und Herbst. Bei der Herbstreizfütterung und der nachfolgenden Winterauffütterung fallen besonders viele Milben von den Bienen ab. Die dunkelbraunen erwachsenen Tiere und die helleren Entwicklungsstadien sind im spärlichen »Sommergemüll« leicht zu erkennen, so daß durch regelmäßige Bodenkontrollen um diese Zeit eine besondere sichere Diangose des Varroabefalls der Bienenvölker möglich ist (s. S. 77f.). Streng genommen macht ein positiver Befund im Herbst die Untrersuchung des Wintergemülls im Frühjahr überflüssig.

Zum Versenden des Gemülls eignen sich *Butterbrottüten* (Abb. 3, links). Man beschriftet sie mit der jeweiligen Stocknummer, ehe man das Gemüll des betreffenden Volkes einfüllt. Wenn man als Bodeneinlage Tapetenpapier benützt, kann man auch dieses als Umschlag verwenden, indem man das darauf befindliche Gemüll sorgfältig darin einfaltet und das Ganze mit Tesafilm zuklebt. Man kann das Gemüll aber auch in entsprechend größeren Behältern gleich als *Sammelprobe* für den ganzen Stand einsenden. Will man gleichzeitig Bienen aus dem Wintertotenfall mit untersuchen lassen, müssen diese natürlich gesondert verpackt werden. Der Probensendung ist ein formloser *Untersuchungsantrag* beizufügen, in dem Name und Anschrift des Imkers, sowie der für den Standort der Bienen zuständige Landkreis anzugeben sind. Soweit bei der Veterinärbehörde oder bei den Imkervereinen vorgedruckte Untersuchungsanträge vorliegen, sollte man diese verwenden.

Wohin sendet man die Bienen- und Gemüllproben? Für die amtliche Untersuchung kommen *Veterinär-Untersuchungsämter, Landesuntersuchungsämter* und andere *dazu beauftragte Stellen* in Frage. Das richtet sich nach dem einzelnen Bundesland. In Bayern sind es z. B. die *Landesuntersuchungsämter für das Gesundheitswesen, Fachbereich Veterinärmedizin; für Südbayern: 8042 Oberschleißheim, Veterinärstr. 2; für Nordbayern: 8500 Nürnberg, Flurstr. 20.* Im übrigen kann der Imker die für ihn zuständige Stelle über die Veterinärbehörde seines Wohngebietes, den Seuchensachverständigen oder über den Imkerverein erfragen.

G. Zusammenarbeit mit der Behörde

Gesundheit und Wohlergehen der Bienenvölker sind nicht nur für den Imker von Bedeutung, auch der Staat hat daran großes Interesse. Er sieht sich infolge der Bedeutung der Imkerei für die Volkswirtschaft veranlaßt, etwas gegen die mögliche Einschleppung und Verschleppung besonders gefährlicher, ansteckender Bienenkrankheiten zu unternehmen und bei ihrer Bekämpfung mitzuhelfen.

1. Gesetzliche Verankerungen

Erstmals am 28. Juli 1964 erließ die Bundesregierung in Verbindung mit dem seit 1909 bestehenden und seither vielfach geänderten und den zeitlichen Gegebenheiten angepaßten *Vieh-* (heute *Tier-)seuchengesetz* eine »Verordnung zum Schutze gegen die Bösartige Faulbrut und Milbenseuche der Bienen«. Daraus wurde am 10. April 1972 die *Bienenseuchen-Verordnung,* die seither sechs Änderungen erfahren hat. In Ablösung einzelner Ländervorschriften kam dazu am 6. Dezember 1972 die »Verordnung über die Einfuhr und Durchfuhr von Bienen« (kurz *Bienen-Einfuhrverordnung*) mit inzwischen vier Änderungsverordnungen. Sie dient dazu, die heimische Imkerei vor Einschleppung von Bienenseuchen aus dem europäischen und außereuropäischen Ausland zu schützen. Ein genetischer Schutz der im Lande gezüchteten Bienen vor fremden Rassen mit unerwünschten Eigenschaften, wie er neuerdings von verschiedener Seite gefordert wird (s. S. 257), ist damit nicht verbunden. Eine dritte nur für die Bienen bestimmte Gesetzesregelung ist die »Verordnung zum Schutze der Bienen vor Gefahren durch Pflanzenschutzmittel« *(Bienenschutzverordnung).* Sie stammt vom 19. Dezember 1972 und hat trotz mehrfach wechselnder Veränderungsvorschläge, wobei auch schon ihre Eingliederung in die umfassendere *Pflanzenschutzanwendungsverordnung* erwogen wurde, bis heute unverändert überlebt. Eine Neufassung ist überfällig (s. S. 190ff.).

Die drei Verordnungen, teilweise mit dazugehörigen Ausführungshinweisen des Bundes und (als Beispiel einer landeseigenen Verwaltungsvorschrift) die Bekanntmachung des bayerischen Staatsministeriums des Innern zum Vollzug der Bienenseuchen-Verordnung sind in den zur Zeit gültigen Fassungen in Kapitel VIII im Wortlaut abgedruckt. Im übrigen wird bei der Abhandlung der einzelnen Bienenkrankheiten, die einer gesetzlichen Regelung unterliegen, auf Einzelheiten der geltenden Bestimmungen eingegangen (s. S. 46f., S. 95f. u. S. 105ff.).

Dem gesundheitlichen Schutz der Bienen dienen aber auch noch andere, nicht für sie allein geschaffene gesetzliche Bestimmungen. Einige wird man im Kapitel VI über Bienenvergiftungen kennenlernen. Ohne hier alle möglichen Berührungspunkte der Bienen mit der Gesetzgebung aufspüren und aufzählen zu wollen, sei nur das »Gesetz über den Verkehr mit Arzneimitteln« (kurz *Arzneimittelgesetz*) herausgestellt. Es liegt in der dritten und bisher letzten Änderung vom 20. Juli 1988 (BGBl. I S. 1050) vor. Danach muß jedes Arzneimittel in der Human- und Tiermedizin vom Bundesgesundheitsamt (BGA) in Berlin eigens zugelassen werden, ehe es in der Praxis zum Einsatz kommen darf. Als Arzneimittel gelten praktisch alle Stoffe, die zur gezielten Bekämpfung von Krankheiten bzw. deren Erregern (Parasiten, Bakterien, Viren u. dgl.) dienen. Tierarzneimittel müssen nicht nur bei größter Schonung des Tieres ausreichend gegen den Krankheitserreger wirken, sie dürfen auch den Anwender nicht in Gefahr bringen, und vor allem dürfen sie in den behandelten Tieren oder deren Produkten, soweit sie für den menschlichen

Verzehr bestimmt sind, keine gesundheitsgefährdenden Rückstände hinterlassen. Das heißt in unserem Fall, daß auch die Bienenprodukte, Honig, Pollen, Weiselfuttersaft und Kittharz, nicht durch Arzneimittel belastet sein dürfen. Daran kann auch nichts ändern, daß diese Produkte pflanzlicher Natur sind. Auch der Honig, der nach dem Wortlaut der *Honigverordnung* »von Bienen *erzeugt* wird«, und danach für ein tierisches Lebensmittel gehalten werden könnte, wird lebensmittelrechtlich in der Regel als pflanzliches Produkt eingestuft, da seine Herkunft aus verschiedenen Pflanzen wertbestimmend ist und weder tierisches Eiweiß noch tierisches Fett in nennenswerten Mengen enthalten sind.

Um die für Tierarzneimittel geforderten strengen Zulassungskriterien zu erfüllen, müssen ihre Hersteller bzw. Vertreiber beim Bundesgesundheitsamt die Ergebnisse umfangreicher, langwieriger und kostspieliger Prüfungen vorlegen. Dabei kann besonders die Rückstandsfrage zum Problem werden. Ob und in welcher Höhe Rückstände in Lebensmitteln erlaubt sind, gründet sich hauptsächlich auf die Kenntnis der *ADI-Werte* der fraglichen Stoffe. Diese Werte geben die *höchst duldbare Dosis* (Acceptable daily intake) der Stoffe an, die der Mensch täglich über das ganze Leben zu sich nehmen kann, ohne irgend einen Schaden zu nehmen. Sie werden an Tieren ermittelt und auf das Gewicht des Menschen hochgerechnet. Damit ist es möglich, Toleranzwerte für bestimmte Stoffe festzusetzen, die in Lebensmitteln aus unterschiedlichen Ursachen, nicht zuletzt in Zusammenhang mit der Behandlung kranker Tiere (und Pflanzen), auftreten können. So gibt es »Höchstmengenverordnungen« für Schadstoffe und Pflanzenschutzmittel, die genau bestimmen, welche maximalen Mengen dieser Stoffe in welchen Lebensmitteln enthalten sein dürfen. Bei Tierarzneimitteln ist eine ähnliche Regelung für Hormone und Antibiotika in der »Verordnung über Stoffe mit pharmakologischer Wirkung« getroffen, aber für die meisten Arzneimittel gibt es noch gar keine derartigen Festsetzungen. Insbesondere beim Honig sind zur Zeit in der Bundesrepublik noch keine Höchstmengen für Arzneimittelrückstände festgelegt. Hier und in allen Fällen, in denen verbindliche Toleranzwerte fehlen, gilt die *Wartezeitenregelung*. Dabei wird zwischen der Anwendung des Mittels und dem Zeitpunkt, zu dem das behandelte Tier oder das von ihm erzeugte Produkt als Lebensmittel verzehrt oder in den Verkehr gebracht wird, eine Wartezeit festgelegt. Nach dieser Zeit darf man annehmen, daß das Lebensmittel keine gesundheitlich bedenklichen Restbestandteile des Arzneimittels mehr enthält. Die Beipackzettel zu den Arzneimitteln schreiben Dosierung und Behandlungszeiten vor, bei deren Einhaltung keine Rückstandsprobleme auftreten.

Bei den Bienen bestehen hinsichtlich der Anwendung von Arzneimitteln in jeder Beziehung ungewöhnliche Verhältnisse. Da der eingetragene Honig in der Regel rasch abgelagert wird, können sich Arzneimittel, die sich nicht von selbst abbauen, leicht ansammeln. Man wird deshalb jede medikamentöse Behandlung der Bienen während der Trachtzeit von vorneherein tunlichst vermeiden. Fettlösliche Arzneimittel können aber auch ins Wachs gelangen und sich bei wiederholtem Medikamentengebrauch darin anreichern. Die Möglichkeit des Übertritts in den Honig ist vorhanden, aber sie ist noch kaum untersucht. – Anlaß zu Verwirrung kann auch geben, wenn die Arzneimittel aus dem Pflanzenschutz stammen oder aus Pflanzenschutzmitteln abgeleitet sind, was teilweise für die bei den Milbenkrankheiten der Bienen eingesetzten Medikamente zutrifft. Für Pflanzenschutzmittel, z. B. Brompropylat (Folbex VA), gibt es die für pflanzliche Lebensmittel geltende Höchstmengenverordnung, die auch beim Honig zutreffen könnte. Da diese Substanz aber hier als Tierarzneimittel eingesetzt wird, wird sie rechtlich nicht erfaßt. Andererseits ist bei Tierarzneimitteln mit festgesetzten Höchstmengen in tierischen Lebensmitteln wie etwa Coumafos (Perizin), wenn sie bei den Bienen angewendet werden, nicht ohne weiteres ein Übertrag auf den Honig zu vollziehen, da dieser von den Lebensmittelwissenschaftlern als pflanzliches Lebensmittel angesehen wird.

In Anbetracht dieser rechtlich nicht sehr klaren Situation, aber vor allem wegen der umständlichen und kostspieligen Zulassungsprozedur, die jedes Arzneimittel durchzumachen hat, und die gerade bei den Bienen mit ihrem komplizierten Staatenleben zusätzliche Unwägbarkeiten bereitzuhalten vermag, wird man verstehen, daß die Arzneimittelindustrie mit Anträgen auf Zulassung von Heilmitteln gegen Bienenkrankheiten sehr vorsichtig und geschäftsbewußt agiert. Deshalb muß der Imker auch so oft und so lange – und manchmal auch vergebens – auf dringlich ersehnte Arzneimittel für seine Bienen warten.

Die Anwendung nicht zugelassener Mittel bei der Bekämpfung von Bienenkrankheiten ist verboten und strafbar. Aber es gibt in Notfällen Ausnahmen. So können die Regierungen des Bundes und der Länder für bestimmte Mittel landesweit Ausnahmegenehmigungen erteilen. In Einzelfällen kann auch der zuständige Veterinär über den Einsatz solcher Mittel befinden und ihn verordnen.

2. Veterinärbehörden und Bienenseuchensachverständige

Die drei nach dem Tierseuchengesetz und der Bienenseuchen-Verordnung reglementierten Bienenkrankheiten sind: die *Bösartige Faulbrut,* die Tracheenmilbenkrankheit (*Acariose,* genauer *Acarapiose;* in der Verordnung einfach »Milbenseuche« genannt) und die Brutmilbenkrankheit *(Varroatose).* Die beiden ersten sind anzeigepflichtig. Für die *Varroatose* besteht zur Zeit nur eine regelmäßige Behandlungspflicht. Im Falle der anzeigepflichtigen Bienenkrankheiten genügt nach dem Gesetz schon der Verdacht des Ausbruchs dieser Krankheiten zur Anzeige. Dazu verpflichtet sind der Tierbesitzer selbst, sein Stellvertreter und andere Personen, die beruflich mit lebenden oder toten Tieren zu tun haben. Die Anzeige kann bei der zuständigen Behörde (i. d. R. Landratsamt oder Stadt) oder besser gleich beim Amtstierarzt erfolgen. Wenn sich der Verdacht des Vorliegens einer anzeigepflichtigen Bienenkrankheit bestätigt, ist die zuständige Behörde auf Veranlassung des Veterinäramtes ermächtigt, ein *Sperrgebiet* (Bösartige Faulbrut) oder *Beobachtungsgebiet* (Milbenseuche) um den verseuchten Bienenstand zu legen und eine amtliche Untersuchung aller Bienenvölker in dem verdächtigen Gebiet anzuordnen. Dabei haben die Besitzer der Bienenstände oder deren Vertreter alle erforderliche Hilfe zu leisten. Um alle Völker in der gefährdeten Zone zu erfassen, kann die zuständige Behörde anordnen, daß alle dort ansässigen oder tätigen Imker die Standplätze ihrer Bienen anzuzeigen haben.

Veranlassung, Leitung und Überwachung aller Maßnahmen, die zur Ermittlung und Bekämpfung der anzeigepflichtigen Bienenkrankheiten getroffen werden müssen, sind Aufgabe der beamteten Tierärzte. Da aber Amtstierärzte nur in Ausnahmefällen selbst Imker sind, brauchen sie in der Regel fachliche Hilfe. Deshalb stehen den Veterinären in fast allen Bundesländern für die praktischen Belange der Untersuchung und Bekämpfung der Bienenkrankheiten imkerliche Fachleute zur Seite. Diese *»Bienenseuchensachverständigen«* haben ihre Tradition in den früheren »Seuchenwarten« der Vereine, die schon lange vor der Zeit der staatlichen Reglementierung der Bienenkrankheiten auf rein verbandlicher Ebene tätig waren. Heute ist ihr Einsatz gut organisiert und wird vom Staat in gewissen Grenzen auch finanziell unterstützt. Sie tragen in den einzelnen Bundesländern unterschiedliche Bezeichnungen, z. B. in Bayern *Fachwarte für Bienengesundheit und -hygiene,* in Württemberg *Bienensachverständige,* aber auch der alte Ausdruck *Seuchenwart* ist immer noch gebräuchlich. Ebenso ist der Status, den sie in den einzelnen Bundesländern einnehmen, nicht einheitlich, wie auch die Aufwandsentschädigung, welche ihnen für ihre Tätigkeit zusteht, unterschiedlich geregelt ist. Das hängt nicht zuletzt damit zusammen, daß nicht in allen Bundesländern die Imker Beiträge zu einer *Tierseuchenkasse* zahlen und der *Tiergesundheitsdienst* in der Landwirtschaft nicht überall auch auf die Bienen ausgedehnt ist.

Einheitlich ist aber überall der ehrenamtliche Charakter der Tätigkeit der Bienenseuchensachverständigen und ihre traditionelle Rekrutierung aus den Imkerverbänden. In der Regel werden sie von den Bezirksverbänden unter Einverständnis der Landesverbände vorgeschlagen. In manchen Ländern werden sie durch die untere Verwaltungsbehörde amtlich bestellt (z.B. *Baden-Württemberg*) und arbeiten im Auftrag der Veterinärämter. In *Bayern* erfolgt ihre Ernennung durch die Landesverbände und ihre Tätigkeit ist nicht an Weisungen der Veterinärbehörden gebunden. Neben den unmittelbar mit dem Auftreten von gesetzlich überwachten Bienenkrankheiten erwachsenden Aufgaben der Völkeruntersuchung, Beratung und Hilfe bei Bekämpfungsaktionen sollen sie vor Ort auch allgemeine Ratschläge über gesunde Bienenpflege erteilen. So liegt ihr Einsatz mehr in ihrem eigenen Ermessen, wobei jedoch im Falle des Ausbruchs anzeigepflichtiger Bienenkrankheiten eine enge Zusammenarbeit mit der Veterinärbehörde angezeigt und selbstverständlich ist.

Die *Voraussetzungen* für die Bestellung von Bienenseuchensachverständigen sind wohl in allen Bundesländern weitgehend gleich. Es ist selbstverständlich, daß der Bewerber als Imker in seinem Wirkungskreis geachtet und anerkannt sein muß. Er muß Vorkenntnisse über Bienenkrankheiten mitbringen und in der Regel einen mehrtägigen Kurs an fachkundiger Stelle über Bienenkrankheiten absolviert haben. Den Bienenseuchensachverständigen wird zur Auflage gemacht, alljährlich wenigstens einen eintägigen Fortbildungskurs auf dem Seuchensektor zu besuchen, dessen Kosten er erstattet erhält.

Die *Zahl und Verteilung* der zu ernennenden Bienenseuchensachverständigen richtet sich in erster Linie nach räumlichen Größenordnungen, aber auch nach dem aktuellen Bedarf und der Verfügbarkeit geeigneter Kräfte sowie nach den vorhandenen finanziellen Möglichkeiten. In *Bayern* gibt es derzeit ca. 120 Bienengesundheitswarte, wobei in jedem Landkreis wenigstens einer, in größeren Landkreisen aber auch mehrere tätig sein können.

Die Einflußnahme des Staates auf die Bekämpfung von Bienenkrankheiten ist trotz aller für den Imker damit verbundenen Belastungen letztlich nur zu seinem Nutzen. Die behördliche Anordnung zu flächenhafter Untersuchung und Behandlung der Bienenstände kann für die Eindämmung seuchenhafter Bienenkrankheiten entscheidend sein. Dabei ist die Untersuchung, gleich ob am Bienenstand oder im Labor, für den Imker kostenlos. Er erhält zudem eine kostenlose individuelle Beratung über Wesen, Nachweis und Bekämpfung der seine Bienen bedrohenden Krankheit, wenn ihm nicht sogar tätige Hilfe bei der Probenentnahme und den Sanierungsmaßnahmen durch den Bienenseuchensachverständigen zuteil wird. Wenn in besonderen Fällen der Amtsveterinär die Tötung einzelner Völker anordnet, werden diese im Rahmen der geltenden Bestimmungen entschädigt. Unter günstigen Bedingungen besteht auch die Möglichkeit der staatlichen Bezuschussung von Medikamenten. Auch wenn nur Einkauf, Lagerung und Verteilung bestimmter, besonders teuerer Heilmittel durch staatliche Stellen erfolgen können, ist mit einer erheblichen Verbilligung der Medikamente zu rechnen.

Als *Nachteil* könnten die staatliche Reglementierung bestimmter Bienenkrankheiten höchstens diejenigen Imker empfinden, die mit ihren Bienen wandern wollen und deren Stände in Sperr- oder Beobachtungsgebieten liegen. So ärgerlich diese Situation für den Betroffenen auch sein mag, er wird doch einsehen müssen, daß solche Maßnahmen notwendig sind, um andere Imker vor Schaden zu bewahren und letztlich eine gesunde und gedeihliche Bienenzucht im Lande zu erhalten.

3. Wanderregelungen

Die Wanderung ist zur Ausnützung von Trachtmöglichkeiten ein bedeutender ökonomischer Faktor in der Bienenzucht und hat durch Schaffung besserer Entwicklungsmöglichkeiten eine gesundheitsfördernde Bedeutung für die Bienen. Andererseits sind mit dem Wandern auch erhebliche Gefahren verbunden, da Bienenkrankheiten in kürzester Zeit über große Entfernungen verschleppt werden können. Die Gesetzgebung befindet sich deshalb, was den Ortswechsel von Bienen bzw. Bienenvölkern anbetrifft, in einem gewissen Zwiespalt, wenn sie beiden sich widersprechenden Anliegen Rechnung tragen will.

Grundsätzlich ist nach der *Bienenseuchen-Verordnung* für das Wandern mit den Bienen eine Bescheinigung notwendig, aus der hervorgeht, daß die Völker frei von anzeigepflichtigen Krankheiten sind. Das sind derzeit die *Tracheenmilbenkrankheit* (»Milbenseuche«) und die *Bösartige Faulbrut.* Die Bescheinigung stellt der zuständige Amtsveterinär der Stadt- oder Kreisverwaltung oder ein dazu beauftragter Sachverständiger für Bienenkrankheiten aus. Sie darf nicht vor dem 1. März des laufenden Kalenderjahres datiert und nicht älter als 6 Monate sein.

Dieses sog. *Gesundheitszeugnis* der Bienen braucht man nicht nur zum Wandern, also bei der Ortsveränderung der Bienenvölker zur besseren Trachtnutzung, sondern für *jeden* Ortswechsel, natürlich auch, wenn die Bienen *ständig* an einen neuen Platz gebracht werden sollen. Sie ist auch notwendig beim Verkauf und Versand von Königinnen und Ablegern und bei der Beschikkung von Belegstellen oder Leistungsprüfhofen.

Am *Zielort* muß der Wanderimker das Gesundheitszeugnis unverzüglich der dortigen zuständigen Behörde oder einer von ihr beauftragten Stelle vorlegen. Das kann je nach Bundesland die Stadt- oder Kreisverwaltung, die Ortspolizeibehörde oder das Staatliche Veterinäramt sein. Wenn entsprechende Vereinbarungen bestehen, kann auch der Bienenseuchensachverständige oder ein von den Vereinen aufgestellter »Wanderwart« oder der »Belegstellenwart« Anlaufstelle sein. Notfalls wendet sich der Wanderimker an die Gemeinde, zu der sein Wanderplatz gehört, um über diese sein Zeugnis an die richtige Stelle zu dirigieren. Wenn er den Wanderplatz mit seinen Bienen wieder verläßt, erhält er die Bescheinigung mit den notwendigen amtlichen Vermerken wieder zurück.

Aus der Gesundheitsbescheinigung muß erstens hervorgehen, daß die Bienen nicht aus einem Bienenstand stammen, auf dem die Tracheenmilbenkrankheit amtlich festgestellt worden ist, und zweitens, daß die Völker nicht an *Bösartiger Faulbrut* erkrankt und nicht in einem Faulbrut-Sperrbezirk zu Hause sind. Die Bundesländer können zur Verwirklichung dieses Nachweises unterschiedliche Anforderungen stellen. Streng genommen ist zum Nachweis der Freiheit von *Bösartiger Faulbrut* die zeitgerechte Untersuchung aller Völker des Heimatstandes erforderlich. Manche Bundesländer, z. B. *Baden-Württemberg,* verlangen das auch. Nach den *bayerischen* Bestimmungen genügt aber schon die Feststellung, daß der Herkunftsort der Bienen nicht in einem Faulbrut-Sperrbezirk liegt. Auf Grund eines Ausnahmeparagraphen (§ 5, Absatz 3 der Bienenseuchen-Verordnung) wäre es den Bundesländern sogar möglich, auf die Gesundheitsbescheinigung beim Wandern mit den Bienen ganz zu verzichten. Man würde sich dann einfach auf die Wirkung der ohnehin in der Bienenseuchen-Verordnung enthaltenen Bestimmung verlassen, daß aus verseuchten und gesperrten Ständen sowie Sperr- und Beobachtungsgebieten keine Bienenvölker entfernt werden dürfen. Ausnahmen könnten bei der Beschickung von

Belegstellen oder von Bienenprüfhöfen gemacht werden. Mit einem solchen Verzicht würden die meist sehr unbekümmerten Wandergepflogenheiten mit vielfachen »Gesetzesübertretungen« legalisiert werden.

Es ist selbstverständlich, daß landesinterne Regelungen nur in jeweils dem Land Gültigkeit haben, in dem sie erlassen wurden. Wenn ein Imker in ein Nachbarland einwandert, muß er sich hinsichtlich der inhaltlichen Erfordernisse des Gesundheitszeugnisses sowie der übrigen Wanderbedingungen an die Vorschriften des Gastlandes halten. Länderübergreifend ist Vorschrift, daß der Name des Wanderimkers und seine Anschrift, sowie die Zahl der dort stehenden Wandervölker deutlich sichtbar am *Wanderplatz* angeschrieben werden. Diese Maßnahme soll dem wilden Wandern entgegenwirken. Sie kann aber auch noch in verschiedener anderer Weise nützlich sein: Wenn z. B. am Stand etwas nicht in Ordnung ist, wenn ein ansteckender Seuchenfall in der Umgebung auftritt oder wenn eine Schädlingsbekämpfungsmaßnahme geplant ist, muß der Imker rasch zu erreichen sein, um rechtzeitig etwas zu tun.

All das Geschilderte gilt unter ganz normalen Umständen, also auch dann, wenn dem Imker nichts von einer anzeigepflichtigen Bienenkrankheit auf seinem Stande oder in der Umgebung bekannt ist. Besteht dagegen eine solche Krankheit, sieht die Bienenseuchen-Verordnung spezielle Bestimmungen vor, auf die bei der Abhandlung der Krankheiten eigens eingegangen wird.

II. Krankheiten der Bienenbrut

Um in die Vielfalt der Bienenkrankheiten System und Ordnung zu bringen, kann man verschiedene Einteilungen wählen. Man kann sie in ansteckende und nicht ansteckende unterteilen, man kann anzeigepflichtige und nicht anzeigepflichtige Krankheiten unterscheiden, oder man kann eine Einteilung nach der Artzugehörigkeit ihrer Erreger bzw. ihren Ursachen vornehmen. Alles wurde schon versucht. Am einfachsten und übersichtlichsten ist aber immer noch die Einteilung in Krankheiten der Brut und der erwachsenen Bienen, selbst wenn es Krankheiten gibt, die beides befallen. Ich folge hier dieser alten bewährten Gepflogenheit. Übergreifende Krankheiten, welche in jedem Fall zu den ansteckenden zählen, ordne ich dort ein, wo sich die Entwicklung ihrer Erreger vollzieht bzw. wo sie den größten Schaden anrichten.

A. Bakterielle und viröse Brutkrankheiten

Bakterien sind einzellige, kernlose Organismen von rundlicher, länglicher oder spiraliger Gestalt. Sie sind nicht länger als 1–5 µm (1 µm = 1 Mikrometer = $\frac{1}{1000}$ mm) und können mit dem Lichtmikroskop gerade noch gesehen werden. Ihre Vermehrung erfolgt durch fortgesetzte Querteilung und ist unter günstigen Bedingungen enorm.

Bakterien gibt es überall. Sie sind bei der Zersetzung der toten organischen Masse sehr nützlich. Bestimmte Bakterien können aber in der Welt des Lebendigen auch eine sehr negative, oft lebensvernichtende Wirkung entfalten. Sie kommen in pathogener (krankheitserregender) Form bei fast allen Arten von Lebewesen vor. Bei den Bienen verursachen sie die verschiedenen Arten von *Faulbrut.*

Noch erheblich kleiner als Bakterien sind *Viren.* Sie schlüpfen durch die feinsten Bakterienfilter hindurch und sind nur mit dem Elektronenmikroskop zu sehen. Man mißt sie in Nanometer (1 Nanometer = 1 nm = $\frac{1}{1000}$ µm = $\frac{1}{1000000}$ mm), wobei die kleinsten so groß wie große Eiweißmoleküle (8 nm) sind und die größten selten über 300 nm messen. Außerdem können sie von verschiedenster Gestalt sein: quaderförmig, vieleckig, kugelig, oval, stabförmig, fadenförmig usw. Sie gelten als die kleinsten Organismen. In der Mitte bestehen sie in der Regel aus Nukleinsäure, welche die erblichen Eigenschaften weiterträgt und dem Zellkern höherer Organismen entspricht. Man unterscheidet DNS- und RNS-Viren nach ihrem Aufbau aus Desoxyribonukleinsäure oder Ribonukleinsäure. Die meisten der bei Bienen gefundenen Viren gehören dem RNS-Typus an. Um das Erbmaterial legt sich eine Proteinhülle und gegebenenfalls sind noch andere organische Substanzen eingebaut, die aus den Wirtszellen stammen, in denen die Viren schmarotzen. Die Viren haben keinen eigenen Stoffwechsel und funktionieren den ihrer Wirtszellen zum Zwecke ihrer Vermehrung um. Wegen ihres parasitischen Lebens sind viele Viren bedeutende

Krankheitserreger. Von den Brutkrankheiten der Biene geht die *Sackbrut* auf ihren zerstörerischen Einfluß zurück.

1. **Bösartige Faulbrut** (Tafel I)

Schon der Name läßt vermuten, daß die Krankheit nicht zu den harmlosen gehört. Sie ist weltweit verbreitet; in den englisch und französisch sprechenden Ländern wird sie auch *Amerikanische Faulbrut* genannt.

a) Krankheit und Diagnose

Den Erreger der Bösartigen Fraulbrut kennen wir sehr genau: Es ist *Bacillus larvae,* ein rundum begeißeltes, kettenbildendes, 2,5–5 µm langes, 0,7–0,8 µm breites Stäbchenbakterium, das außerhalb der Bienen in Sporenform überlebt (Abb. 4). Bei der Sporenbildung stoßen die Bakterien ihre Geißeln ab, welche sich zu Riesengeißeln oder Geißelzöpfen zusammenlegen (s. Untersuchungsverfahren: S. 223). Die ovalen, ca. 1,5 µm langen, ca. 0,6 µm dicken Sporen sind jahrzehntelang haltbar und gegen große Hitze und große Kälte gleichermaßen beständig.

Die *Infektion* der Maden erfolgt bei der Aufnahme von sporenhaltigem Futter *durch den Mund,* und offenbar sind nur die jüngsten Maden von ein bis zwei Tagen ansteckungsfähig. Die Sporen können schon einen Tag nach der Aufnahme auskeimen. Die daraus hervorgehenden beweglichen Bakterien-Stäbchen müssen die Darmwand durchdringen und vermögen sich erst im Blut und im Körpergewebe der Larve ungehindert zu vermehren. Es ist anzunehmen, daß ein Teil der infizierten Jungmaden schon frühzeitig an einer Art Blutvergiftung abstirbt und von den Putzbienen entfernt wird. Für den Imker sichtbar und für das Bienenvolk gefährlich wird die Krankheit aber erst, wenn sich die Made trotz früher Infektion zur *Streckmade* und *Puppe* weiterentwickelt, ehe die große Vermehrungsphase der Bakterien einsetzt. Die Sporen scheinen so lange ungestört im Darm der Biene zu ruhen und werden erst wieder aktiviert, wenn in der Vorpuppenzeit die larvalen Organe in die der künftigen Biene umgebildet

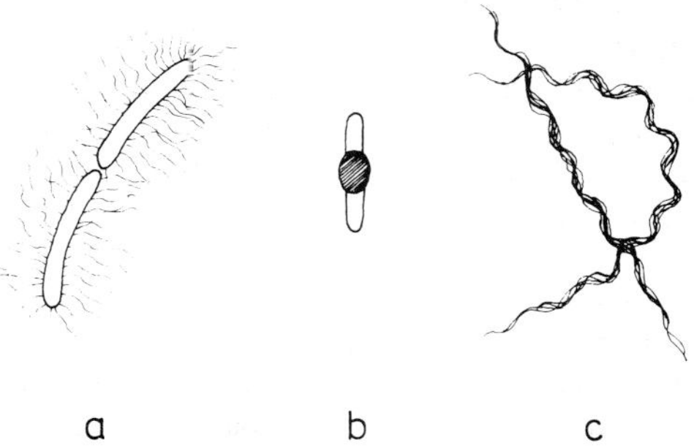

Abb. 4: *Bacillus larvae, einziger Erreger der Bösartigen Faulbrut, a) begeißelte Stäbchenbakterien, Größe: 2,5–5 × 0,7–0,8 µm, b) geißelloses Bakterium bei der Sporenbildung, c) Geißelzöpfe.*

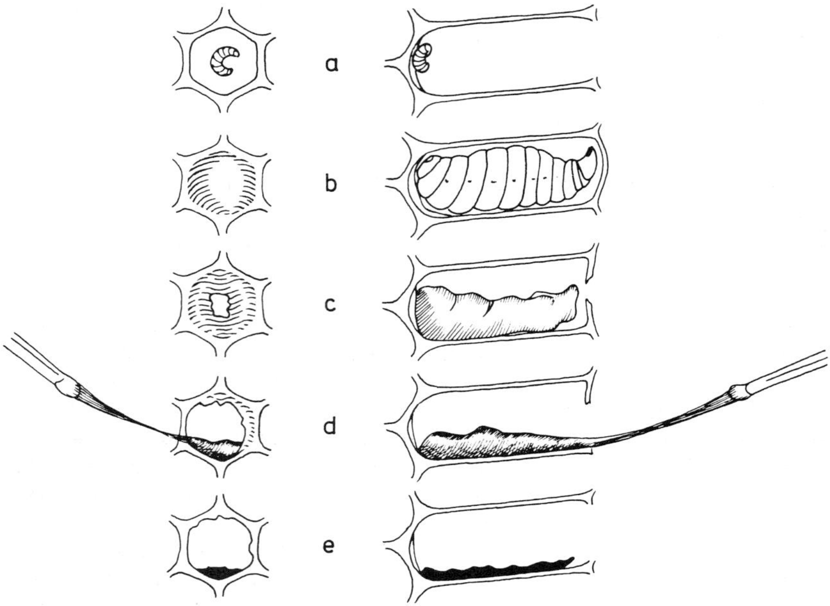

Abb. 5: *Äußerer Krankheitsverlauf der Bösartigen Faulbrut. a) Ansteckungsstadium, b) die Larve entwickelt sich bis zur Streckmade oder Vorpuppe, c) nach Verfall des Zellinhaltes sinken und brechen die Zelldeckel ein, d) der Zellinhalt wird fadenziehend, e) zuletzt bleibt ein festsitzender, rauher Schorf an der unteren Zellwand übrig.*

werden. Jetzt wird der ganze Körper der Made in kürzester Zeit mit den Bakterien überschwemmt, und erst wenn die Nahrungsgrundlage weniger wird, bilden sich die ansteckungsfähigen Sporen. In einer einzigen befallenen Larve können sich bis zu 2,5 Milliarden Sporen entwickeln.

Nach dem Absterben nehmen die Streckmaden, Vorpuppen und Puppen eine *milchkaffeeartige* Farbe an, die allmählich immer dunkler wird. Der Zellinhalt verwandelt sich in eine schleimige, später *gummiartige* Masse. Wenn man mit einem Zündholz in die Zelle sticht, kann man einen oft viele Zentimeter langen *Faden* wie aus einem Leimtopf herausziehen. Die Zelldeckel sinken häufig über den kranken Maden und Puppen ein und zeigen einen feucht-schimmernden Glanz. Sie reißen auf und bekommen *Löcher*. Zuletzt trocknet der Zellinhalt zu einem schwarzbraunen Schorf mit *rauher* Oberfläche ein. Er liegt in der *unteren Zellrinne* und ist nur *schwer zu entfernen* (Abb. 5).

Die befallenen Waben haben nur auf frischem Infektionsstadium (bzw. solange die Maden noch nicht eingetrocknet sind) einen sehr charakteristischen Geruch: nicht aufdringlich, *leicht faulig* und etwas an *frischen Quark* erinnernd.

Trotz der vielfältigen Erkennungsmöglichkeiten der Krankheit wird sie selten während des auf Hochtouren laufenden Brutgeschäftes im Sommer entdeckt. Dennoch sollte man bei jeder Völkerkontrolle auf das Brutbild achten. Lückenhafte Brutflächen können zwar die verschiedensten Ursachen haben, aber wenn zum Beispiel schon Faulbrutfälle in der Nähe bekannt sind, müssen solche Beobachtungen einen besonderen Verdacht erwecken. Leichter erkennt man die Krankheit jedoch im Frühjahr bei Brutbeginn, häufiger noch bei der Herbstrevision der Völker, wenn auf den auslaufenden Brutwaben einzelne gedeckelte Zellen stehen bleiben (Abb. 6). Der Kuriosität halber sei erwähnt, daß man in Amerika auch schon Hunde zum Erschnüffeln der Krankheit an den dort frei aufgestellten Bienenkästen eingesetzt hat, anscheinend nicht ohne Erfolg.

Bezeichnenderweise sind manche Völker in der Lage, die Krankheit zu verbergen. Wahrscheinlich sind das Völker mit besonders ausgeprägtem Putztrieb. Man könnte glauben, die Bienen seien gegen die Krankheit resistent. Aber wahrscheinlich handelt es sich in den seltensten Fällen um eine wirkliche Widerstandsfähigkeit der Larven gegen Bacillus larvae; vielmehr wird die Resistenz in der Regel nur durch den intensiven Putztrieb der Bienen vorgetäuscht (»Scheinresistenz«). Das kann man leicht nachprüfen: Wenn man gedeckelte Brutwabenstücke tiefgefriert und dann wieder ins Volk zurückgibt, räumen manche Völker die abgestorbenen Zellinhalte rascher, manche langsamer aus. Dabei kann man zwei wahrscheinlich getrennt vererbende Handlungsphasen unterscheiden: das Öffnen der Zellen und das Entfernen der Maden. Da sich der Putztrieb durch entsprechende Auslese beeinflussen läßt, ist es (in den *USA*) auch bereits gelungen, gegen die Bösartige Faulbrut unterschiedlich widerstandsfähige Zuchtlinien zu erstellen. Weiter hält man es für möglich, daß genetische Unterschiede in der Leistung des Verdauungstraktes der Arbeitsbienen eine Rolle spielen könnten. Der aus dem Mitteldarm in die Honigblase hineinragende *Ventiltrichter* hat in erster Linie die Aufgabe, den Rücktritt der Nahrung aus dem Darm in die Honigblase zu verhindern. Er dient aber auch

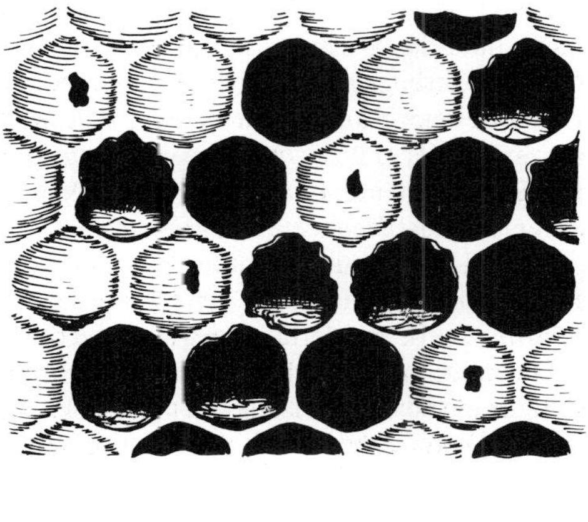

Abb. 6: *Feucht-glänzende, eingesunkene Zelldeckel mit Löchern und an den unteren Zellwänden liegende, zuerst fadenziehende, dann angetrocknete, rauhe Schorfe deuten auf Bösartige Faulbrut.*

dazu, den Pollen aus dem Honigblaseninhalt zur Weiterleitung in den Mitteldarm herauszufiltern, und dasselbe trifft auch für die Faulbrutsporen zu. Je besser diese Fähigkeit ausgeprägt ist, desto geringer ist die Infektionsgefahr für die jungen Larven. Letztlich scheinen bei ausgelesenen faulbrutfesten Linien auch die Larven selbst auf irgendeine Weise widerstandsfähiger gegen die Ansteckung mit der Krankheit zu sein, was einer *echten Resistenz* gleichkäme. In den Vereinigten Staaten, wo die Krankheit ungleich stärker verbreitet ist als bei uns, hat man in Bienenvölkern mit wenig Faulbrut vermehrt Schimmelpilze im eingelagerten Pollen gefunden. Von den Pilzen weiß man, daß sie bakterienhemmende Wirkung haben können.

b) Wege der Weiterverbreitung

Die Krankheit ist *enorm ansteckungsfähig.* Die Bienen, die sich durch Säubern der Zellen der Krankheit erwehren wollen, nehmen die Sporen auf und stecken bei der Larvenfütterung immer neue Brut an.

Die Verbreitung der Bösartigen Faulbrut von Volk zu Volk geht meist *über das Futter* vor sich. Dabei kommt den *Räuberbienen,* die in kranke und geschwächte Völker eindringen, eine besondere Rolle zu. Häufig sind aber auch billiger *Auslandshonig,* den der Imker an die Bienen verfüttert, oder *Auslandspollen,* die auslösende Ursache. Die Bienen können den gefährlichen Honig auch unbemerkt aus unbedacht weggeworfenen unsauberen Gebinden eintragen. Gefürchtet sind in diesem Zusammenhang *Mülldeponien* in der Nähe des Bienenstandes. *Honigverarbeitende Betriebe* und *Wachsfabriken,* die Altwaben aufkaufen, ziehen mit ihrem Duft die Bienen an und können zu einer Gefahr für den benachbarten Bienenstand werden.

Befindet sich erst einmal ein befallenes Volk auf dem Stand, und erkennt der Imker die Krankheitsanzeichen nicht rechtzeitig, kann er unversehens weitere Völker infizieren. Er braucht nur aus diesem Volk gewonnenen Honig (*Abschaumhonig* oder *Honig aus Entdeckelungswachs*), etwa nach Verarbeitung zu Honigzuckerteig oder »Feuchtzucker«, an die anderen Völker zu verfüttern.

Natürlich geht die Übertragung und Verbreitung der Krankheit besonders leicht über das Wabenwerk vor sich (etwa beim »Ausgleichen« der Völker, bei der Ablegerbildung oder bei der Schleuderung). Man kann sich die Bösartige Faulbrut beim Kauf von *Bienen mit Wabenbau* einhandeln – und selbst mit dem Erwerb leerer *gebrauchter Bienenwohnungen* und *Imkergerätschaften* kann man die Krankheit auf den Stand holen. Vorsicht ist bei der Übernahme alter, aufgelassener Bienenstände geboten.

Daß die Faulbrut auch über Wachsmotten, Milben (Varroa!?), Speckkäfer, Buckelfliegen und andere Schädlinge oder Mitbewohnern übertragen werden könnte, wurde wiederholt geäußert und durch Nachweis von Faulbrutsporen im Darmtrakt einiger dieser Vertreter auch belegt.

Immer ist der an den Bienen arbeitende *Imker* ein erstrangiger Seuchenüberträger. Wenn er um das Vorhandensein von Bösartiger Faulbrut auf dem Stande weiß, sollte er kein neues Volk öffnen, ohne sich vorher die Hände gewaschen zu haben. *Salmiakgeist-Wasser* (50 ml 8%ige Ammoniaklösung auf 1 l Wasser) ist sehr praktisch, da es gleichzeitig das Kittharz von den Fingern löst. Er sollte für jedes Volk eine neue Feder benützen. Abkehrbesen oder Gänseflügel sind kein gutes Werkzeug. Man könnte daran denken, beim Besuch eines Bienenhauses mit faulbrütigen Völkern die Schuhe mit Kunststoffolie zu umhüllen, die man später wegwerfen kann. Nach der Arbeit an den kranken Völkern wird man auch den Imkerkittel wechseln, ehe man einen gesunden Stand betritt. Etwas zu viel Vorsicht ist sicher besser als zu wenig.

c) Was ist gegen die Bösartige Faulbrut zu tun?

Die Bösartige Faulbrut gehört zu den vom Staat überwachten Bienenkrankheiten. Auf Grund der Gefährlichkeit der Krankheit und der vielerlei Unbill, welche sie für den Imker mit sich bringt, will dieser natürlich den Krankheitsbefund auch hundertprozentig abgesichert wissen. Sofern bei der Diagnose am Bienenstand Unsicherheiten bestehen, ist die Einschaltung einer amtlichen Untersuchungsstelle (s. S. 26) angebracht. Man muß dazu eine Wabe mit den verdächtigen Anzeichen einsenden. Die Wabe darf keinen Honig enthalten; notfalls muß man ein mit der Krankheit befallenes Stück herausschneiden. Man wickle das Untersuchungsgut sorgfältig in mehrere Lagen Zeitungspapier oder stecke das Ganze in einen dichten Plastikbeutel. Alles zusammen wird dann noch in einen festen Karton oder in eine Holzkiste verpackt. Ein kurzes Begleitschreiben soll dem Untersucher eine Hilfe sein. Im Labor läßt sich die Krankheit durch die mikroskopische Untersuchung eindeutig diagnostizieren (s. S. 219ff.).

Steht der Befund fest, so schreibt die Bienenseuchen-Verordnung (s. Kap. VIII, S. 227ff.) entweder die Tötung oder die *Sanierung der befallenen Völker* mit Hilfe des *Kunstschwarmverfahrens* vor. Dieses jedem Praktiker bekannte Verfahren kann man allerdings etwas vereinfachend dahin abwandeln, daß man den Kunstschwarm nicht erst in den Keller stellt, sondern gleich an seinem alten angestammten Platz auf seuchenfreie Mittelwände in einen desinfizierten Kasten einschlägt. Nur wenn man mehrere kranke Völker zu einem Kunstschwarm vereinigen möchte, braucht man dazu eine Kunstschwarmkiste (evtl. auch nur eine Zarge mit Gitterboden und Deckel), um die Bienen nach kurzer Weisellosigkeit für drei Tage in Dunkelhaft zu nehmen. Dann kann man sicher sein, daß sie nach dem Einschlagen nicht an ihre alten Standorte zurückfliegen.

Beim Einlogieren der Bienen schüttelt man sie nicht unmittelbar in die neue Beute, sondern auf den mit Papier belegeten Boden davor oder auf einen Arbeitstisch. Sie sollen von selbst in ihre Behausung einziehen. Verseuchte Wachsteilchen oder Honigspritzer bleiben auf der Unterlage zurück. Obgleich dadurch die Bautätigkeit verzögert wird, bekommen die Bienen während der ersten beiden Tage – anders als bei der üblichen Kunstschwarmbildung – kein Futter.

Seit man dieses über zweihundert Jahre alte Verfahren der Kunstschwarmbildung gegen die Bösartige Faulbrut anwendet, wundert man sich über die große Erfolgsquote. Theoretisch könnte man erwarten, daß durch die im Honigmagen und im Haarkleid der Bienen zurückbleibenden Sporen Neuinfektionen erfolgen würden. Das kommt indessen selten vor. Da die Kunstschwarm-Bienen das mitgenommene Futter nicht sofort speichern können – sie müssen ja erst einen Wabenbau errichten –, und da sie zuerst kein Futter bekommen, sind sie gezwungen, ihren Honigblaseninhalt zu verdauen. Dabei verlieren die im Mitteldarm auskeimenden Sporen ihre Ansteckungsfähigkeit. Auch die äußerlich von den Bienen mitgetragenen Sporen scheinen beim Kunstschwarmverfahren so stark verdünnt zu werden, daß sie zu einer neuen Ansteckung in der Regel nicht ausreichen. Es mag in diesem Zusammenhang interessieren, daß auch künstliche Ansteckungsversuche mit faulbrutsporenhaltigem Futter nicht immer gelingen. Vielleicht ist der Faulbruterreger auf den Bienenständen weiter verbreitet als wir denken, und es kommen uns nur die massiven und fortgeschrittenen Fälle zu Gesicht. Wahrscheinlich sind die Bienen auch bei der Bösartigen Faulbrut bis zu einem gewissen Grad zur Selbstheilung in der Lage.

Nach Möglichkeit bildet man die Kunstschwärme zur Faulbrutsanierung *im Herbst*, wenn so gut wie keine Brut mehr in den Völkern ist. Bei gehöriger Fütterung entwickeln die Bienen auch zur Auffütterungszeit im September noch eine bewundernswerte Baulust. Die Bienen überstehen den Winter auf dem jungen Wabenbau vorzüglich. Aber man kann die Kunstschwärme auch *im Frühjahr* bilden, noch ehe die Bienen stärker zu brüten begonnen haben. Sie sind bei nicht zu kaltem Wetter bereits im März zum Baugeschäft bereit. Die gute Entwicklung dieser frühen Kunstschwärme wird auch den Fachmann überraschen.

Ungeachtet heftiger Diskussionen und mancherseits geäußerter Zweifel, ob der Einsatz von Medikamenten bei der Faulbrutsanierung nötig, sinnvoll und rechtens sei, bleibt festzustellen, daß die Behandlung unter Zuhilfenahme eines dem Futter beizugebenden Heilmittels noch sicherer gemacht werden kann. Dafür sprechen jahrzehntelange Erfahrungen der Bayerischen Landesanstalt für Bienenzucht bei der Mitwirkung an Faulbrutbekämpfungsmaßnahmen. Vor allem die nicht nachweislich erkrankten, also *scheinbar gesunden* Völker auf den verseuchten Bienenständen scheinen einen zusätzlichen Heilfuttereinsatz zu fordern. Sie brauchen nach dem Willen des Gesetzgebers weder getötet noch einem Kunstschwarmverfahren unterzogen zu werden und stellen somit eine versteckte Gefahrenquelle dar.

Ein nachgewiesenermaßen hervorragend gegen die Faulbrut wirkendes Medikament ist *Sulfathiazol.* Auf 4 l Zuckerwasser 1 : 1 kommen 0,5 g Reinsubstanz dieses Mittels. Wenn das Medikament in Form der Handelspräparate Eleudron, Cibazol, Durenal u. a. bezogen wird, muß man sich vergewissern, wieviel Wirkstoff jedes dieser Präparate enthält, um durch Umrechnung die richtige Menge Heilsubstanz zu ermitteln. Mit der sulfathiazolhaltigen Zuckerlösung füttert man nicht nur die Kunstschwärme, sondern versorgt damit vor allem die gesunden oder *scheinbar gesunden* Völker für den Winter. Am besten verbindet man nach Trachtende die Heilbehandlung mit einer Herbstreizfütterung, die man in die Winterauffütterung – durchweg mit dem Heilfutter – übergehen läßt. Bei der heute oft gepriesenen überreichlichen Einfütterung würde es auch genügen, nur die letzten Futterstöße mit dem Heilfutter zu geben. Gedacht ist an wenigstens drei mal vier Liter Zuckerwasser mit insgesamt 1,5 g Wirkstoff. Bei später Auffütterung, die man vermeiden sollte, kann man auch Zuckerwasser im Verhältnis 3 : 2 verwenden.

Es ist empfehlenswert, die Herbstbehandlung aller Standvölker, die nicht durch Kunstschwärme saniert werden müssen, gleich mit einer Erneuerung der Waben zu verbinden. Dazu sammelt man alle Brutwaben im unteren Beutenraum und setzt die Königin auf frisch ausgeschleuderte gesunde Waben über Absperrgitter obenauf. Die ausgeschlüpften Brutwaben werden später entfernt. Wenn man es beonders gut machen will, kann man schon jetzt eine komplette Bauerneuerung verursachen, indem man statt der Leerwaben Mittelwände in die Königinnenzarge hängt. Allerdings muß man wenigstens für die ersten paar Tage ein oder zwei Brutwaben mit nach oben hängen, weil sonst die Bienen nur schwer hinaufzulocken sind. Diese Brutwaben kommen später zum Schlüpfen wieder nach unten. Ein ähnliches (allerdings komplizierteres) Verfahren hat schon in den 50er Jahren die Berliner Bienenwissenschaftlerin E. SCHULZ-LANGNER für leichter faulbrutinfizierte Völker beschrieben. Ihr Name muß seither für die unterschiedlichsten Umhängepraktiken herhalten.

Im *nächsten Jahr* werden die durch Kunstschwarm sanierten Faulbrutvölker und ebenso die vorsorglich behandelten Standvölker ausschließlich mit Mittelwänden erweitert und aufgesetzt. Alle Altwaben, auch die von den nicht als befallen erkannten Völkern, schneidet man aus und trägt für die Desinfektion des Wachses Sorge (s. S. 43).

Die Sulfapräparate sind in Deutschland rezeptpflichtig. Sie müssen von dem zuständigen Amtsveterinär verordnet und nötigenfalls beschafft werden. In manchen Bundesländern – so in *Bayern* – ist ihr Einsatz laut landeseigener Bekanntmachung zum Vollzug der Bienenseuchen-Verordnung üblich und erlaubt. Man sollte wissen, daß die Präparate für Biene und Mensch gleichermaßen ungefährlich sind. Es besteht bei richtiger Anwendung auch weder bei der Herbstreizfütterung noch bei der Winterauffütterung der Völker die Gefahr, daß sich Reste des immerhin sehr stabilen Heilmittels in der Honigernte des nächsten Jahres wiederfinden könnten. Bis dorthin ist das Futter verbraucht. Wenn man bei einer besonders geringen Winterzehrung doch einmal befürchten sollte, daß merkliche Mengen der Wintervorräte bis in die Frühjahrstracht hineinreichen könnten, versteht es sich von selbst, die überschüssigen Vorratswaben zu entfernen. *Die Sorge um die Reinerhaltung des Honigs hat dabei immer im Vordergrund zu stehen.*

Sulfathiazol ist nicht das einzige gegen die Bösartige Faulbrut wirkende Heilmittel. Erfolgschancen bestehen vor allem für *Antibiotika* der Gruppen *Tetracycline* (z. B. *Terramycin* = *Oxytetracyclin*) und *Erythromycine*. Sie werden besonders in *Amerika* angewendet, wo man das Heilmittel mit Vorliebe in *trockener Form* verabreicht. Terramycin gibt es in pulverförmigen Präparaten mit unterschiedlich konzentriertem Wirkstoff. Man mischt das Präparat mit Puderzucker und stäubt es von oben her auf die Brutwaben, bzw. verteilt es mit einem Eßlöffel auf die Wabenträger. Ein krankes Volk soll bei jeder Anwendung ⅕ g reines Terramycin erhalten, wobei die Behandlungen in Intervallen von 1–1½ Wochen durchzuführen sind. Wenn man von dem auch in Deutschland erhältlichen Präparat Terramycin-Hen der Firma Pfizer, Karlsruhe, ausgeht – hier enthalten 100 g des Präparates 5 g reines Terramycin neben einer Reihe von zusätzlichen Vitaminen – empfiehlt es sich, eine Mischung mit der 4-fachen Menge Puderzucker herzustellen. Dann würden 2 gehäufte Eßlöffel (20 g) der Mischung die geforderte Menge Terramycin-Reinsubstanz enthalten.

In stärkerer Verdünnung wird Terramycin in *Flüssigfutter* verwendet. Man rechnet einen gestrichenen Teelöffel (das sind ca. 2 g des Pfizer-Präparates mit 0,1 g Wirkstoff) auf 1 l Zuckerwasser 1:1. Das Antibiotikum wird erst in etwas Wasser aufgeschwemmt, ehe man es dem abgekühlten Zuckerwasser beigibt. Entweder verabreicht man das Heilfutter in kleinen abendlichen Dosen von ¼ bis ½ Liter, oder, was sich als wirksamer erwiesen hat und zudem sparsamer ist, man sprüht das Futter von oben in die Wabengassen. Während das Flüssigfutter stets frisch angemacht werden muß, weil das Terramycin darin besonders *rasch abbaut,* kann man die Trockenmischung mit Puderzucker im Voraus bereiten. Sowohl das Präparat, als auch die Zubereitungen müssen kühl und trocken aufbewahrt und vor Licht geschützt werden.

Terramycin verliert im Futter, auch im Honig, innerhalb weniger Wochen seine Wirksamkeit und ist danach nicht mehr nachweisbar. Trotzdem wird man die Heilbehandlung nur außerhalb der Trachtzeit vornehmen. Die amerikanische Empfehlung, 4 Wochen vor Trachtbeginn damit aufzuhören, würde für mitteleuropäische Verhältnisse bedeuten, daß das Medikament dann nur im zeitigen Frühjahr (März) oder im Spätsommer und Herbst zum Einsatz kommen darf.

In *Amerika* verwendet man außerdem mit offenbar sehr gutem Erfolg einen *Teig aus Speiseöl und Puderzucker,* dem man das Antibiotikum beimengt. Der Teig wird in Form von flachen Fladen, den »patties« (Pastetchen), auf Wachspapier über die Wabenrahmen gelegt. Die Bienen nehmen ihn wegen der Ölkomponente nur sehr langsam ab, was erstens die Wirkung verlängert und zweitens verhindert, daß etwas davon in den Honig kommt.

Bei alledem darf nicht verschwiegen werden, daß der Einsatz von Antibiotika bei stark faulbrutverseuchten Völkern *für sich allein* schwerlich zu einem vollständigen und nachhaltigen Heilerfolg führt. Häufig werden die Krankheitssymptome nur verdrängt oder so weit beseitigt, daß die Existenz der Völker nicht gefärdet wird und ihre Ertragsfähigkeit erhalten bleibt. Bei Absetzen der Heilbehandlung flackert die Krankheit nur allzu leicht wieder auf. Dies ist die Situation in einigen nordamerikanischen Bundesstaaten, in denen die Faulbrut zu einem Dauerproblem geworden ist, zumal man dort auch der Desinfektion der Bienenwohnungen und der Erneuerung des Wabenbaus nicht die genügende

Aufmerksamkeit schenkt. In der Bundesrepublik Deutschland ist der alleinige Einsatz von Heilmitteln zur Faulbrutsanierung nicht erlaubt, und in manchen Bundesländern sind Heilmittel (z. B. Sulfathiazol) grundsätzlich untersagt.

d) Entseuchung von Bau und Beute

Die *Waben* von faulbrütigen Völkern sind Ansteckungsmaterial ersten Grades. Soweit es sich um stark befallene *Brutwaben* handelt, werden sie (evtl. samt den abgetöteten Bienen) in eine ausgehobene Erdgrube geworfen und verbrannt. Das übrige Wabenmaterial der kranken und der scheinbar gesunden Völker sollte nach Möglichkeit baldigst ausgeschieden werden. Dazu läßt man die Bienen bei jeder Gelegenheit so viele Mittelwände wie irgend möglich ausziehen.

Es gibt zwar Vorschläge und Möglichkeiten, die Waben aus Faulbrutvölkern zu desinfizieren – z. B. versuchte man es in England mit *Formaldehyddämpfen,* in Amerika mit *Äthylenoxidbegasungen,* und man hatte auch schon mit gering dosierten Gamma-Bestrahlungen (von Cobald 60) und mit Hoch-Geschwindigkeits-Elektronen-Bestrahlungen Erfolg. Aber all das ist nicht nur sehr umständlich und kostenintensiv, sondern teilweise auch für Mensch und Biene gefährlich und dazu noch nicht einmal sicher. Das ist der Grund, weshalb man bei uns lieber das ganze verdächtige Wabenwerk rigoros einschmilzt und entseucht.

Wer einen handelsüblichen *Dampfwachsschmelzer* besitzt, braucht sich um die Entkeimung des Wachses keine großen Sorgen zu machen. 30 Minuten Einwirkung von überhitztem Dampf genügt, um die Faulbrutsporen zu vernichten. Wer dagegen mit der *Spindelwachspresse* oder anderen Verfahren arbeitet, wobei das Wachs nur knapp die Siedetemperatur des Wassers erreicht, muß für eine nachträgliche Hitzebehandlung Sorge tragen. Das Wachs wird dazu kurzfristig auf *160 °C erhitzt.* Dabei darf im Schmelztopf kein Wasser sein! Schon der kristalline Wassergehalt des Wachses selbst führt zu einem Aufschäumen, wenn die Kochtemperatur des Wassers erreicht wird. Man sollte deshalb einen möglichst großen Schmelztopf verwenden und den Schmelzprozeß dauernd mit dem Thermometer überwachen. Erst wenn das Wachs wieder unter 100 °C abgekühlt ist, darf man etwas warmes Wasser zugeben, damit sich der abgekühlte Wachsblock später aus dem Topf lösen läßt.

Wer seine Waben zum Umtausch gegen Mittelwände an eine *Wachsfabrik* einsendet, sollte an dem Liefergut den Vermerk *»Faulbrutwachs«* anbringen. Zwar trägt die Fabrik durch besondere Verarbeitungstechnik auf jeden Fall einer ordnungsgemäßen Entseuchung des Wachses Rechnung, aber sie muß auch beim Lagern der Wabenlieferung besondere Vorsicht walten lassen, damit Bienen aus der Umgebung keinen Zugang haben.

Von großer Wichtigkeit ist die Entkeimung der *imkerlichen Betriebsmittel.* Beuten, Rähmchen, Absperrgitter und anderes Beutenzubehör sind mit einer 3%igen Ätznatron- oder -kalilauge gründlich zu waschen und gegebenenfalls noch mit der Gaslötlampe abzuflammen. Darüber wurde schon auf Seite 22 berichtet. Abdeckfolien, Strohmatten, Federn u. dgl. wird man besser mit

Tafel I. Bösartige Faulbrut

(Amerikanische Faulbrut)

Erreger:	Bacillus larvae
Infektion:	durch den Mund: Ammen nehmen Sporen beim Zellenreinigen oder mit verseuchtem Honig bzw. Pollen auf und geben sie mit der Brutnahrung an junge Larven weiter
Krankheitsverlauf und Kennzeichen:	langsam; Tod tritt meist erst nach Deckelung auf dem Streckmaden- oder Puppenstadium ein; Larven verwandeln sich in eine gelbbraune, immer dunkler werdende, *gummiartige, fadenziehende* Masse und trocknen zu einem *rauhen, festsitzenden,* an den *unteren Zellwänden* liegenden Schorf ein. Zelldeckel fallen ein, bekommen Risse und Löcher *Geruch* (nur bei frischer Infektion): wenig aufdringlich, an frischen Quark erinnernd
Verbreitung:	durch die Bienen bei Räuberei und Einsammeln von Auslandshonigresten auf Mülldeponien u. dgl. Durch den Imker bei Wabentausch, Völkervereinigung, Verfüttern von verseuchtem Pollen und Honig; Verwendung verseuchten Wachses und verseuchter Beuten Faulbrutsporen bleiben außerhalb des Volkes jahrzehntelang am Leben, halten Trockenheit, Nässe, Hitze und Kälte aus
Bekämpfung:	anzeigepflichtig! (evtl. Wabenprobe zur Nachweissicherung einsenden) Schwache Völker abschwefeln, Bienen und Brutwaben verbrennen; sonst Kunstschwarmverfahren, evtl. kombiniert mit Sulfathiazolbehandlung oder Einsatz von Terramycin (wenn angeordnet) Beuten und Zubehör desinfizieren (Ätzkali 3%); Wachs entkeimen (160° C)

Tafel II. Gutartige Faulbrut

(Europäische Faulbrut, Stinkende Faulbrut, Sauerbrut)

Erreger:	zahlreiche Bakterien, z. B. Melissococcus pluton, Bacillus alvei, Achromobacter euridice, Streptococcus apis, Streptococcus faecalis usw.
Infektion:	wie bei Bösartiger Faulbrut
Krankheitsverlauf und Kennzeichen:	zügig; Maden sterben häufig schon vor der Deckelung, verfärben sich gelb bis schwarzbraun, verwandeln sich in eine *breiige,* manchmal wäßrig-körnige, selten fadenziehende Masse und trocknen zu einem *glatten, glänzenden, locker sitzenden,* häufig *am Zellgrund* liegenden Schorf ein *Geruch* (je nach Bakterienart verschieden): nach Käse oder Fußschweiß (Stinkende F.br.), essigartig (Sauerbrut) oder (selten) geruchlos; niemals wie bei Bösartiger Faulbrut!
Verbreitung:	wie bei Bösartiger Faulbrut Krankheitserreger sind aber weniger widerstandsfähig als Bac. larvae
Bekämpfung:	schwache Völker abschwefeln; befallene Brutwaben verbrennen oder einschmelzen; wirksam sind Tetracycline, z. B. Terramycin, Streptomycin, Erythromycin (nicht zugel.); in hartnäckigen Fällen: Kunstschwarmverfahren Betriebsmittel desinfizieren

verbrennen. Zur Entseuchung der *Imkerkleidung* reicht das Kochen mit einem der üblichen Kochwaschmittel.

Der Honig von faulbrütigen Völkern ist für den Menschen unbedenklich, darf aber *nicht an Bienen verfüttert* werden. Es gibt keine Möglichkeit, ihn zu entseuchen. Auch Erhitzen würde nichts nützen.

e) Die Bösartige Faulbrut ist anzeigepflichtig

Nach der *Bienenseuchen-Verordnung* (Kap. VIII, S. 227ff.) hat schon der Verdacht zur Anzeige dieser gefährlichen Krankheit zu führen. Man benachrichtigt die Kreisverwaltungsbehörde oder gleich das zuständige *Veterinäramt.* Bis die Laboruntersuchung Gewißheit gebracht hat, ist der betreffende Bienenstand für jegliche Veränderung, insbesondere das Herausbringen von Bienen, Bienenprodukten und imkerlichem Zubehör sowie das Hineinbringen von Bienen, gesperrt.

Ist die Bösartige Faulbrut amtlich festgestellt, verhängt das Landratsamt die endgültige *Sperre* über den Seuchenstand und erklärt das Gebiet im Umkreis von mindestens 1 km um den befallenen Bienenstand zum Sperrbezirk. In diesem Bereich ist die Aus- und Einfuhr von Bienen und die Ausfuhr von gebrauchten Beuten, Beutenteilen und anderem gebrauchten imkerlichen Gerät verboten. Ausnahmen machen Bienenprodukte, z. B. Wachs und Waben, wenn sie an einen wachsverarbeitenden und -entseuchenden Betrieb unter Kennzeichnung »Seuchenwachs« abgegeben werden, sowie Honig, der nicht zur Verfütterung an Bienen bestimmt ist. Im Sperrgebiet müssen unverzüglich *alle* Bienenvölker amtstierärztlich untersucht werden. Der Veterinär ordnet entweder die Tötung oder die Behandlung der befallenen Völker an. Die toten Bienen und die Bienenbrut müssen unschädlich beseitigt werden. Die Betriebsmittel sind zu entseuchen. Wegen der staatlichen Entschädigung und der Zeitersparnis kann das Abschaffen von sehr schwachen Völkern manchmal vorteilhafter als ihre Behandlung sein.

Nach der Verordnung gibt es die Möglichkeit, Bienenvölker aus einem Sperrgebiet zu entfernen und in ein anderes Sperrgebiet oder in sehr dringenden Fällen – z. B. wenn die Bösartige Faulbrut während des Wanderns im Wandergebiet oder auf dem Wanderstand selbst festgestellt wird – auch außerhalb des Sperrgebietes, etwa auf den Heimatplatz, zu verbringen. Dazu schreiben die Länder aber strenge, nicht einheitliche Ausnahmebedingungen vor. In jedem Fall muß die Zustimmung der zuständigen Behörde am Zielort eingeholt werden.

Die Schutzmaßregeln werden aufgehoben, wenn die Bienenvölker auf dem verseuchten Stand und im Sperrgebiet zweimal mit negativem Ergebnis nachuntersucht worden sind. Dabei ist die erste Untersuchung frühestens zwei Monate nach der Behandlung, die zweite frühestens acht Wochen nach der ersten Untersuchung und spätestens neun Monate nach der Behandlung durchzuführen. Bei Sanierungsmaßnahmen im Herbst fällt die erste Nachuntersuchung stets ins Frühjahr, wobei ein guter Brutstand der Völker, etwa um die Zeit der Obstblüte, abzuwarten ist. Außerdem müssen Bienenwohnungen und Gerätschaften auf dem befallenen Stand entseucht und vom Amtstierarzt abgenommen worden sein.

Auch wenn man nichts mit Faulbrut zu tun hat oder hatte, braucht man zum Wandern mit den Bienen in der Regel ein begleitendes Gesundheitszeugnis, in dem von der Heimatbehörde das Freisein der Völker von Bösartiger Faulbrut bescheinigt wird. Je nach Bundesland müssen zu diesem Zweck entweder sämtliche Völker des Herkunftsstandes vor der Wanderung untersucht werden, oder es genügt der behördliche Nachweis, daß die Bienen nicht aus einem Faulbrutsperrbezirk kommen (s. S. 32).

2. Gutartige Faulbrut (Tafel II)

Gemessen an ihrer »Bösartigen« Namensvetterin kann man die Gutartige Faulbrut – oder das, was man unter diesem Begriff zusammenfaßt – als relativ harmlos bezeichnen.

a) Keine einheitliche Krankheit

Schon aus der verschiedenen Namensgebung, welche die Krankheit als *Europäische Faulbrut, Stinkende Faulbrut* und *Sauerbrut* ausweist, kann man ersehen, daß es sich hier nicht um eine fest umrissene Krankheit mit einheitlichem Erscheinungsbild und spezifischem Erreger handelt. Vielmehr tritt die Gutartige Faulbrut in verschiedenen Varianten auf, oder es liegen sogar verschiedene Krankheiten vor. Man kennt eine Reihe von Erregern, von denen man nicht immer weiß, ob sie pathogen (krankheitserzeugend) sind, oder ob sie nur als sekundäre Eindringlinge auftreten und das Krankheitsbild entsprechend abändern. Die häufigsten Bakterien, welche mehr oder weniger gleichzeitig in den befallenen Maden vorkommen, sind *Melissococcus pluton, Bacillus alvei, Bacil-*

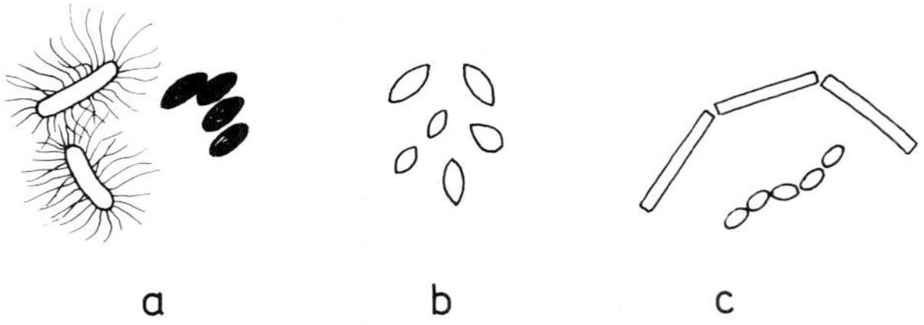

Abb. 7: *Unter den verschiedenen Erregern der Gutartigen Faulbrut befinden sich Stäbchen- und Kugelbakterien (Bacillen und Coccen). Hier einige Beispiele: a) Bacillus alvei: ein mit einem Geißelkranz versehenes Stäbchen, das dem Bac. larvae ähnelt, aber bei beträchtlichen Schwankungen etwas größer ist (2–7 × 0.8–1,2 µm) und niemals Geißelzöpfe ausbildet. Die Sporen sind relativ groß, länglich und legen sich gerne aneinander. b) Melissococcus pluton: ein Kugelbakterium, meist zweiseitig etwas zugespitzt und etwa 1 × 0.6 µm groß. Man trifft die Coccen verstreut, in Ketten angeordnet oder häufchenbildend an. Das Bakterium bildet keine Sporen aus. c) Achromobacter euridice tritt in zwei verschiedenen Formen auf: in langen, glatten Stäbchen und in Coccen, die dem Streptococcus pluton ähneln. Wie dieser bildet das Bakterium keine Sporen.*

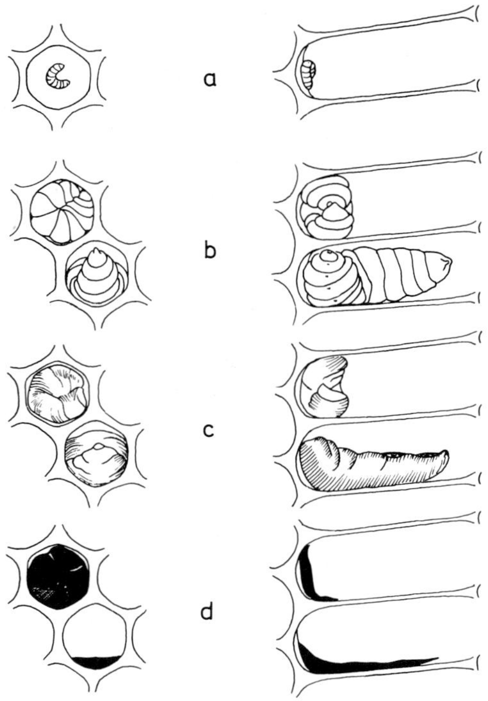

Abb. 8: *Äußerer Krankheitsverlauf der Gutartigen Faulbrut. a) Ansteckungsstadium, b) die Larve entwickelt sich bis zur Rund- oder Streckmade, selten kommt es zur Deckelung, c) der Zellinhalt verwandelt sich in eine meist breiige Masse und trocknet am Zellboden, seltener an der unteren Zellwand, zu einem glänzenden, locker sitzenden Schorf ein (d).*

lus laterosporus, Bacillus gracilesporus, Achromobacter euridice, Streptococcus apis, Streptococcus faecalis und noch andere. Sie sind nur zum Teil sporenbildend (Abb. 7).

Die Maden nehmen zumindest die *krankheitserregenden* Bakterien *durch den Mund* auf. Je nach dem Zusammenspiel der beteiligten Bakterien sterben sie schon auf dem *Rundmadenstadium* oder als Streckmade; sie erleben aber kaum das Vorpuppen- oder Puppenalter. Die Krankheit verläuft somit rascher als bei der Bösartigen Faulbrut.

Zuerst verfärben sich die Maden *gelblich* und werden allmählich dunkler *(braun bis schließlich schwarzbraun)*. Entsprechend dem Befall mit verschiedenen Bakterien kann sich der Madenkörper in eine Masse von unterschiedlicher Konsistenz verwandeln. Sie kann mehr *breiig* oder *wäßrig-körnig* sein. Im Gegensatz zur Bösartigen Faulbrut ist sie aber äußerst selten fadenziehend.

Ausnahmen scheinen bei einem anteilmäßig stärkeren Auftreten von *Bac. alvei* und *Bac. gracilesporus* vorzukommen. Die Fäden ziehen sich niemals so lang wie bei der Bösartigen Faulbrut. Auch fehlt der typische Geruch dieser Krankheit.

In den meisten Fällen riechen die Varianten der Gutartigen Faulbrut bei frischer Infektion sehr unangenehm – oft nach *Fußschweiß* oder *Käse,* weshalb man auch von *»Stinkender Faulbrut«* spricht. Dies besonders bei Anwesenheit von Bac. alvei! Bei stärkerem Auftreten von *Streptococcus faecalis* in den abgestorbenen Maden nimmt die Brut einen *säuerlichen,* an Essig erinnernden Geruch an. Man spricht in diesem Fall von *»Sauerbrut«. Auch geruchlose Formen* sind schon beschrieben worden, wobei *weder Bac. Alvei noch Str. faecalis* anwesend waren.

Manche Autoren meinen, von der Gutartigen Faulbrut als besondere Form die *»Europäische Faulbrut«* abgrenzen zu müssen, und zwar immer dann, wenn im Ansteckungsmaterial das Bakterium *Melissococcus pluton* (früher *Streptococcus pluton*) gefunden wird. Dieses Bakterium, das man sicher als krankheitserregend ansprechen kann, tritt in verschiedenen Erscheinungsformen auf, am häufigsten wird es als ein Bakterium von lanzettförmiger Gestalt beschrieben. Es bildet keine richtigen Sporen aus, aber eine Kapsel, welche den Keim gegen ungünstige Einflüsse schützt. Das Bakterium vermehrt sich hauptsächlich im Larvendarm, was erklärt, daß die von ihm befallene Larve gelegentlich überlebt. Dann kann man das Bakterium in den Fäzes der Larven am Zellboden nachweisen. Die schlüpfenden Bienen sind meist zwergenhaft ausgebildet. Durch die immer vorhandenen verschiedenen Begleitbakterien entsteht aber auch hier kein präzise zu definierendes Krankheitsbild. Auch ist die Bezeichnung *»Europäische Faulbrut«* ebenso irreführend wie das Synonym »Amerikanische« für die Bösartige Faulbrut. Beide Krankheiten sind weltweit verbreitet.

Schließlich muß auch noch erwähnt werden, daß man immer wieder einmal Krankheitserscheinungen beobachten kann, die ganz offensichtlich der Gutartigen Faulbrut zugeordnet werden müssen, obgleich in den abgestorbenen Maden kein einziges Bakterium zu entdecken ist. Eine sichere Erklärung dafür steht aus.

Da die Maden häufig noch vor der Verdeckelung absterben, findet sich der letztlich eingetrocknete Schorf nicht wie bei der Bösartigen Faulbrut in der unteren Zellrinne, sondern vielfach *am Zellgrund.* Auch ist er im Unterschied zu den Brutrückständen bei der Bösartigen Faulbrut in der Regel *glatt* und *glänzend* und läßt sich leicht als *Schuppe aus den Zellen heben* (Abb. 8).

b) Verbreitung und Therapie

Die Verbreitung innerhalb des Volkes und von Volk zu Volk gleicht der bei der Bösartigen Faulbrut (s. dort). Es ist deshalb wie dort schwer möglich, eine spezielle Vorbeuge zu treffen. Glücklicherweise tritt die Krankheit sehr selten seuchenhaft auf. Meist sind nur einzelne Völker befallen, oder der Imker merkt bei schleichendem Verlauf auch gar nichts von der Krankheit, bis sie plötzlich akut werden kann. Sie kann mit Ende des Brutgeschäftes wieder verschwinden, ohne daß der Imker etwas dagegen tun muß.

Die Krankheit ist nicht anzeigepflichtig. Aus diesem Grund darf man beim Töten stärker befallener Völker auch nicht mit einer Entschädigung rechnen. In leichteren Fällen hilft oft schon das Entfernen der Waben, auf denen man die Krankheitsanzeichen entdeckt. Sulfathiazol ist offenbar nicht wirksam. Dagegen scheinen *Antibiotika* pilzlicher Herkunft, besonders *Terramycin, Streptomycin, Erythromycin* besser zu wirken.

Die Antibiotika werden entweder *pulverförmig* in einem Gemisch mit Puderzucker verabreicht oder man verfüttert sie *in Zuckerwasser.* Die Anwendungsweise und die Anwendungskonzentration entsprechen den Verhältnissen bei der Bösartigen Faulbrut (s. S. 41 f.). Man rufe sich ins Gedächtnis, daß die Antibiotika hitze-, licht- und feuchtigkeitsempfindlich sind – und daß man sie, wenn überhaupt, nur mehrere Wochen vor oder besser erst nach der Honigsaison anwenden soll.

Leider konnte ein Einfluß des Putzverhaltens der Bienen auf den Krankheitsverlauf der Gutartigen Faulbrut nicht nachgewiesen werden, und auch sonst ist kein möglicher Resistenzmechanismus bei dieser variablen Krankheit bekannt. Damit dürften auch Umweiselungsmaßnahmen höchstens auf Grund der damit verbundenen längeren Brutpause, nicht wegen des Königinnenwechsels, Erfolg haben. Noch weniger aussichtsreich wäre es, auf eine züchterische Beeinflussung der Krankheit zu hoffen. Wenn man keine Heilmittel einsetzen darf, bei starkem Befall einzelner Völker aber dennoch etwas zu tun gezwungen ist, sollte man wie bei der Bösartigen Faulbrut an das Kunstschwarmverfahren denken oder auch ans Abschwefeln.

3. Andere Brutbakterien

War schon die Gutartige Faulbrut nicht als einheitliche Krankheit zu erkennen, so mag es auch noch andere bakterielle Brutkrankheiten geben, die nicht leicht bestimmbar sind oder wegen ihrer Seltenheit im Schrifttum kaum berücksichtigt werden.

Als Beispiel sei nur ein solcher Fall genannt, der sogar recht eindeutige Symptome aufweist. Die infizierten Maden trocknen nämlich am Ende zu einem gelbbraunen Schorf ein, der bei der Berührung pulvrig zerfällt. Als Erreger hat man *Bacillus pulvifaciens* KATZNELSON festgestellt. Eine wirtschaftliche Bedeutung hat diese Erkrankung aber nicht.

4. Sackbrut (Tafel III)

a) Die Krankheit und ihr Erscheinungsbild

Die äußeren Erscheinungen dieser Krankheit gehen ganz offensichtlich auf eine Störung der sich anbahnenden Puppenhäutung der Larven zurück. Ausgelöst wird der krankhafte Vorgang durch den Befall der Maden mit einem Virus, dem *Sackbrutvirus* (SBV). Es kann unter dem Elektronenmikroskop im Larvengewebe als kugeliges Partikelchen von 28 nm Größe (1 nm = 1 Nanometer = $\frac{1}{1000000}$ mm) relativ leicht identifiziert werden. Biochemisch gehört es in die Gruppe der RNS-Viren (s. S. 34). Die Maden nehmen den Infektionsstoff schon in ihren ersten Lebenstagen mit dem von den Ammen gereichten Futter auf. Das Virus breitet sich im Fettgewebe, in den Muskeln, den Tracheenenden und besonders im Gehirn und in den Nervensträngen aus.

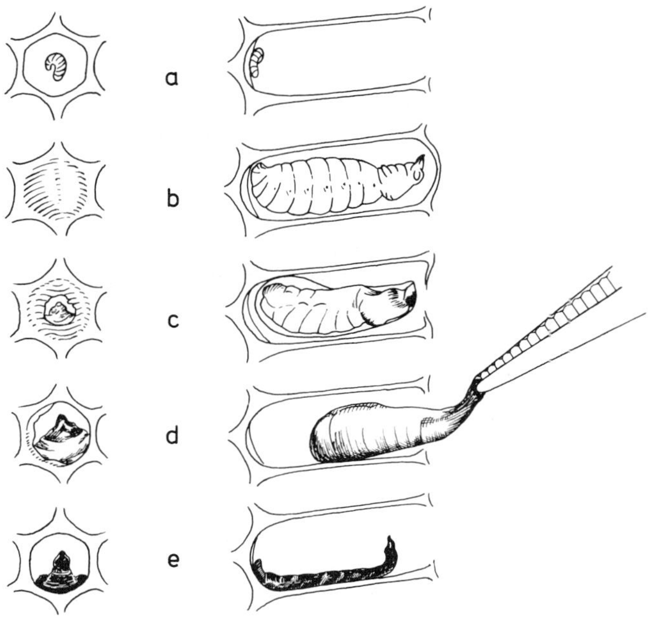

Abb. 9: *Äußerer Krankheitsverlauf der Sackbrut. a) Ansteckungsstadium, b) die Larve entwickelt sich bis zur Vorpuppe, c) zwischen der Larvenhaut und der darunterliegenden Puppenhaut sammelt sich, blasenartig am Hinterende beginnend, wäßrige, hochinfektiöse Häutungsflüssigkeit an, d) die Made läßt sich mit der Pinzette wie ein Sack aus der Zelle ziehen, ohne daß die zähe Larvenhaut platzt, später zerfällt der Inhalt des Sackes zu einer breiigen, geruchlosen Masse und trocknet schließlich zu dem dunkelbraunen charakteristischen Sackbrutschorf mit dem hakenartig vorspringenden Kopfteil ein (e).*

Es ist nicht ausgeschlossen, daß ein Teil der befallenen Larven schon in den noch offenen Zellen eingeht und von den Bienen unverzüglich daraus entfernt wird. Für den Imker ist die Krankheit allerdings erst erkennbar, wenn die Maden auf dem *Vorpuppenstadium* in der gedeckelten Zelle absterben. Dann ähnelt das äußere Bild mit den *einfallenden* und *rissig werdenden Zelldeckeln* nicht selten dem der Bösartigen Faulbrut. Die Krankheitsanzeichen der befallenen Maden sind indessen völlig andere.

Es beginnt damit, daß sich zwischen der Haut der Streckmade und der darunter entstehenden Puppenhaut, am Hinterende beginnend, eine unverhältnismäßig große Flüssigkeitsmenge ansammelt. Die klare oder leicht bräunliche *Häutungsflüssigkeit* scheint deutlich durch die durchsichtige Larvenhaut hindurch. Diese platzt aber nicht, so daß die Puppe sozusagen nicht aus der Haut fahren kann. Man kann die Made mit der Pinzette *wie einen Sack* aus der Zelle herausziehen.

In diesem Zustand ist die Ansteckungsfähigkeit der Larvenmasse besonders groß. Wahrscheinlich nehmen die Bienen beim Versuch, die Maden aus den Zellen zu entfernen, Infektionsmaterial auf und geben es auf dem Futterwege an die gesunden Maden weiter.

Allmählich färbt sich der Larveninhalt, *von vorne nach hinten fortschreitend, dunkel.* Er zerfällt in eine *wäßrig-körnige* – auch jauchige – Masse, ohne daß ein besonderer Geruch wahrzunehmen wäre. Die ausgestreckt in der unteren Zellwandrinne liegende Made trocknet schließlich zu einem *dunkelbraunen Schorf* ein, der häufig noch die Madenringelung erkennen läßt. Dabei knickt das Kopfteil ganz charakteristisch nach oben, was dem Ganzen *das Aussehen eines Hakens* oder *eines Bootskiels* verleiht. Man spricht deshalb auch oft von *»Haken«*- oder *»Schiffchenbrut«*. Der schuppenartige Schorf hat jetzt alle Ansteckungskraft verloren. Er sitzt *locker* und läßt sich ohne Mühe aus der Zelle entfernen (Abb. 9).

Die Sackbrutviren sind auch in den erwachsenen Bienen nachzuweisen. Sie finden sich hauptsächlich im Kopf der Bienen, insbesondere in den Hypopharynxdrüsen, wo sie sich schon einen Tag nach Aufnahme des Infektionsstoffes anzusammeln beginnen. Empfindlich sind besonders die jungen Bienen, die sich hauptsächlich beim Zellenreinigen infizieren. Sie scheinen nicht direkt krank zu werden, beginnen aber früher als andere Bienen zu sammeln und haben auch eine deutlich verkürzte Lebenserwartung. Dadurch ist die Ansteckungsmöglichkeit der Larven offenbar begrenzt, was vielleicht auch erklärt, daß die Sackbrut kaum je als Massenseuche auftritt. Dennoch scheinen die erwachsenen Bienen eine Art Vorratsbehälter für den Krankheitserreger zu sein; so übersteht er auch die brutlose Zeit des Winters. Unter welchen Umständen das Virus allerdings in der Brut wieder pathogen wird, ist vorerst noch nicht geklärt.

b) Verbreitung und Therapie

Die Sackbrut ist keine häufige Bienenkrankheit, obgleich sie lokal gelegentlich auch einmal stärker auftreten kann. Die Verbreitung von Volk zu Volk besorgen

Tafel III. Sackbrut

(Brut-Virose)

Erreger:	Sackbrutvirus (SBV)
Infektion:	wahrscheinlich bei Brutfütterung durch Ammen, welche das Virus in ihrem Gewebe, u. a. auch in der Futtersaftdrüse, beherbergen (ohne selbst sichtbar krank zu werden!)
Krankheitsverlauf:	Das Virus breitet sich in verschiedenen Gewebepartien und im Gehirn der Maden aus. Soweit Maden nicht schon frühzeitig sterben und von den Bienen entfernt werden, erreichen sie das Streckmadenstadium in der gedeckelten Zelle. Am Larvenende sammelt sich zwischen der alten Larvenhülle und der darunter befindlichen Puppenhaut eine übergroße Menge Häutungsflüssigkeit. (Die Made ist in diesem Zustand äußerst ansteckungsfähig.) Später verfärbt sich der Madenkörper, von vorne nach hinten fortschreitend, dunkel und zerfällt in eine *wäßrig-körnige* Masse, die zuletzt zu einem längs der unteren Zellwand ausgestreckten, locker sitzenden, braunen Schorf eintrocknet (nicht mehr ansteckungsfähig!)
Kennzeichen:	s. Verlauf; die Made kann man während ihres inneren Zerfalls mit der Pinzette wie einen Sack aus der Zelle ziehen; der Sackbrutschorf ist am Kopfende *hakenartig* aufgebogen (Schiffchenbrut!)
Verbreitung:	durch Räuberei bei den Bienen; sonst über den Imker durch Austausch von befallenem Wabenwerk und Bienenhandel
Bekämpfung:	Selbstheilung ist möglich (Putztrieb!); in schwereren Fällen befallene Waben entfernen und einschmelzen, evtl. umweiseln Als Medikamente (mit Vorbehalt): Tetracycline, z. B. Aureomycin, Terramycin; (nicht zugelassen!)

in der Natur möglicherweise Räuberbienen. Ansonsten ist der Imker wieder selbst die Ursache, wenn er, ohne die Krankheit erkannt zu haben, Wabenwerk austauscht oder befallene Völker und Ableger einkauft.

Der Krankheitsverlauf ist in den meisten Fällen relativ harmlos. Die fast nur während des Entwicklungsaufstieges der Völker feststellbaren Kennzeichen verschwinden später häufig von selbst.

Wenn auf einem befallenen Stand nur einzelne Völker sichtbar erkranken, könnte das mit dem unterschiedlichen *Putztrieb* der Bienen zusammenhängen; wenn man nicht verschiedene Empfänglichkeit der Bienen dafür verantwortlich machen möchte.

Ein sicher wirkendes Gegenmittel ist bisher noch nicht bekanntgeworden. Der Erfolg beim Einsatz von Antibiotika, als welche *Tetracycline* (z. B. Aureomycin oder Terramycin) in Frage kommen, muß erst noch bestätigt werden. Man verabreicht die Mittel in 50%igem Zuckerwasser (ca. 100 mg/l) in mehreren kleinen Dosen nach der Herbstschleuderung. Möglicherweise hilft diese Maßnahme schon durch die Anregung des Putztriebes.

Im allgemeinen dürfte es aber reichen, wenn man die befallenen Waben entfernt und, je nach dem Umfang der darin enthaltenen Brutmenge, verbrennt oder einschmilzt. Da in der Regel nur einzelne Völker auf dem Stand befallen sind, mag man auch das Kunstschwarmverfahren mit Bauerneuerung in Erwägung ziehen.

B. Pilzliche Brutkrankheiten

Aus der großen Pflanzengruppe der Pilze sind es die Schlauchpilze (Ascomycetes), die hier eine Rolle spielen. Diese Pilze bilden ein reich verzweigtes *Mycel* aus Pilzfäden *(Hyphen),* deren Zellwände aus *Chitin* bestehen. Sie erzeugen nach geschlechtlichen Vorgängen in schlauchförmigen oder rundlichen Behältern (Asci) sogenannte *Ascosporen.* Die Asci sind in der Regel noch einmal in größeren *Fruchtkörpern* zusammengepackt. Daneben gibt es bei einigen dieser Pilze noch eine zweite (ungeschlechtliche) Art der Sporenbildung. Es entstehen, in typischer Weise nach außen abgezweigt, sogenannte *Conidien* (Außensporen), die auf Grund ihrer Dickschaligkeit und ihres massenhaften Auftretens für die Verbreitung des Pilzes besonders bedeutsam sind. Bei den Brutkrankheiten der Bienen lernen wir Pilze beider Vermehrungsarten kennen.

Die zwei wichtigsten durch »Schimmelpilze« hervorgerufenen Krankheiten sind die häufiger auftretende *Kalkbrut* und die relativ seltene *Steinbrut.* Sie werden wegen der harten Beschaffenheit der pilzbefallenen Maden unter der gemeinsamen Bezeichnung *Hartbrut* zusammengefaßt.

1. Kalkbrut (Ascosphaera-Mycose) (Tafel IV)

a) Die Krankheit und wie man sie erkennt

Verursacher ist der »Schimmelpilz« *Ascosphaera apis* (früher: *Pericystis apis).* Seine Ausbreitung erfolgt durch winzige, leicht ovale, etwa 3 µm lange (Asco-) *Sporen.* Sie gelangen in der Regel mit dem *Larvenfutter in die Rundmaden,* aber die Infektion kann auch *über die Körperoberfläche* geschehen. Im Mitteldarm der Made, besonders am Darmende, keimen die Sporen unter starker Vergrößerung ihres Volumen aus. Die hervortretenden Pilzfäden durchbrechen die Darmwand und entwickeln in der Körperhöhle der Made ein verzweigtes *Mycelium.* Es füllt zuerst den hinteren Teil der Made und wuchert dann nach vorne. Die außen am Madenkörper gelandeten Sporen müssen mit ihrem

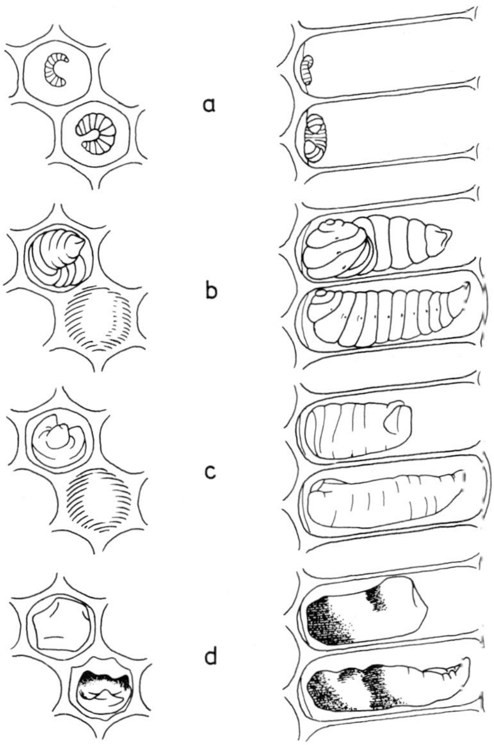

Abb. 10: *Krankheitsverlauf der Kalkbrut. a) Ansteckungsstadium, b) die Larve entwickelt sich bis zur Streckmade oder Vorpuppe, c) sie verfärbt sich gelb und nimmt eine lederartige Beschaffenheit an. d) als Endstadium bilden sich harte Mumien, die durch Sporenbildung besonders im mittleren und hinteren Bereich grauschwarz oder graugrün gefleckt sind und locker in der Zelle sitzen.*

Keimschlauch erst die Chitinhaut der Made durchdringen, um ihr Pilzgeflecht in der Made ausbilden zu können. Die Larven sterben in der Regel als *Streckmade* oder *Vorpuppe*, meist in der bereits verdeckelten Zelle. Sie verfärben sich *mattgelblich,* werden *schwammig, lederartig* und schließlich *harte Mumien.* Das Pilzgeflecht kann auch die Madenhaut durchstoßen und breitet sich dann an der Oberfläche als weißer flaumiger Überzug aus. An der Madenoberfläche kommt es auch zur Sporenbildung (Abb. 10).

Ascosphaera apis bildet zweierlei Pilzmycelien aus: männliche und weibliche. Das männliche wächst etwas schneller, besitzt einen mehr gelblichen Farbton und ist etwas feingliedriger als das weibliche. Wenn die verschiedengeschlechtlichen Pilzfäden miteinander in Berührung kommen, bilden sich Geschlechtsorgane aus. Das zylindrische (männliche) Antheridium entläßt seinen Inhalt in das kugelige (weibliche) Oogonium, worauf dieses zu einer bräunlichen, zuletzt fast schwarzen runden Kapsel, dem Fruchtkörper, heranwächst. Darinnen entstehen zahlreiche runde Ballen (Asci), die mit den Sporen angefüllt sind (Abb. 11). In den Asci sind beide Geschlechter von Sporen, die äußerlich nicht zu unterscheiden sind, im gleichen Zahlenverhältnis gemischt. Die Fruchtkörper, auch *Sporangien* geheißen, entwickeln sich massenhaft, besonders am hinteren und mittleren Teil der Madenmumien. Dadurch bekommen diese *schmutzig-dunkelgrüne* bis *grauschwarze* Flecken oder nehmen später insgesamt diese Färbung

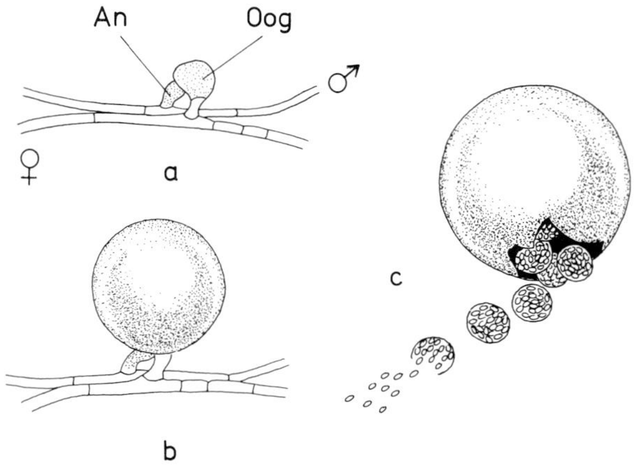

Abb. 11: *Der Erreger-Pilz der Kalkbrut, Ascosphaera apis, ist getrenntgeschlechtlich. Wenn männliches und weibliches Mycel gleichzeitig eine Made befallen, kommt es an den Berührungsstellen zur Ausbildung von Geschlechtsorganen (a). Nachdem sich das (männliche) Antheridium (An) und das (weibliche) Oogonium (Oog) vereinigt haben, wächst letzteres zu dem kugelförmigen, dunkelfarbigen Fruchtkörper, dem »Sporangium« aus (b). Darin bilden sich runde Ballen (Asci) mit den Sporen. Die Sporangien platzen und entlassen die Sporenballen, welche ebenfalls bersten und dabei die elliptischen Sporen beiderlei Geschlechtes freigeben (c).*

an. Wenn gelegentlich eine Made nur von Mycelien eines einzigen Geschlechtes durchwuchert wird, kommt es zu keiner Fruchtkörperbildung und die Mumien bleiben weiß.

Es hat den Anschein, daß der Pilz in *zwei voneinander unabhängigen Varianten* auftritt, einer mit kleineren (ca. 70 µm) und einer mit größeren (ca. 130 µm) Sporangien. Darauf kam man, als man den Pilz untersuchte und die kalkbrütigen Waben eine Zeitlang außerhalb des Volkes aufhob. Bei niedrigen Temperaturen scheint sich die Form mit größeren Fruchtkörpern zu entwickeln. Überhaupt scheint der Pilz in vorübergehend unterkühlter Brut besonders gut zu gedeihen. Bei 30 °C ist die Fruchtkörperbildung am ausgeprägtesten.

Die Kalkbrutmumien *sitzen locker* in den Zellen. Wenn man die Wabe schüttelt, hört man es darin *klappern.* Nach Öffnen der Zelldeckel fallen die Mumien heraus. Sie lassen häufig noch deutlich den Madenkörper erkennen. Es kommt aber auch vor, daß die Made noch *vor der Deckelung* abstirbt und verpilzt. Dann bildet sie in der Zelle einen weißen *Pfropfen,* der sich mit Fruchtkörpern überziehen und dann an graugrünen Pollen erinnern kann (Abb. 12).

Für die Bienen ist es ein leichtes, die *Kalkbrutmumien* aus den Zellen zu ziehen und aus dem Stock zu entfernen. Oft wird man durch das Erscheinen der weißen oder weißgrau gefleckten harten Gebilde auf dem Flugbrett überhaupt erst auf die Krankheit aufmerksam (Abb. 13).

b) Verbreitung und Therapie

Die reifen Sporangien des Kalkbrutpilzes platzen auf und entlassen zahlreiche runde Ballen, die ihrerseits eine Unzahl von Sporen freigeben. Diese sind außerordentlich *leicht verstäubbar.* Die Bienen bringen sie durch Verflug oder bei Räubereien mit nach Hause. Es scheint auch, daß gemeinsame Wasserstellen und viel beflogene Blüten bei der Übertragung eine Rolle spielen. Die Sporen sind außerhalb des Wirtes äußerst haltbar und können in Winkeln der Bienenbeute, im Erdboden, aber auch im Honig und im Wachs über Jahre,

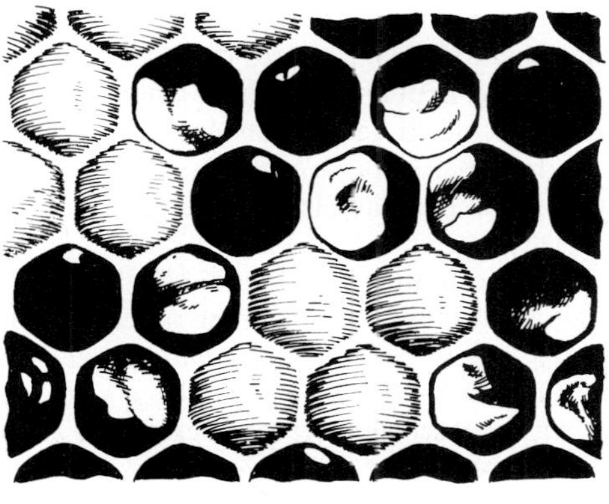

Abb. 12: *In den noch offenen oder wieder geöffneten Zellen erkennt man die teils weißen, teils durch Sporenbildung graugrün gefärbten Mumien. Die Färbung ist von oben nicht immer erkennbar, da sie zuerst im hinteren Körperbereich auftritt.*

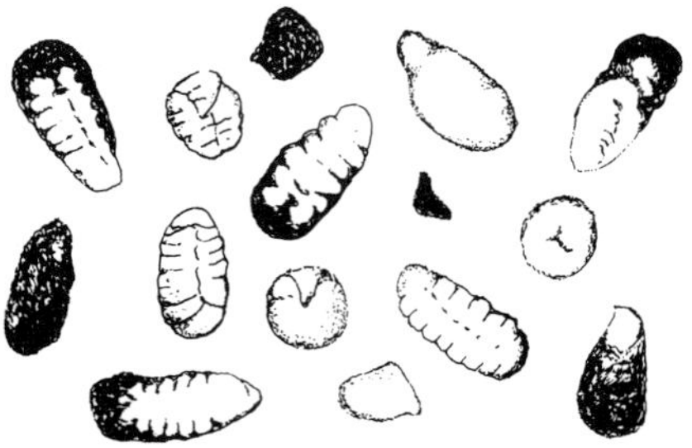

Abb. 13: *Die Kalkbrutmumien, mit oder ohne Sporenrasen, werden von den Bienen aus den Zellen entfernt und zum Stock hinausgetragen. Man findet sie oft zuhauf auf dem Beutenboden und vor dem Flugloch.*

wenn nicht Jahrzehnte, ansteckungsfähig bleiben. Sicherlich befinden sie sich in manchem Bienenvolk, ohne daß es zum Ausbruch der Krankheit kommt.

Mehr als die Biene selbst kommt wohl der Mensch als Überträger der Krankheit in Frage. Wenn man Kalkbrut auf dem Stand entdeckt, sollte man mit dem Austausch von Waben vom einen zum anderen Volk vorsichtig sein. Natürlich kann man die Kalkbrut auch durch den Bezug von Völkern oder Ablegern »einkaufen«, und auch die Verfütterung von Pollen unbekannter Herkunft ist nicht ungefährlich.

Der Verlauf der Krankheit auf dem Stand ist meist verhältnismäßig harmlos. Häufig sind nur einzelne Völker befallen, oft auch nur einzelne Zellen. Immer wieder kommt es aber auch zu besorgnishaftem Auftreten. Mag sein, daß der Imker manchmal die Schwere der Krankheit auch nicht erkennt, da die Bienen ihre Spuren weitgehend beseitigen.

Es hat den Anschein, daß die Kalkbrut durch *Kühle und Feuchtigkeit* gefördert wird. Das Pilzmycel scheint in leicht unterkühlter Brut am besten zu gedeihen. Häufig wird der Pilz im *Vorsommer* und in schwächeren Völkern registriert. Vielleicht befällt er auch aus diesem Grunde besonders gerne die randständige *Drohnenbrut.* Oft tritt Kalkbrut in Verbindung mit anderen Brutkrankheiten *(Bösartiger Faulbrut, Sackbrut,* aber offenbar nicht gemeinsam mit *Gutartiger Faulbrut)* auf. Es wird behauptet, daß auch *betriebliche Maßnahmen,* bei denen das Brutnest, etwa zur Schwarmvorbeugung, vorübergehend stark auseinandergezogen wird, die Kalkbrut fördert. *Streßfaktoren* im Bienenvolk mit zu viel Brut und zu wenig Bienen, etwa nach Abgang eines Schwarms oder in einem schlecht gemachten Ableger, können zu erhöhter Anfälligkeit führen. Auch *altes Wabenwerk* soll das Auftreten von Kalkbrut begünstigen. Manche Imker machen das Einkommen *dünnflüssigen Honigs* für die Krankheit verantwortlich.

Es ist offensichtlich, daß die Kalkbrut in manchen – in der Regel *feuchten* – Jahren stärker in Erscheinung tritt als in anderen (trockneren). *Nasse Standlagen* scheinen der Krankheit entgegenzukommen.

Dunkle Bienen sollen anfälliger sein als die *Carnica-* und *Italiener*-Rasse. Überhaupt scheinen neuere Versuche die alte Vermutung zu bestätigen, daß die Bienen von ihrer erblichen Veranlagung her gegenüber der Krankheit unterschiedlich infektionsgefährdet sind. Dabei zeigte sich, daß die genetische Widerstandsfähigkeit von mehreren Faktoren abhängen kann. Ebenso wie bei der *Bösartigen Faulbrut* spielen offenbar die Arbeitsbienen des Volkes mit ihrem angeborenen Putzverhalten die entscheidende Rolle. Je früher die Zellen mit den abgestorbenen Maden entdeckelt werden und der Inhalt daraus verschwindet, desto weniger Sporen können heranreifen und sich im Volk ausbreiten. Daneben scheint auch bei dieser Krankheit der Ventiltrichter am Ende der Honigblase von Bedeutung zu sein. Damit filtern die Bienen aus dem eingesammelten Nektar mit den Pollenkörnern auch Kalkbrutsporen heraus. Erbliche Leistungsunterschiede dieses Organs könnten sich auf die Infektionsanfälligkeit des Volkes auswirken. Weiter will man erkannt haben, daß die Larven selbst (wie bei der *Bösartigen Faulbrut*) unterschiedlich empfindlich gegenüber der Krankheit reagieren. Und schließlich ist auch hier nicht auszuschließen, daß es verschieden virulente (= lebenskräftige) *Ascosphaera-Stämme* gibt, die unterschiedlich große Schäden anrichten können.

Es wird selten notwendig sein, kalkbrutkranke Völker ganz zu beseitigen. Schwache Völker sollte man *einengen.* Findet man sehr stark befallene Waben, mag man sie aus dem Volk entfernen. Man hat beobachtet, daß die Krankheit häufig nur auf ganz bestimmten Waben zu finden ist. Benachbarte Waben scheinen über lange Zeit »gesund« zu bleiben. Bei stärker verstreutem Befall kann man auch die Brutwaben *im Honigraum* zusammenstellen und die Königin im Brutraum auf neue Waben, bzw. Mittelwände, setzen. Auf diese Weise bringt man die befallenen Waben rascher aus dem Volk. Nicht immer aber hat man damit auch die Kalkbrut los – wie selbst die Bildung eines Kunstschwarms kein Allheilmittel darstellt.

Wenn die Krankheit häufiger auftritt und dann den ganzen Stand erfaßt, sollte man prüfen, ob sich nicht ein günstigerer, *weniger feuchter und wärmerer Aufstellungsplatz* für die Völker finden läßt. Dagegen sollte man es bei nur vereinzeltem Befall mit dem *Umweiseln* der betroffenen Völker versuchen. Meist verschwinden danach die Kalkbrutsymptome schnell. Das ist ein deutlicher Hinweis auf die erbliche Komponente der Krankheit und gleichzeitig ein Fingerzeig, daß es auch eine Möglichkeit gibt, auf *züchterischem Weg* eine größere Widerstandsfähigkeit der Bienen gegen die Kalkbrut zu erzielen.

Die Heilbehandlung der Kalkbrut mit *Medikamenten* ist bis heute aus dem Versuchsstadium nicht herausgekommen – und entsprechend vielseitig sind auch die dazu gemachten Vorschläge. Da sich die Berichte über Erfolg und Mißerfolg in der Literatur die Waage halten, vermag ich hier auch keine Empfehlung zu geben und muß im Gegenteil vor eigenmächtiger Anwendung und Experimenten warnen. Dennoch erscheinen mir einige Hinweise angebracht.

Zunächst sind da Versuche, die die Ausbreitung des Pilzes durch Besprühen der Brutwaben mit *gelinden Desinfektionsmitteln* verhindern sollen. Natürlich dürfen dabei weder Brut noch Bienen geschädigt werden. Man will mit einer 0,7%igen (warm bereiteten) wäßrigen *Thymolaufschwemmung* Erfolg gehabt

Tafel IV. Kalkbrut

(Ascosphaera-Mycose)

Erreger:	Ascosphaera apis
Infektion:	Pilzsporen gelangen entweder durch den Mund oder über die Körperoberfläche in die Rundmaden
Krankheitsverlauf:	Sporen keimen aus und Pilzmycel durchwuchert den Madenkörper. Maden sterben als Streckmade oder Vorpuppe, häufig in der bereits gedeckelten Zelle; verwandeln sich in harte, *weißlich-gelbliche* Mumien. Durch Sporenbildung, vorwiegend am hinteren und mittleren Körperteil, entstehen *schmutzig-dunkelgrüne* Flecke
Kennzeichen:	s. Verlauf; Mumien sitzen *locker* in den Zellen, klappern beim Schütteln; gerne wird Drohnenbrut befallen; erster Hinweis durch herausgetragene Mumien vor dem Flugloch!
Verbreitung:	natürlicherweise durch Übertragung der leicht verstäubenden Sporen bei Räuberei und Bienenverflug. Sporen können im Honig und wahrscheinlich auch im Bienendarm überwintern. Sie sind außerhalb des Volkes jahrelang lebensfähig. – Der Imker trägt zur Verbreitung durch Verstärken, Vereinigen, Wabentausch, Kauf von befallenen Ablegern und Völkern u. dgl. bei. – Kaltes und feuchtes Wetter fördern die Krankheit
Bekämpfung:	meist Selbstheilung! Besonders stark befallene Waben aus dem Volk entfernen; frischer Bau bzw. bauen lassen helfen nicht immer. Umweiseln. Für trockenen Standplatz sorgen, keine Feuchtigkeit in den Kästen dulden. Honig aus kalkbrutbefallenen Völkern nicht an Bienen verfüttern Als Medikamente: Natriumproprionat + Sorbinsäure u. div. andere: Sprühdesinfektion mit versch. Mitteln; (Keine Zulassung!)

Tafel V. Steinbrut

(Aspergillus-Mycose)

Erreger:	Aspergillus flavus
Infektion:	wie bei Kalkbrut Der Pilz befällt aber auch *erwachsene Bienen,* welche die Sporen durch den Mund aufnehmen
Krankheitsverlauf:	Aus den Sporen wachsendes Pilzgeflecht tötet die Maden auf dem Streckmaden- und Vorpuppenstadium, meist in der verdeckelten Zelle. Maden erhärten, überziehen sich mit einem *weißgräulichen* Pilzbelag, der häufig durch die Zelldeckel hindurchwächst. Er bildet vornehmlich an der Madenspitze einen *hellgrünen bis braun- oder graugrünen* Sporenrasen aus
Kennzeichen:	s. Verlauf; die steinharten Mumien sitzen *fest* in den Zellen. Bienen nagen oft die Zellwände um sie ab Mit dem Pilz befallene Bienen bekommen harten Hinterleib, krabbeln müde vor dem Stand; nach ihrem Tod wächst das Pilzgeflecht aus den Hinterleibsringen und bildet Sporen
Verbreitung:	wie bei Kalkbrut. Der in der Natur nicht seltene Pilz könnte mit dem Sammelgut ins Volk gebracht werden
Bekämpfung:	Wegen der Seltenheit und relativen Gefährlichkeit der Krankheit empfiehlt sich das Abtöten der befallenen Völker. Befallene Brutwaben und tote Bienen verbrennen. Übriges Wabenwerk regulär einschmelzen. Honig aus steinbrutbefallenen Völkern nicht an Bienen verfüttern Die Pilzsporen können beim Menschen durch Einatmen Schleimhautentzündungen hervorrufen. Bei Behandlung befallener Völker feuchtes Tuch vor Mund und Nase binden

haben. Aber auch andere gegen Schimmelpilze wirkende und leicht erhältliche Mittel *(Chloramin, Kaliumsorbat, Soloxin, Fesiaform, Chinosol, Invert-Seifenlösung mit Natriumproprionat)* wurden geprüft. Bei wiederholten, in kurzen Abständen erfolgenden Anwendungen blieb das Ergebnis zumindest unsicher.

Der Einsatz von *Heilmitteln im Bienenfutter* ist wegen der Rückstandsfrage im Honig problematisch. Man hat schon die verschiedensten das Pilzwachstum hemmenden Substanzen probiert, ohne sich über ihre Wirksamkeit immer klar geworden zu sein. Zumindest Teilerfolge werden den beiden relativ harmlosen Konservierungsmitteln *Natriumproprionat* und *Sorbinsäure* nachgesagt, die auch in vielen unseren Lebensmitteln Verwendung finden. Amerikanische Rezepte sprechen von 1–2 g des kombinierten Mittels auf 1 l Zuckerwasser (1 : 1) bzw. 1 kg Zuckerteig und empfehlen eine Verabreichung in der Art einer Reizfütterung. Versucht hat man es mit mykoziden (gegen Pilze wirkenden) Antibiotika wie *Nystatin* und *Amphoterizin*. Offenbar erfolgreich verliefen polnische Behandlungsversuche mit dem Präparat »Ascozidin« (einem Cholinsalz von N-Glucosylopolyfungin; derzeit nur in Polen erhältlich). Je 100 mg des Mittels werden in 250 ml 50%igem Zuckerwasser 5mal in 4tägigen Abstand auf Brut und Bienen gesprüht. Wirksam soll auch die Verabreichung von Pflanzenölen *(Thymian, Origanum, Bohnenkraut)* im Zuckerfutter sein. Hierbei schreibt man dem Gehalt an Carvacrol (besonders hoch im Winterbohnenkraut *Satureja montana*) eine besondere Bedeutung zu. Bei der Anwendung in Flugräumen hat sich das Konservierungsmittel *Nipagin* (2 g/l) hervorgetan. In jüngerer Zeit wiesen amerikanische Arbeiten auf einen hemmenden Einfluß von natürlicherweise im Bienenvolk (besonders in den Pollenvorräten) vorkommenden Schimmelpilzen und diversen Bakterienstämmen auf den Kalkbruterreger hin. Man hält es für möglich, durch zusätzliches Einbringen solcher Mikroorganismen ins Bienenvolk bzw. ins Bienenfutter den Krankheitsverlauf günstig beeinflussen zu können. Aber vorerst ist man von einer mikrobiellen Bekämpfungsweise der Kalkbrut noch weit entfernt, wie überhaupt noch keines der genannten und weiterer ungenannter möglicher »Heilmittel« in der Praxis Fuß fassen konnte. – In der Bundesrepublik gibt es zur Zeit kein amtlich zugelassenes Mittel gegen die Kalkbrut.

Aber eine andere Überlegung ist hier angebracht: Bei allen Versuchen, die Krankheit mit Medikamenten zu bekämpfen, ob im Sprühverfahren oder durch Fütterung, ist nicht ausgeschlossen, daß eine gewisse sporenreinigende Wirkung allein schon durch den damit angeregten stärkeren *Putztrieb* der Bienen zustande kommt. Dasselbe müßte sich dann aber auch mit der Verfütterung von kleinen Mengen gewöhnlichen Zuckerwassers erreichen lassen. Und tatsächlich will man mit dieser recht simplen Maßnahme auch schon erfolgreich gewesen sein.

Der *Putztrieb* der Bienen ist bei jeder durch Mikroorganismen verursachten Brutkrankheit von Bedeutung. Völker, bei denen er gering ausgebildet ist, erkranken leichter. Wahrscheinlich hängt auch die oft beobachtete *unterschiedliche Anfälligkeit* der Völker für die Kalkbrut damit zusammen. Wenn die

Krankheit nur in einzelnen Völkern auftritt, verschwinden ihre Erscheinungen oft recht schnell, nachdem man sie *umgeweiselt* hat. Wir haben aus diesem Grund Anlaß, anzunehmen, daß man auf *züchterischem Weg* eine größere Widerstandsfähigkeit der Bienen gegen die Krankheit zu erzielen vermag.

Die Desinfektion von Kalkbrutwaben außerhalb des Volkes ist wenig wirksam. Die Kalkbrutsporen widerstehen Schwefel- und Formaldehyddämpfen. Allerdings sind sie dem *Äthylenoxid,* mit dem man in Amerika jahrelang die mit Bösartiger Faulbrut befallenen Waben behandelt hat, nicht gewachsen. Wir sind in Deutschland weder für eine solche Behandlung eingerichtet, noch erscheint sie uns der Giftigkeit des Mittels wegen als zweckmäßig. Alle Waben mit sichtbaren Kalkbrutresten schmilzt man ein. Dazu ist *jedes Wachsgewinnungsverfahren* geeignet, da der Pilz dabei zugrunde geht.

Auch bei den pilzlichen Krankheiten sollte man für eine gründliche *Desinfektion der Beute und der Betriebsmittel* sorgen. *Honig* aus kalkbrutbefallenen Völkern sollte nicht mehr an Bienen verfüttert werden.

2. Steinbrut (Aspergillus-Mycose) (Tafel V)

a) Die Krankheit und ihre Erkennung

Der pilzliche Erreger ist hauptsächlich *Aspergillus flavus,* wenn auch gelegentlich noch andere Aspergillusarten beteiligt sein können. Der Pilz infiziert mit seinen mikroskopisch kleinen, ca. 6 μm messenden, runden Sporen die Maden in derselben Weise wie der Kalkbruterreger – also entweder durch den Mund oder über die Außenhaut. Auch tötet er die Larven durch sein im Körperinneren auswucherndes Mycel in der Regel erst auf dem *Streckmaden-* oder *Vorpuppenstadium,* nachdem die Zelle gedeckelt ist. Das weißgräuliche Pilzgeflecht wächst zuletzt aus der Made heraus, umwuchert sie und dringt nicht selten durch die Zelldeckel nach außen (Abb. 14).

Anders als bei der Kalkbrut sind bei der Aspergillus-Mycose die Mumien *fest in die Zellen eingesponnen* und lassen sich nur schwer entfernen. Sie bilden vornehmlich am vorderen Körperende *gelbgrüne* bis *graugrüne* (Asp. fumigatus) Sporenrasen aus. Die Masse der Sporen entsteht hier nicht in geschlossenen Sporangien, sondern die Sporen werden an den strahlenförmigen Fortsätzen aufrechtstehender Hyphenäste äußerlich abgeschnürt. Das Ganze erinnert an einen Weihwasserwedel oder an den Sprenger einer Gießkanne, was dem Pilz den Namen *Gießkannenschimmel* eintrug (Abb. 15). Die *Conidien,* wie diese hartschaligen, warzigen Sporen heißen, stellen die *ungeschlechtliche Vermehrungsform* des Pilzes dar. Daneben ist auch noch eine geschlechtliche Vermehrung möglich, wenn sie auch wenig in Erscheinung tritt. Es gibt hier auch keine getrennt-geschlechtlichen Mycelien wie bei Ascosphaera (Kalkbrut), sondern die männlichen und weiblichen Geschlechtsfortsätze wachsen aus dem gleichen Mycel heraus. Nach komplizierten Vereinigungsvorgängen bilden sie einen geschlossenen Fruchtkörper, welcher nach dem Zerfall relativ wenige Ascosporen freigibt.

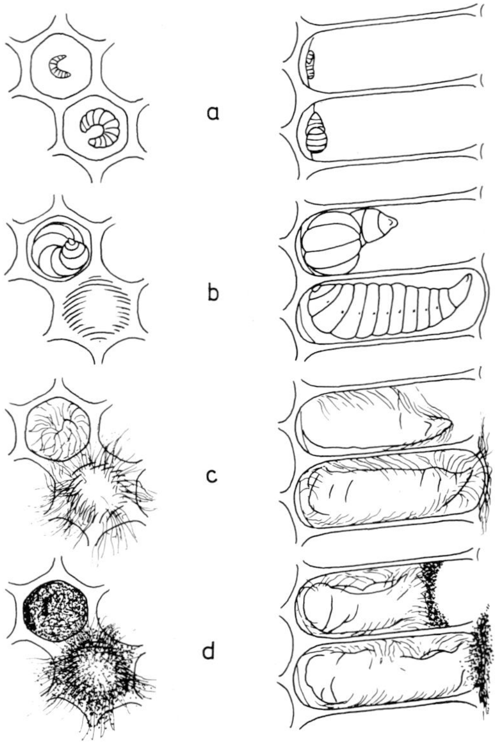

Abb. 14: *Äußerer Krankheitsverlauf der Steinbrut. a) Ansteckungsstadium, b) die Larve entwickelt sich bis zur Streckmade oder Vorpuppe, c) das weißgraue Pilzmycel wächst aus dem Madenkörper heraus und verspinnt die Brut fest mit der Zelle; häufig durchdringen die Pilzfäden den Zelldeckel, d) der meist gelbgrüne Sporenrasen bildet sich hauptsächlich am Vorderende der verpilzten Brutstadien und über den Zelldeckeln.*

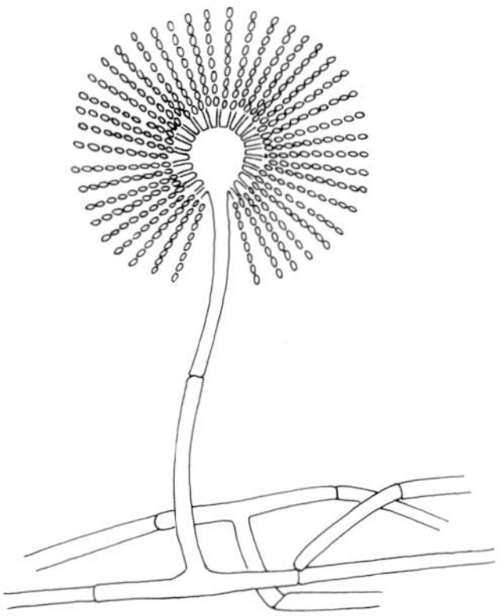

Abb. 15: *Der pilzliche Erreger der Steinbrut, Aspergillus flavus, ist zweigeschlechtlich und bildet nur eine Art von Pilzmycel aus. Neben der unbedeutsamen, wenig Sporen erbringenden geschlechtlichen Vermehrung steht hier die ungleich ergiebigere ungeschlechtliche Vermehrung. Sobald die relativ dickwandigen Hyphen aus der Mumie hinauswachsen, bilden sich kolbenförmige Sporenträger, die von einem Kranz unverzweigter Sporenästchen (Sterigmen) umgeben sind. Davon schnüren sich die anfangs goldgelben, später gelblich-grünen Conidien ab.*

Wie bei der Kalkbrut entwickelt der Pilz an manchen Mumien keine Sporen, so daß deren Dunkelfärbung ausbleibt. Der Grund hierfür ist unbekannt. Die Bienen vermögen die befallenen Maden nur schwer aus den Zellen zu entfernen. Sie nagen manchmal die Zellwände darum ab und überziehen die Mumien mit dicken Kittharzlagen.

b) Der Pilz befällt auch Bienen und ist eine Gefahr für den Menschen

Die Aspergillus-Mycose geht nicht selten von der Bienenbrut auf die *erwachsenen Bienen* über. Die Sporen können – wie im Darm der Larven – auch im Verdauungstrakt der Bienen auswachsen und deren Körperinneres durchwuchern. Die befallenen Bienen krabbeln dann müde vor dem Stand umher und bekommen einen harten Hinterleib. Wenn sie gestorben sind, wächst der Pilz aus den Hinterleibsringen heraus und bildet Sporen.

Als einzige Bienenkrankheit kann die Aspergillus-Mycose auch dem *Menschen gefährlich werden.* Die infolge ihres freien Sitzes besonders leicht verstäubenden Conidien werden vom Menschen eingeatmet und können hier lästige Entzündungen in Nase, Hals und Augen hervorrufen. Schlimmstenfalls kann sich sogar eine Art Lungenentzündung entwickeln. Der Imker sollte deshalb beim Umgang mit steinbrutbefallenen Völkern vorsichtshalber ein feuchtes Tuch vor Mund und Nase binden und häufiger die Hände waschen; auch sollte er seine Arbeitskleidung einer besonderen Reinigung unterziehen.

c) Verbreitung und Gegenmaßnahmen

Wie der Kalkbruterreger kann der Pilz durch Verflug oder Räuberei von Volk zu Volk übertragen werden. Natürlich sorgt der Imker auch selbst wieder durch mancherlei falsche »Pflegemaßnahmen« für die Verbreitung des Pilzes, wie er ihn auch durch Völker- und Bienenkauf oder mit alten Bienenwohnungen auf seinen Stand schleppen kann. Vorsicht vor fremden Handelspollen!

Der Schimmelpilz ist indessen in der Natur im Erdboden, im Blütenstaub und zwischen Sämereien weit verbreitet, und man nimmt an, daß die Bienen ihn auch mit dem Pollen eintragen können. Wenn gelegentlich das Auftreten des Pilzes mit bestimmten, besonders reichlichen Pollentrachten zusammenfiel, sollte man trotzdem nicht zwingend daraus schließen, daß hier eine direkte Verbindung bestehen muß.

Leider hat man gegen die Aspergillus-Mycose noch *kein sicher wirkendes Mittel* gefunden. Man könnte die gegen Kalkbrut angewendeten und andere pilzliche Hemmstoffe versuchen. Man könnte auch das befallene Wabenmaterial ausscheiden und die Völker im Kunstschwarmverfahren auf neuen Bau setzen. Bei der Seltenheit der Krankheit, aber auch wegen ihrer Gefährlichkeit für den Menschen, ist es jedoch entschieden das beste, die befallenen Völker zu töten und den Bau einzuschmelzen.

Desinfektion der Betriebsmittel wie bei der Kalkbrut! Wie dort sollte man auch bei einem Steinbrutfall Honig aus dem erkrankten Volk nicht an Bienen weiterverfüttern.

3. Andere Brutpilze

Es ist nicht ausgeschlossen, daß der Imker gelegentlich eine Pilzkrankheit auf seinem Bienenstand zu Gesicht bekommt, die nicht in die hier behandelten Krankheitsbilder hineinpaßt. So etwas ist zwar sehr selten, aber es gibt Hinweise dafür. Erreger können Aspergillus-Arten oder andere Pilzgattungen sein. Beispielsweise wurde eine Brutkrankheit beschrieben, die durch *Aspergillus niger* hervorgerufen wurde und die sich in der Weise äußerte, daß die befallenen Maden in schnupftabakartiges *schwarzes Pulver* zerfielen. Solchen Ausnahmeerscheinungen brauchen wir hier nicht weiter nachgehen, da sie keine praktische Bedeutung haben.

C. Durch Milben verursachte Brutkrankheiten

Milben gehören zu den Spinnentieren (Arachnoiden) und stellen deren artenreichste Ordnung dar. Bei ihnen sind Kopf-Brustabschnitt und Hinterleib zu einem ungegliederten Körper verschmolzen. Die Milben haben im Gegensatz zu den Insekten im ausgewachsenen Zustand vier Beinpaare. Nur das erste Larvenstadium kommt in der Regel mit drei Paar Beinen zur Welt. Die meisten Vertreter sind mikroskopisch klein. Viele leben als Parasiten oder von faulenden und verwesenden Stoffen. In Verbindung mit den Bienen treffen wir auf Milben jeder Lebensform. Manche sind für sie gefährlich; die schlimmste schmarotzt an der Bienenbrut.

1. Brutmilbenkrankheit (Varroatose) (Tafel VI)

1977 wurde in der Bundesrepublik Deutschland erstmalig der Befall von Bienenvölkern mit einer äußerst gefährlichen Milbe festgestellt, die vielleicht erstmals im Rahmen eines Versuchsprogramms an einem Universitätsinstitut mit der Einfuhr von Bienen der Species *Apis cerana* aus Süd- und Ostasien eingeschleppt worden war. Man begann systematisch zu suchen und stellte fest, daß sich die Milbe äußerst rasch über weite Landstriche ausgebreitet haben mußte und daß sie es unaufhaltsam weiter tut. Sie ist inzwischen auf fast jedem unserer Bienenstände vertreten. Diese Milbe mit dem Namen *Varroa jacobsoni* Oudemans ist ursprünglich ein Schmarotzer der *Indischen Biene* und entsprechend deren Verbreitungsgebiet in ganz *Asien* (Indien, Korea, Japan und Nachbarstaaten) beheimatet. Sie ist im Zuge der beweglicher gewordenen Bienenhaltung und durch den länderüberspannenden Bienenhandel der letzten Jahre und Jahrzehnte auf die Honigbiene übergegangen und hat bereits eine enorme Verbreitung erreicht. Sie gelangte über *Westrußland* in unsere *östlichen, südlichen* und schließlich *westlichen Nachbarländer,* und es ist abzusehen, daß in kurzem kein europäisches Land mehr von ihr frei sein wird. Sie ist in den *Norden*

Afrikas eingezogen, hat sich in den *südamerikanischen Staaten* ausgebreitet und ist wie selbstverständlich auch in den *Norden Amerikas* vorgedrungen. Und schon soll sie auch in *Australien* gefunden worden sein.

Die rasche weltweite Verbreitung der Milbe innerhalb weniger Jahre bei unserer Honigbiene weist bereits auf die Gefährlichkeit der Krankheit hin. Nachdem die Milbe von ihrem ursprünglichen Wirt auf die Honigbiene übergewechselt ist, scheint sie hier wenig Abwehrmechanismen vorgefunden zu haben. Apis mellifica war auf diesen Schmarotzer nicht vorbereitet.

a) Der Erreger und seine Entwicklung

Die braungefärbte, querovale, *schildförmig abgeflachte* erwachsene Milbe ist in ihrer weiblichen Form mit maximal 1,3 mm Länge und 1,7 mm Breite von imponierender Größe. Ihre 4 Beinpaare sind unter dem *breiten Rückenschild* kaum zu erkennen (Abb. 16). Sie benutzt die Biene als Reittier, wobei ihr »beim Aufsitzen« die Haftlappen an ihren Beinenden zugute kommen. Sie hält sich besonders gerne auf dem Hinterleib der Biene auf, wo sie sich mit Vorliebe in die

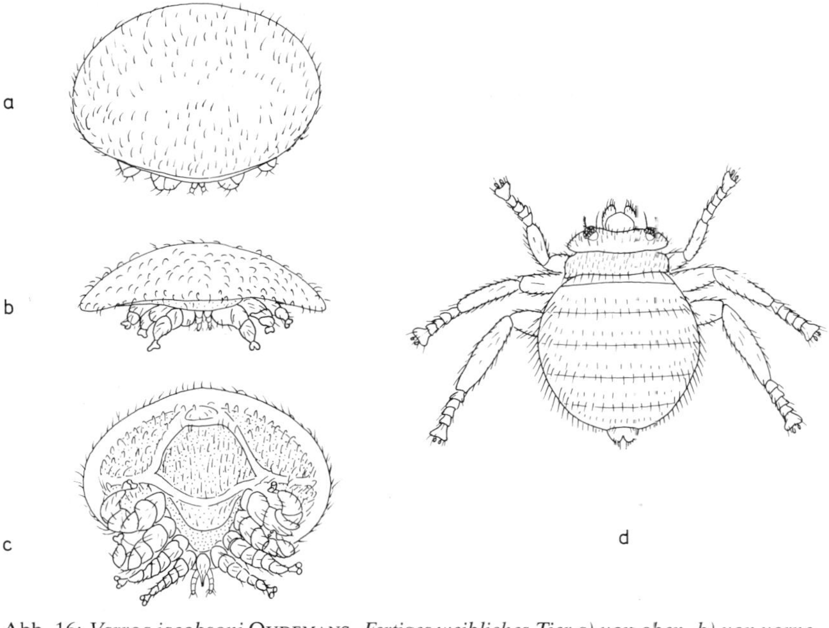

Abb. 16: *Varroa jacobsoni* Oudemans. *Fertiges weibliches Tier a) von oben, b) von vorne, c) von unten. Charakteristisch sind der flache Rückenschild und die 4 Beinpaare. In Größe und Farbe ähnlich ist die Bienenlaus (Braula coeca, hier Weibchen d) ein harmloser Außenparasit der Honigbiene. Sie hat keinen Rückenschild und besitzt, als zu den »Fliegen« gehörend, nur 3 Beinpaare (s. S. 152f.).*

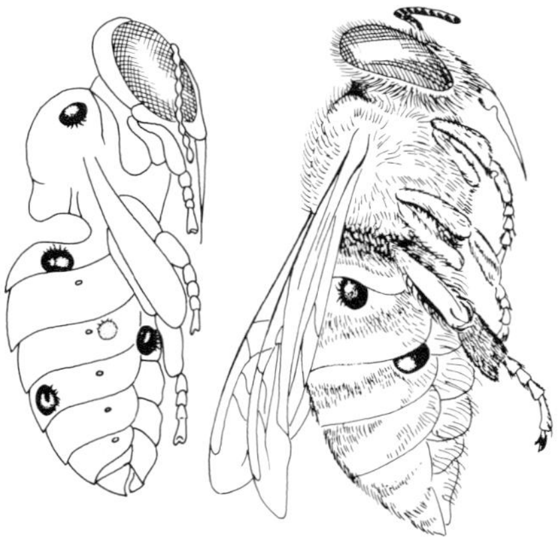

Abb. 17: *Die Varroa-Milbe schmarotzt an der gedeckelten Bienenbrut, wo sie ihre Entwicklung durchmacht, und an den erwachsenen Bienen; links: 4 fertige Varroa-Weibchen und ein erwachsenes Männchen (weiß) an einer Puppe; rechts: von 2 weiblichen Milben befallene Arbeitsbiene.*

Zwischenringtaschen hineinzwängt (Abb. 17, rechts). Ihre *Mundwerkzeuge* bestehen aus einem Paar Kiefertastern, das zusammen mit dem ersten Beinpaar als Antennen dient, und aus einem Paar bezahnter Kiefer *(Cheliceren),* die als Beiß- und Stichinstrumente zu gebrauchen sind. Damit durchsticht bzw. -sägt sie die feine Chitinhaut der Zwischenringhäutchen und ernährt sich von der Haemolymphe (= Blutflüssigkeit) der Biene.

Die Blutaufnahme an erwachsenen Bienen scheint der Milbe erst den Anstoß zum Eindringen in die Brutzelle zu geben, so wie die Saugzeit an der Bienenbrut zur Ausreifung der Eierstöcke und Eier notwendig zu sein scheint. Da nach neueren Versuchen diese Wirkung offenbar nur an jüngst gedeckelter Brut (Streck- und Spinnmaden) zu erzielen ist, steht man der früheren Annahme, daß dabei die mit dem Blut der Wirtstiere aufgenommene Menge *Juvenilhormon* (JH) – ein bei Gliederfüßlern wichtiges Entwicklungshormon – eine entscheidende Rolle spielen würde, wieder etwas skeptischer gegenüber, denn dieses Hormon nimmt erst später stärker zu. Dennoch mag dieser interessante Stoff an der Milbenentwicklung im Bienenvolk nicht ganz unbeteiligt zu sein. Darauf deuten Laborexperimente hin, bei denen mit JH bestrichene Bienenmaden besonders attraktiv für die Milben waren, und außerdem gibt es Indizien aus mancherlei Verhaltenseigenarten der Milben gegenüber ihren Wirten. Zum Beispiel erzeugen Milbenweibchen nach einem Zwischenaufenthalt auf Winterbienen mit niedrigem Hormonspiegel weniger Nachkommen als Milben, die auf älteren Sommerbienen mit bedeutend höherer Hormonkonzentration schmarotzen konnten. Die von den Milben bevorzugt aufgesuchten verpuppungsreifen Drohnenmaden (s. hinten) enthalten deutlich mehr JH als die entwicklungsgleichen, weniger begehrten Arbeiterlarven. Bei ihrem ursprünglichen Wirt, der *Apis cerana,* deren Arbeiterlarven einen besonders niedrigen Hormonspiegel aufweisen, vermehrten sich die Milben ausschließlich auf Drohnenmaden (s. S. 75).

Zur *Eiablage* verläßt die Milbe als gute Kletterin das Wirtstier und dringt in eine Brutzelle ein, die kurz vor dem Deckeln steht. Hier schiebt sie sich zunächst zwischen Zellwand und Larve auf den Zellboden, wo sie in dem hier oft noch vorhandenen kleinen Futtersaftrest ausharrt, bis dieser von der sich streckenden Made aufgezehrt wird. Dann läßt sie sich von der Made mit einspinnen und beginnt an ihr Blut zu saugen. Wenn es ihre erste Berührung mit Bienenbrut ist, dauert es zwei bis drei Tage, bis sie ihr erstes Ei an die Zellinsassin oder an die Zellwand ablegt. In Abständen von etwa 30 Stunden kann sie weitere, bis zu einem halben Dutzend Eier legen. Das erste Ei scheint meistens *unbefruchtet* und männlich bestimmt zu sein, während aus den nachfolgenden *befruchteten* Eiern weibliche Tiere hervorgehen (Abb. 18).

Die *Entwicklung* geht vom *Ei* zur *Larve,* welche eigenartigerweise noch im Ei verharrt, und weiter über die beiden Nymphenstadien *(Protonymphe und Deutonymphe)* bis zur erwachsenen Milbe und dauert – beim Männchen etwas länger, beim Weibchen etwas kürzer – zwischen 6 und 7 Tage. Die *weichhäutigen, milchig-weißen* bis *gelblich-braunen* Nymphen und die ausgefärbten *dunkelbraunen* erwachsenen Milbentöchter ernähren sich wie die Mutter vom Blut ihres Wirtstieres (Abb. 17, links). Die auch im erwachsenen Zustand *weißgelblichen* und etwas *kleineren* männlichen Milben sind nicht in der Lage, Blut zu saugen, da ihre Mundwerkzeuge zur Spermienübertragung umgebildet sind.

Die *Paarung* der Milbennachkommen findet in der Zelle statt. Wenn dort nur ein Muttertier eingedrungen war, gibt es Geschwisterpaarungen. Man muß annehmen, daß das Männchen mehrmals kopulationsfähig ist und sich wahrscheinlich auch mit der Mutter paart, wodurch diese ihre Samenvorräte erneuert. In stark befallenen Bienenvölkern kommt es nicht selten vor, daß mehrere Varroa-Weibchen in eine Zelle eindringen, so daß eine enge Inzucht vermieden wird. Während die Männchen zugrunde gehen, verlassen die Weibchen – das alte und ihre begatteten Töchter – mit den ausschlüpfenden Bienen die Zellen. Sie wechseln auf andere Bienen über und begeben sich nach einigen Tagen erneut in deckelungsreife Brutzellen. Die meisten Milbenweibchen legen nur einmal Eier, ein Teil geht aber auch ein zweites und drittes Mal zur Eiablage in eine Zelle. Einen Zwischenaufenthalt auf erwachsenen Bienen haben diese Tiere dann offensichtlich nicht mehr nötig, und sie können auch sofort mit dem Eierlegen beginnen. – Eine von Fall zu Fall unterschiedliche Anzahl Milbenweibchen bleibt infertil (unfruchtbar), vielleicht wegen eines zu kurzen »Reifungsfraßes« oder weil sie unzureichend begattet sind. Die Zahl infertiler Weibchen ist im Frühjahr (Januar und Februar) besonders groß. Manche Milbenweibchen produzieren ausschließlich Männchen. Die Infertilität tritt auf Arbeiterbrut häufiger als auf Drohnenbrut auf.

Es ist ganz offensichtlich, daß die Milben zu ihrer Vermehrung Zellen mit Drohnenbrut gegenüber Arbeiterbrut bevorzugen. Drohnenzellen sind im Bienenvolk bis zu 10mal häufiger befallen als Arbeiterzellen. Die Vorliebe für die Drohnenbrut gründet sich möglicherweise auf mehrere Faktoren. Die Drohnenbrut liegt vornehmlich am Rande des Brutnestes und im Grenzbereich

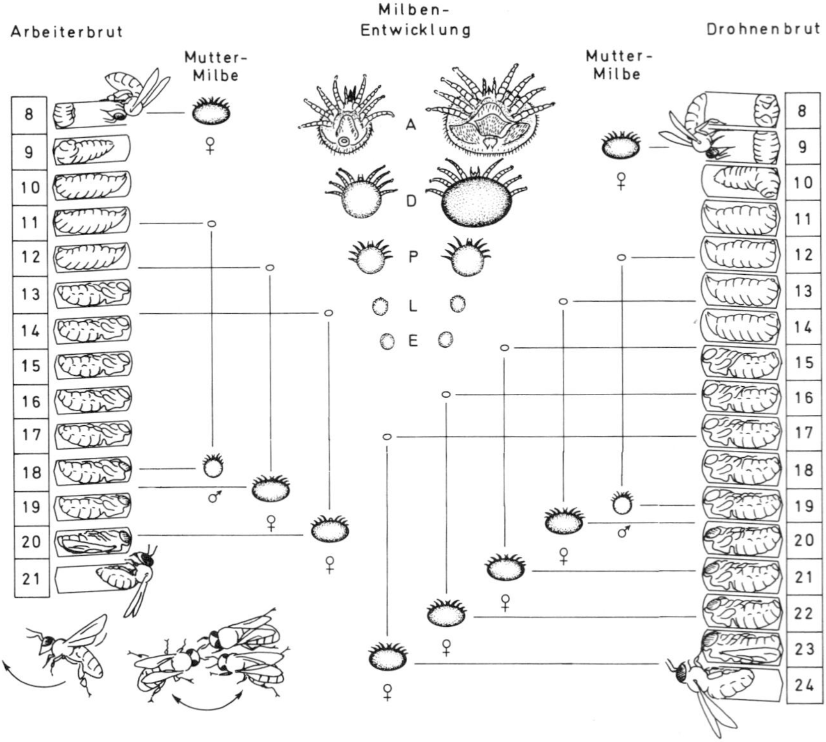

Abb. 18: *Entwicklungsstufen der Varroa-Milbe (oben Mitte), zeitlicher Ablauf ihrer Vermehrung auf Arbeiter- (links) und Drohnenbrut (rechts) und Übertragung von Biene zu Biene und in andere Völker (links unten). Die (Individual-)Entwicklung der Milbe beginnt mit dem Ei (E) und der darin entstehenden sechsbeinigen Larve (L). Die schlüpfende Protonymphe (P) ist mit den für Milben typischen vier Beinpaaren ausgestattet. Sie und die daraus hervorgehende Deutonymphe (D) schmarotzen an der Bienenbrut. Von den adulten (= erwachsenen) Tieren (A) saugen nur noch die Weibchen Bienenblut, während die Männchen keine Nahrung mehr aufnehmen. – Zur Vermehrung dringt das erwachsene und begattete Milbenweibchen in eine deckelungsreife Brutzelle ein (links und rechts oben). Geschieht das zum ersten Mal, dauert es etwa drei Tage, bis das erste Ei abgelegt wird. Die nächsten Eier folgen im Abstand von etwa 1¼ Tagen. Aus dem ersten Ei entwickelt sich innerhalb von knapp sieben Tagen ein erwachsenes Milbenmännchen, das sich mit der Mutter paaren kann. Aus den nächsten Eiern entstehen in jeweils gut sechs Tagen Milbenweibchen. Sie paaren sich mit ihrem Bruder oder, wenn die Zelle von zwei oder mehreren Stammüttern befallen wurde, mit familienfremden Männchen. Die an den heranwachsenden Bienen saugenden Milbenweibchen schlüpfen mit diesen aus der Zelle. Ausgehend von einer Milbenmutter erreichen auf Arbeiterbrut zwei, auf Drohnenbrut vier Milbentöchter das Erwachsenenstadium. Das Männchen und alle später geborenen Weibchen gehen zugrunde.*

der Brutnestwärme. Das kommt der Milbe entgegen, deren Lieblingstemperatur etwas unter der Brutnesttemperatur zu liegen scheint. Drohnenlarven haben, wie schon erwähnt, zur Deckelungszeit einen höheren JH-Gehalt als Arbeiterlarven. Vielleicht erreichen auch mehr Milben die Drohnenbrut, weil diese öfter gefüttert werden muß und entsprechend häufiger Besuch von parasitierten Pflegebienen erhält als Arbeiterbrut. Aber, was das Wichtigste ist, Drohnenmaden üben auf die Milben ganz einfach eine größere Anziehungskraft aus als Arbeitermaden. Die Lockwirkung beruht auf der Ausscheidung bestimmter chemischer Stoffe, die man als Fettsäureester erkannte. Besonders wirksam hat sich dabei das aus Drohnenlarven extrahierte *Methylpalmitat* erwiesen.

Die *Attraktivität der Drohnenbrut* für die vermehrungsbereiten Varroa-Milben ist *biologisch äußerst sinnvoll.* Die Drohnenbrut weist eine um drei Tage längere gedeckelte Brutphase auf als Arbeiterbrut, was eine entsprechend höhere Vermehrungsquote der eingedrungenen Milben erwarten läßt. Wenn rechnerisch ein Varroa-Weibchen auf Arbeiterbrut neben einem Sohn zwei fortpflanzungsfähige Töchter hervorzubringen vermag – später abgelegte Eier liefern halbfertige, nutzlose Tiere –, so können es auf Drohnenbrut vier Töchter sein. Im konkreten Fall ist die Vermehrungsrate aber viel geringer. So hat man bei beträchtlichen jahreszeitlichen Schwankungen auf Arbeiterbrut pro einfach befallener Zelle im Durchschnitt unter anderem 1,3–1,4, auf Drohnenbrut 2,2–2,6 weibliche Nachkommen ermittelt. Auf jeden Fall kann man unschwer erkennen, daß der Milbenbefall in einem Volk mit viel Drohnenbrut rascher voranschreiten muß als in einem mit wenig oder ohne Drohnenbrut. In Königinnenzellen, die auch befallen werden können, hat keine der Tochtermilben genügend Zeit, sich bis zur Geschlechtsreife zu entwickeln.

Es hat sich auch gezeigt, daß die Reproduktions(= Vermehrungs)rate um so niedriger ist, je mehr Milbenmütter gleichzeitig in eine Zelle eindringen. Bei Überfüllung der Zellen – in Arbeiterzellen ab vier, in Drohnenzellen ab acht Milben – gibt es überhaupt keine Vermehrung mehr. Leider reicht dieser *Regulationsmechanismus* nicht aus, um ein mit Varroa infiziertes Bienenvolk zu retten.

Die Varroa-Weibchen leben im Sommer wahrscheinlich ähnlich lang wie ihre erwachsenen Bienenwirte, 3 bis 6 Wochen. Die im Herbst geborenen werden mehrere Monate alt. Die Überlebensdauer ohne Bienenwirt, also auf toten Bienen oder auf dem Wabenbau, scheint von Temperatur und Luftfeuchte abhängig zu sein. Wenn man von künstlich schaffbaren, sonst aber kaum realisierten Idealbedingungen für das Überleben absieht, dürften die Milben unter gewöhnlichen Bedingungen ohne Kontakt mit lebendigen Bienen oder Bienenbrut – gleich ob es sich um Sommer- oder die noch etwas widerstandsfähigeren Wintermilben handelt – nicht länger als höchstens eine knappe Woche am Leben bleiben.

b) Das Schicksal des befallenen Volkes

Geschädigt werden im varroakranken Volk bereits die erwachsenen Bienen und Drohnen, die für die Milben als eine Art *Zwischenwirt* fungieren. Man hat ermittelt, daß ein erwachsenes Milbenweibchen ihrem Wirtstier bei einem Saugakt 0,1 mg Haemolymphe (= Blut) zu entziehen vermag. Die Milbe kann die Eiweißkomponente des Bienenblutes offenbar unverändert, also ohne irgendwelche enzymatischen Umsetzungen, in ihren Blutkreislauf übernehmen. Der Blutentzug bedeutet eine Schwächung der Bienen. Sie sind unruhig, pflegen die Brut nicht ordentlich und scheinen auch in ihrem Ausflug- und Sammelverhalten gestört zu sein. Parasitierte Bienen dürften je nach der Zahl ihrer Peiniger auch etwas kürzer leben als ihre unbehelligten Geschwister.

Ungleich größer ist die Beeinträchtigung derjenigen Bienen und Drohnen, die bereits *während ihrer Entwicklung* in der Zelle von den Milben und ihrer Brut heimgesucht wurden. Sie schlüpfen mit geringeren Eiweißreserven und je nach dem Grad der Parasitierung mit deutlichem, bis zu 10%igen Gewichtsverlust. Die Arbeiterinnen haben reduzierte Futtersaftdrüsen und die Drohnen produzieren bei unterentwickelten Geschlechtsorganen bis zur Hälfte weniger Spermien. Wenn bei ihnen trotz Proteinverlust die Eiweißkonzentration in der Haemolymphe ansteigt, ist das nur auf Kosten eines reduzierten Gewebeaufbaues in ihrem Körper möglich. Die meisten dieser Drohnen sind flugunfähig. Sie fallen vor dem Stock auf den Boden, machen kleine hüpfende Flugversuche und gehen vorzeitig zugrunde. Soweit sie noch ausfliegen können, kehren nur wenige zurück. Die während ihrer Jugendentwicklung geschädigten Arbeiterinnen vernachlässigen das Brutgeschäft und die Verteidigung des Volkes. Ihr Sammeleifer ist vermindert und ihre Lebensdauer verkürzt. Immer, wenn mit Fortschreiten der Krankheit mehrere Milbenweibchen in eine Zelle eindringen, findet man geschlüpfte Bienenwesen mit verkürztem Hinterleib und verstümmelten Flügeln und Beingliedmaßen (Abb. 19). Sie bleiben nur wenige Stunden am Leben. Manche Tiere kommen auch überhaupt nicht mehr zum Schlupf.

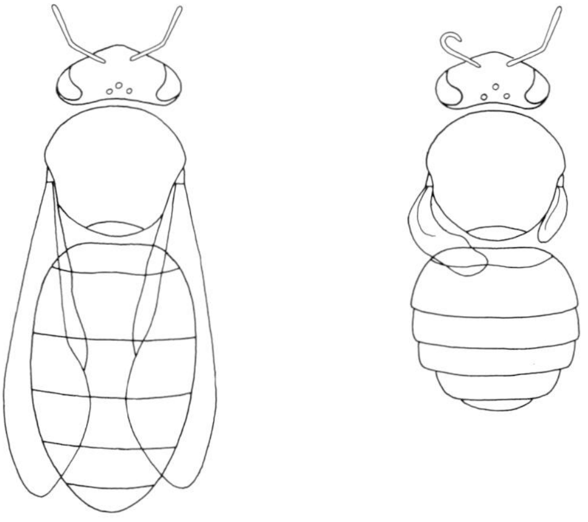

Abb. 19: *Normal ausgebildete (links) und nach starkem Varroa-Befall des Maden- bzw. Puppenstadiums geschlüpfte verkrüppelte Biene (rechts).*

Wegen der *verkürzten Lebensdauer* der Wirtsbienen, aber vor allem auf Grund der im parasitierten Volk schlüpfenden geschwächten, verhaltensgestörten und kurzlebigen Jungbienen, die teils als *Krüppelwesen* von vornherein dem alsbaldigen Tod geweiht sind, ist mit einer mehr oder weniger raschen *Reduzierung der Volksstärke* zu rechnen. Manchmal kommt es zu einem Kahlflug innerhalb weniger Tage.

Man glaubt, daß die *kritische Schadensschwelle* für ein Bienenvolk erreicht sei, wenn sich im Sommer 10 000 Milben und darüber im Volk befinden. Das würde seinen Zusammenbruch im Herbst bedeuten. Bis es soweit ist, können vom Zeitpunkt des Erstbefalls drei bis vier Jahre verstreichen. Aber es kann – besonders bei Zuflug infizierter Bienen – auch viel rascher gehen. Die *wirtschaftliche* Schadensschwelle, die durch Absinken der Sammelleistung gekennzeichnet ist, dürfte in jedem Fall schon früher erreicht sein. Wenn man die Entwicklung der Milbenpopulation in einem zum Zeitpunkt der Auswinterung mäßig infizierten Volk mit der sich ändernden Volksstärke im Verlauf eines Jahres vergleicht (Abb. 20), erkennt man zunächst einen gemeinsamen Populationsanstieg bis Mitte Juli. Das Bienenvolk ist von etwa 10 000 aus dem Winter gekommenen Bienen auf über 40 000 Tiere angewachsen. Wenn sich während

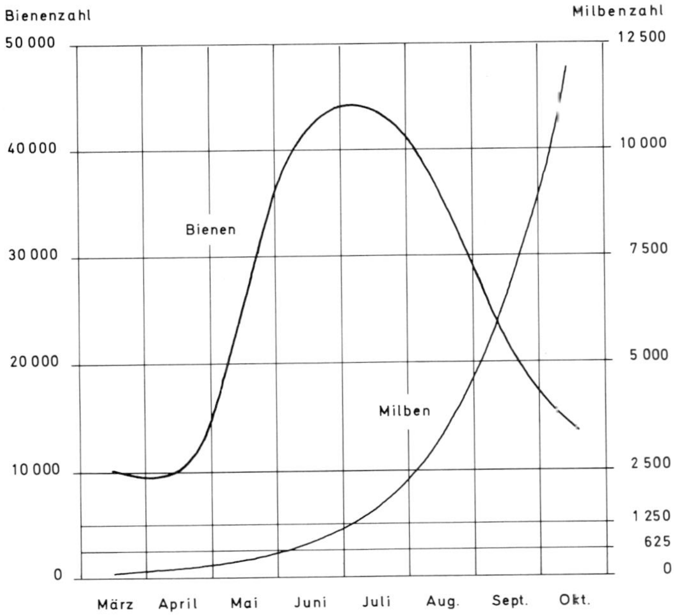

Abb. 20: *Entwicklung der Bienen- und Milbenpopulation in einem Bienenvolk im Laufe eines Jahres bei einem Anfangsbefall von etwa 100 Milben. Während die Bienenzahl bald nach der Sommersonnenwende abzunehmen beginnt, steigt die Milbenzahl kontinuierlich weiter an und kommt erst nach dem Schlupf der letzten Bienenbrut zum Stillstand.*

der hauptsächlichen Brutperiode des Bienenvolkes die Zahl der Milben in jedem Monat nur verdoppelt, sind aus einem Anfangsbefall von 100 Milben im März bis Mitte Juli 1 600 geworden. Die Masse der Milben ist zu dieser Zeit noch in den Brutzellen zu finden. Ist die Vermehrung der Bienen bisher der Milbenzunahme noch vorausgeeilt, so kommt es jetzt zur Umkehrung. Das Volk nimmt an Stärke rapide ab, während die Milbenzahl weiter ansteigt. Im September gibt es schließlich mehr Milben im Volk als Bienen, wobei sich auch das Verhältnis der freien, auf den Bienen sitzenden zu den auf der rückläufigen Brut schmarotzenden Milben allmählich umkehrt. Wie die Rechnung bei höherer Anfangsinfektion mit Varroa-Milben und dem dadurch provozierten verstärkten Abgang geschädigter Bienen mit entsprechend rascherem Brutverfall aussieht, kann man sich vorstellen.

Obgleich man annehmen muß, daß die Varroatose nicht wie eine typische »Faktorenkrankheit« von Außenfaktoren gesteuert wird (vergl. S. 108), sondern daß das Volk, einmal mit der Milbe befallen, unaufhaltsam seinem Untergang zusteuert, scheinen dennoch Umwelteinflüsse nicht ohne Bedeutung zu sein. Geographische Lage, Standplatz der Bienen, Tracht, Wetter, Brutverhalten des Volkes u. dgl. können eine beschleunigende oder verzögernde Wirkung haben. Klimatisch günstige Verhältnisse mit langer Brutdauer sowie großer Bruteifer eines Volkes können sich ebenfalls – jedoch eher ungünstig als günstig – auswirken. Nicht selten hört man, daß gerade besonders starke Völker der Krankheit am ersten erliegen.

Es scheint, daß im Zuge des Milbenbefalls sehr häufig mit **Sekundärkrankheiten** zu rechnen ist. Besonders oft treten Anzeichen von *Gutartiger Faulbrut* auf, wenngleich *Melissococcus pluton* in der Regel nicht gefunden werden kann. Wenn auf dem Höhepunkt der Krankheit ein rapider Abgang der Bienen erfolgt, verkühlt die Brut und es dringen *saprophile* (von faulenden Stoffen lebende) Bakterien ein, die ebenfalls faulbrutartige Symptome hervorbringen können. Es sind kombinierte Fälle mit *Sackbrut* bekannt, und es scheint, daß auch die *Kalkbrut* in varroageschädigten (oder -anfälligen!?) Völkern besonders leicht Fuß zu fassen vermag.

In der gedeckelten Brut und in den erwachsenen Bienen kann man mit großer Häufigkeit Bakterien und vor allem Viren nachweisen. Die Krankheitskeime gelangen durch die Einstiche der Schmarotzermilben in die Tiere und lösen Erscheinungen aus, wie sie in Kapitel III unter *Septikämie* (S. 127 ff.) und *Paralyse* (S. 130 ff.) beschrieben werden. Insbesondere hat man im Zusammenhang mit der Varroatose ein Massenauftreten des *Akuten Bienen-Paralyse-Virus* (APV) festgestellt, das für sich allein unter natürlichen Bedingungen keine sichtbaren Schäden bei den Bienen hervorruft. Es ist leicht denkbar, daß die sonst harmlosen Viren erst in den milbengeschädigten Bienen ihre volle pathogene Wirkung entfalten. Jedenfalls scheinen sie in den Milben zu überleben, so daß diese als direkte Überträger in Frage kommen. Neben dem *Akuten* lassen sich auch das *Chronische Paralyse-Virus* (CPV) und noch andere Virusarten nachweisen. Erst in jüngerer Zeit hat man ein Virus gefunden, dem man eine

Mitschuld an den verkümmerten Flügeln der Krüppelbienen zuweisen möchte, das »Flügel mißbildende Virus« (DWV = *Deformed Wing Virus*). In welchem Umfang die verschiedenen Viren am Zusammenbrechen der Varroa-Völker beteiligt sind, läßt sich schwer sagen, es ist aber sehr wahrscheinlich, daß sie ihren Untergang beschleunigen helfen.

Unterschiedliche Gefährlichkeit – Die weltweite Verbreitung der Milbe *Varroa jacobsoni* wirft die Frage auf, wie die Bienen in anderen Ländern und Erdteilen mit ihr zurecht kommen. Zunächst nimmt es wunder, daß sich ihr ursprünglicher Wirt, die Indische Honigbiene *(Apis cerana)* offenbar so gut wie überhaupt nicht durch sie gestört fühlt. Wahrscheinlich hat sich durch das jahrtausendelange Zusammenleben so etwas wie eine gegenseitige Anpassung herausgebildet. Die sprichwörtliche höhere biologische Vernunft, daß nämlich ein Parasit seinen Wirt nicht umbringen darf, wenn er überleben will, wird hier erkennbar. Man hat herausgefunden, daß sich die Milbe in *Cerana*-Völkern ausschließlich in der Drohnenbrut vermehrt, was die Vitalität des Volkes nicht sonderlich beeinträchtigt. Versuchsweise in gedeckelte Arbeiterbrutzellen eingebrachte (lebendige und tote) Milben wurden von den Bienen entdeckt und mitsamt der Bienenbrut ausgeräumt. In Drohnenbrutzellen blieben die »untergeschobenen« Milben dagegen unbehelligt. *Cerana*-Bienen sind vor allem in der Lage, sich durch Putzen von den an ihnen schmarotzenden Milben weitgehend zu befreien. Dabei kommen ihnen ihre Stockgenossen zu Hilfe. Auch gibt es bei diesen Bienen Wanderschwärme und damit für die Vermehrung der Milben ungünstige brutfreie Zeiten.

Auf die Europäische Honigbiene *(Apis mellifera)* übergewechselt, tritt die Varroa-Milbe *bei uns* fast immer gefährlich und das Leben der Bienenvölker in hohem Maße bedrohend in Erscheinung. Aber es wird auch von Ausnahmen (z. B. in *Jugoslawien*) berichtet. Noch erstaunlicher sind die Verhältnisse in *Südamerika*. Dort richtet die Milbe offenbar so gut wie keinen Schaden an. Das trifft sicherlich in erster Linie für die vor Jahrzehnten dorthin eingeschleppte Afrikanische Honigbiene *(Apis mellifera scutellata)* und ihre Verkreuzungen mit Europäischen Bienenrassen zu, wie sie überall in *Brasilien* zu finden sind, aber es scheint auch für europäische Bienen (z. B. in *Uruguay*) zu gelten. In den dort lebenden Völkern bleibt der Befallsgrad mit der Milbe über Jahre hinaus ohne Eingriff des Imkers immer auf der gleichen niedrigen Stufe, kaum über 20%. Womit das zusammenhängt, ist immer noch Objekt eifrigen Forschens. Nachgewiesenermaßen sind von den in die Arbeiterzellen eingedrungenen Milbenweibchen in brasilianischen Bienenvölkern mehr als doppelt so viele unfruchtbar wie in unseren Völkern (57–85% gegen 16–50%). Die Entwicklungszeit der Bienen und damit auch die Zeit der gedeckelten Brut scheint bei der *Scutellata* etwas kürzer zu sein als bei unseren Europäischen Rassen. Das könnte bis zu einem gewissen Grad auch für Europäische Bienen unter tropischem Einfluß gelten. Es ist denkbar, daß hier schon eine geringe Zeitverkürzung die Vermehrungsquote der Milben drücken kann. Man kann aber auch an die Existenz weniger aggressiver Milbenstämme denken, wenngleich man weiß, daß zumindest in morphologischer (= die Außenmerkmale betreffender) Hinsicht die Varroa-Milbe auf der ganzen Welt gleich ist und der gleichen Art zugehört. Immerhin ließen sich bei Milben in Brasilien (wahrscheinlich aus Japan eingeschleppt) und Miblen in Deutschland (aus dem kontinentalen Ostasien kommend) geringfügige Unterschiede im Muster bestimmter Enzyme feststellen, was auf das Vorhandensein genetischer Unterschiede bei den Milbenpopolationen hindeutet. Und schließlich ist es ebensogut möglich, daß es Bienenabkünfte gibt, die gegen den Angriff der Milbe mehr oder weniger widerstandsfähig sind. Besonders auf diese letzte Möglichkeit gründen sich hohe Hoffnungen, daß der Krankheit eines Tages auf züchterischem Wege beizukommen sei (s. S. 93ff.).

c) Möglichkeiten der Verbreitung

Von Volk zu Volk verbreitet sich die Milbe durch *Verfliegen* der Arbeitsbienen und Drohnen. Der Verflug, auch zwischen Nachbarständen, ist offenbar viel größer als man gewöhnlich annimmt. Besonders im Herbst verfliegen sich die Bienen ungewöhnlich stark, so daß in manchen Völkern zu der ohnehin um diese Zeit emporschnellenden Milbenvermehrung noch ein zusätzlicher Invasionsdruck von außen hinzukommt. Dazu kommen als ganz erhebliche Verbreitungsursachen die stille und die offene *Räuberei.* Theoretisch möglich ist auch eine Ansteckung der sich begegnenden Bienen auf den Blüten oder bei der Paarung von Königin und Drohn, wenn auch dergleichen schwerlich nachzuweisen ist. Selbstverständlich sind *vagabundierende Schwärme* eine große Gefahr.

Die größte Rolle bei der Verbreitung der Milbe fällt aber dem Imker selbst zu. Das *Wandern* mit den Bienenvölkern ist ganz eindeutig die Hauptursache, wenn die Milbe in kurzer Zeit ganze Landstriche erobert. Neu entdeckte, vom alten Verbreitungsgebiet weit entfernte Herde finden fast immer in der Wandertätigkeit der Imker ihre Erklärung. Daneben spielt natürlich auch der Bienenhandel – der Verkauf von Ablegern und Königinnen – eine Rolle. Und schließlich ist auch noch an die Belegstellen zu denken. Sie können ein Umschlageplatz für die Varroa-Milbe sein.

d) Wie man die Krankheit erkennt

Es muß schon ein hoher Befallsgrad in einem Bienenvolk erreicht oder der Zufall im Spiele sein, wenn dem Imker an den Bienen schmarotzende Milben oder Krüppelbienen auffallen. Immerhin wird man auf so etwas achten. Vielleicht beobachtet man auch, daß Puppen und unterentwickelte Bienen aus dem Volk hinausgeworfen werden. Aufmerksam muß man werden, wenn das Bienenvolk (infolge der Störung durch den Parasiten) bei der Auswinterung Ruhrerscheinungen zeigt. Auch Unruhe und unzeitgemäße Ausflüge während der Wintermonate sind verdächtige Hinweise.

Wichtig ist es aber, die Krankheit schon früher zu diagnostizieren. Man könnte im Frühjahr und Sommer *Bruntuntersuchungen* durchführen und besonders Drohnenzellen dazu öffnen. An den weißen Puppen lassen sich die ausgewachsenen, braungefärbten Milbenweibchen besonders leicht erkennen.

Man darf aber nicht zu junge Puppen untersuchen; wenn man diese mit einer Pinzette aus der Zelle holt, fließt meist Körperflüssigkeit aus, was die Untersuchung sehr erschwert. Ältere, bald schlüpfreife Puppen dagegen kann man mit einer Entdeckelungsgabel reihenweise hochziehen und, derart aufgespießt, betrachten. Bei ihnen ist auch der Milbennachwuchs bereits zahlreicher. Aber auch ein Blick in die Zellen kann aufschlußreich sein: an der Zellwand ist der Larvenkot in Form von weißen Stippen abgesetzt. *Die Kontrolle von Arbeiterbrut* ist nicht nur wegen des erheblich geringeren, sondern meist auch ungleichen Befalls weniger lohnend. Es scheint, daß Wabenbezirke mit intensivem Bienenverkehr, z. B. bebrütete Jungfernwaben, verstärkt befallen sind.

Wenn man trotz der geringen Aussicht, am Anfang einer Infektion Milben an den erwachsenen Bienen zu entdecken, dennoch danach suchen möchte, ist es mit der Durchsicht der besetzten Waben nicht getan. Einige Sicherheit ist nur bei Abtötung einer größeren Bienenprobe zu erreichen. Man kehrt die Bienen von der Wabe in einen Okulierkäfig, stellt diesen z. B. in einen alten Topf, wirft eine angeglimmte Schwefelschnitte hinein und deckt den Topf ab. Die so getöteten Bienen werden dann in einem Schraubglas mit Brennspiritus oder mit einer Spülmittellösung tüchtig durchgeschüttelt, wobei sich die Milben von den Bienen trennen. Man schüttet alles auf ein grobes Sieb, auf dem die Bienen liegenbleiben, während die Waschflüssigkeit mit den Milben abfließt. Anschließend siebt man die Milben mit einem Seihtuch heraus. Aus ihrer Anzahl kann der ungefähre Prozentsatz der freien Milben im Bienenvolk errechnet werden.

Relativ sicher und mit geringem Aufwand kann der Imker die Krankheit im Frühjahr bei der *Kontrolle des Wintergemülls* ausmachen. Er findet darin die während des Winters abgefallenen toten Milben. Man rechnet, daß sich der Milbenbestand im Bienenvolk während der winterlichen Ruheperiode um 10 bis 30% verringert. Da die Milben mit der Lockerung der Wintertraube zu Beginn der Reinigungsausflüge verstärkt abfallen, ist eine Kontrolle des Gemülls im Februar und März aussagekräftiger als im Januar. Andererseits muß man dann damit rechnen, daß die Bienen schon mit dem Hinaustragen des Gemülls begonnen haben. Aus diesem Grund schieben manche Imker noch im Spätherbst ein *Varroa-Gitter* unter die Völker, wie es in Kapitel I auf Seite 25 beschrieben wurde.

Tote Milben fallen im Bienenvolk nicht nur im Winter ab, sondern das ganze Jahr über, besonders aber im Spätsommer und Herbst, wenn die Brut zurückgeht. Dann werden mit den schlüpfenden Bienen vor allem auch viele unfertige helle Milbenstadien frei und landen auf dem Boden. Man kann *und sollte* stichprobenweise zu jeder Zeit im Jahr Bodenkontrollen durchführen. Besonders zweckmäßig ist es aber wegen des natürlichen hohen Milbenabfalls nach der letzten Honigernte und vor und während der Auffütterung. Da die Bienen bei den flugaktiven Völkern im Sommer und Herbst die Milben unverzüglich zum Kasten hinaustragen, ist die Verwendung des Varroa-Gitters in diesem Fall unerläßlich. Damit sich keine Wachsmotten unter dem Gitterrahmen einnisten können, beläßt man ihn immer nur wenige Tage im Volk und errechnet aus der

Anzahl der aufgefundenen Milben den durchschnittlichen täglichen Milbenfall.

Die erwachsenen Varroa-Weibchen, aber auch die Nymphenstadien, sind zwischen dem geringen *Sommergemüll* auf dem Boden des Varroa-Gitters mit bloßem Auge oder einer schwachen Lupe relativ leicht zu erkennen. Eine Verwechslungsmöglichkeit besteht allerdings mit der Bienenlaus (*Braula coeca),* die aber keinen Rückenschild und auch nur drei und zudem deutlich sichtbare Beinpaare besitzt (s. S. 152ff. u. Abb. 16d). Dieser ebenfalls auf der Biene lebende, aber ziemlich harmlose Schmarotzer ist gelegentlich auch im Gemüll zu finden. – Sehr viel schwieriger ist die Suche nach der Milbe im *Wintergemüll,* besonders wenn das Bienenvolk noch nicht stark befallen ist. Dann empfiehlt es sich, das Gemüll zu trocknen und nach dem Absieben der toten Bienen die Wachskrümel in dünner Schicht auf einer hellen Papierunterlage auszubreiten. Neben dieser Direktmethode gibt es aber auch noch andere, besonders sichere Verfahren der Gemülluntersuchung, wovon in Kapitel VII auf Seite 211 noch die Rede sein wird.

Die Bodenkontrolle mit dem Varroa-Gitter ist das wichtigste Mittel zum Erkennen und Überwachen der Brutmilbenkrankheit. In Verbindung mit dem Einsatz eines wirksamen chemischen Varroa-Behandlungsmittels (s. hinten) kann sie auch zur bequemen und sicheren *Schnelldiagnose* der Krankheit dienen. Darüber hinaus leistet das Varroa-Gitter bei der (wissenschaftlichen) Prüfung der Wirksamkeit von Varroa-Mitteln wertvolle Dienste. Wenn man nach dem Einsatz eines potentiellen Medikaments die Zahl der heruntergefallenen Milben in Beziehung zu den Restmilben setzt, die man nach dem Abtöten und Auswaschen des gesamten Volkes noch vorfindet, erhält man Aufschluß über die Effektivität des Mittels. – Die frühere Empfehlung, an den Randzonen der Bodeneinlage Vaseline oder Industriefett aufzutragen, um den vielleicht nur betäubten Milben die Rückkehr ins Volk zu vereiteln, erscheint bei den derzeit eingesetzten Varroa-Bekämpfungsmitteln nach jüngeren Erfahrungen nicht unbedingt nötig zu sein.

Natürlich hätte man gerne eine sichere Formel, mit deren Hilfe man aus dem täglichen Milbenfall einigermaßen verläßlich auf die im Bienenvolk vorhandene Gesamtmilbenzahl schließen könnte. Eine solche Hochrechnung dürfte aber nur sehr bedingt möglich und kaum sehr genau sein. Zu viele Abhängigkeiten, z. B. Jahreszeit, Volksstärke, Brut-Bienen-Relation, Flugaktivität des Volkes u. a. können die Rechnung beeinflussen und verfälschen. Aber vielleicht liegt der Multiplikationsfaktor 100, der häufig für Auszählungen im Spätsommer genannt wird, nicht allzusehr daneben. Das würde bedeuten, daß 10 pro Tag abgefallene Milben das Vorhandensein von 1000 Milben im Bienenvolk anzeigen würden.

Trotz aller Unsicherheiten, die jedem Versuch zur Ermittlung der Befallsstärke eines Bienenvolkes mit Varroa-Milben anhaften – gleich ob man dazu gedeckelte Drohnen- oder Arbeiterbrut aufreißt, erwachsene Bienen auf den Waben oder im Glas durchmustert oder sich der Bodenkontrolle bedient – möchte man doch Anhaltspunkte gewinnen, die eine sinnvolle, mit Augenmaß durchzuführende Behandlung der Krankheit möglich machen. Dabei muß man auf Erfahrungswerte bauen. Für brauchbar halte ich folgende *Faustregeln:* Wenn im Juli und August der tägliche mittlere Milbenabfall 10 Milben übersteigt, ist eine rasch wirkende medikamentelle Behandlung des befallenen Bienenvolkes *zum nächstmöglichen* Zeitpunkt angezeigt. Dasselbe gilt, wenn man in dieser Zeit bei einer Kontrolle der Arbeiterbrut von 100 Zellen mehr als 20 befallen vorfindet oder wenn bei Kontrollen von Stockbienen jede fünfte Biene parasitiert ist.

Aber es gibt kein Schema! Das mag man erfahren, wenn man alles, was bisher gesagt wurde und was nachfolgend zur Bekämpfung der Varroatose noch gesagt wird, beherrscht und zu beherzigen glaubt – und trotzdem vor plötzlichen unerklärlichen Völkerverlusten steht. Abgesehen von der Komplexizität der Krankheit, ihrer möglichen Verknüpfung mit Sekundärinfektionen, der Gefahr von Reinfektionen (Wiederansteckung) und anderen Unwägbarkeiten, tickt eine Zeitbombe in den Völkern. Die imponierende Stärke eines Sommervolkes ist noch kein Garant für sein Überleben. Im Spätherbst oder im nächsten Frühjahr kann das plötzliche Aus kommen. Der Grund: Die vielen am Ende des Sommers schlüpfenden Bienen täuschen eine Heile Welt vor, aber in Wirklichkeit sind sie während ihrer Jugendentwicklung durch den Parasiten bereits irreparabel geschädigt worden. Auch wenn man es ihnen äußerlich nicht ansieht – ihre *verkürzte Lebensdauer* muß ihre alsbaldige Wirkung zeigen.

e) Die Bekämpfung der Brutmilbenkrankheit

Jeder verantwortungsbewußte Imker legt sich bei der Behandlung von Bienenkrankheiten – ganz gleich, um welche es sich handelt – immer erst die Frage vor, ob nicht mit biologischen oder betriebstechnischen Mitteln etwas dagegen zu erreichen ist, ob nicht schon die Optimierung der Haltungsbedingungen der Bienen etwas bringen kann. Erst wenn sich zeigt, daß der Krankheit damit nicht oder nicht wirkungsvoll genug beizukommen ist, wird er den Weg über das Medikament wählen. Das gilt auch für die Varroatose. Aber leider muß man hier die schockierende Feststellung machen, daß zumindest zum gegenwärtigen Zeitpunkt die Krankheit mit betrieblichen Maßnahmen allein nicht in Schach zu halten ist. Diese können helfend eingesetzt werden, aber zur Niederhaltung der Krankheit ist die Anwendung von chemischen Mitteln nicht verzichtbar. Zu ihrer Ausrottung reicht aber auch sie nicht aus.

Biotechnische Behandlungsmöglichkeiten – Man mag eine Weile geglaubt haben, daß man der Brutmilbe wie vielen anderen Bienenkrankheiten mit den üblichen, die Vitalität der Bienenvölker beeinflussenden imkerlichen Maßnahmen (gute Futterversorgung, Wanderung, Volksverjüngung, Vereinigung u. dgl.) beikommen könne. Diese Hoffnung hat man aufgegeben. Aber man hält dennoch betriebliche Methoden für nützlich – und wenn sich damit auch nur Teilerfolge erzielen lassen.

Es ist bekannt, daß die legewilligen Varroa-Weibchen bevorzugt Drohnenbrut aufsuchen (s. S. 69f.). Wenn man die Bienen zur Erzeugung von möglichst viel Drohnenbrut anregt, kann man die Milben damit ködern. Mit der *Entnahme der Drohnenwaben* kurz nach dem Deckeln verliert das Volk einen Teil seiner Parasiten. Man kann ganz systematisch vorgehen und alle neun Tage eine gedeckelte Drohnenwabe gegen einen Baurahmen oder eine andere (leere) Drohnenwabe austauschen. Dabei können sich immer zwei Drohnenwaben gleichzeitig im Volk befinden, eine gedeckelte und eine, die gerade bestiftet wird. Es gibt inzwischen für dieses Verfahren sogar schon Mittelwände mit vorgeprägtem Drohnenzellenmuster zu kaufen.

Leider hört sich das Ganze besser an, als es sich machen läßt. Natürlich funktioniert die Sache nur während des Drohnentriebs im Frühjahr und Vorsommer gut. Es muß einigermaßen Tracht herrschen, wenn die Drohnenwaben zügig ausgebaut und bestiftet werden sollen. Auch dürfen sich auf den anderen Waben möglichst keine Drohnenecken befinden. Man muß sich natürlich auch fragen, was mit den anfallenden prallen Drohnenwaben zu geschehen hat. Der Sonnenwachsschmelzer reicht dafür kaum aus. Es gibt Vorschläge, die Waben zu entdeckeln, in Wasser zu tauchen und auszuklopfen. Dazu sollten sie, wie es für Drohnenrahmen üblich ist, gedrahtet sein. Es wird auch empfohlen, die Waben für ein paar Tage in die Gefriertruhe zu stellen und nach dem Entdeckeln samt den toten Drohnenpuppen mit ihren Milben zum Ausputzen in das Volk zurückzuhängen. Auf alle Fälle macht das ganze Verfahren nicht geringe Arbeit, und zudem irrt man sehr, wenn man sich einbildet, daß sich damit so einfach alle Milben aus dem Volk abmelken ließen. Mit dieser Maßnahme werden kaum mehr als 10%, allerhöchstens 50% der gesamten Milbenpopulation entfernt. Nur gering befallene Völker scheinen einen gewissen Nutzen aus dem Verfahren zu ziehen.

Ob man auch bedenkt, wieviel Eiweiß dem Volk mit dieser Methode laufend entzogen wird – Eiweiß, das anderenfalls in Arbeiterbrut umgesetzt werden könnte! Dann ist da noch eine andere Überlegung: Mit der gezielten Entfernung der in Drohnenwaben befindlichen Milben könnte eine unerwünschte Auslese von Milben verbunden sein, die vorzugsweise auf Arbeiterbrut schmarotzen. Man könnte damit die Varroatose regelrecht herbeizüchten. Wenn es dafür auch keinen Beweis gibt, so ist die Möglichkeit doch auch nicht auszuschließen. Und zu allerletzt: Wo sollen tüchtige Drohnen zur Paarung der Königinnen herkommen?

Wenn man bedenkt, daß die Vermehrung der Varroa-Milbe ausschließlich in der Brut des Bienenvolkes möglich ist, mag man erwarten, daß *Brutpausen* zu einem Stillstand oder gar Rückgang der Milbenpopulation im Bienenvolk Anlaß geben können. Das trifft für die Winterzeit tatsächlich zu, aber auch im Sommer ist so etwas möglich. Zum Beispiel ist starke Schwarmlust mit eingeschränkter Bruttätigkeit verbunden, und Schwärme, die zu Völkern aufgebaut werden, starten ohne Brut. Hierher gehört natürlich auch der *Kunstschwarm* mit seiner kurzen brutfreien Anfangsphase und der Brutableger, den man als *Begattungsableger* statt mit einer begatteten Königin mit einer gedeckelten oder, noch extremer, mit einem belarvten Weiselnäpfchen bildet. Die »Erlanger Betriebsweise«, die freilich nicht aus seuchenhygienischen, sondern aus Gründen rationellen Imkerns entwickelt wurde, gibt hierfür ein Beispiel. Man startet die Heranzucht der jungen Königinnen in einem über Absperrgitter gelegenen Brutabteil des Wirtschaftsvolkes und bildet nach der Deckelung der Weiselzellen mit den inzwischen ebenfalls gedeckelten Brutwaben Begattungsableger. Wenn die junge Königin mit der Eiablage beginnt, ist gerade die letzte Brut geschlüpft. Die Milben müssen wenigstens zwei Wochen in Wartestellung verharren, ehe sie wieder in eine dafür reife offene Brutzelle eindringen können. Das Verfahren wird im »Wochenend-Imker« von K. Weiß, Ehrenwirth Verlag, eingehend geschildert. – Eine Brutunterbrechung wird auch bei einer primitiven Methode der Schwarmverhinderung erreicht, wobei man das Schwarmvolk entweiselt, die angesetzten Weiselzellen sofort und nachgeschaffte nach neun Tagen ausbricht. Gleichzeitig wird eine Edelzelle (gedeckelt oder als belarvtes Näpfchen) eingebracht. – *Leider reichen die über solche betriebliche Maßnahmen erzielten Brutpausen für sich allein nicht aus, den Krankheitsverlauf entscheidend zu ändern,* geschweige denn der Krankheit wirksam zu begegnen. Das ist nur möglich, wenn die Bienen in der brutfreien Phase *gleichzeitig einer medikamentösen Behandlung unterzogen werden.* Dann allerdings stehen die Erfolgschancen besonders hoch (s. S. 82ff.).

Natürlich hat man darüber nachgedacht, wie man der freien Milben in der brutlosen Zeit auch ohne Chemie habhaft werden kann. Man muß die Milben von den Bienen herunterlocken – aber das geht einstweilen auch wieder nur mit Brut. Dazu richtet man im Bienenvolk eine »Fangwabe« ein. In der Literatur wird dafür meistens der Ausdruck Bannwabe verwendet und vom »Bannwabenverfahren« gesprochen. Aber dieser Begriff ist schon lange anderweitig in der Imkerpraxis festgelegt, so daß man lieber von der Fangwabe und vom *»Fangwabenverfahren«* reden sollte. Man setzt die Königin auf eine leere Wabe, die beiderseits durch Absperrgitter von den übrigen Waben abgegrenzt ist. Dazu gibt es geeignete *Wabentaschen* im Handel. Nach der Deckelung der Brut tauscht man die Wabe durch eine leere andere aus und wiederholt das noch drei weitere Male im Rhythmus von neun Tagen. Die Brutwaben werden entsorgt und wieder aufbereitet, wie es vorne für die Drohnenwaben geschildert wurde. Während die alte Brut im Volk allmählich schlüpft, sind die dabei frei werdenden Milben für ihre weitere Vermehrung ganz auf die Wabe mit der Königin und der hier heranwachsenden jungen Brut in der Wabentasche angewiesen. Man rechnet damit, daß nach vier bis fünf Wochen, wenn man die Königin im Volk wieder freiläßt, alle Milben daraus entfernt sind. Aber leider trifft das wiederum nicht ganz zu – besonders dann nicht, wenn die Völker schon stark infiziert waren. Man kommt nicht umhin, den Milbenabfall im Spätsommer und Herbst zu kontrollieren und gegebenenfalls im Spätherbst oder Winter doch noch eine *chemische Behandlung* anzufügen. – Immerhin läßt sich mit diesem Verfahren der Einsatz von Chemie reduzieren. Man bleibt auch von Schwarmproblemen verschont, und es ist wegen der Brutbeschränkung vor einer ausgiebigen Sommertracht unter Umständen sogar mit einer ertragssteigernden Wirkung zu rechnen. Aber es gibt auch ganz massive Nachteile. Natürlich kann das Verfahren nicht angewendet werden, wenn noch eine Spätsommer- und Herbsttracht in Aussicht steht. Das größte Handikap ist die enorme Arbeitsbelastung mit den häufigen Eingriffen ins sommerlich starke Bienenvolk, wozu am Anfang auch noch die Suche nach der Königin gehört. Stechlust kann die Folge sein und nicht selten Weisellosigkeit im Herbst. Natürlich muß man sich auch fragen, wie die Brutbeschränkung mit dem alten imkerlichen Grundsatz »starke Völker – gesunde Völker!« in Einklang zu bringen ist.

Behandlung mit chemischen Mitteln – Der Varroa-Milbe mit chemischen Mitteln beizukommen ist nicht ganz leicht. Einmal macht sie ihre Entwicklung in der gedeckelten Brutzelle durch, wohin in der Regel Medikamente nicht gelangen. Zum anderen handelt es sich um einen relativ »voluminösen« Parasiten, der zwar nicht zu den Insekten, aber doch in den Verwandtschaftskreis der *Arthropoden* (= Gliederfüßler) gehört. Man muß also damit rechnen, daß für Milben giftige Mittel auch für die Bienen nicht ungiftig sind. Außerdem dürfen die in Frage kommenden Substanzen kein Risiko für die menschliche Gesundheit bedeuten, und sie müssen so anzuwenden sein, daß das kostbarste Produkt aus dem Bienenvolk, der Honig, nicht damit verunreinigt werden kann.

Seit sich die Varroatose in der Welt immer weiter auszubreiten begann, hat man überall nach Substanzen Ausschau gehalten, von denen man sich eine, wenn auch noch so geringe Chance zur Bekämpfung der Krankheit erhoffen konnte. Das waren in erster Linie Milben-Bekämpfungsmittel *(Acarizide)* aus dem Pflanzenschutz, deren mehr oder weniger gefährliche Wirkung auf die Bienen man schon kannte. In der ersten Auflage dieses Buches habe ich den Beginn der Mittelforschung bei der Brutmilbenkrankheit ausführlich geschildert und bereits eine große Anzahl von Präparaten vorgestellt, die national und international mit unterschiedlichem Behandlungserfolg getestet wurden. Von ihnen kamen viele in den verschiedenen »Varroatose-Ländern« zum praktischen Einsatz und sind es zum Teil auch heute noch (s. Bienen-Pathologie 1983). Inzwischen ist nach jüngeren Zusammenstellungen die Zahl der geprüften Mittel über 180 Präparate angewachsen. Von Pflanzenextrakten und mehr oder weniger natürlichen Mitteln angefangen, gehören dazu organische Säuren und Vertreter aus fast allen Pflanzenschutzmittelgruppen, wie chlorierten Kohlenwasserstoffen, organischen Phosphorverbindungen, Carbamaten, Thiazolinen und Pyrethrinen. Oft sind es auch nur Produkte mit demselben Wirkstoff, aber unterschiedlichen Handelsnamen.

Die Mittel werden entweder auf Bienen und Waben verstäubt oder versprüht, wobei sie als *Kontaktgifte* wirken. Dasselbe geschieht, wenn man glimmfähige Produkte im Bienenkasten verräuchert. Man kann aber auch Flüssigmittel von saugfähigen Unterlagen verdunsten lassen und dadurch eine *Atemgiftwirkung* herbeiführen. Vor allem in Frankreich gibt es aufwendige Geräte, mit denen die Mittel als *Aerosole* (in Rauch- oder Nebelform) durch das Flugloch oder sonst eine Öffnung in den Kasten geblasen werden. Vielversprechend sind Mittel, die

Tafel VI. Brutmilbenkrankheit

(Varroatose)

Erreger: Varroa jacobsoni Oudemans

Lebenslauf des Parasiten: Rotbraune Milbenweibchen sitzen auf Brust und Hinterleib der erwachsenen Bienen, besonders in den Zwischenringtaschen des Hinterleibs, und ernähren sich von Bienenblut. Zur Eiablage verlassen sie ihre Wirtstiere und dringen in deckelungsreife Brutzellen ein. Sie saugen das Blut von Streckmade, Vorpuppe und Puppe und legen in Abständen von etwas mehr als einem Tag bis zu 6 Eier. Die schlüpfenden Milbenlarven schmarotzen an der Bienenbrut. Ihre Entwicklung bis zum erwachsenen Tier dauert 6 bis 7 Tage. Die Begattung der größeren, braungefärbten Milbenweibchen mit den weiß-gelblichen, weichhäutigen Männchen erfolgt noch in der Zelle. Das Männchen stirbt, die Weibchen schlüpfen mit der Biene aus. Sie wechseln auf andere Bienen über und begeben sich in der Regel nach wenigen Tagen zur Eiablage wieder in eine deckelungsreife Brutzelle. Lebensdauer auf der Biene: im Sommer einige Wochen, im Winter mehrere Monate; ohne Kontakt mit den Bienen: wenige Tage

Kennzeichen der Krankheit: Auf den Bienen schmarotzende Milben lugen oft nur wenig hinter den Rücken- und Bauchschuppen hervor und werden leicht übersehen. Bei sehr starkem Befall findet man entwicklungsgeschädigte Bienen von zwerghaftem Wuchs und mit verkrüppelten Körperanhängen

Die Kontrolle der gedeckelten Drohnenbrut zeigt Milben in verschiedenen Entwicklungsstadien. An den Zellwänden bildet Milbenkot weiße Punkte und Flecken

Die Untersuchung des Wintergemülls fördert tote Milben zutage, desgleichen die wichtigen Bodenkontrollen im Sommer und Herbst. Der »Gitter-Rahmen« erleichtert das Auffinden

Befallene Völker sitzen im Winter unruhig und zeigen Ruhrerscheinungen. Varroa-Völker werden oft von Sekundärkrankheiten (Gutartige Faulbrut, Septikämie, Virosen) befallen

Verbreitung: durch Verflug von Bienen und Drohnen, durch Räuberei und Schwärme. Über den Imker durch An- und Verkauf von Bienen, Wanderung, Belegstellenbeschickung, Einfangen fremder Schwärme u. dgl.

Bekämpfung: Keine Anzeige-, aber Behandlungspflicht!

Betriebstechnisch: regelmäßiges Ausschneiden der Drohnenwaben, Brutpausen, Benützung von Fangwaben.

Chemotherapeutisch: derzeit zugel.: Folbex VA Neu, »Illertisser Milbenplatte«, Perizin; nicht zugel.: Apitol, Amitraz, Apistan, Bayvarol, Milchsäure an die Bienen verfüttert, in deren Blut übergehen und auf diese Weise an die saugenden Parasiten gelangen. Man spricht in Anlehnung an vergleichbare Verhältnisse im Pflanzenschutz von *systemischen* Mitteln (s. S. 184). Und schließlich sind da noch Substanzen, die von den Bienen beim Darüberlaufen in winzigen Spuren als Kontaktgift abgenommen werden. Sie haben keine Wirkung auf die Bienen, bekommen aber ihren Milben nicht.

In fast jedem Land werden andere *Varroazide* angeboten und angewendet. Es ist hier nicht der Ort, einen weltweiten Überblick über die aktuelle Chemotherapie der Varroatose zu geben, umso eingehender dürfen wir uns aber für die Verhältnisse in der Bundesrepublik und in einigen unserer Nachbarstaaten interessieren.

Zugelassener Mitteleinsatz – Das erste in der Bundesrepublik legal verfüg- und anwendbare Varroa-Bekämpfungsmittel war das Räuchermittel *»Folbex VA Neu«* der Firma Ciba-Geigy. Es erhielt im Frühjahr 1982 seine amtliche Zulassung. Folbex VA ist in Form von Räucherstreifen auf dem Markt. Sein Wirkstoff ist *Brompropylat* (genauer Isopropyl-4′, 4′-dibrombenzilat), wovon jeder Streifen 370 mg enthält. Man zündet den Streifen an und bringt ihn an geeigneter Stelle im Bienenkasten unter. Der Streifen darf nicht mit offener Flamme brennen, sondern muß glimmen, damit sich genügend von dem weißen Rauch mit dem milbentötenden Wirkstoff entwickeln kann. Er darf nirgends anliegen. Am besten befestigt man ihn mit einer Drahtschlaufe am Oberträger eines leeren Rähmchens oder hängt ihn an einer Öse in die erweiterte Gasse zwischen zwei Waben. Man kann den Räucherstreifen auch durch das Flugloch ins Bienenvolk einführen. Dazu braucht man einen Blechstreifen, der mit einer Blechschere an beiden Rändern kleine Einschnitte erhält, in der Weise, daß sich die entstehenden Spitzen hochbiegen lassen. Der Räucherstreifen wird dann darauf festgedrückt. Leider brennt er bei dieser Anwendung nicht immer vollständig ab.

Hat man viele Völker zu behandeln, bietet sich die Anwendung aus dem Smoker an. Dabei werden mehrere Streifen nebeneinander und ohne gegenseitige Berührung in einem Drahtgestell befestigt und gleichzeitig im Rauchtopf abgebrannt. Jedes Volk erhält eine bestimmte Anzahl von Rauchstößen, ehe das Flugloch geschlossen wird. Die Zahl der Rauchstöße (zwischen 5 und 10) richtet sich nach der Zahl der abglimmenden Streifen, der Volksstärke und der Größe und Beschaffenheit der Beute. Hier gilt es Erfahrungswerte zu sammeln.

Vor der Behandlung, die in der Regel am Abend nach Einstellung des Bienenflugs zu geschehen hat, muß man die Beute gut abdichten, damit der Rauch nicht entweichen kann. Nachdem man den Räucherstreifen angeglimmt und in den Kasten gebracht hat, macht man das Flugloch dicht. Das geht besonders gut mit tropfnassem Zeitungspapier. Die Völker bleiben alsdann eine Stunde lang eingesperrt, ehe das Flugloch wieder geöffnet wird.

Da das eingesperrte und begaste Bienenvolk eine leichte Unruhe entwickelt und sich erhitzt, ist es wichtig, den Bienen genügend Raum zu geben. Bei Magazinbeuten setzt man eine leere Zarge auf, bei Hinterbehandlungskästen öffnet man den Durchgang zum leeren Honigraum. Ableger oder Kleinvölker haben auch neben oder hinter den Waben dafür Platz. Sie werden nur mit einem halben Streifen behandelt. Bei älteren Beuten, die ein Spundloch im Deckel besitzen, kann man den Räucherstreifen auch in einem darübergestülpten Blumentopf abglimmen lassen.

Es hat sich gezeigt, daß mit *einer* Begasung erst ein Teil der Varroa-Milben fällt. Das Ergebnis bessert sich mit der 2., 3. und 4. Begasung, um sich dann nicht mehr nennenswert zu ändern. Laut Anweisung sind bei den Völkern 4 Behandlungen im Abstand von je 4 bis 7 Tagen durchzuführen. Die von den Bienen abfallenden Milben sind nicht alle sofort tot. Ein Teil bewegt sich noch auf der Unterlage und ist ganz offensichtlich nur betäubt. Wir dürfen aber zufolge neuerer Beobachtungen annehmen, daß auch diese Milben so stark geschädigt sind, daß sie kaum mehr auf die Bienen zurückfinden und auch der Brut nicht mehr gefährlich werden können.

Der Erfolg der Behandlung hängt von einigen wichtigen Punkten ab. Die besten Behandlungszeiten sind der *Spätherbst* und das *zeitige Frühjahr*. Der Spätherbst ist mit der allmählich zu Ende gehenden Brut zweifellos das Optimum. Man hat denn auch in dieser Jahreszeit einen durchschnittlichen Behandlungserfolg von 75% ermittelt. Im Frühjahr waren es nur 60%. Wenn die Völker *ganz ohne Brut* waren, lag die Wirkung im Herbst bei 97%, d. h. 97% aller im Volk vorhandenen Varroa-Milben fielen im Durchschnitt ab. Man sollte sich deshalb überlegen, ob man im Herbst nicht kleine, noch vorhandene Brutbezirke ausschneiden oder die letzte noch auffindbare Brutwabe entfernen sollte, ehe man mit der Behandlung beginnt.

Leider kann man die Begasung nicht beliebig in die kalte Jahreszeit verschieben. Die Außentemperatur darf nicht unter 10 °C liegen. Anderenfalls kann es passieren, daß die bei der Begasung auseinanderlaufenden Bienen in einer darauffolgenden Frostnacht nicht mehr zusammenfinden und erstarren.

Abgesehen von der geringeren Wirksamkeit verbietet sich die Anwendung von Folbex VA im späten Frühjahr und Sommer auch wegen der Gefahr der Verunreinigung des einkommenden Honigs. Während der Tracht – oder allgemein bei aufgesetztem Honigraum darf Folbex VA nicht mehr angewendet werden.

Nach der Gebrauchsanleitung sollen die Völker während der Behandlung offenes Futter zur Verfügung haben, wozu man Futterwaben aufreißt oder vorher flüssig füttert. Ob dadurch wirklich Königinnenverluste, die durch die Begasung auftreten können, vermieden werden, ist aber fraglich.

Besser als in einem kompletten Volk mit Waben ist die Wirkung des Räuchermittels in einem *abgekehrten Volk* ohne Waben. Hier reichen schon zwei Behandlungen im Abstand von 24 Stunden, um die Bienen frei oder nahezu frei von Milben zu machen (Wirkungsgrad nach Literarturangaben 98–100%). Es scheint, daß sich unter den Kunstschwarmbedingungen der Rauch noch besser unter den Bienen verteilen und die Milben noch besser erreichen kann. Vielleicht haben die Milben auch weniger Möglichkeiten sich zu verstecken. Natürlich braucht man dazu einen geeigneten Kasten. Der Magazinimker kann die Bienen auf Mittelwandstreifen in eine Zarge mit geschlossenem Bodenbrett abkehren. Darüber stellt er, getrennt durch ein Fliegengitter, eine leere Zarge mit Deckel, und brennt darin den Räucherstreifen ab. Nach einer Stunde entfernt man den Beutendeckel und gibt den Bienen Luft. Sie bleiben bis zur zweiten Begasung am darauffolgenden Tag eingesperrt. Vorsorglich wird man etwas Futter (kristallisierten Honig oder Futterteig) reichen.

Folbex VA ist äußerst bienenverträglich – auch zahlreiche hintereinanderfolgende Beräucherungen würden die Bienen nicht beeinträchtigen. Auch sind unzulässige Rückstandsbelastungen im Honig kaum zu erwarten. Aber wegen der fettlöslichen Eigenschaft des Wirkstoffs muß man damit rechnen, daß wiederholte jahrelange Anwendung zu Rückständen im Wachs führen kann.

Ehe Folbex VA als anerkanntes Tierheilmittel auf dem Markt war, experimentierte man in der Bundesrepublik hauptsächlich mit *»Ameisensäure«* als Verdampfungsmittel. Ameisensäure kommt in der Natur im Pflanzen- und Tierreich häufig vor. Sie ist auch im Honig in Spuren enthalten und dient dem Menschen zur Konservierung von Lebensmitteln. Die Vorliebe des Imkers für diese milbenempfindliche Substanz ist demnach verständlich. Mit ihr wurden im Labor und im Freiland zahlreiche Erfahrungen gesammelt. Zunächst schien es, als ob das Mittel nur in reiner Form gut wirken würde – und das erwies sich als großes Handikap. 98%ige Ameisensäure ist stark ätzend und man darf sie unter keinen Umständen auf die Haut, auch nicht an die Kleidung bringen. Man muß mit Gummihandschuhen und Schutzbrille arbeiten. Daß Ameisensäure auch Metalle angreift, sei nur am Rande erwähnt: Blechfuttergeschirre, Absperrgitter u. dgl. sollten aus der Beute entfernt werden.

Technisch ging man anfangs in der Weise vor, daß man eine flache, 200 ml fassende *Glasflasche* mit Ameisensäure füllte und als Verdunstungshilfe einen Docht aus locker gerolltem Filterpapier oder Nesseltuch (auch Glasfaser) etwa 6 cm weit aus der Flaschenöffnung herausragen ließ. Die Flasche befestigte man in einem leeren Rähmchen, das am Rande des Brutnestes eingehängt oder in das Baurahmenfenster gestellt wurde. Eine andere Methode war die Verdampfung über saugfähige Platten. Bekannt wurde die nach ihrem Entwickler benannte »Krämer-Platte«, eine 12 cm starke Weichfaserplatte (»Dämmplatte«), die mit 150 ml 98%iger Ameisensäure getränkt in Plastikbeutel eingeschweißt war. Bevor man sie – am besten auf quergestellte Leistchen – über die Waben legte, schnitt man auf beiden Seiten Fenster in die Folie, deren Größe sich nach dem Beutenraum richtete.

Für keine der beiden Methoden wurde eine amtliche Zulassung beantragt, wohl aber kam eine solche 1985 für ein weiter verbessertes Verfahren zustande. Die *»Illertisser-Milbenplatten«* der Firma Dr. Klinger + Co (vormals Mack) sind knapp 2 mm dick und 20×30 cm groß. Jede Platte enthält 25 ml 65%ige Ameisensäure. Die Verpackung in Sammel-Plastikbeuteln ist nur für den Transport gedacht. Nach Gebrauchsanweisung werden die Platten (wie die Krämer-Platte, aber ohne Folie) oben über die Wabenträger gelegt. Die Waben sollten wenigstens zu ¾ überdeckt sein, nötigenfalls man zwei Platten teilweise übereinander legen kann. Dieses ist auch bei zwei bienenbesetzten Räumen anzuraten. Obwohl die Dämpfe der Ameisensäure schwerer sind als Luft, kann man die Platten auch unter den Bienensitz placieren. Man glaubt sogar, daß dann die Wirksamkeit noch besser ist – vielleicht durch die heftige Ventilationstätigkeit der dort befindlichen Bienen oder wegen der größeren Nähe zur Brut. Die Ameisensäure ist das bisher einzige Varroazid, das auch *durch die Zelldekkel hindurch* auf die an der Brut (besonders Arbeiterbrut) schmarotzenden Milben zu wirken vermag. Diese Wirkung ist aber sehr ungenügend und wahrscheinlich nur auf die in der Nähe der Verdunstungsstelle gelegene Brut beschränkt. Keinesfalls darf man ein allgemeines Milbensterben unter den Zelldeckeln erwarten.

Am besten legt man die Platten am Abend ein. In der Regel ist nach 24 Stunden alles verdunstet, und man kann die Platten schon am nächsten Tag wieder entfernen. Dabei sollte die Außentemperatur nicht unter 12 °C und nicht über 25 °C liegen, da im einen Fall die Verdunstung zu langsam und im anderen zu schnell erfolgt. Überhaupt scheint die richtig dosierte Verdunstung das größte Problem der Ameisensäureanwendung zu sein. Neben der Außentemperatur sind Kastengröße, Kastenbeschaffenheit, Volksgröße, Flugaktivität der Bienen u. a. von Bedeutung. Es scheint auch, daß die Bienenvölker oftmals in der Lage sind, sich gegen die Ameisensäuredämpfe abzuschirmen. Zu geringe Verdunstungsmengen wirken nicht genügend, zu hohe können Schaden an den Bienen, besonders an den während der Behandlung schlüpfenden, und an der schlupfreifen Brut verursachen. Vielleicht kommt das sogar regelmäßig vor, aber diese Störungen sind für das Bienenvolk nicht lebensbedrohend wie etwa der Verlust der Königin, den man als Folge der Bedampfung wohl ebenfalls gelegentlich in Kauf nehmen muß.

Obgleich die Ameisensäure ein »Naturstoff« ist, darf der Honig damit nicht übersäuert werden. Das kann wegen der Wasserlöslichkeit der Säure sehr leicht geschehen. Die Behandlung der Völker darf also nicht während der Trachtzeit erfolgen. Am zweckmäßigsten führt man sie nach der letzten Honigernte im Spätsommer oder Herbst und grundsätzlich nur bei abgenommenem Honigraum durch. Empfohlen wird bei schwach befallenen Völkern eine dreimalige, bei stark befallenen eine viermalige Anwendung, oder man behandelt einfach so oft, bis nur noch wenige Milben abfallen.

Auch die Illertissener Milbenplatten sollte man nur mit Gummihandschuhen anfassen, da sonst mit Hautreizungen und Blasenbildung zu rechnen ist. Ihre Dämpfe sollte man nicht einatmen. Auch ist zu einer Schutzbrille zu raten – besonders dann, wenn man vorhaben sollte, die Platten zur Wiederverwendung mit 65%iger Ameisensäure neu zu tränken, was streng genommen nicht zulässig ist. Zugelassen ist nur die im Handel erhältliche »Illertisser-Milbenplatte«.

Trotz der geschilderten Unwägbarkeiten kann sich die Ameisensäuretherapie als sehr nützlich erweisen. Vor allem, wenn ein starker Milbenbefall im Spätsommer auf eine hohe Varroa-Belastung der Völker schließen läßt und das

Signal zu raschem Handeln setzt, erhält die Ameisensäure ihre Chance. Wenn sie gleich nach der Herbsthonigernte eingesetzt wird, sind totgeweihte Bienenvölker vielleicht noch zu retten. Sie müssen allerdings nach Abklingen der Brut mit einem anderen sicheren Mittel nachbehandelt werden.

Das dritte (im Dezember 1985) vom Bundesgesundheitsamt zur Bekämpfung der Varroatose zugelassene Arzneimittel, ist das *»Perizin«* der Firma BAYER AG. Es enthält den Wirkstoff *Coumafos* (0,0′-Diethyl-0″-(3-chlor-4-methyl-7-cumarinyl)-thiophosphat) und ist ein *systemisch* wirkendes Mittel (s. S. 84). Dieses Präparat ist als Tierarzneimittel unter dem Namen *Asuntol* schon länger bekannt und wird zur Bekämpfung von Zecken auf Rindern und Schafen eingesetzt. Um es für die Anwendung bei Bienen brauchbar zu machen, verringerte man die Konzentration des Wirkstoffs auf ein Fünftel und veränderte eine Kleinigkeit am wirkungsneutralen Trägerstoff.

Perizin ist eine Flüssigkeit, die mit Wasser zu einer 2%igen Aufschwemmung verdünnt werden muß. Das heißt, daß beispielsweise 490 ml Wasser mit 10 ml Perizin zu mischen sind, was einen halben Liter gebrauchsfertiger Emulsion ergibt. Die Firma liefert zu diesem Zweck ein praktisches Dosierset, das sowohl zur Herstellung der Emulsion als auch zur fachmännischen Verabreichung des Medikaments an die Bienen geeignet ist. Dabei träufelt man das Mittel aus einer Quetschflasche einfach in die Wabengassen. Die benetzten Bienen beginnen sich sofort gegenseitig abzulecken. Das Heilmittel gelangt in ihren Honigmagen und wird im sozialen Futteraustausch umgehend an die Stockgenossen weitergegeben. In kürzester Zeit ist es im ganzen Volk verteilt. Von den kleinen Mengen, die in den Stoffwechsel und das Blut jeder Biene gelangen, bekommen auch die an ihrem Körper saugenden Milben etwas ab. Sie gehen davon zugrunde, während die Bienen selbst völlig unbeeindruckt bleiben.

Für die Behandlung eines normal starken Volkes genügt es in der Regel, zweimal 50 ml »Heillösung« (mit je 1 ml Perizin) im Abstand von vier bis sieben Tagen zu verabreichen. Schwache Völker oder Ableger erhalten die Hälfte. Es sollte aber absolut keine Brut mehr vorhanden sein, was bedeutet, daß man *Perizin* ähnlich wie *Folbex VA* erst sehr spät im Jahr anwenden kann. Das ist aber kein Problem, da das Mittel auf Grund seiner systemischen Wirkungsweise auch im Winter zu gebrauchen ist. Man spritzt es dann einfach auf die Wintertraube. Aber die Temperatur darf dabei nicht unter +5 °C liegen, und man muß das Präparat in jede der besetzten Wabengassen einbringen, weil die Bienen im Winter nicht so leicht von einer zur anderen Gasse überwechseln. Bei zweiräumig überwinternden Völkern ist es ratsam, die obere Zarge abzukippen und die Heilflüssigkeit dazwischen zu träufeln.

Die Brutlosigkeit des Volkes ist sehr wichtig, da das Mittel nur so seinen höchsten Wirkungsgrad von nahezu 100% entfaltet. Wie bei der Folbex-Behandlung sollte man nicht zögern, kleine Restbrutmengen aus den Waben herauszuschneiden oder die Waben mit der Brut zu entfernen. Anderenfalls sind zwei Behandlungen nicht genug und man muß im ausgehenden Winter oder zeitigen Frühjahr eine weitere vornehmen. – Schwärme und Kunstschwärme kann man jederzeit mit Perizin behandeln. Man läßt sie in der Schwarmbox ein paar Stunden ohne Futter stehen, stößt dann die Bienen kurz nach unten und bespritzt sie mit der Emulsion. Auf zwei kg Bienen kommen 50 ml Heilflüssigkeit. Es gibt sehr zweckmäßige Schwarmkisten mit Drahtböden, in denen man die abgefallenen Varroa-Milben besonders leicht kontrollieren kann. Ein besonders praktisches Modell wird in der »Zuchtpraxis« von K. Weiß, Ehrenwirth Verlag, beschrieben. Überhaupt sollte man jede »Varroa-Behandlung« der Bienen – auch bei Völkern in ihren Beuten – mit Hilfe eines untergelegten Gitterbodens auf ihren Erfolg kontrollieren. Ein angemessener Medikamenteneinsatz ist nur möglich, wenn man die Behandlung nach dem Zählergebnis der abgefallenen Milben ausrichtet.

Das Perizin mit seiner systemischen Wirkung hat den Vorteil, daß zur Behandlung der Bienen relativ wenig von dem Mittel verbraucht wird. Dadurch ist die Gefahr der Verunreinigung der Bienenprodukte sehr gering. Denkbar ist allerdings, daß sich Spuren des fettlöslichen Mittels bei jahrelangem Gebrauch im Bienenwachs wiederfinden lassen.

Aktuelle Varroazide – Aus der vielfältigen Landschaft der gegenwärtig gebräuchlichen Milbenbekämpfungsmittel will ich nur die wichtigsten, in den meisten unserer Nachbarländer zugelassenen und möglicherweise auch bei uns bald erlaubten, vorstellen.

Ein in seiner Wirkungsweise dem *Perizin* gleichendes Präparat ist das *»Apitol«* der Firma CIBA-GEIGY. Es enthält einen Wirkstoff aus der Gruppe der Thiazoline und ist als wasserlösliches Granulat formuliert. Das in der Schweiz zugelassene Mittel wird entweder wie das Perizin auf die Bienen geträufelt oder in der letzten Zuckerwassergabe bei der Winterauffütterung verabreicht.

Hauptsächlich als Berührungsgift wirkt das *»Amitraz«,* ein N-substituiertes 2,4-Dimethylanilinderivat. Wie viele Varroazide hat es, aus dem Pflanzenschutz kommend, Eingang in die Tiermedizin gefunden. Es ist vielleicht das zur Zeit europaweit am meisten angewendete Varroa-Bekämpfungsmittel, was man schon an seinen vielerlei Bezeichnungen (*Apivarol, Fumilat, Mitaban, Taktic, Tetramix, Vamitrat, Antivarroa-Schering* u. a.) ersehen mag. Es gibt bei den verschiedenen Herstellerfirmen Unterschiede in der Aufbereitung des Mittels und der anteiligen Wirkstoffmenge, vielleicht auch Modifizierungen der Wirksubstanz selbst. In den osteuropäischen Staaten wird Amitraz hauptsächlich in Form von Räucherstreifen, ähnlich dem *Folbex VA,* angewendet. In Frankreich, wo das Mittel als *Antivarroa-Schering* zugelassen ist, wird eine wäßrige Lösung mit Hilfe spezieller Geräte verdampft und als Aerosol durch das Flugloch in die Beuten eingeleitet. Die Geräte sind teuer, die Dosierungsmöglichkeit ist mangelhaft, aber die Anwendung geht einfach und schnell. Die Behandlung kann in der dafür besonders günstigen brutfreien Winterzeit erfolgen. In der Bundesrepublik sind die Chancen für die Zulassung des Mittels gering, da man es für karzinogen (= krebserregend) hält. Es soll aber neue als Pflanzenschutzmittel zugelassene Formulierungen ohne diesen Makel geben.

Im Kommen scheint eine *neue Generation* von Varroaziden zu sein, die der jüngsten Gruppe von Pflanzenschutzmitteln, den *»Pyrethroiden«* entstammt. Dabei handelt es sich um synthetisch hergestellte Substanzen, die nach dem »natürlichen«, aus verschiedenen Chrysanthemenarten gewonnenen Insektenbekämpfungsmittel »Pyrethrum« benannt sind (s. S. 185). Man nützt die Kontaktgiftwirkung dieser Mittel bei nur geringem Mengenaufwand, aber längerer Anwendungszeit. Zuerst erschien das *»Apistan«* der Firmengruppe ZOECON/SANDOZ, das in den Vereinigten Staaten als bisher einziges Mittel zur Varroa-Bekämpfung zugelassen ist. Inzwischen hat es aber schon in fast allen europäischen Ländern als legitimes Mittel Fuß gefaßt. Der Wirkstoff des Präparats *Fluvalinat* ist zu je 919 mg in 25×3 cm große, 1 mm starke Plastikstreifen eingearbeitet. Je zwei Streifen werden im Brutnestbereich des Volkes in zwei getrennte Wabengassen so eingehängt, daß sie nirgends anliegen (Spannvorrichtung!) und von den Bienen auf beiden Seiten begehbar sind. Die Bienen nehmen den Wirkstoff beim Darüberlaufen in winzigen Mengen auf, verteilen ihn durch ihre Putzbewegungen über ihren Körper und durch Berührung an andere Stockgenossen. Das ist für sie völlig harmlos, ihren aufsitzenden Milben aber bringt es den Garaus. Die Wirkung dieser Behandlung ist in der aktiven Zeit des Volkes am größten. Dabei stellt vorhandene Brut kein Hindernis dar, denn die Streifen bleiben vier Wochen im Bienenvolk und geben ununterbrochen den Wirkstoff ab, so daß der ganze mit den ausschlüpfenden Jungbienen freiwerdende Milbennachwuchs ebenfalls erreicht wird. Beste Behandlungszeit ist nach der Herbsthonigernte. Ableger ohne Honigraum können jederzeit behandelt werden, wobei ein Streifen genügt. Völker ohne Brut kommen mit einer einwöchigen Anwendung aus. – In Frankreich wird ein unter dem Namen *Klartan* (ZOECON/SANDOZ) als Schädlingsbekämpfungsmittel im Obstbau zugelassenes Flüssigmittel mit dem gleichen Wirkstoff wie Apistan (240 g Fluvalinat/l Präparat) vielfach auch gegen die Varroa-Milbe benutzt. Entweder wird es erheblich verdünnt – als systemisches Mittel (wie Perizin oder Apitol) oder – unverdünnt auf Sperrholzstreifen aufgeträufelt – ähnlich wie Apistan angewendet. Eine Zulassung hierfür liegt aber nirgends (auch nicht in Frankreich!) vor.

Das europäische Gegenstück zu Apistan ist das *»Bayvarol«* der Firma BAYER AG. Die Streifen enthalten je 3,6 mg des Wirkstoffs *Flumethrin.* Bei grundsätzlich gleicher Anwendungsweise werden hier vier Streifen pro Volk (zwei bei Ablegern) empfohlen, die an verschiedenen Stellen des Brutnestes einzuhängen sind. Für Bayvarol ist auch noch eine zweite Anwendungsform vorgesehen, wobei es als Lösung ähnlich wie das *Perizin* ausgebracht wird und auch wie dieses systemisch wirken soll.

Obgleich die genannten Pyrethroide bei höchster varroazider Wirkung für die Bienen völlig ungiftig sind, sollte man die vorgeschriebene Einsatzdauer nicht überschreiten, anderenfalls die Parasiten leicht eine *Resistenz* gegen die Mittel ausbilden könnten. Diese Gefahr besteht möglicherweise auch schon auf Grund der subletalen (nicht tödlichen) Nachwirkung des Mittels nach der Entfernung der Streifen aus dem Bienenvolk. Wegen des geringen Verbrauchs der fettlöslichen Mittel ist kaum mit nennenswerten Rückstandsproblemen im Honig zu rechnen, wohl aber (bei alljährlich wiederkehrender Anwendung) im Wachs. – Da es Allergiker gegen Pyrethroide gibt, ist beim Umgang mit den Streifen der Gebrauch von Schutzhandschuhen ratsam.

Bei der medikamentellen Varroabekämpfung wird man trotz der vorhandenen bestwirkenden Chemo-Präparate auch weiter nach *möglichst naturnahen Stoffen* Ausschau halten. Leider hatte man bisher mit den verschiedensten pflanzlichen Abkömmlingen (Melissenöl, Thymianöl, Senföl, Wintergrünöl, Wurmfarn, Tabak, usw.), gleich, ob verdunstet, versprüht oder verräuchert, wenig Glück, und auch verdampfbare, ungiftige »Natursäuren« (z. B. Essigsäure) waren mit Ausnahme der vorne behandelten *Ameisensäure* wenig oder nicht wirksam. Aber es gibt noch eine Ausnahme, die *»Milchsäure«,* in die man gewisse Hoffnungen setzt. Sie ist im Pflanzen- und Tierreich überall vertreten und kommt auch im Pollen und spurenweise im Honig vor. Man erhält sie 90%ig in der Apotheke und muß sie zur Anwendung im Bienenvolk auf 15% Wirkstoffgehalt mit Wasser verdünnen. Die Milben müssen direkt mit der Milchsäure in Kontakt kommen, um Wirkung zu zeigen. Das heißt, daß man jede bienenbesetzte Wabe einzeln aus dem Kasten herausnehmen und mit Hilfe eines Druckzerstäubers auf beiden Seiten besprühen muß. Bei dieser aufwendigen Arbeit sollten natürlich möglichst alle Bienen zu Hause sein. Die Prozedur darf nicht bei Temperaturen unter 12 °C erfolgen, da die Bienen sonst verklammen, und sie muß mehrmals in Abständen von wenigen Tagen wiederholt werden. Natürlich werden die Milben auf der Brut unter den Zelldeckeln nicht getroffen. Man glaubt jedoch, in der Milchsäureanwendung, ähnlich wie bei der *Ameisensäure,* eine Übergangs- und Vorsorgemaßnahme für besonders stark befallene Völker gefunden zu haben, die sonst vielleicht die Spätherbst- bzw. Winterbehandlung mit *Folbex VA* oder *Perizin* nicht mehr erleben würden. – Für die Zulassung der billigen Milchsäure als Tierarzneimittel gegen die Brutmilbe wird sich wegen des Fehlens jeglicher geschäftlicher Anreize wohl niemand stark machen wollen.

Allgemeines zur Chemotherapie – Die Suche nach geeigneten Heilmitteln gegen die Varroatose geht weiter. Sie ist schon deshalb wichtig, weil die Gefahr besteht, daß die Milben bei langjähriger Anwendung immer nur desselben Bekämpfungsmittels allmählich *»resistent«* dagegen werden. Das heißt, daß einige wenige Tiere die Attacken des Mittels überleben und widerstandsfähige Nachkommen erzeugen. Auch sollte man jedes Mittel unbedingt so anwenden, wie es die Gebrauchsanweisung vorschreibt. Dabei sind *Überdosierungen* ebenso zu vermeiden wie *Unterdosierungen.* Ein zu geringer Mitteleinsatz kommt der Ausbildung resistenter Milbenstämme entgegen! Wenn ein Mittel seine Wirkung einmal verloren hat, kann es sie niemals wieder zurückgewinnen. Auf der anderen Seite ist »zu viel Mittel« nutzlos und bringt nur den Honig in Gefahr.

Es ist auch nicht ratsam, gegen die Varroamilbe irgend ein Mittel aus der Tier- oder Pflanzenmedizin einzusetzen, von dem man annimmt oder weiß, daß es denselben Wirkstoff wie ein zugelassenes Varroabekämpfungsmittel enthält. Wenn es nicht eigens als solches entwickelt, getestet und schließlich zugelassen wurde, gibt es in der Regel weder eine Anwendungsanleitung noch verbindliche Dosierungsangaben. Es kann zu Bienenschäden kommen und – was schlimmer ist – zu einer unzulässigen Verunreinigung der Bienenprodukte. Außerdem wäre die Anwendung ungesetzlich.

Gleich welches zugelassene Mittel man einsetzt und wie fachgerecht man dabei auch vorgeht – alles bliebe Stümperwerk, wenn sich innerhalb eines Befallsgebietes die Behandlung nur auf einen oder auf einzelne Bienenstände beschränken würde, während Nachbarimker alle Viere gerade sein ließen. Gerade im Zusammenhang mit der Varroa-Bekämpfung ist deutlich geworden, daß sich die Bienen von Volk zu Volk, aber vor allem auch von Stand zu Stand viel mehr verfliegen, als man früher annahm. Ein noch so vorbildlich sanierter Bienenstand würde durch den Bienenzuflug vom Nachbarstand in kürzester Zeit wieder hoffnungslos verseucht sein. Die »Reinfektion«, wie man die Neuansteckung behandelter Völker bezeichnet, ist bei der Brutmilbenkrankheit schwerwiegender als bei jeder anderen Bienenkrankheit. Man sollte also immer dahinter her sein, daß die benachbarten Imker ihre Völker zur gleichen Zeit und nach Möglichkeit auch mit dem gleichen wirksamen Medikament behandeln. Das ist es, was man unter *»flächendeckender Varroabekämpfung«* versteht und wofür die Bienenseuchen-Verordnung in § 16a sogar einen eigenen Ermächtigungsparagraphen bereithält. Dort heißt es: »Die zuständige Behörde kann, soweit es zum Schutz gegen die Varroatose erforderlich ist, anordnen, daß in einem von ihr bestimmten Gebiet innerhalb einer von ihr bestimmten Frist alle Bienenvölker gegen Varroamilben zu behandeln sind; sie kann dabei die Art der Behandlung bestimmen.« (s. S. 232)

Physikalische Therapie – Es mangelt nicht an Vorschlägen, der Varroa-Milbe mechanisch-physikalisch auf den Leib zu rücken. Dabei kommt man immer wieder auf die Möglichkeit einer *Thermobehandlung* zurück, mit der man zuerst besonders in Rußland experimentiert hat. Die Milben gehen bei einer Temperatur von 47 °C innerhalb weniger Minuten zugrunde, die Bienen leben einige Zeit länger. Diesen Umstand versuchte man zu nutzen, indem man die Bienen ohne oder mit Waben in Wärmekammern brachte, um sie von ihren Milben zu befreien. Leider ist das mit ziemlich gravierenden technischen Schwierigkeiten verbunden. Diese werden auch nicht wesentlich geringer, wenn man – wie bei jüngeren Experimenten in Deutschland – die Völker an Ort und Stelle zu sanieren versucht, indem man erhitzte Luft über eine aufgesetzte Wärmekammer oder vom Flugloch her durch das Volk hindurchleitet. Der Gedanke, mit solchen Techniken den Einsatz von gelinde wirkenden pflanzlichen Ölen oder auch chemischen Räuchermitteln zu verbinden, ist verlockend. Die Aufwand/Erfolgsrechnung sieht aber nicht gut aus.

Hartnäckig hält sich auch die Hoffnung, daß man der Varroa-Milbe durch die Verwendung von künstlichen Waben in der Imkerei beikommen könnte. Nicht die bewährten Plastik-Mittelwände, sondern Ganzwaben aus Kunststoff sind hier gemeint. Die neueste Version einer solchen Wabe besteht aus drei zusammenfügbaren Teilen: einer Mittelfolie und zwei von den Seiten aufsteckbaren Seitenpartien mit voll ausgezogenen Zellwänden. Die Zellen sind konisch ausgebildet, so daß man die Waben als Arbeiter- und als Drohnenwaben einrichten kann, je nachdem, wie man die Zellplatten aufsetzt. Die Arbeiterzellen sind dann zum Zellboden, die Drohnenzellen zum Zellhals hin erweitert. Tatsächlich scheinen die Arbeitsbienen in diesen Waben etwas früher zu schlüpfen, wahrscheinlich, weil die Maden auf den unnatürlich großen Zellböden etwas mehr Futter erhalten. Auch die Vermehrungsfreudigkeit der Milben scheint in der Kunstwabe herabgesetzt zu sein. Nur leider wird der Optimismus, auf diese Weise zu einem Erfolg zu kommen, nicht nur durch kritische biologische und betriebstechnische Überlegungen, sondern vor allem durch das mißliche Verhältnis von Wirkungsgrad und Rentabilität erheblich gedämpft.

Der Weg über die Zucht – Am elegantesten und für Biene und Imker vorteilhaftesten wäre es, wenn es gelänge, eine Biene zu züchten, die der Brutmilbe von sich aus widerstehen könnte – also eine gegen die Milbe *resistente* Biene. Aber auch nur eine *Toleranz,* d. h. eine unvollkommene oder teilweise Resistenz, könnte schon von Vorteil sein. Daß das nicht von vornherein unmöglich ist, scheint schon die Tatsache zu beweisen, daß es bereits solche Bienen gibt. Im biologischen Teil unserer Abhandlung über die Varroa war davon die Rede, daß die Krankheit bei unserer Honigbiene in manchen Gegenden der Erde eher harmlos verläuft. Das gilt für die südamerikanischen Staaten (z. B. *Uruguay, Brasilien*), und man weiß von ähnlichen Verhältnissen in Vietnam und in Osteuropa. Aber auch bei uns machen Imker immer wieder die Beobachtung, daß einzelne Völker aus gleichbehandelten Gruppen weniger befallen sind als andere. Die Überprüfung der Europäischen Bienenrassen auf ihre Varroaanfälligkeit hat bisher keine eindeutigen Ergebnisse gezeitigt, aber es scheint unabhängig von der Rasse Herkünfte zu geben, die mehr oder weniger anfällig für die Krankheit sind. Über die Ursachen wird noch eifrig spekuliert. Wenn man auch bei einem Teil der Fälle klimatische oder vegetationsbedingte Außeneinflüsse nicht ausschließen möchte und auch die Möglichkeit des Vorhandenseins von weniger vitalen Milbenpopulationen in Betracht gezogen werden muß, kann doch ebensogut auch die Biene selbst der Grund für dieses »Rätsel« sein.

Der Versuch einer *Resistenzzüchtung* der Biene gegen die Varroa-Milbe drängt sich geradezu auf. Dabei gibt es für die Selektion zwei Wege: Entweder man wählt einfach Völker zur Vermehrung aus, die innerhalb eines gleichbehandelten Verbandes einen deutlich geringeren Varroabefall aufweisen, oder man richtet sich bei der Auslese nach bestimmten Eigenschaften der Biene, von denen man weiß, daß sie die Entwicklung der Milbe hemmen. Man kann sich leicht vorstellen, daß man im ersten Fall, bei dem lediglich auf das Erscheinungsbild des weniger varroageschädigten Volkes geachtet wird *(symptomatische Auslese),* nur allzuleicht einem Irrtum zum Opfer fallen kann. Es ist immer möglich, daß äußere, nicht erbliche Einflüsse wie Standplatz, Bienenverflug, Schwarmgeschehen, Sekundärinfektionen usw. einen Einfluß auf den Entwicklungsverlauf des Parsiten haben und eine Milbentoleranz der Bienen nur vortäuschen. Auf alle Fälle ist das Verfahren langwierig, und es ist nicht einmal sicher, ob nicht bei der unterschiedlich raschen Generationsfolge der Bienen und Milben (Bienen erreichen höchstens zwei, Milben dagegen je nach der Dauer der jährlichen Brutperiode der Völker bis zu sechzehn und mehr Geschlechtsgenerationen im Jahr) jeder züchterische Erfolg durch die sich schnell anpassende Milbe wieder zunichte gemacht wird. Auf der Vorteilsseite dieser Zuchtmethode steht, daß sie sich mit allen anderen für den Imker wichtigen Zuchtzielen ohne weiteres verträgt.

Von der Auslese auf »varroahemmende« Eigenschaften der Biene *(kausale Selektion)* könnte man sich schnellere Erfolge ausrechnen, aber die Gefahr, in eine züchterische Sackgasse zu geraten, ist hier besonders groß. Zunächst braucht man etwas, woran man bei der Zucht ansetzen kann. Erinnern wir uns an einige früher gemachte Angaben über verhaltensbedingte Wechselwirkungen zwischen Biene und Milbe (s. S. 75): Da ist z. B. der ausgeprägte Trieb, sich gegenseitig zu putzen und Fremdstoffe (Milben) aus dem Stock zu entfernen, womit sich die Indische Biene *(Apis cerana)* der Milben zu erwehren vermag. Sicher lassen sich auch bei uns Bienenvölker mit verstärktem Reinigungsverhalten finden, worauf man auslesen könnte. Man denke auch an die Eigenart, daß die Varroa-Milbe bei *Apis cerana* ausschließlich Drohnenbrut befällt und auch bei unseren Bienen die Drohnenbrut ganz deutlich bevorzugt. Wenn man die Ursache der unterschiedlichen Attraktivität von Arbeiter- und Drohnenbrut für die Milbe kennt, ergeben sich vielleicht Anhaltspunkte für eine Zuchtauslese. Die »Kap-Biene« in Südafrika *(Apis mellifera capensis)* kann von der Varroa-Milbe überhaupt nicht behelligt werden, weil die gedeckelte Phase ihrer Arbeiterbrut mit durchschnittlich 9,7 Tagen so kurz ist, daß sich in dieser Zeit keine weibliche Varroa-Milbe bis zur Geschlechtsreife entwickeln kann. Bei den Arbeiterinnen der durch das Eindringen der *Apis mellifera scutellata* afrikanisierten Bienen Südamerikas dauert die Vor- und Puppenphase etwa 11,2 Tage, bei den europäischen Mellifica-Rassen um 12 Tage. Während im letzteren Fall zwei bis maximal drei fertige Milbenweibchen pro Muttertier heranwachsen können, muß die Vermehrungsrate bei den Hybridbienen Südamerikas darunter liegen. Auch bei europäischen Bienenrassen bzw. verschiedenen Abstammungen sind – unabhängig von den bestehenden beachtlichen jahreszeitlichen Schwankungen – Unterschiede in der durchschnittlichen Dauer der gedeckelten Brut denkbar, auf die man auslesen könnte. Es könnte ja sein, daß schon eine relativ kleine zeitliche Verschiebung im Verdeckelungsgeschehen der Brut die Reproduktionsrate der Milbe zu verändern vermag.

Es gibt heute – wenn auch vorerst nur theoretisch – noch eine besonders faszinierende Idee, genetisch eine »varroafeste« Biene zu erzeugen: die *Gentechnologie.* Man könnte versuchen, die verantwortlichen Gene (= Vererbungsträger) von Eigenschaften, die zur Abwehr der Varroa-Milbe geeignet sind

(z. B. beschleunigte Entwicklungsgeschwindigkeit), aus anderen mehr oder weniger verwandten Tieren in die Erbsubstanz der Biene einzuschleusen. Das ist denkbar, ob es auch machbar ist, steht auf einem anderen Blatt.

f) Die Varroatose gehört zu den gesetzlich überwachten Bienenkrankheiten
Seit dem Erscheinen der Varroa-Milbe in der Bundesrepublik und der Aufnahme der Brutmilbenkrankheit in die *Bienenseuchen-Verordnung* im Zuge der zweiten Änderung vom 14. Dezember 1978 löste diese Krankheit in kurzer Abfolge noch vier weitere Änderungsverordnungen aus, die zuerst in verschärften, dann in wieder gelockerten Bestimmungen Ausdruck fanden. Mit der letzten (6.) Verordnung zur Änderung der Bienenseuchen-Verordnung vom 6. Dezember 1988 wurde die Varroatose aus der Anzeigepflicht entlassen. Da sich die Krankheit inzwischen auf nahezu alle Bienenstände über die ganze Bundesrepublik ausgebreitet hatte, erschien es nicht mehr sinnvoll, neu auftretende Fälle anzeigen zu müssen. Gleichzeitig wurden die sehr umfangreichen und strengen staatlichen Vorschriften zur Bekämpfung der Krankheit zurückgefahren. Vor allem entfallen jetzt die früher sehr einschneidenden Sperrmaßregeln für befallene Bienenvölker und -stände sowie die Einrichtung von Beobachtungsgebieten, die die Wanderung mit den Bienen außerordentlich behinderten.

Nach wie vor gültig ist die nach § 16a Abs. (1) der Bienenseuchen-Verordnung gesetzliche Verpflichtung des Imkers zur regelmäßigen jährlichen Behandlung seiner Völker, und zwar nach Maßgabe der Stärke des Milbenbefalls. Das bedeutet, daß der Imker angehalten ist, seine Völker fortgesetzt und planmäßig auf Varroabefall zu kontrollieren. Falls er sich in der eigenen Diagnose nicht sicher ist, steht ihm auch weiterhin die Behörde zur Seite. Er muß es nicht, aber kann wie bisher das Wintergemüll an die für ihn zuständige Untersuchungsstelle (s. S. 26) einsenden. Dasselbe gilt für das während der Einfütterung im Spätsommer oder Herbst anfallende »Sommergemüll«, das für die Erkennung der Krankheit am aufschlußreichsten ist. In der Bekämpfung der Krankheit ist der Imker weitgehend auf sich selbst gestellt. Sofern sich die Behörde nicht einmischt, was der Regelfall sein dürfte, kann er biotechnische und chemische Behandlungsmethoden bzw. eine Kombination von beiden anwenden. Der Imker hat die Medikamente genau nach den hierfür geltenden Vorschriften einzusetzen. Auf seine Um- und Einsicht kommt es an, das richtige Maß zu finden, um einerseits der Varroagefahr wirksam zu begegnen und andererseits die Reinheit der Ernteprodukte aus dem Bienenvolk nicht zu gefährden. Damit ist die Varroabekämpfung nach den derzeit geltenden Bestimmungen auf besondere Weise in die persönliche Verantwortung jedes einzelnen Imkers gelegt.

Wenn die Behörde es für notwendig hält, kann sie, gestützt auf § 3 der Bienenseuchen-Verordnung, eine amtliche Untersuchung aller Bienenvölker und Bienenstände eines verdächtigen Gebietes anordnen und nach § 16a, Absatz (2) aktiv in die Varroabekämpfung eingreifen. So ist das Veterinäramt ermächtigt, von sich aus eine flächendeckende, d. h. eine alle Völker in einem bestimmten Gebiet einschließende Behandlung gegen die Varroamilbe anzuordnen. Es kann auch die Art der Behandlung bzw. das einzusetzende Medikament bestimmen. Die Einschaltung der Behörde könnte dort sinnvoll werden, wo Außenseiter die Behandlung ihrer Völker vernächlässigen oder aus grundsätzlichen Erwägungen ganz ablehnen. Damit wäre die mühevolle Sanierungsarbeit der anderen Imker in Frage gestellt, denn die nicht behandelten Völker würden, solange sie noch am Leben sind, ständig in erhöhtem Maße Krankheitserreger an die Nachbarstände abgeben. Die Gefahr der »Reinfektion« ist bei der Varroakrankheit der Bienen, wie vorne erörtert, besonders groß.

Die letzte Änderung der Bienenseuchen-Verordnung hat auch eine allgemeine Rückwirkung auf die seuchengesetzlichen Bestimmungen bezüglich der Wanderung mit den Bienen. Die (Kann-)Bestimmung, daß die Bienen bei jeder Ortsveränderung eine amtliche Bescheinigung über das Freisein von anzeigepflichtigen Krankheiten zu begleiten hat (§ 5) gilt nach wie vor für die *Bösartige Faulbrut* und die *Tracheenmilbenkrankheit,* aber nicht mehr für die Varroatose. Damit bestehen, was die Handhabung der Gesundheitsbescheinigung beim Wandern mit den Bienen anlangt, wieder die alten Regelungen, wie sie vor dem »Zwischenspiel Varroa« in den einzelnen Bundesländern (laut landeseigenen Ausführungsbestimmungen) gegolten haben.

2. Andere Brutmilben

Die Varroa-Milbe ist aus Asien zu uns gekommen. Noch vor wenigen Jahren ahnte niemand, daß sie sich bei uns so rasch verbreiten und zu der die Bienenwirtschaft bedrohenden Gefahr Nummer eins werden könnte. Ohne gleich eine Wiederholung dieses Ereignisses befürchten zu wollen, muß doch erwähnt werden, daß im *asiatischen* Raum auch noch andere Milbenarten in Verbindung

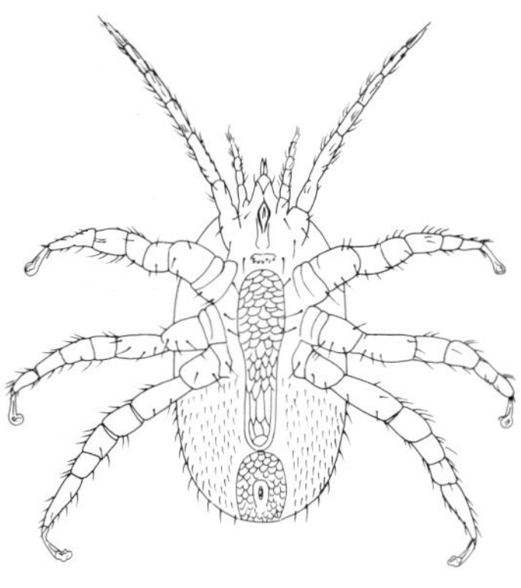

Abb. 21: *Die Schmarotzermilbe Tropilaelaps clareae (weibliches Tier von unten) wurde im asiatischen Raum auch an der Honigbiene gefunden. Sie hat eine langgestreckte Gestalt und ist nur 1/3 so groß wie Varroa jacobsoni. Vorerst ist die für nicht ungefährlich gehaltene Milbe noch kein Problem für Europa.*

mit der Honigbiene beobachtet wurden. Eine von ihnen ist kleiner und, als erwachsenes Tier, weniger gepanzert als Varroa jacobsoni. Sie heißt *Tropilaelaps clareae* und kommt auch bei der Riesenbiene (Apis dorsata) vor (Abb. 21). Häufig fand man sie zusammen mit der Varroa-Milbe im gleichen Volk von Apis mellifica. Obzwar sie von manchen für noch gefährlicher als Varroa jacobsoni gehalten wird, glaubt man doch allgemein, daß sie bei uns keine Gefahr werden kann. Sie scheint außerhalb der Brutzellen nur sehr kurz zu überleben, so daß sie die brutlose Winterzeit in unseren Völkern kaum überstehen dürfte. Vorerst nur bei Apis dorsata hat man bisher *Tropilaelaps koenigerum* gefunden, während eine andere Brutmilbe, *Euvarroa sinhai,* hauptsächlich bei der Zwergbiene (Apis florea), und ein weiterer Vertreter der »üblen Sippe«, *Euvarroa underwoodi,* in Apis cerana-Völkern beobachtet wurden. Die beiden letztgenannten Arten sollen nicht nur im Aussehen, sondern auch hinsichtlich ihrer Biologie, der Varroa-Milbe weitgehend gleichen.

Wenn man gelegentlich auch noch andere Milben auf der Brut von Apis mellifica gefunden hat, z. B. in Australien die Milbe *Pyemotes ventricosus,* die in mehreren Völkern alle Brut getötet haben soll, so mag man in Betracht ziehen, daß gelegentlich auch nicht spezifisch bienenpathogene Parasiten derlei Schäden anrichten können. Eine praktische Bedeutung haben solche Beobachtungen aber nicht.

III. Krankheiten der erwachsenen Bienen

Die Varroa-Milbe,welche auf der Bienenbrut und an den Bienen gleichermaßen schmarotzt, leitet zu den Krankheiten der erwachsenen Bienen über. Es gibt bei ihnen Krankheiten mit pathogenen Erregern und solche, die auf andere Ursachen zurückzuführen sind. Krankheiten ohne erkennbare äußere Anlässe sind aber selten und praktisch unbedeutend.

A. Ansteckende Krankheiten der erwachsenen Bienen

Als Erreger von ansteckenden Bienenkrankheiten kommen *Milben, Protozoen* (Urtierchen), *Bakterien* und *Viren* in Frage. Dabei verursachen Vertreter der beiden erstgenannten Gruppen sehr spezifische, für die Bienen häufig tödlich endende Krankheiten; Bakterien und Viren treten bei erwachsenen Bienen meist im Gefolge anderer Krankheiten, selten für sich allein auf.

1. Tracheenmilbenkrankheit (Acarapiose) (Tafel VII)

1921 wurde in England als »neuer« Krankheitserreger bei den Bienen eine Milbe beschrieben, welche nach einiger Unsicherheit den heute gültigen Namen *Acarapis woodi* Rennie erhielt. Man machte sie im nachhinein für manche vordem beschriebene große Bienenkatastrophe verantwortlich, wie z. B. die berühmte *Isle-of-Wight-Krankheit* in England zu Beginn dieses Jahrhunderts, ohne daß dafür je ein Beweis erbracht werden konnte. Die Krankheit wurde danach sehr rasch an zahlreichen Orten in Europa, aber auch anderenorts in der Welt, nachgewiesen. Sie wurde *Acariose,* das heißt einfach »Milbenseuche«, genannt. Unter dieser Bezeichnung findet sie sich fast in aller einschlägigen Fachliteratur und auch in der Seuchengesetzgebung. Mit dem Erscheinen der *Varroa-Milbe* ist jedoch eine neue Milbenkrankheit der Bienen auf den Plan getreten. Wenn man diese nach ihrem Erreger sachlich richtig »Varroatose« genannt hat, sollte die durch die *Acarapis-Milbe* verursachte Milbenseuche konsequenterweise und in Gleichbehandlung als *»Acarapiose«* bezeichnet werden. Das ist hier geschehen.

a) Der Erreger und das Krankheitsbild

Bei dem Verursacher der Krankheit handelt es sich um eine sehr kleine, nur etwa 0,1 mm große Milbe, die im *ersten, besonders weiten Luftröhrenpaar* in der Brust der Biene schmarotzt (Abb. 22, 23). Von der wissenschaftlichen Bezeichnung der Luftröhren (= Tracheen) kommt der Name Tracheenmilbe.

Bei der *Infektion* dringt das begattete Weibchen durch die Thoracalstigmen (Atemöffnungen der Brust) in die Luftröhren jüngster (meist unter 5 Tage alter)

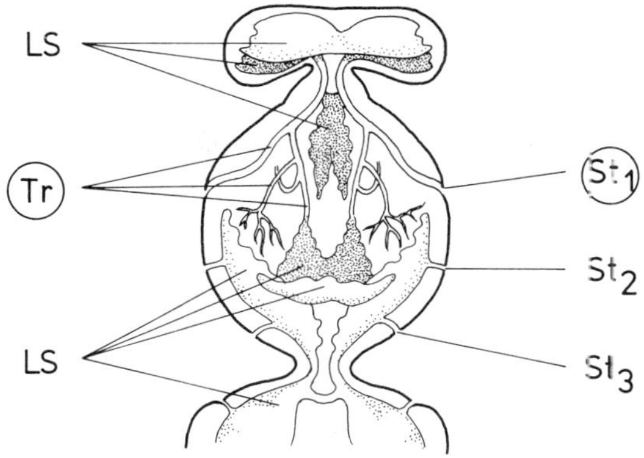

Abb. 22: *Luftröhrensystem im Kopf- und Brustbereich der Biene. Tr Tracheen, LS Luftsäcke (bauchwärts gelegene sind dunkler punktiert), St_1 St_2 St_3 Brust-Stigmen. Das hinter einer Chitinzunge der 1. Rückenschuppe versteckte 1. Stigma ist die Eintrittspforte für die Tracheenmilbe, die in der anschließenden Luftröhre und in den davon abzweigenden Ästen brütet. (Das zweite, vor und unter dem Hinterflügel gelegene Stigma ist wegen seiner Winzigkeit von außen kaum zu erkennen; das 3. Bruststigma mit Sitz in der Seitenwand der 4. Rückenschuppe übt trotz seiner auffallenden Größe keine Anziehung auf die Acarpis-Milbe aus.)*

Bienen ein. Daß ältere Bienen nicht befallen werden, hat man früher auf die sich allmählich versteifenden Reusenhaare um die Atemöffnungen zurückgeführt, was aber nicht sicher ist. Jedenfalls ist es biologisch zweckmäßig, denn nur in den jungen Bienen haben die Milben Zeit zur Vermehrung. Das Milbenweibchen klebt 6 bis 7 Eier an die Tracheenwand. Nach ein paar Tagen schlüpfen sechsbeinige Larven aus, die durch mehrmalige Häutung während rund 2 Wochen zu erwachsenen Milben mit 4 Beinpaaren heranwachsen. Die Milben und ihre Entwicklungsstadien stechen die Tracheenwand an und ernähren sich vom Bienenblut. Sie paaren sich und die Weibchen legen wieder Eier. Nach ein paar Generationen, wenn sich die Luftröhren mit Milben zu verstopfen beginnen, wandern begattete Weibchen aus. Sie halten sich mit ihren langbeborsteten Hinterbeinen an den Kopf- und Rückenhaaren der Biene fest und wechseln geschickt auf vorbeikommende Jungbienen über. Hier suchen sie, dem austretenden Luftstrom folgend, die großen Brusttracheen als neuen Aufenthaltsort ihres Schmarotzerdaseins auf. Für den Übergang haben sie höchstens einen Tag Zeit, denn länger sind sie außerhalb der Biene nicht lebensfähig.

Wenn man durch besondere Praktiken die ersten Tracheen der Biene herauspräpariert (s. S. 212), kann man die Milben darin unter dem Mikroskop feststellen. Naturgemäß sind die langlebigen Winterbienen am meisten vermilbt. Ihre Tracheen können vollgestopft mit Milben aller Entwicklungsstadien sein. Die sonst durchsichtigen Luftröhren sind dann in der Regel durch austretende und erstarrte Haemolymphe stark verschorft und braunschwarz verfärbt (Abb. 24). Ob in solchen Fällen die aus dem Gedränge auswandernden Milbenweibchen, welche keine Jungbienen finden, vorübergehend an den Flügelwurzeln ihrer Wirtstiere schmarotzen – wie gelegentlich behauptet wird – scheint nicht einwandfrei bewiesen.

Durch den Blutentzug und die mangelnde Sauerstoffzufuhr zu den Muskeln werden die Bienen geschwächt. Außerdem scheinen die Milben bei dem Saugakt auch noch einen Giftstoff an die Bienen abzugeben, welcher die Flugmuskulatur aufzulösen vermag. Leicht möglich ist es auch, daß durch die Verletzungen der Tracheen pathogene Mikroben (z. B. Bakterien) in den Bienenkörper eindringen, wodurch die Bienen zusätzlich geschwächt werden.

Das stark befallene Bienenvolk ist sehr unruhig. Im Winter fliegen einzelne Bienen oft schon bei tiefen Temperaturen ab. Die Völker haben zahlreiche Wintertote. Bei den ersten Ausflügen im Frühjahr findet man viele Bienen mit *unnatürlich verspreizten Flügeln* auf dem Boden vor dem Flugloch umherkrabbeln. Man sieht sie hier auch *kleine Sprünge* vollführen. Sie sind nicht mehr fähig, aufzufliegen.

Milbenbefallene Bienenvölker können ihren Zustand jahrelang vor dem Imker verbergen. Gute Brutentwicklung im Frühjahr und ein honigreicher Sommer, in dem sich die Bienen auf natürliche Weise rasch abarbeiten, lassen die Völker gesund erscheinen. Bei der relativ langen Zeitspanne, die von der Ablage eines Milbeneis bis zur Legetätigkeit eines daraus hervorgehenden Weibchens verstreicht (ca. 3 Wochen), ist das auch kaum verwunderlich. Ehe die Milben in den Tracheen Platznot bekommen und auswandern müssen, sterben die Sommerbienen ab, was ja bekanntlich außerhalb des Stockes geschieht. Je rascher der Bienenumsatz, je brutfreudiger die Bienen, desto

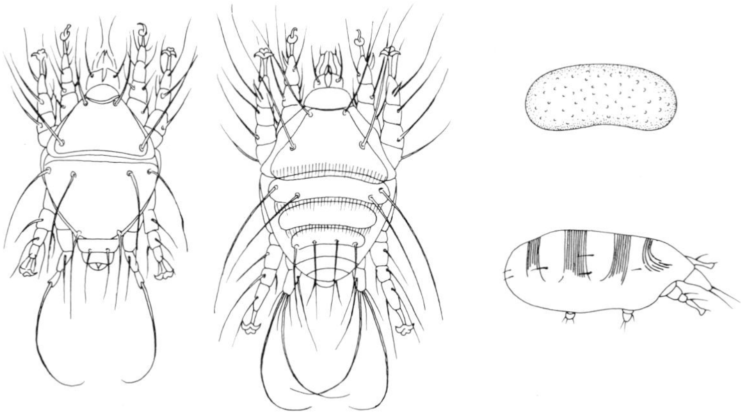

Abb. 23: *Acarapis woodi* Rennie. Links: Rückenansicht eines Männchens, Mitte: eines Weibchens, rechts: Ei und Larve.

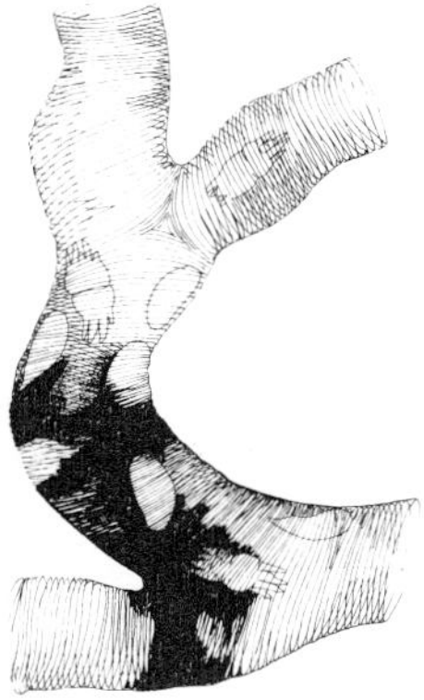

Abb. 24: *Tracheenstück mit verschiedenen Entwicklungsstadien von Acarapis woodi.*

geringer ist die Chance der Milben, im Bienenvolk Fuß zu fassen. Nur was im Herbst den Übergang auf Winterbienen geschafft hat, kann sich jetzt ungestört in den Luftröhren ausbreiten. Allerdings ist kaum mit Neuinfektionen zu rechnen, da es an Jungbienen fehlt. Das kann erst im Frühjahr wieder wirksam geschehen. Je stärker ein Bienenvolk im Herbst vermilbt ist, desto gefährlicher wird es für das Volk im nächsten Jahr. Ein regenreicher Sommer, in dem die Bienen untätig zu Hause sitzen und überaltern, wirkt sich besonders ungünstig aus. Folgen ein paar solche Jahre hintereinander, wird eines schönen Frühjahrs das Übel dann plötzlich offenbar. Die Bienen verlassen zuhauf die Beute, so daß fast nichts mehr zurückbleibt. Man sagt: das Volk »läuft aus«! Landesweit nehmen in solchen Jahren die Milbenfälle zu.

b) Wie sich die Krankheit verbreitet

Die Neuinfektion der Bienenvölker erfolgt durch Verflug und Räuberei. Besonders die Drohnen, welche im Sommer von Volk zu Volk vagabundieren, können die Milben mit sich führen. Am meisten trägt aber wieder der ahnungslose Imker zur Ausbreitung der Milbenseuche bei. Er kann die Milbe durch eingefangene fremde Schwärme mit nach Hause bringen oder beim Kauf von Bienen aus unkontrollierten Ständen miterwerben. Selbst über eine gekaufte Königin kann man sich die Krankheit einhandeln, denn auch eine Königin mitsamt ihren Begleitbienen kann befallen sein. Man sollte sich deshalb beim Bienen- und Königinnenbezug immer ein Gesundheitszeugnis mit aushändigen lassen.

c) Was kann man dagegen tun?

Es ist kein Geheimnis, daß man heute der Krankheit viel weniger Beachtung schenkt als in früheren Jahren. Völkerzusammenbrüche wie in den 50er und 60er Jahren scheinen nicht mehr vorzukommen. Vielleicht gibt es sie gelegentlich noch, nur hat man heute in Unkenntnis der wahren Ursache andere Deutungen zur Hand. Dessenungeachtet hat es wirklich den Anschein, daß die

Krankheit gegenüber früher an Gefährlichkeit verloren hat. Vielleicht liegt das an ihrem epidemischen Chrakter, wobei es zu einem An- und Abschwellen kommen kann. Möglicherweise spielen bisher nicht erkannte Veränderungen in der Umwelt eine Rolle. Vielleicht ist aber auch alles züchterisch zu erklären in der Weise, daß im Laufe der Zeit, gewollt oder ungewollt, die anfälligen Völker auf der Strecke blieben, während das weitervermehrte Bienenmaterial immer widerstandsfähiger gegen die Krankheit geworden ist.

Als Folge dieser günstigen Umstände ist bei den Imkern die Überzeugung gewachsen, daß die Acarapiose ohne den Einsatz von Medikamenten, lediglich durch biologische Maßnahmen zu überwinden ist. Man setzt auf die Fähigkeit der Völker zur Selbstheilung, wobei man sich nach Kräften bemüht, die ihnen innewohnende Entwicklungskraft zu stärken. Im Telegrammstil heißt das: Für kräftigen Bienenumsatz durch Wandern, notfalls auch Reizfüttern sorgen, einen bienengünstigen Standplatz wählen, keine Völkermassierungen zulassen, einer Überalterung der Bienen durch Vermeidung weiselloser Zeiten und Verwendung von jungen Königinnen entgegentreten, die Völker durch fleißige Ableger- und Kunstschwarmbildung verjüngen.

Das alles sind Selbstverständlichkeiten einer zeitgemäßen Bienenhaltung und keine spezifischen Behandlungsmaßnahmen gegen die Acarapiose. Da die Krankheit aber keineswegs von der Bildfläche verschwunden ist und immer wieder Völker ausgemacht werden, die mit Tracheenmilben infiziert sind und eine Selbstheilung nicht schaffen, sollten die Möglichkeiten der medikamentösen Therapie dieser Krankheit nicht in Vergessenheit geraten. Das Räuchermittel *Folbex,* das jahrzehntelang mit bestem Erfolg gegen die Acarapiose eingesetzt wurde, ist in der Bundesrepublik verboten worden, da sein Wirkstoff *Chlorbenzilat* unter die krebsverdächtigen Substanzen fällt. Die durch das Verbot geschaffene Situation hatte zur Folge, daß man sich – jenseits der

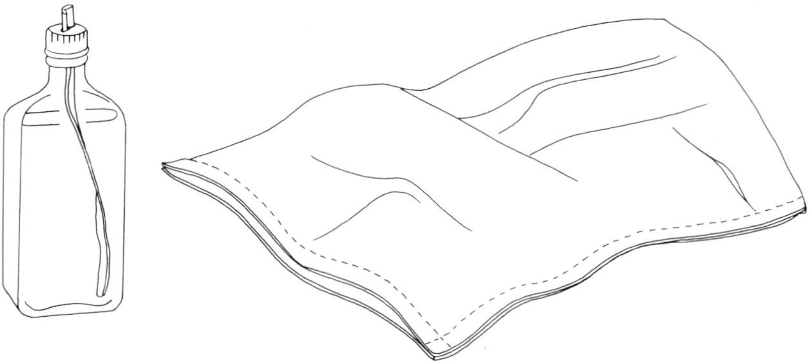

Abb. 25: *Außer mit dem derzeitig vorrangig angewendeten Folbex VA Neu bekämpft man die Acarpiose noch mit dem Senfölpräparat »Apimilbin«, das man im Volk aus einer Flasche mit Docht verdunsten läßt (links), oder man verwendet kristallines Thymol, das, in flache Säckchen eingefüllt, auf die Waben über den Bienensitz gelegt wird (rechts).*

vorgeschriebenen Zulassungspraktik – wieder in verstärktem Maße an ein seit langem bekanntes Mittel erinnerte, dessen gute Wirkung gegen die Tracheenmilbe ebenso wie seine relativ gute Verträglichkeit für die Bienen zweifelsfrei nachgewiesen war. Gemeint ist das Senfölpräparat *»Apimilbin«*. Es ist ein Verdampfungsmittel, das aus 98(Volumen-)% Isopropyl- oder Methylalkohol und 2(Volumen-)% Allylsenföl besteht. Das Gemisch kann auf Rezept des zuständigen Tierarztes in der Apotheke bezogen werden. Man füllt es in 100–150 ml fassende flache Glasfläschchen und steckt einen 5 mm starken gerollten oder gefalteten Filterpapierdocht hinein, den man, je nach Stärke des Bienenvolkes, 5–10 mm aus dem durchbohrten Flaschenverschluß herausragen läßt (Abb. 25, links). Das Fläschchen befestigt man in einem leeren Wabenrähmchen, das zwischen Deckwabe und Brutnest ins Volk gehängt wird. Man kann es auch einfach in das Baurahmenfenster stellen. Eine Lockenwicklerkappe schützt den Docht vor Zukitten oder Abnagen durch die Bienen. Je nach Jahreszeit und Stärke des Volkes verdunstet der Flascheninhalt verschieden schnell. Zu einer Behandlung gehören wenigstens 3 Flaschenfüllungen, was einer Dauerbegasung über 8–10 Wochen gleichkommt. Wegen des raschen Altbienenabgangs und des starken Bienenumsatzes ist eine Frühjahrsbehandlung besonders vorteilhaft (Beginn: Salweidenblüte), aber auch der Spätsommer und Herbst, wenn die Völker abgeschleudert sind, kommen in Frage. Wenn sich schwache oder ungleich starke Völker auf dem Stand befinden, kann die Begasung besonders im Herbst leicht Räuberei auslösen. Das hieße, die Behandlung unterbrechen!

In den letzten Jahren hat sich als Mittel zur Bekämpfung der Tracheenmilbenseuche auch *Thymol* nachdrücklich angeboten. Das als Hauptbestandteil des Thymianöls zu den Derivaten des Phenols gehörende Methyl-isopropyl-phenol ist in verschieden groben Kristallen im Handel. Am besten eignet sich für unsere Zwecke eine Beschaffenheit, die man mit einem mittelkörnigen Speisesalz vergleichen könnte. Gröbere Kristalle lassen sich aber auch in einem Mörser in diese Form zerreiben. Die Substanz wird zu je 10–15 g in großflächige Gaze- oder Leinensäckchen eingebunden und darin auf die Waben der zu behandelnden Völker gelegt (Abb. 25, rechts). Nach Möglichkeit beginnt man im September oder Oktober mit der Behandlung und führt sie während des ganzen Winters bis in den April hinein fort. Das Verfahren besticht durch seine Einfachheit. Thymol ist aber auch für die Bienen nicht ganz ungefährlich, weshalb man die Anwendungsmenge nicht überdosieren darf. Auch bei der Thymolanwendung besteht erhöhte Räubereigefahr. Außerdem ist die milbentötende Wirkung geringer als beim Senföl. Da die Behandlung außerhalb der Trachtzeit durchgeführt wird, ist eine Geruchsbeeinträchtigung des Honigs nicht zu befürchten.

Eine amtliche Zulassung durch das Bundesgesundheitsamt besteht derzeit weder für Senföl noch für Thymol.

Es scheint, daß wir heute mit dem gegen die Varroatose angewendeten Bekämpfungsmittel, *Folbex VA Neu,* auch ein gutes Mittel – vielleicht das derzeit beste – gegen die Tracheenmilbe haben. Die Anwendungstechnik und

Tafel VII. Tracheenmilbenkrankheit

(Acarapiose)

Erreger:	Acarapis woodi RENNIE
Lebenslauf des Parasiten:	Milben schmarotzen im vordersten Luftröhren (= Tracheen)paar des Brustabschnittes der Bienen. Sie durchstechen die Tracheenwand und saugen Bienenblut. Weibchen kleben 5–10 Eier an die Luftröhrenwand. Nach 2–3 Wochen Entwicklungsdauer sind die Larven erwachsen. Die Paarung erfolgt in den Tracheen, wo sich die Milben auch vermehren. Wenn das Gedränge hier zu groß wird, ziehen einzelne Weibchen aus, klammern sich im Bienenpelz fest und gehen auf Jungbienen über. Selten werden über 9 Tage alte Bienen infiziert. Die Milben sind auf toten Bienen oder ohne ihre Wirte nur wenige Stunden lebensfähig. Der Parasit schädigt seinen Wirt durch Blutentzug, stört seine Atemtätigkeit, wirkt toxisch (Milbenspeichel) und verursacht bakterielle Blutvergiftung
Kennzeichen der Krankheit:	Befallene Bienen werden schwach und flugunfähig. Besonders im Frühjahr fallen Krabbler und Hüpfer vor dem Flugloch auf, Bienen mit eigenartig gespreizten Flügeln. Durch mikroskopische Untersuchung lassen sich Milben in den Tracheen nachweisen. Die Tracheen sind infolge austretenden Blutes an den Einstichstellen der Milben und durch Milbenkot und sekundären Bakterienbefall dunkel gefärbt Bienenvölker sitzen im Winter unruhig, brüten vorzeitig (»Durchbrüten«), zeigen Ruhrerscheinungen, »laufen« in extremen Fällen im Frühjahr »aus«
Verbreitung:	durch Verflug von Bienen und Drohnen, Räuberei und Schwärme Der Imker hilft mit durch vernachlässigte Völkerbehandlung, Völkerkauf, Wanderung
Bekämpfung:	anzeigepflichtig! Brutumsatz fördern (Standort); Selbstheilung! Chemotherapie mit Folbex VA Neu; Verdampfungsmittel: »Apimilbin«, Thymol (beide nicht zugel.)

die dabei zu beachtenden Vorsichtsmaßnahmen sind dieselben wie bei der Bekämpfung der Varroa-Milbe. Man lese dort auf den Seiten 84ff. nach. Nur in einem unterscheidet sich die Behandlung der Tracheenmilbenkrankheit von der Bekämpfung der Varroatose: man hält eine 6malige Begasung, und zwar in wöchentlichen Abständen, für notwendig. Durch den verlängerten medikamentellen Einsatz will man alle Milben – auch die, welche erst später aus verstopften Tracheen auswandern – treffen. Natürlich bedeutet das auch wieder mehr Niederschlag auf den Waben, und man muß um die Reinheit des Wachses, bei wiederholter Anwendung vielleicht auch des Honigs, fürchten. Das ist ein Dilemma, in das man bei der Anwendung von Arzneimitteln gegen Bienenkrankheiten immer wieder geraten kann.

Darf man sich der Wirksamkeit von Folbex VA gegen die Acarapiose sicher sein, so ist die Frage, ob auch andere gegen die *Brutmilbe* eingesetzte und amtlich zugelassene Mittel bei der Behandlung der *Tracheenmilbenkrankheit* erfolgreich sein können, nicht genügend untersucht und damit auch nicht einfach zu bejahen. Natürlich gibt es außer den abgehandelten auch noch andere erprobte und wirksame Präparate gegen die Tracheenmilbe, die alle aufzuzählen, ich mir hier versagen muß. Das bei unseren ostdeutschen Nachbarn eingesetzte Räuchermittel *Chlorfenson* (Parachlorphenol-parachlorbenzol-sulfosäureester) ist im Westen wenig bekannt. Früher kamen bei uns das Räuchermittel *Delacan*/Mayer (Wirkstoff nicht veröff.) und in Ostdeutschland das *P. K.*-Mittel (Dichlorphenyl-methyl-äthanol) mit gutem Erfolg zum Einsatz. Mit zu den ältesten Präparaten gehört das heute fast vergessene *Frow'sche Mittel* (ein Gemisch aus Petroleum, Nitrobenzol und Safrol), das seine Wirkung durch Verdampfung entfaltete, aber wegen seiner Bienengefährlichkeit schon immer problematisch war.

d) Behördliche Regelungen

Ungeachtet der Fragen, wie gefährlich die Tracheenmilbenkrankheit heute einzuschätzen und wie weit und in welcher Form ihr Verbleib in der Bienenseuchen-Verordnung gerechtfertigt ist, gehört sie derzeit noch zu den anzeigepflichtigen Bienenkrankheiten. Allerdings reicht die Beobachtung des Verhaltens der Bienen für eine sichere Diagnose der Krankheit nicht aus. Vor dem Stand krabbelnde und hüpfende Bienen, verspreizte Flügel und selbst das Auslaufen von Bienenvölkern sind Symptome, die auch bei anderen Krankheiten, insbesondere bei der noch zu besprechenden Nosemaseuche, auftreten. Der Imker ist zur Absicherung des Befundes gezwungen, die verdächtigen Bienen an eine zuständige staatliche Untersuchungsstelle (s. S. 26) einzusenden. Viele tun das auch schon ohne Verdacht, indem sie routinemäßig den winterlichen Totenfall untersuchen lassen.

Werden Milben gefunden, geht eine Meldung der untersuchenden Stelle an den zuständigen Amtsveterinär, der nach der gültigen Bienenseuchen-Verordnung immer noch die Behandlung aller Völker des Standes anzuordnen hat. Das bedeutet streng genommen, daß eine Heilbehandlung eingeleitet werden muß.

Der Amtsveterinär hat auch darüber zu befinden, ob ein nach der Verordnung mögliches Beobachtungsgebiet bis zu zwei Kilometer um den betroffenen Bienenstand mit Aus- und Einwanderungssperre errichtet werden soll. Es ist bezeichnend, daß fast alle die Acarapiose betreffenden Gesetzesregelungen auf *Kannbestimmungen* gegründet sind. Bei ihrer Anwendung ist es nicht unwesentlich, ob die Krankheit nur vereinzelt auftritt oder »endemisch«, d. h. in einem Gebiet schon länger bzw. ständig vorkommt. So hat der Umstand, daß die Acarapiose z. B. im Süden Deutschlands ungleich weiter verbreitet ist als im Norden, in der Vergangenheit häufig zu einer unterschiedlichen Anwendung des Verordnungstextes geführt. Während man im Norden das Abtöten von befallenen Völkern vielleicht immer noch als eine zweckmäßige Maßnahme ansieht oder zumindest den befallenen Stand solange sperrt, bis die Völker vollständig behandelt und in einer Nachuntersuchung des Wintertotenfalls als milbenfrei befunden worden sind, wird in endemisch befallenen Gebieten die Verstellung der Bienenvölker innerhalb dieser Gebiete gewöhnlich erlaubt. Dabei kann von einer regelmäßigen Kontrolle des Behandlungserfolges abgesehen werden.

In bisher nicht oder nur geringfügig verseuchten Bezirken kann die Bildung von Beobachtungsgebieten durchaus angezeigt sein, wobei die Entfernung von Völkern daraus von einer Genehmigung abhängig zu machen ist. Sie wird erteilt, wenn der Wintertotenfall aller Völker eines Standes im betreffenden Jahr ein negatives Ergebnis hatte und alle Völker einer Behandlung unterzogen worden sind. Das Verbringen von Völkern von Beobachtungsgebiet zu Beobachtungsgebiet ist dagegen ohne Auflage möglich. In endemisch befallenen Gegenden wird die Frage, ob ein Beobachtungsgebiet gebildet werden soll, möglicherweise auch von den dort herrschenden »Wandergepflogenheiten« mitbestimmt.

In *Bayern* wurden die Beschränkungen wegen der vormals weiten Verbreitung der Tracheenmilbe stark abgemildert. So werden Beobachtungsgebiete nur noch ausnahmsweise gebildet, nämlich dann, »wenn ein Gebiet nachweislich länger als ein Jahr besonders stark befallen ist«. In diesem Fall gilt die Behandlungspflicht für alle Völker dieses Gebietes. Die Entfernung von Bienenvölkern und Bienen daraus muß genehmigt werden und setzt zumindest die Einleitung einer Behandlung der Völker voraus, die gegebenenfalls am neuen Standort fortzuführen ist.

Die Maßregeln zum Schutz der Bienenvölker gegen die Tracheenmilbe können von der Behörde aufgehoben werden, wenn alle Völker eines verseuchten Bienenstandes, soweit nicht verendet oder getötet, einer Behandlung unterzogen worden sind. Dasselbe gilt für alle Völker des Beobachtungsgebietes, sofern ein solches gebildet wurde. Die amtliche Einflußnahme kann dann bereits mit Abschluß der geforderten Behandlung der Völker enden. Es kann aber auch angeordnet werden, die Proben des Wintertotenfalls von allen Völkern des behandelten Seuchenstandes an eine Untersuchungsstelle einzusenden, woran man in *Bayern* noch festhält. Man möchte hier einen Eindruck vom Behandlungserfolg gewinnen.

Wenn ein Imker mit seinen Völkern nicht in einem Beobachtungsgebiet für die Tracheenmilbe steht, braucht er in der zur Wanderung normalerweise notwendigen Gesundheitsbescheinigung lediglich diesen Sachverhalt von der heimatlichen Behörde oder vom bevollmächtigten Sachverständigen für Bienenkrankheiten bestätigen zu lassen. Eine Untersuchung der Völker bzw. des Wintertotenfalls ist dazu nicht erforderlich.

2. Andere Acarapis-Milben

Zuerst in der Schweiz und danach fast überall in der Welt hat man Milben der *Gattung Acarapis* auch als *Außenschmarotzer* bei den Bienen nachgewiesen. Sie sind den Tracheenmilben im Aussehen sehr ähnlich, können aber durch kleine Unterschiede im Körperbau dennoch von ihnen abgegrenzt werden. Man unterscheidet drei Arten: *Acarapis externus* (sitzt hinter der Kopfkapsel am unteren Halsteil der Biene), *Acarapis dorsalis* (nistet sich auf dem Brustrücken der Biene in der Rinne zwischen Rückenschild und dahinterliegendem Bügel ein) und *Acarapis vagans* (ist wahlweise auf den Flügeln nahe der Ansatzstelle oder auf dem ersten Hinterleibssegment zu finden) (Abb. 26). Offenbar ernäh-

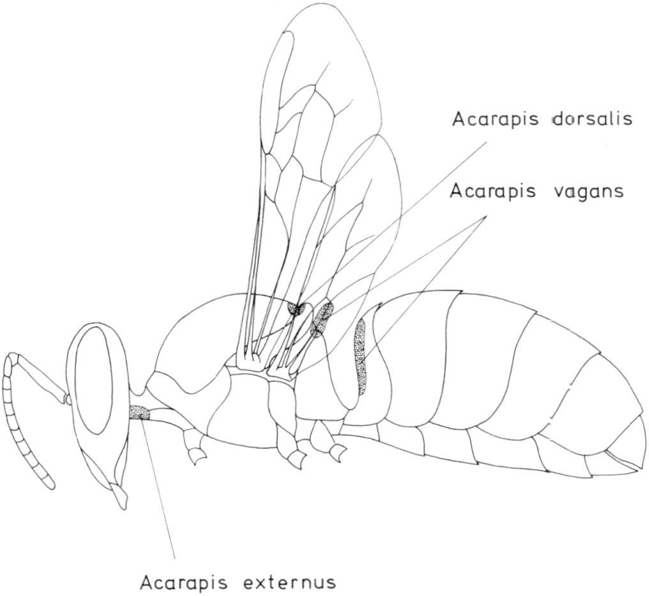

Abb. 26: *Die »Außenmilben« der Honigbiene sitzen mit Vorliebe an deren Hals (Acarapis externus), in der Grube zwischen dem Rückenschild und dem hufeisenförmig anschließenden Bügel (Acarapis dorsalis) oder am vorderen Teil der ersten Rückenschuppe des Hinterleibs – wahlweise auch im unteren Bereich der Hinterflügel (Acarapis vagans).*

ren sich diese Außenmilben nach Anstechen der Chitinhaut von Bienenblut. Ihre Eier heften sie mit Hilfe eines Klebstoffs am Chitinpanzer oder im Haarkleid der Biene fest. Auch die Larven leben außen am Bienenkörper.

Obgleich man die Außenmilben als Bienenschmarotzer ansehen muß, scheint es bisher nirgends zu einer ernsthaften Schädigung der Bienenvölker durch sie gekommen zu sein. Keinesfalls übernehmen sie die Funktion von *Acarapis woodi*.

3. Nosemaseuche (Nosematose) (Tafel VIII)

Mit dieser Bienenkrankheit sind schon Bücher gefüllt und Kongresse ausgerichtet worden und es vergeht bestimmt kein Monat, in dem nicht wenigstens in einer Bienenzeitung in unserem Lande von ihr die Rede ist. Der Grund: es handelt sich um ein stets gegenwärtiges, praktisch unbesiegbares Bienen- und Imkerleiden. Wahrscheinlich richtet die Nosemaseuche von allen Bienenkrankheiten immer noch den größten Schaden an. Wenn sie trotzdem bei uns nicht anzeigepflichtig ist, hängt das damit zusammen, daß ihr Erreger *ubiquitär* ist, d. h. zu jeder Zeit in jedem Volk gefunden werden kann, aber nur unter ungünstigen Lebensbedingungen der Bienen *pathogen* (krankheitsverursachend) auftritt. Man spricht deshalb auch von einer »Faktorenkrankheit«.

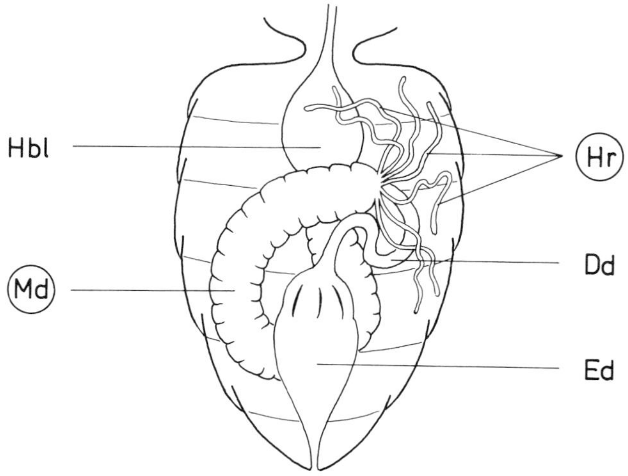

Abb. 27: *Verdauungsapparat der Honigbiene. Hbl Honigblase, Md Mitteldarm (dieser auch als Magen bezeichnete Darmabschnitt ist der Entstehungsort des Nosemaparasiten), Hr Harnröhrchen (= Malpighische Gefäße, = Nierenkanälchen; hier bilden und sammeln sich die Amöbencysten, s. S. 123), Dd Dünndarm, Ed Enddarm (= Kotblase).*

a) Wesen und Verlauf der Krankheit

Die Ursache der Krankheit ist ein winziges, einzelliges Lebewesen, das zu dem niederen Tierstamm der Protozoen (Urtierchen) gehört. Innerhalb dieses Stammes zählt es zu den Kleinsporentierchen (Mikrosporidia) und trägt den Namen *Nosema apis* ZANDER. Es lebt im Mitteldarm der Biene (Abb. 27), und zwar in den Wandzellen, die den Darm im Inneren auskleiden (auch Schleimhaut- oder Darmepithelzellen genannt). Der Parasit bildet hier Dauerformen aus, die sogenannten *Nosemasporen,* welche der Übertragung der Krankheit von Biene zu Biene dienen. Die Nosemasporen sind recht gleichmäßige, ovale, hartschalige und stark lichtbrechende Gebilde von 5–6 µm Länge und 3–4 µm Breite (1 µm = 1/1000 mm) (Abb. 28). Ausnahmsweise kommen auch einmal kleinere und größere Formen vor. Die Sporen werden mit den Schleimhautzellen in das Darminnere abgestoßen und gelangen mit den Exkrementen der Biene nach außen. Da nosemakranke Bienen im Gegensatz zu gesunden Tieren häufig im Stock koten, haben die gesunden Bienen beim Reinigen der Zellen genügend Gelegenheit, sich mit neuen Sporen durch den Mund zu infizieren.

Im Mitteldarm angekommen, schleudern die Sporen einen in ihrem Inneren aufgerollten Schlauch, den *Polfaden,* von sich, welcher sich einen Weg durch die schleimigen Hüllen der Darmauskleidung (peritrophische Membran) zu den verdauenden Schleimhautzellen sucht. Entgegen den früheren Darstellungen über Wachstum und Vermehrung des Parasiten, wonach der die Spore verlassende Amöboidkeim zunächst in ein paar Teilstücke (Planonten) zerfällt, die

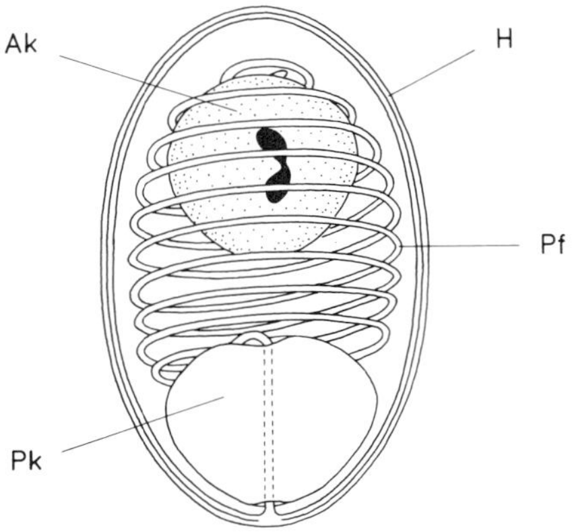

Abb. 28: *Schema einer Nosemaspore. Die Nosemaspore ist nach außen hin ein einfaches ovales, unstrukturiertes Körperchen mit einer dicken Schale (H), welche sich unter dem Elektronenmikroskop als dreischichtig erweist. Im Inneren findet sich der Amöboidkeim (Ak) mit 2 oder 4 Kernen. Darum ist der schlauchförmige Polfaden (Pf) spiralig aufgerollt. Beim Ausstülpen des Polfadens aus der Spore spielt vermutlich der an der Austrittsstelle liegende quellbare Schwellkörper, auch Polkapsel oder Polaroplast genannt (Pk), eine helfende Rolle.*

nach dem Eindringen in die Darmwandzelle in einer ungeheuren Massenvermehrung über diverse Zwischenstadien (Meronten, Plasmodien, Sporonten, Sporoplasten) letztendlich zu einer Vielzahl neuer Sporen führen würden, deuten neuere Untersuchungen auf einen etwas anderen Entwicklungsverlauf (Abb. 29). Danach wandert aus der Spore reine Erbsubstanz durch den Polfaden und tritt an seinem Ende in Form von zahlreichen, winzigen Partikelchen, den Primärkeimen, aus. Diese dringen in die Darmwandzelle ein, vermehren sich und werden zu kugeligen Gebilden, die laufend an Größe zunehmen. Die Rundformen nehmen eine mehr längliche Gestalt an und ihre zuerst hauchdünne Hülle, die einen intensiven Stoffaustausch des Parasiten mit dem Zellplasma ermöglicht, wandelt sich zur derben Schale. Es erscheint derzeit fraglich,

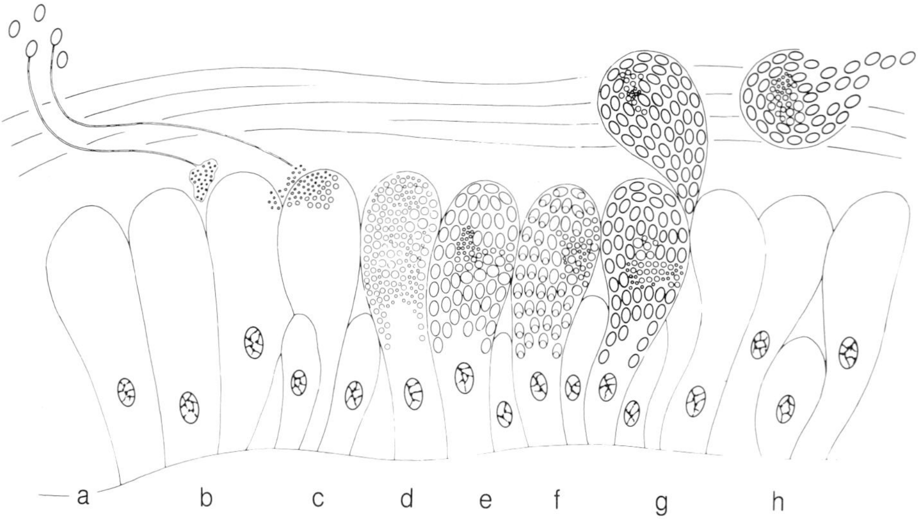

Abb. 29: *Entwicklungsschema des Nosemaparasiten (dargestellt nach Untersuchungsbefunden von* W. Steche *und* Th. Held*). a) Wenn die mit der Nahrung aufgenommenen Nosemasporen in den hinteren Bereich des Mitteldarmes gelangen, tasten sich die austretenden Polfäden durch die peritrophischen Membranen hindurch bis zu den Schleimhautzellen der Darmwand. b) Aus den Sporen wandert die Erbträgersubstanz durch den Polfaden hindurch und tritt an dessen Ende als primäre Keimmasse (früher: Amöboidkeim) aus. c) Die Primärmasse besteht aus zahlreichen winzigen, lichmikroskopisch nicht zu erfassenden Primärkeimen, die in die Schleimhautzellen eindringen und sich durch Teilung vermehren. d) Die Primärkeime wachsen zu Kugelstadien heran, die laufend an Größe zunehmen. e) Die Kugelstadien wandeln sich zu länglichen Formen. f) Im Inneren der ovalen Stadien (Jungsporen) zeigt sich ein Hohlraum, der später wieder verschwindet. g) Im Rahmen der Pollen-Verdauung werden laufend Schleimhautzellen ins Darminnere abgestoßen und erneuert. Das widerfährt auch den mit fertigen Sporen vollgepackten Zellen. Die Sporen werden freigesetzt (h) und mit dem Kot abgestoßen, so daß sie später andere Bienen infizieren können.*

ob sich während dieser Wachstumsvorgänge überhaupt noch Teilungen vollziehen, zumindest wurden sie mit dem Rasterelektronenmikroskop, mit dem die Untersuchungen gemacht wurden, nicht beobachtet. Leider ist mit dieser Methode auch nichts über die in den Wachstumsstadien ablaufenden Kernprozesse auszusagen. Ehe sich die fertige Spore mit ihrer harten Schale bildet, kann man mit dem Durchlichtmikroskop in einem Vorstadium (Jungspore) einen Hohlraum (Vakuole) feststellen, der bei der fertigen Spore nicht mehr sichtbar ist.

Beim Abstoßen der Schleimhautzellen aus dem Zellverband sind diese mit Sporen vollgepackt. Oft scheinen die Sporen noch nicht ihren endgültigen Entwicklungsstand erreicht zu haben, weshalb man sich nicht ganz sicher ist, ob eine Autoinfektion neuer Darmzellen durch eben freigewordene Sporen möglich ist. Andererseits findet man zwischen den heranreifenden älteren Sporenbildungsstadien stets unterschiedliche Mengen ganz junger, winziger Kugelformen, deren Auftreten einer Erklärung bedarf.

Bei starkem Nosemabefall wird die Darmwand mehr und mehr zerstört. Dabei kann alles sehr rasch vor sich gehen. In Versuchen zeigte sich, daß von der Erstinfektion bis zum Auftreten der ersten Sporenmassen in den Schleimhautzellen nur *knapp 5 Tage* verstreichen. Bei massiver Ansteckung können innerhalb von 10 Tagen alle Epithelzellen der Mitteldarmwand befallen sein. Die Überschwemmung des Darmtrakts mit Sporen kann enorme Ausmaße annehmen. Man hat im Mitteldarm schon 250 Millionen und in der Kotblase das Doppelte an Sporen gezählt.

In einer stark befallenen Biene werden die Schleimhautzellen rascher abgestoßen als in einem gesunden Tier. Dabei scheint eine erhebliche *Störung des Eiweißstoffwechsels* bei der Biene aufzutreten, was zu einer vorzeitigen Rückbildung der Futtersaftdrüsen führen kann. Die nosemabefallenen Bienen leben kürzer. Neben den Drohnen kann auch die *Königin* an Nosema erkranken. Bei ihr kommt es zu einer Unterernährung der Eierstöcke und damit zu eingeschränkter oder völlig eingestellter Eierlegetätigkeit.

Am leichtesten stecken sich die Bienen im *Stockbienenalter* an – indessen nicht gleich nach dem Schlüpfen. Die Empfindlichkeit gegenüber dem Parasiten scheint mit und nach dem *Pollenfraß* zuzunehmen. Die hauptsächlichen Sporenträger sind aber stets die *Altbienen*.

Die *Sporen* sind außerhalb ihres Wirtes relativ *widerstandsfähig*; auch monatelange Austrocknung schadet ihnen nicht. Sie sind sofort wieder ansteckungsfähig, wenn sie in den Bienendarm gelangen. Kälte vertragen sie gut, aber nicht so sehr Hitze: bei Temperaturen über 60 °C gehen sie zugrunde.

Die Entwicklung des Nosemabefalls im Bienenvolk nimmt einen *saisonalen Verlauf*. Im *Winter* steht sie still oder ist zumindest stark gehemmt. Der Parasit scheint sich in Abwartestellung zu befinden. Erst im *Frühjahr* mit Beginn des Brutanstiegs kommt das Wachstum des Parasiten wieder in Schwung, und er beginnt sich neu zu vermehren. Der ansteigende Eiweißumsatz bei der Futtersafterzeugung wirkt sich dabei fördernd aus, und außerdem sind die Anstekkungsmöglichkeiten von Biene zu Biene infolge des gesteigerten Putzgeschäftes jetzt besonders groß.

Im *Mai* erreicht die Nosemakurve in den Völkern ihren *Höhepunkt,* um dann unter normalen Bedingungen rasch abzufallen. Inzwischen sind die Altbienen, in denen sich der Parasit während des Frühjahrsaufschwungs ungestört entwikkeln konnte, abgegangen. Ein großer Schub Jungbienen kommt nach und der Bienenumsatz steigt. Damit sterben die Bienen eines natürlichen Todes, noch ehe der Parasit sie nachhaltig zu schädigen vermag. Er verschwindet mehr und mehr aus dem Volk – und es kommt zu dem, was man unter *Selbstheilung* versteht. Vielleicht hilft dabei auch die Temperaturentwicklung mit. Die Nosemaparasiten fühlen sich bei Brutnestwärme besonders wohl, ihre Vermehrung wird aber schon bei geringer Übertemperatur, die im Sommer leicht einmal im Bienenvolk auftreten kann, gehemmt.

Im *Spätsommer* und *Herbst* kann die Befallskurve auch bei normalen Witterungsbedingungen wieder etwas ansteigen – offenbar in dem Maß, wie die Bienen wieder langlebiger werden. Während des Winters hat der Parasit aber dann keine Entwicklungschancen mehr. Er muß auf das nächste Frühjahr warten.

b) Erkennungszeichen

Nicht immer gibt es auffällige äußere Anzeichen, wenn sich der Nosemaerreger im Frühjahr im Volk auszubreiten beginnt. Ein Volk kann sogar erheblich parasitiert sein und dennoch einen völlig gesunden Eindruck machen. Seine hohe Entwicklungskraft ist dem Parasiten gewachsen. Man ist in diesem Fall geneigt, von einer *latenten* (versteckten) Form der Krankheit zu sprechen.

Ihr steht die *akute* (seuchenhafte) Nosematose gegenüber. Dabei finden sich bei der Frühjahrskontrolle der befallenen Völker auf den Waben und an den inneren und äußeren Beutenwänden ansehnliche braune Kotflecken, oft auch Kotspritzer in Form von »Pünktchenketten«. Schon beim Öffnen der Beuten strömt einem ein meist unangenehmer Geruch entgegen. Vor dem Kasten

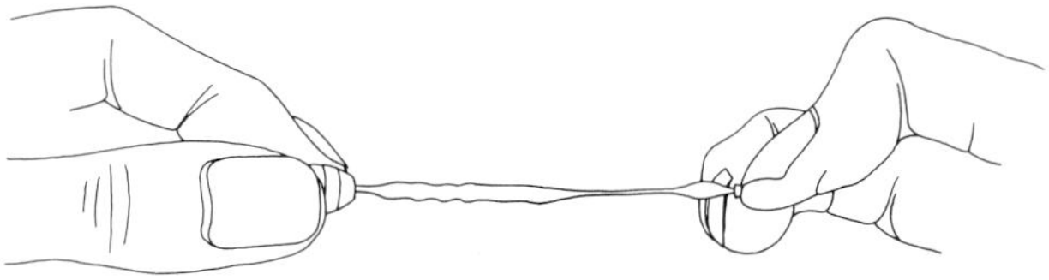

Abb. 30: *Bei der »Nosemaprobe« reißt man einer am Flugloch abgefangenen oder vor dem Flugloch aufgelesenen Biene den Kopf ab und nimmt sie so zwischen Daumen und Zeigefinger, daß der Hinterleib etwas herausragt. Dann greift man mit den gleichen Fingern der anderen Hand oder mit einer stumpfen Pinzette die Hinterleibspitze und reißt sie vorsichtig vom Bienenkörper los. Dabei kommt der Darm in seiner ganzen Länge zum Vorschein. Ist er milchig-weiß, hat die Biene stark Nosema. Ist er bräunlich, läßt sich keine sichere Aussage über den Gesundheitszustand machen.*

krabbeln häufig kranke Bienen mit dick aufgeschwollenem Hinterleib umher. Ihr Mitteldarm ist stark mit Kot gefüllt und drückt die Luftsäcke zusammen. Dadurch werden die schweren Tiere flugunfähig und führen hüpfende Bewegungen auf dem Boden aus. Manchmal findet man sie zitternd, zu kleinen Klumpen zusammengedrängt, im Grase sitzen.

Wenn man solchen Tieren nach Abreißen des Kopfes vorsichtig den Darm aus der Hinterleibsspitze herauszieht (Abb. 30), präsentiert er sich in *grauer* bis *milchigweißer* Farbe. Der gesunde Bienendarm ist dagegen gelb oder bräunlich. Aber die Darmprobe ist nicht sicher, da bei weniger befallenen Tieren die Verfärbung noch nicht eintritt. Will man absolute Gewißheit haben, braucht man dazu ein *Mikroskop* mit 400-facher Vergrößerung. Damit vermag man im Darmtrakt die Sporen, je nach Befall vereinzelt oder in Massen, zu erkennen (s. S. 215f.).

Zwischen dem latenten und seuchenhaften Auftreten der Nosema gibt es noch allerlei *Zwischenstufen,* die weitgehend durch die herrschenden *Witterungsverhältnisse* bestimmt werden können. Gefürchtet sind Frühjahre, in denen die Bienen, durch warmes Wetter verführt, bereits im Februar und März zu größerem Brutgeschäft ansetzen. Wenn dann im April noch einmal eine lange Schlechtwetterperiode einsetzt und die Bienen nicht ausfliegen können, sind sie verstärkt gezwungen, im Stock zu koten. Das fällt dem Imker zunächst gar nicht auf, da es in Form kleiner, kaum sichtbarer Tröpfchen geschehen kann. Die gesunden Bienen nehmen diese auf und stecken sich dabei an. Wenn jetzt auch noch ein feuchter, trachtarmer Sommer mit geringem Flugbetrieb nachfolgt, vermögen die Völker nicht zu erstarken. Charakteristisch ist das *Mißverhältnis zwischen Brut und Bienen.* Es fehlt die belagernde Bienenmasse. So schleicht die Krankheit immer weiter und man könnte von *chronischer* Nosematose sprechen.

Bessert sich dagegen das Wetter im Frühsommer nachhaltig, kann das Volk die »kritische Phase« im Mai überstehen und die Krankheitsanzeichen können völlig verschwinden. Der Parasit ist dann nicht einmal mehr im mikroskopischen Darmpräparat nachzuweisen.

Ein nasser Herbst ist ebenso ungünstig wie ein verregneter Sommer. Die scheinbar überstandene Krankheit vermag dann, stärker als normal, wieder aufzuflackern. Die Völker kommen zwar noch über den Winter, tragen den Erreger aber in so großer Menge in sich, daß die Frühjahrsentwicklung gefährdet ist.

c) Verbreitung von Volk zu Volk

Auch wenn der Parasit zu jeder Zeit in jedem Volk vorhanden ist, kann eine hinzukommende Ansteckung von außen zusätzliche Wirkung zeigen. Die Sporen können über *Wasserstellen,* die von gesunden und kranken Bienen besucht werden, den Weg in gesunde Völker finden. *Räubernde Bienen* können die Sporen mit dem gestohlenen Futter heimtragen und eine Massenansteckung auslösen. Aber am meisten sorgt der *Imker selbst* für die Verbreitung der

Krankheit – etwa durch Vereinigen von kranken und gesunden Völkern. Es genügt schon das Zuhängen von verseuchten Waben ohne Bienen, um ein gesundes Volk zu gefährden. Jede imkerliche Nachlässigkeit, durch die ein Volk im Sommer längere Zeit weisellos stehenbleibt, kann sich ungünstig auswirken. Schließlich kann man die Krankheit auch ungewollt mit *verseuchtem Honig* an die Völker verfüttern.

Es ist schon recht seltsam, daß manche Völker auf einem Bienenstand stärker, andere schwächer oder gar nicht unter der Seuche zu leiden scheinen. Wenn hier nicht Zufälle bei der Ansteckung oder imkerliche Fehlleistungen vorliegen, möchte man an eine verschieden ausgeprägte *Widerstandsfähigkeit der Bienen gegenüber dem Nosemaparasiten* glauben. Eine gewisse angeborene Unempfindlichkeit der Bienen gegenüber dem Parasiten ist nicht auszuschließen, aber ebensowenig von der Hand zu weisen ist die Möglichkeit, daß es *verschieden virulente* (ansteckungsfähige) Nosemasporen gibt.

Mischinfektionen – Für das unterschiedlich starke Auftreten der »Frühjahrsschwindsucht« in den Völkern gibt es aber auch noch eine andere mögliche Ursache. Die »typischen« Krankheitsmerkmale brauchen nicht allein auf das Konto eines Nosemabefalles zu gehen, sondern können auch noch durch andere gleichzeitig bestehende Infektionen hervorgerufen werden. Wir kennen die Doppelinfektion von Nosema und *Amöbenruhr* (s. S. 124) und wissen um das nicht seltene zusätzliche Auftreten von ansteckenden *Blutkrankheiten* (s. S. 129) und das Vorhandensein spezifischer Virusarten in nosemakranken Bienen (s. S. 134f.). Unter solchen Umständen kann der nachweisliche Nosemabefall minimal sein, und trotzdem hat der Imker den Verlust von Völkern zu beklagen.

d) Vorbeugung und Heilung

Bei keiner ansteckenden Bienenkrankheit ist so sehr wie bei der Nosema die Vorbeuge gleichzeitig auch ein Teil der Therapie. Um das Übel bei der Wurzel zu fassen, müßten wir freilich die Witterung beeinflussen können. Aber wir können auch selbst etwas tun.

Pflegliche Maßnahmen – Die beste Voraussetzung für eine gesunde Imkerei ist eine gesunde Tracht. Wenn man sie nicht vor der Haustüre hat, muß man sie anwandern – sei es im Frühjahr, Sommer oder Herbst. Die Bienen dürfen keinen Hunger kennen, und man muß sich in der Schwarmzeit um sie kümmern. Schwarmvorbeugende Maßnahmen und geeignete Verfahren zur Schwarmverhinderung helfen Weisellosigkeit und damit Nosema vermeiden.

Wichtig ist auch die *künstliche Vermehrung,* mit der man zur Gesundheit der Bienen beitragen kann. Mit der Jungvolkbildung in Form von Ablegern und Kunstschwärmen fördert man den Bienenumsatz, vermeidet überalterte Bienen und sorgt außerdem für jungen Wabenbau. Alte Waben sind Nosematräger, die man nicht dulden sollte. Aber das größte Gesundheitsrisiko sind die alten Sammelbienen, weshalb ihre Verbannung aus den Jungvölkern besonders wichtig ist. Wenn man Ableger an ihrem Bildungsort aufstellt, geschieht das ganz von selbst, da die Altbienen in ihre Heimatvölker zurückfliegen. Aus diesem Grund hat man schon vor Jahren eine *betriebliche Heilmethode* angewendet, die nicht in Vergessenheit geraten sollte. Dabei kommt es darauf an, durch Vereinigung schwächerer Nosemavölker in einem neuen Kasten und Verstellen des vereinigten Volkes an einen neuen Platz die alten Nosematräger unter den Bienen loszuwerden. Man tut das am Morgen eines voraussichtlich guten Flugtages. An den alten Plätzen wird die Königin zwischen den Restwaben gekäfigt. Die Flugbienen, welche hierher zurückkehren, werden am Abend abgeschwefelt. Am besten wäre es, auch die Königinnen der Nosemakandidaten mit abzuschwefeln und dem verstellten Vereinigungsvolk eine gesunde Stockmutter zu geben. Allerdings muß man diese zuerst haben. Das ganze Verfahren ist nicht vor Anfang Mai anwendbar, da es auf die Jungbienen baut, die erst um diese Zeit in genügender Menge schlüpfen.

Der Krankheit entgegen wirkt eine *gute Entwicklung* der Bienenvölker im *Spätsommer und Herbst.* Jeder Imker weiß, daß eine kühle und regnerische Nachsaison denkbar schlechte Voraussetzungen für das nächste Frühjahr schafft. Wir sollten die Verhältnisse nicht noch dadurch verschlimmern, daß wir die Bienen hungern lassen, d. h. wir müssen nach der letzten Schleuderung unverzüglich Futter geben. Ob das in Form einer Reizfütterung oder ebensogut als vorgezogene Auffütterung geschehen soll, mag jeder selbst entscheiden. Da zum Aufbau von Bienenfleisch Eiweiß benötigt wird, ist auch auf das Polleneinkommen zu achten. Wenn die Pollentracht im Umfeld zu wünschen übrig läßt, kann man vielleicht eine solche anwandern.

Nicht vergessen sollte man die *Bienentränke,* welche ein Umschlagplatz für die Nosemakrankheit sein kann, wenn man nicht auch dort für eine gewisse Hygiene sorgt. Die einzurichtende Tränke sollte nicht in der Hauptflugrichtung der Bienen liegen, wo immer mit Kotspritzern zu rechnen ist. Tränken mit fließendem Wasser sind besser als solche mit stehendem. Eine offene »Brett-Tränke« sollte man von Zeit zu Zeit säubern. Tränksysteme in Form abgedeckter Rinnen haben seuchenhygienische Vorteile.

Von ganz großer Bedeutung ist der *Überwinterungsstandort* unserer Bienen. Kalte und feuchte Lagen sind Nosemabrutstätten. Trockene und warme Plätze fördern infolge der damit verbundenen guten Frühjahrsentwicklung zwar die Schwarmlust, aber sie halten auch die Nosema kurz.

Zuletzt sei wenigstens noch auf die Möglichkeit hingewiesen, durch *züchterische Maßnahmen* (Auslese oder Einkreuzung) in der Nosemabekämpfung etwas zu erreichen. Eindeutige Erfolgsberichte gibt es hierüber aber nicht.

Medikamentöse Behandlung – Wir kennen derzeit nur *ein* sicher gegen die Krankheit wirksames Medikament: das Antibiotikum Fumidil B. Es ist wirksam, obwohl es nur die vegetativen (Vermehrungs-)Stadien, nicht auch die Sporen angreift. Dabei vertragen es die Bienen gut, und es ist unschädlich für den Menschen. Trotz jahrelanger intensiver Anwendung in aller Welt hat man bisher noch keine Resistenzbildung des Nosemaerregers gegenüber dem Heilmittel nachweisen können. Aber wegen der Art seiner Anwendung – sie erfolgt über das (Reiz-)Futter und am wirkungsvollsten im Frühjahr – können bei unbekümmerter Handhabung Rückstandsprobleme namentlich in früh geschleuderten Honigen auftreten. Mit dieser Möglichkeit wäre wohl auch bei der Prüfung des Mittels unter extremen Anforderungen für die amtliche Zulassung zu rechnen gewesen. Die für die Bundesrepublik zuständige Vertriebsfirma (CEVA/Düsseldorf) wollte offenbar dieses Risiko nicht eingehen und hat den zunächst beim Bundesgesundheitsamt gestellten Zulassungsantrag wieder zurückgezogen. Sie hat sich damit unnütze, langwierige und teuere Prüfungen erspart, den Imkern in der Bundesrepublik aber keinen Dienst erwiesen, denn hier wird Fumidil B nicht mehr verkauft. Da das Antibiotikum aber in allen angrenzenden Staaten und in allen europäischen und überseeischen Ländern nach wie vor zu haben und auch in legalem Einsatz ist, und auch weil es bisher nichts Gleichwertiges gibt, will ich das Mittel nicht einfach aus diesem Buch streichen, sondern noch einmal sorgfältig abhandeln.

Fumidil B ist eine standardisierte Mischung des Wirkstoffes Fumagillin mit einer pulverförmigen Trägersubstanz. Das Präparat ist abgepackt in Fläschchen mit 25 g Inhalt. Es ist wie jedes Antibiotikum kühl, trocken und dunkel aufzubewahren; der Kühlschrank ist dafür der rechte Ort. Zur Anwendung wird das Mittel mit einer Gabel in eine kleine Menge kalten oder handwarmen Wassers eingeschlagen und darin aufgeschwemmt. Die Zugabe von einer Prise Puderzucker beschleunigt diesen Prozeß. Das konzentrierte Fumidilwasser gibt man ins Bienenfutter, z. B. zum Zuckerwasser. Auch die Zuckerlösung darf höchstens handwarm sein. Man rechnet 1 g Fumidil B auf 1 l Zuckerwasser 1:1. Ein Fläschchen Fumidil B reicht somit für 25 l Zuckerwasser. Man kann das Medikament aber auch in Puderzucker-Futterteig einarbeiten (1 g Fumidil B kommt auf 1 kg Futterteig). In dieser Form fand das Mittel früher vor allem in der Königinnenzucht Verwendung. Es wurden die Pflegevölker und die besonders nosemaanfälligen Begattungsvölkchen damit versorgt.

Das Heilfutter verabreichte man in erster Linie im zeitigen *Frühjahr* nach schlechter Auswinterung. In der Regel war den Völkern schon mit einer einmaligen Gabe von 1–2 l Heilfutterlösung oder 1 kg Fumidil-Futterteig geholfen. Dabei konnte das Medikament unter besonderen Bedingungen auch prophylaktisch eingesetzt werden; z. B. nach einem nassen und bienenunfreundlichen Herbst oder nach einem zu schönen Vorfrühling mit allzu zeitigem Brutbeginn und nachfolgendem schlechten Wetter. Der beste Zeitpunkt ist die *Salweidenblüte.* Bis zu Beginn der Frühtracht mit dem ersten Honigangebot aus der Obstblüte war das Heilfutter aufgebraucht.

Bereits sehr stark angeschlagene Völker hat man im Frühjahr auch in der Weise behandelt, daß man an mehreren aufeinanderfolgenden Tagen fumidilhaltiges Zuckerwasser in kleinen Dosen aus einer Zimmergießkanne über die Waben und in die Wabengassen goß.

Der Einsatz von Fumidil B war auch bei der *Herbstreizfütterung* sinnvoll, besonders wenn ein langer nasser Sommer den Nosemapegel in den Völkern ansteigen ließ. Dabei wurde das Medikament entweder flüssig oder in Teigform

Tafel VIII. Nosemaseuche

(Nosematose)

Erreger:	Nosema apis ZANDER
Infektion:	Bienen verzehren Sporen mit Honig, Pollen oder Tränkwasser; nehmen sie beim Putzen verkoteter Waben oder mit den Kotttröpfchen kranker Bienen auf
Lebenslauf des Parasiten:	Sporen heften sich im Mitteldarm mit Polfaden an Darmwand. Keimlinge treten aus, dringen in Schleimhautzellen ein, vermehren sich und bilden Kugeln, die zuletzt ovale Gestalt annehmen und zu Sporen werden. Sie gelangen mit den aufgebrauchten, aus der Darmwand abgestoßenen Schleimhautzellen ins Darminnere und werden mit dem Kot der Bienen ausgeschieden Nosemabefall verkürzt das Leben der Biene, hemmt ihre Futtersaftdrüsenentwicklung, führt bei Königinnen zur Rückbildung der Eierstöcke
Kennzeichen der Krankheit:	Hochgradig kranke Bienen beschmutzen mit großen braunen Kotflecken oder in Form von »Pünktchenketten« die Waben und das Innere und Äußere des Stockes, krabbeln im Frühjahr mit dickem Hinterleib und zitternden Flügeln vor den Völkern auf dem Erdboden, versuchen vergeblich aufzufliegen, sammeln sich zu kleinen Grüppchen. »Ausziehprobe« enthüllt milchigweißen (anstatt braungelben) Darm Nosemabefallene Völker lassen, je nach Veranlagung und Witterungsverlauf, entweder überhaupt keine Krankheitssymptome erkennen (latenter Befall) oder sie erstarken nur mühsam (schleichender Verlauf) oder sie nehmen rapide an Volksstärke ab und brechen zusammen (akuter Verlauf). Gefährdete Völker zeigen Unruhe im Winter und starken Wintertotenfall Befundabsicherung nur durch mikroskopische Untersuchung.
Verbreitung:	(natürliche) durch Verfliegen, Räuberei (verseuchter Honig!) und an der Tränke (verkotetes Wasser!) Über den Imker durch Verwendung von infizierten Waben, falsche Völkerführung, Verabreichung von infiziertem Honig oder Futter Echte Faktorenseuche!
Bekämpfung:	Stark geschwächte Völker im Frühjahr abschwefeln, Waben mit technischer Essigsäure behandeln; neben allgemeinen pflegerischen Maßnahmen: Verstellverfahren; als Medikament: Fumidil B (nicht zugel.) Honig vor Verfütterung auf 60° erhitzen

verabreicht. Seine Wirksamkeit in »Feuchtzucker« ist umstritten. Bei der Einfütterung versetzte man gerne die beiden letzten Liter, die vermutlich als erstes von den Bienen aufgebraucht werden, mit dem Heilmittel. Im gesamten Winterfutter wäre es wenig nützlich, da es in den Vorräten vorzeitig abbaut. – In den USA hat man vorgeschlagen, Fumidil B mit trockenem Puderzucker (im Verhältnis 100 : 1) zu mischen und als »Heilpulver« auf die Oberleisten der Waben zu streuen – ähnlich wie Terramycin bei der *Gut-* und *Bösartigen Faulbrut.*

Bei dem Ruhm, den das Antibiotikum bei der Bekämpfung der Nosematose in aller Welt erlangt hat, ist es verständlich, daß man die Suche nach anderen wirksamen Nosema-Heilmitteln nur mit mäßiger Leidenschaft betrieb, aber sie hat auch niemals geruht. Viel Mühe und Zeit hat man für die Prüfung besonders naturnaher Mittel aufgewendet. Knoblauch, Eichenrinde, Glaubersalz, Zitronenmelisse, Zwiebelextrakte und zahlreiche andere solcher Substanzen sind nach allen Regeln durchgeprobt worden. Sie haben in vergleichenden Versuchen mit Fumidil B allesamt versagt. Dasselbe gilt für das wäßrige Gemisch aus Essig und Ameisensäure, das, als *Neotektin* dem Reizfutter beigegeben, über lange Zeit im Ruf eines Nosema-Heilmittels stand. Auch die Verfütterung von kittharzhaltigem Zuckerwasser konnte die jüngst darauf gesetzte Hoffnung nicht erfüllen. Einige Zeit hat ein komplexes Quecksilberpräparat, das *Nosemack,* bei der Bekämpfung der Darmseuche Furore gemacht. Seit man neuerdings das Fumidil nicht mehr bekommt, wird es wieder häufiger genannt. Das in Tablettenform vorliegende Präparat wird, eingeschwemmt in Zuckerlösung oder eingearbeitet in Zuckerteig, den Bienen vornehmlich im Frühjahr verabreicht. Das Futter mit dem Nosemack darf nicht mit Metall (metallener Futtertrog!) in Berührung kommen. Leider konnten umfangreiche Eignungsprüfungen am Erlanger Bieneninstitut die dem Mittel nachgesagte gute Wirkung nur sehr bedingt bestätigen. Das Präparat wirkt leicht toxisch auf die Bienen, und wenn es einen nosemahemmenden Einfluß hat, gründet er sich vermutlich mehr auf den vorzeitigen Abgang der alten Nosematräger im Volk als auf eine tatsächliche Heilwirkung. Natürlich hat auch Nosemack in der Bundesrepublik keine Zulassung.

e) Wabenhygiene und Entseuchung des Futters

An Nosema erkrankte oder gar an der Krankheit eingegangene Völker hinterlassen Waben, die massiv mit Sporen besetzt sein können. Man muß sie entweder einschmelzen, was der Ansteckungsstoff nicht überlebt, oder man unterzieht sie einer Begasung mit Essigsäuredämpfen. Geeignet ist die *60%ige technische Essigsäure,* welche billiger als der ebenfalls brauchbare 96%ige Eisessig ist. Die Säure wird in flachen Glas- oder Porzellanschalen auf und zwischen den Waben im Wabenschrank oder in den aufgestapelten Waben-Magazinen zum Verdunsten gebracht. Notfalls kann man diesen Vorgang durch eingelegte Filterpapierknäuel beschleunigen (Abb. 31). Man rechnet pro Liter Rauminhalt mit 2 ml Essigsäure, d. s. etwa 140 ml Essigsäure auf zwei Zander-

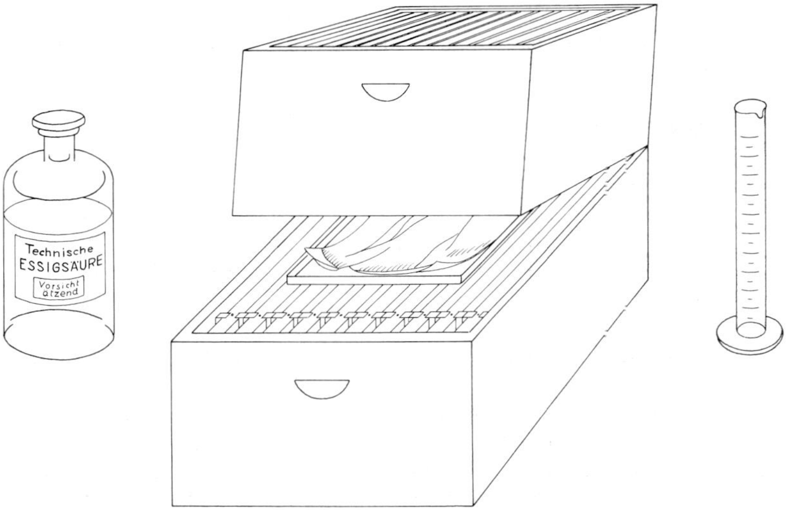

Abb. 31: *Zur Desinfizierung der Waben bei Nosemabefall eignet sich technische (60%ige) Essigsäure. Die Essigsäure wird in einem Meßzylinder abgemessen und in flachen Behältern auf die Waben zwischen die aufgestapelten Zargen gestellt. Papierhandtücher in den Behältern beschleunigen den Verdunstungsprozeß.*

magazine. Wenn diese Menge verbraucht ist, was temperaturbedingt verschieden lang dauern kann, sind alle Sporen auf der Wabenoberfläche abgetötet.

Befinden sich Honig- oder Futtervorräte in den Waben, so werden die darin enthaltenen Sporen von den Essigsäuredämpfen nicht getötet. Diese Waben bleiben also infektiös. Man sollte die Waben vor der Essigsäurebehandlung ausschleudern.

Essigsäure ist *stark ätzend,* weshalb man beim Umgang mit ihr *Gummihandschuhe* anziehen sollte. Auch empfiehlt es sich, die Räumlichkeiten, in denen die Behandlung vorgenommen wird, möglichst wenig zu betreten. Metallteile an den Rähmchen werden von der Säure angegriffen und rosten stark.

Nosemasporen im Honig sind für den Menschen völlig ungefährlich und *beeinträchtigen die Honigqualität nicht.* Verfüttert man indessen den Honig oder das Futter aus nosemakranken Völkern an gesunde Völker, kann man Unheil damit anrichten. Man muß deshalb das Futter entkeimen. Dazu erhitzt man es *kurzfristig* auf 60 °C. Die Nosemasporen gehen, wie vorne bereits berichtet, bei dieser relativ gelinden Hitzeeinwirkung zugrunde.

Frei werdende Bienenwohnungen nosemabefallener Völker sind natürlich ebenfalls Träger des Krankheitserregers und können bei Neubesetzung zur Verbreitung der Krankheit beitragen. Eine gründliche Reinigung der Beuten und aller zugehörigen Teile ist deshalb unerläßlich. Sie gehört zu den allgemeinen seuchenhygienischen Maßnahmen (s. Kap. I, S. 21).

4. Amöbenruhr (Malpighamoebiose) (Tafel IX)

Nicht selten ist mit dem Nosemabefall der Bienen auch eine Infektion mit der Bienenamöbe, *Malpighamoeba mellificae* PRELL, verbunden. Der Krankheitserreger ist, wie der Nosemaparasit, ein einzelliges Tierchen, welches, seinem Namen entsprechend, zur Ordnung der *Amöben* (= Wurzelfüßler) gehört. Die Amöben stehen wie die Mikrosporidier im Stammbaum der Tiere ganz unten.

a) Lebensweise der Amöbe, welchen Schaden sie anrichtet und wie man sie nachweist

Bei der mikroskopischen Untersuchung nosemabefallener Bienen findet man neben den Nosemasporen unter bestimmten Voraussetzungen auch vereinzelt etwas größere, kreisförmige Gebilde (s. S. 215). Sie haben einen Durchmesser von 6–7 µm und sind, wie die Nosemasporen, farblos und stark lichtbrechend. Das sind die *Cysten* der Malpighamoeba mellificae (Abb. 32, 79). Ihr Entstehungsort sind die *Harnröhrchen* (= Malpighischen Gefäße) der Bienen (s. Abb. 26). Als *Dauerformen des Parasiten* sind sie in der Lage, außerhalb ihres Wirtes eine längere Zeit der Austrocknung schadlos zu überstehen. Die Bienen müssen die Cysten durch den Mund aufnehmen, um sich zu infizieren. Die Cysten scheinen sodann das ganze Verdauungssystem, Honigblase, Magen, Dünndarm bis zur Kotblase zu passieren. Der ursprünglich einzige Zellkern in den Dauercysten hat sich inzwischen vielfach (bis zu 12 mal) geteilt, weshalb man auch von «Vermehrungscysten» spricht. Sie keimen in der Kotblase aus, indem sie platzen (ältere Cysten) oder ihren Inhalt durch einen Porus freigeben (jüngere Cysten). Das Plasma der freigewordenen Amöbe teilt sich entsprechend der vorhandenen Kerne in mehrere Zellkugeln, die sich entweder zu unregelmäßigen (amöboiden) Kriechformen oder zu mehr elliptischen, vorne mit einer Geißel versehenen Schwimmformen entwickeln. Die beweglichen Stadien kehren an den Anfang des Dünndarms zurück, von wo sie in die Harnkanälchen eindringen. Auf ihrer Reise kann sich offenbar die eine in die andere Form umwandeln, je

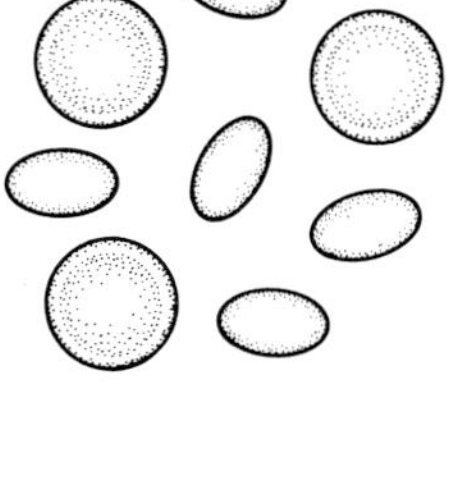

Abb. 32: *Malpighamöbencysten und Nosemasporen im Größenvergleich.*

Tafel IX. Amöbenruhr

(Malpighamoebiose)

Erreger:	Malpighamoeba mellificae PRELL
Infektion:	Bienen nehmen Dauerformen des Erregers (Dauercysten) in derselben Weise auf wie Nosemasporen (s. dort)
Lebenslauf des Parasiten:	Dauercysten gelangen über den Verdauungskanal in die Kotblase, wo sie auskeimen. Die freiwerdenden Amöben kehren als Kriech- oder Schwimmformen an das Ende des Mitteldarms zurück und dringen in die Malphighischen Gefäße (Harnkanälchen) ein. Auf dem Weg dorthin kann sich der Parasit unter ungünstigen Bedingungen zu einer Schutzcyste ohne feste Hülle einkugeln und nach Belieben wieder in eine bewegliche Form zurückverwandeln. In den Harnkanälchen vermehren sich die Amöben und bilden schließlich wieder Dauercysten. Die Entwicklungszeit von der Infektion bis zur Bildung der Dauercysten dauert ca. 3 Wochen. Der Parasit schädigt die Biene durch Verstopfung und Gewebeschädigung (?) der Harnkanäle, was Stoffwechselstörungen, Vergiftung (?) und verkürzte Lebensdauer zur Folge hat
Kennzeichen der Krankheit:	Bienen verunreinigen die Waben und die inneren und äußeren Kastenwände mit dünnflüssigem, schwefelgelbem, übelriechendem Kot Mit Amöben befallene Völker verhalten sich ähnlich wie »Nosemavölker«. Faktorenseuche! Häufig kommen Mischinfektionen mit Nosema vor. Dann sind Genesungschancen sehr gering Sicherer Nachweis nur mit Mikroskop bei Aufbereitung frischer Winterbienen im Frühjahr
Verbreitung:	wie bei Nosema
Bekämpfung:	pflegerisch: wie bei Nosema Fumidil B ist nicht wirksam

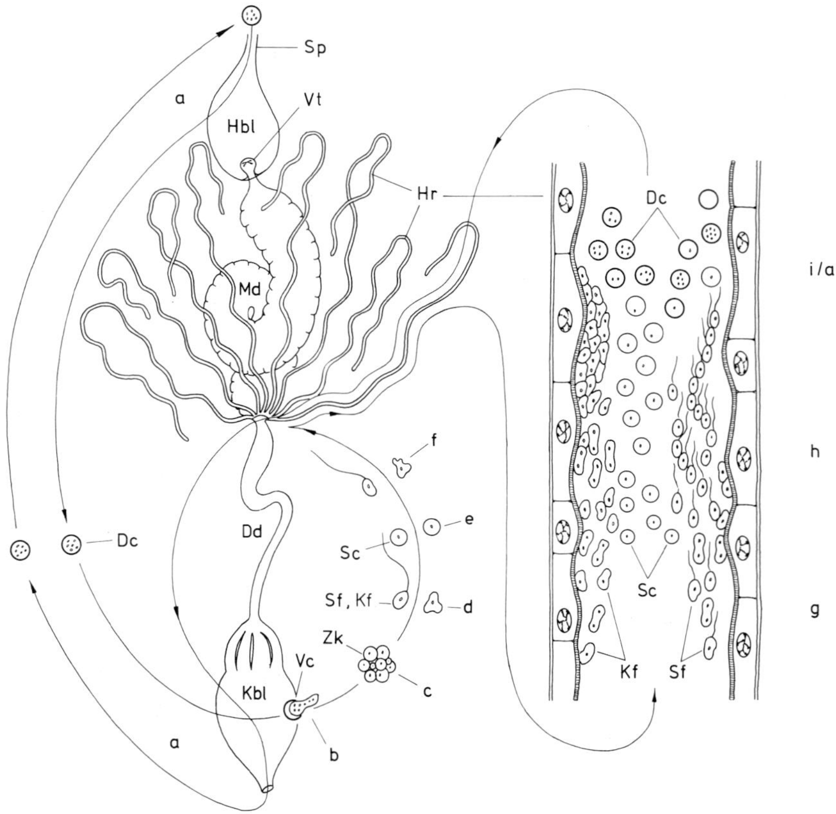

Abb. 33: *Entwicklungsschema von Malpighamoeba mellificae (dargestellt nach Untersuchungen von* E. SCHULZ-LANGNER*). a) Die Biene nimmt den Parasiten bei der Nahrungsaufnahme als hartschalige Cyste (Dc) durch den Mund auf. Die Cysten gelangen über Speiseröhre, Honigblase, Mitteldarm, Dünndarm bis in die Kotblase. b) Die Dauerformen, wegen ihrer zahlreichen Kerne auch Vermehrungscysten (Vc) genannt, keinem aus. c) Die frei werdende Amöbe teilt sich in mehrere kleine Zellkugeln (Zk). d) Die Zellkugeln wachsen zu gestaltveränderlichen Kriechformen (Kf) oder zu elliptischen, am vorderen Ende mit einer Geißel versehenen Schwimmformen (Sf) heran. e) Auf ihrer Rückreise zum Endabschnitt des Miteldarms können sie sich unter ungünstigen Bedingungen zu Schutzcysten (Sc) verwandeln, d.s. kugelige Ruhestadien, die keine feste Hülle besitzen. f) Die Schutzcysten können sofort wieder in bewegliche Formen übergehen. g) Nach Verlassen des Darmes und Einwanderung in die Harnröhrchen beginnen die Wanderformen mit einer starken Vermehrung durch Zweiteilung. h) Es entstehen unbegeißelte Formen, die sich an der Wand der Harnröhrchen zu einer dichten Schicht zusammenlegen können und Schwimmformen, die unfangreiche Ketten ausbilden. Dazwischen findet man Schutzcysten verschiedener Größe. i) Aus den Schutzcysten werden Dauercysten, indem sie eine wider-*

nachdem die Amöbe Kontakt mit der Zellwand besitzt oder nicht. Auch sind die beweglichen Stadien in der Lage, sich vorübergehend einzukugeln und eine Art Ruhestadium – ein Cyste ohne Hülle, auch Schutzcyste genannt – zu bilden. Dies scheint bei Millieuverschlechterung zu geschehen (etwa bei Temperaturveränderung oder ungünstigen Ernährungsbedingungen). Die Schutzcysten sind wie die beweglichen Formen zu einem gewissen Wachstum fähig. In den Nierenkanälchen beginnt eine intensive Vermehrung durch Zweiteilung, wobei wieder wahlweise begeiselte oder unbegeiselte Formen entstehen. Bei der hohen Vermehrungsquote können die Kriechformen an den Wänden der Harnröhrchen zu epithelartigen Verbänden zusammentreten, während die Schwimmformen umfangreiche Ketten ausbilden. Schließlich wandeln sich die beweglichen Formen über Schutzcysten in Dauercysten, indem sich ihre dünne Hüllmembran in eine immer fester werdende Schale verwandelt. Die Dauercysten können sich nicht mehr in Bewegungsformen umwandeln. Von der Infektion bis zum Erscheinen der ersten Dauercysten in den Harngefäßen vergehen ca. 3 Wochen. In dieser Zeit können sich bis zu 500 000 Cysten in der Biene entwickeln.

Die Dauercysten werden mit dem Harn der Biene in den Darm geschwemmt und gelangen in die Kotblase, wo sie möglicherweise wieder auskeimen und zu einer Selbstinfektion Anlaß geben können. Das ist aber nur bei den langlebigen Winterbienen denkbar. Sonst werden sie mit dem Kot der Bienen ausgeschieden (Abb. 33).

Die Malpighischen Gefäße können mit Amöben und Cysten regelrecht vollgestopft sein, so daß möglicherweise die Exkrete nicht unbehindert abfließen können. Man beobachtet bei stark befallenen Bienen nicht selten Harngefäße mit sehr *abgeflachten Epithelzellen, Schwarzfärbungen* und das *Verschwinden des sonst üblichen feinen Stäbchensaums* der Wandzellen. Es ist nicht bewiesen, daß die Amöben das Gewebe durch aktiven Angriff, etwa der Kriechformen mit ihren Scheinfüßchen, schädigen. Vielmehr hat es den Anschein, daß sich die freien Amöbenformen von der Innenflüssigkeit des Darmes und der Harnkanäle ernähren. Nicht bewiesen ist auch, ob mit dem Amöbenbefall eine Giftausscheidung verbunden ist. Vielleicht kommt es zu einer Vergiftung infolge gestauter Abbauprodukte und damit zusammenhängender Stoffwechselstörungen bei den Bienen.

Daß man trotz ihrer starken Vermehrungsfähigkeit die Amöben im Bienenkörper nicht häufiger diagnostizieren kann, hängt erstens damit zusammen, daß man ohne besondere Präparation und Färbemethoden immer *nur die Dauercy-*

standsfähige Schale um sich ausbilden. i/a) Die Dauercysten gelangen zurück in den Darm und werden mit dem Kot der Biene ausgeschieden.

Sp Speiseröhre, Hbl Honigblase, Vt Ventiltrichter, Md Mitteldarm, Hr Harnröhrchen, Dd Dünndarm, Kbl Kotblase, Dc Dauercysten, Vc Vermehrungscysten, Zk Zellkugeln, Sf Schwimmform, Kf Kriechform, Sc Schutzcyste.

sten zu Gesicht bekommt. Zweitens treten die jungen Cysten erst relativ spät nach der Infektion auf, so daß beispielsweise die meisten Sommerbienen bis dahin bereits gestorben sein können. Und drittens hat es den Anschein, daß die Cysten nach dem Tod der Bienen, besonders wenn diese noch längere Zeit feucht bleiben, in der Lage sind, noch auszukeimen. Das bedeutet, daß die Cysten auch aus den meisten Bienen des Wintertotenfalls verschwinden können. Nur bei rasch eingetrockneten Bienenleichen gibt es eine gute Chance, Cysten zu entdecken, desgleichen auch im Kot von Winterbienen und überalterten Sommerbienen.

b) Wie sich die Krankheit äußert, ausbreitet, und was man dagegen tun kann

Die äußeren Krankheitserscheinungen ähneln stark denjenigen bei der Nosemaseuche: es gibt Krabbler und flugunfähige Bienen mit zitternden Flügeln vor dem Bienenkasten. Die Bienen haben Durchfall und verschmutzen Waben, Beuteninneres und Flugloch. Besonders deutet *dünnflüssiger, auffällig gelber* und sehr *unangenehm riechender* Kot auf einen Amöbenbefall hin. Daß Amöben meist in Verbindung mit Nosema in den Bienen gefunden werden, heißt nicht, daß es Reininfektionen mit Amöben nicht gibt. Sie sind aber offenbar nicht häufig.

Amöben kann der Imker durch Wabentausch und argloses Zusammenlegen von gesunden und kranken Völkern verbreiten. In der Natur mag die Krankheit über die Bienentränke, durch Verflug, Räuberei und schwärmende Bienen zu neuen Ansteckungen führen.

Vorbeugend können wir nur für einen raschen Abgang der Altbienen sorgen, denn, wie bei der Nosema, sind Altbienen in erster Linie die Träger der Krankheit. Wir haben bisher leider *keine Heilmittel* gegen die Amöbenruhr. Das gegen Nosema eingesetzte Fumidil B hat keine Wirkung. So bleibt uns nichts, als besonders eifrig auf Sauberkeit im Volk zu achten, verschmutztes Wabenwerk auszuscheiden und schwache Völker gegebenenfalls abzuschaffen. Regelmäßige Waschtage für Beuten und Bienengerät gehören ohnehin zu den Selbstverständlichkeiten der Bienengesundheitspflege.

5. Andere Protozoen bei Bienen

Nosema apis und Malpighamoeba mellificae gehören zu dem niedrigen Tierstamm der *Protozoen.* Zu diesen nur aus einer einzigen Zelle mit einem oder mehreren Kernen bestehenden Urtierchen, die durch Differenzierung des Plasmakörpers verschiedene Strukturen (Organellen) entwickeln können, gehören auch noch einige andere im Bienenkörper gefundene Lebewesen.

Da sind zunächst einige Vertreter aus der Gruppe der **Gregarinen.** Sie sind einkernig und von hantelförmiger Gestalt (Abb. 34). Mit einem später abwerfbaren Kopffortsatz heften sie sich im Inneren des Bienenmagens (Mitteldarms) an die Darmwand. Sie können über 100 μm (0,1 mm) lang werden. Allerdings

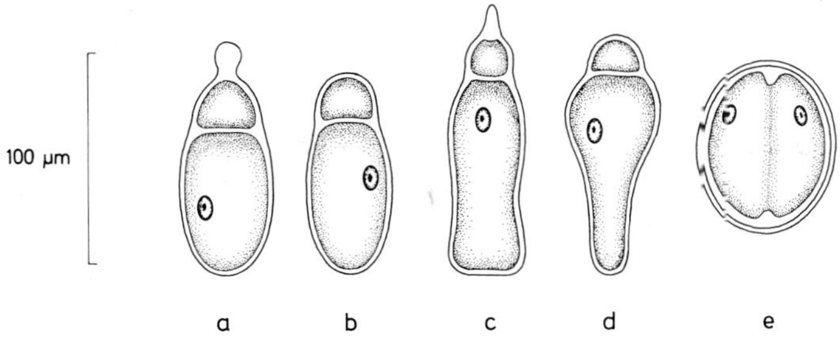

Abb. 34: *Gregarinen aus dem Bienendarm (a, b, c, d). Die Einzeller bestehen aus zwei deutlich voneinander getrennten Teilen, dem größeren (hinteren) Deutomeriten und den kleineren (vorderen) Protomeriten. Oft besitzen sie noch einen Kopffortsatz (Epimerit). e) Cyste. Die mitunter paarweise encystierten Tiere zerfallen im Inneren zu zahlreichen kleinen einkernigen Kugeln (Gameten), die sich vereinigen und ca. 10 µm große Sporen bilden. Diese zerfallen weiter in mehrere Sporozoide, welche wahrscheinlich in Gewebezellen eindringen müssen, um zu Gregarinen zu werden.*

sind sie nicht wie Nosema apis auf die Biene spezialisiert, sondern werden auch bei Schaben, Schmetterlingen und anderen Insekten gefunden. Die Gregarinen bilden *Cysten* und *Sporen* aus. Es ist anzunehmen, daß sich die Bienen damit infizieren – möglicherweise beim Wasserholen, oder wenn sie die Faeces (Kot) von Wirtstieren der Gregarinen, die in den Bienenstock eingedrungen sind, entfernen. Über den Entwicklungszyklus der Gregarinen in der Biene ist nichts Sicheres bekannt. Man findet Gregarinen bei den Bienen mehr in warmen als in gemäßigten Zonen.

Es bestehen grundsätzliche Zweifel, ob Gregarinen bei Insekten überhaupt pathologisch auftreten können. Gelegentlich wurde behauptet, daß stark mit Gregarinen befallene Bienenvölker geschwächt gewesen wären. Zu einer Bienenkrankheit kann sich der Gregarinenbefall aber bestimmt nicht auswachsen.

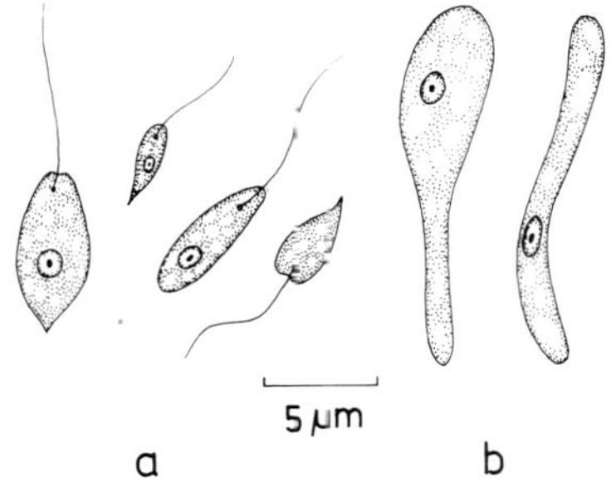

Abb. 35: *Flagellaten aus dem Darm der Honigbiene. a) begeißelte Schwimmformen, b) seßhafte Tiere.*

Im Verdauungstrakt der Bienen hat man auch noch Angehörige einer anderen Protozoenordnung, der **Flagellaten** (= Geißeltierchen) gefunden (Abb. 35). Einer dieser Vertreter wurde als *Leptomonas apis* LOTMAR beschrieben, andere sollen der Gattung *Crithidia* angehören.

Wahrscheinlich gelangen die *Cysten* der Flagellaten in derselben Weise in die Biene, wie die Dauerformen der Gregarinen. Über den Lebenszyclus der Flagellaten in der Biene ist ebenfalls nichts bekannt. Die freien Entwicklungsformen erscheinen schon wenige Tage nach der Infektion. Es gibt freibewegliche und seßhafte Stadien. Die beweglichen Formen halten sich mit Vorliebe im *Dünn-* und *Enddarm* auf. Ihre körperlange Geißel zeigt immer nach vorne, also in Schwimmrichtung. Sie messen (ohne Geißel) selten weniger als 5, häufiger mehr als 10 µm. Wenn sie sich zur Ruhe setzen, verlieren sie ihre Geißel, werden kolbenförmig oder langgestreckt und nehmen in der Regel auch noch an Größe zu. Bevorzugte Ruheplätze sind der Eingang zum Dünndarm (Pylorus) (Abb. 36) und die Wand des Enddarms, besonders in der Gegend der Rektalpapillen. Die Tierchen sitzen an diesen Plätzen häufig so dicht, daß regelrechte dunkle Filzbeläge entstehen. Die Pylorusflagellaten scheiden an der Anheftungsstelle eine ockerfarbene Substanz aus, die zu einem Schorf verklebt. Bei den Rektumflagellaten ist dergleichen nicht beobachtet worden.

Trotz des manchmal massenhaften Auftretens von Darmflagellaten bei der Biene gibt es bisher keinen Hinweis, daß sie jemals krankheitserregend in Erscheinung getreten wären.

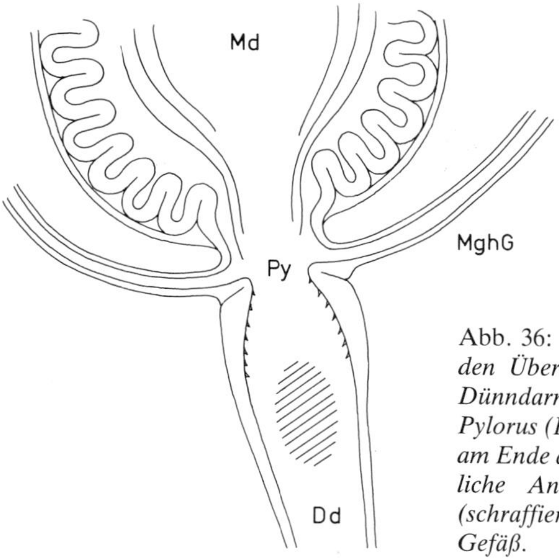

Abb. 36: *Schematischer Längsschnitt durch den Übergang vom Mitteldarm (Md) zum Dünndarm (Dd). Im hinteren Teil dieser als Pylorus (Py) bezeichneten Zone befindet sich am Ende des Zähnchenepithels der vornehmliche Anheftungsort der Darmflagellaten (schraffiertes Feld). MghG Malpighisches Gefäß.*

6. Blutkrankheiten (Septikämien) bei den Bienen (Tafel X)

Müde vor dem Stand umherkrabbelnde Bienen mit zitternden Flügeln und immer schwächer werdenden Bewegungen – dazu mangelnde Entwicklung, Rückgang der Volksstärke und schließlich Zusammenbruch der Völker – das sind Kennzeichen, die wir bereits bei einer Reihe von Bienenkrankheiten (Tracheenmilbe, Nosema, Amöbenruhr) kennengelernt haben. Bei Völkern mit diesen Verhaltensmerkmalen kann man nicht selten eine zusätzliche Krankheitsursache feststellen: nämlich eine Art *Blutvergiftung.*

a) Die Verursacher und das Rätsel der Ansteckung

Normalerweise ist das Blut (Haemolymphe) der Bienen wasserklar, leicht opalisierend und frei von Mikroorganismen jeder Art. Bei den krankheitsverdächtigen Bienen in und vor den Stöcken solcherart angeschlagener Völker kann man nicht selten bei der mikroskopischen Untersuchung *Bakterien* im Blut nachweisen. Das Blut dieser Bienen ist auch nicht klar, sondern milchig trüb. Man hat bisher wenigstens 10 verschiedene Bakterien festgestellt, die alle als Krankheitserreger in Frage kommen. Meist sind mehrere Arten gleichzeitig vorhanden. Dabei handelt es sich teilweise um die selben Vertreter, die man auch schon bei anderen Insekten, bei Warmblütlern und beim Menschen nachgewiesen hat. Häufig sind es ganz banale Bakterien, die auch im Bienendarm, an Abfällen im Bienenstock, im Wasser, Pollen, Honig oder im Erdboden vorkommen. Über die Bienenspezifität eines Bodenbakteriums, das man besonders häufig im Bienenblut findet (*Pseudomonas apiseptica* BRUNSIDE), ist man sich noch nicht im klaren. Das Bakterium scheint besonders in feuchter Umgebung auf die Bienen überzugehen.

Man darf annehmen, daß die fraglichen Bakterien, welche es auch immer sein mögen, nur unter ungünstigen Bedingungen bei der Biene krankheitsauslösend auftreten. Sie lassen sich manchmal auch bereits in älteren Brutstadien finden.

Wie die Bakterien in den Bienenkörper eindringen, ist noch nicht ganz klar. Über den Mund scheint es nicht zu geschehen; künstliche Ansteckungsversuche durch Verfütterung von Bakterienkulturen gelingen nur selten. Man vermutet, daß die Bakterien in erster Linie über die *Luftröhrenöffnungen* (Stigmen) in die Biene gelangen. Aber auch über die *Chitindecke* im Bereich der Gelenke oder an den Wurzeln der Haare und Borsten wäre es möglich.

Besonders durch H. WILLE in der Schweiz ist der Verdacht geäußert worden, daß im Blut der Bienen neben Bakterien auch Rickettsien als Krankheitserreger auftreten könnten. Rickettsien sind noch kleinere Lebewesen als Bakterien und liegen größenmäßig zwischen diesen und den allerkleinsten, meist unter 0,1 μm großen Viren. Sie werden von den Bakteriologen meist als eine besondere Gattung der Bakterien angesehen. Im Gegensatz zu den Bakterien, die sich im Blut der Biene vermehren können, wären die Rickettsien dazu auf Zellen, etwa im Fettkörper der Bienen, angewiesen. Sie würden erst nachträglich ins Blut gelangen. – Von alldem abgesehen, sind die Schweizer Befunde bisher noch

Tafel X. Blutkrankheiten

(Septikämien)

Erreger:	verschiedene (meist unspezifische) Bakterien (und Rickettsien?)
Infektion:	Bakterien dringen wahrscheinlich durch Luftröhrenöffnungen, möglicherweise auch durch Gelenkhäute, Haarwurzeln, Verletzungen in den Bienenkörper ein. Sekundärinfektion bei Tracheen- und Varroa-Milben-Befall!
Krankheitsverlauf und Kennzeichen:	Bakterien vermehren sich im Blut der Biene, verfärben es weißlich trüb Bienen machen schwachen, kraftlosen Eindruck, krabbeln vor dem Flugloch auf dem Boden, zittern, verspreizen die Flügel, haben oft aufgetriebenen Hinterleib; mitunter fallen ihnen die Haare teilweise oder ganz aus, sehen struppig aus Bald nach ihrem vorzeitigen Tod zerfallen die Bienen beim Anfassen leicht in ihre Einzelteile, was auf eine rasche Verwesung der Innenteile hindeutet Die kranken Völker entwickeln sich schlecht, nehmen ab und können schließlich ganz zusammenbrechen Nachweis: Blutprobe im Labor
Verbreitung:	Die in Frage kommenden Bakterien sind ständig überall anwesend
Bekämpfung:	Auf warmen, trockenen Standplatz der Völker achten

keineswegs eindeutig bestätigt worden. Es ist leicht möglich, daß es sich bei den Beobachtungen nicht um Rickettsien, sondern um Viren, insbesondere das besonders große »Faden-Virus« (FV), das in verschiedenen Erscheinungsformen auftreten kann, gehandelt hat (s. S. 134). Wenn überhaupt, kann man also nur von *mutmaßlichen* Rickettsiosen bei den Bienen sprechen.

b) Das Krankheitsbild und die Frage der Bekämpfung

Das unspezifische Erscheinungsbild der Blutbakteriosen bei den Bienen wurde schon im wesentlichen geschildert. Nicht selten machen die blutkranken Bienen, deren Haare ausfallen können, einen *struppigen* Eindruck. Teilweise ist auch ihr Hinterleib aufgeschwollen. Am auffallendsten ist indessen, daß diese Bienen nach ihrem Tod meist rasch *auseinanderfallen.* Beim Anfassen lösen sie sich in ihre einzelnen Körperteile auf und die Flügel fallen ab. Das hat mit einer raschen Zersetzung der inneren Körperpartien zu tun. Es scheint, daß alle Altersstufen der Bienen von der Krankheit befallen sein können.

Wenn es nicht (ausnahmsweise) Krankheitsfälle gäbe, bei denen außer den Bakterien im Bienenblut keine anderen Krankheitserreger nachzuweisen sind, könnte man annehmen, daß Septikämien bei den Bienen erst durch andere Krankheiten ausgelöst werden würden. Das trifft auch sicher in den meisten Fällen zu. Deshalb wird man auch immer zuerst die »Primärkrankheiten« (Varroatose, Acarapiose, Nosematose, Amöbenruhr) bekämpfen, ehe man überlegen wird, ob man auch der Blutvergiftung zu Leibe rücken soll.

Bakterienkrankheiten bei Mensch und Tier behandelt man heute gerne mit *Antibiotika.* Man könnte es deshalb auch bei der Biene damit versuchen. Inwieweit Terramycin, Streptomycin oder andere bakterizide Chemotherapeutika helfen können. bleibt allerdings dahingestellt. Eine Heilung scheint auf diese Weise bisher noch nicht nachgewiesen worden zu sein.

Es hat den Anschein, daß die Krankheit an schattigen und feuchten Aufstellungsorten der Bienen bevorzugt auftritt. Man sollte solche Plätze meiden.

7. Bakterien im Bienendarm

Bakterien können regelmäßig im Darm *älterer* Bienen nachgewiesen werden. Neugeschlüpfte Tiere sind dagegen bakterienfrei. Während des Pollenverzehrs erscheinen die Bakterien vornehmlich im Mitteldarm, verschwinden bei den älteren, hauptsächlich von Kohlenhydraten (Zucker) lebenden Tieren aber wieder, um fortan im Enddarm eine reichliche Bakterienflora zu bilden.

Unter den Darmbakterien befindet sich fast immer *Achromobacter eurydice,* das wir schon bei der Gutartigen Faulbrut kennengelernt haben. Es scheint besonders mit dem Pollen aufgenommen zu werden.

Im übrigen dürfen wir es uns versagen, die vielerlei im Bienendarm festgestellten Bakterien aufzuzählen. Sie leben mehr oder weniger *saprophytisch* (d. h. verwesende Stoffe verzehrend) und halten sich meist in der Nähe der Darmwand auf. Bienenkrankheiten erzeugen sie von sich aus nicht, zumindest sind sie nicht als primär krankheitserregend bekannt.

Drohnen und Königinnen scheinen nur selten Bakterien in ihrem Verdauungstrakt zu beherbergen.

8. Ansteckende Schwarzsucht (Paralyse) (Tafel XI)

Unter dem Sammelbegriff »Schwarzsucht« verbergen sich verschiedene Krankheiten, die man erst allmählich zu entwirren beginnt, nachdem man einen etwas tieferen Einblick in ihre Ursachen gewonnen hat. Trotzdem bleiben für den Bienenpraktiker – und nicht nur für diesen – noch genügend Rätsel übrig.

a) Erscheinungsbild und Wesen der Krankheit

Die äußeren Kennzeichen der Paralyse könnten an die Acarapiose oder Nosematose erinnern. Vor dem Flugloch auf dem Boden krabbeln zahlreiche flugunfähige Bienen, die meisten mit aufgeblähtem Hinterleib. Meist stehen sie nur umher, hin und wieder befällt sie ein Zittern oder sie zucken kurz mit den Gliedern. Im ganzen machen sie einen apathischen, gelähmten Eindruck. Daher kommt auch der Name *Paralyse* (= Lähmung). Die andere Namensgebung zielt auf ein besonderes Kennzeichen der Krankheit ab, das bei einem unterschiedlich großen Teil der Bienen aller Altersstufen auftreten kann, nämlich die *Haarlosigkeit.* Die Bienen erscheinen dadurch schwarz und etwas kleiner als ihre Stockgenossinnen. (Schwarze kleine Bienen können auch »professionelle« Räuber sein, die in den kämpferischen Auseinandersetzungen mit fremden Fluglochwachen ihre Haare lassen mußten: diese sind hier nicht gemeint – ebensowenig Bienen, die durch die Einwirkung von Pflanzenschutzmitteln ihre Haare verloren haben, was ebenfalls gelegentlich vorkommt.) Die aufgeblähten schwarzsüchtigen Bienen haben fast immer eine mit einer klaren Flüssigkeit prall gefüllte Honigblase (Abb. 37). Histologische Schnitte des Darmepithels lassen basophile (= mit basischen Anilinfarbstoffen anfärbbare) Zelleinschlüsse erkennen, die für die Krankheit typisch sind.

Die Krankheit tritt oft schon im Frühjahr, bedeutend häufiger aber im Sommer und Herbst in Erscheinung. Die Völker werden allmählich, oder auch

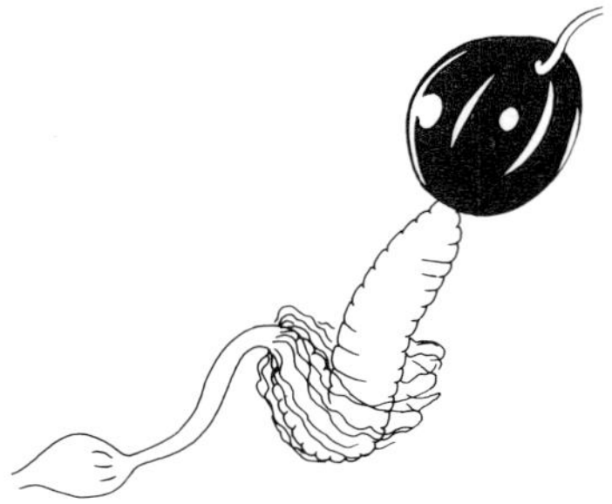

Abb. 37: *Darm einer schwarzsüchtigen Biene mit prall gefüllter Honigblase glasklaren Inhalts.*

sehr plötzlich, schwächer. In schweren Fällen können die paralysierten Bienen zu hunderten und tausenden auf dem Boden vor ihren Völkern umherkriechen, ehe sie sterben und einen schwarzen Teppich von Toten zurücklassen.

Die Ursache dieser Krankheit sind *Viren.* Wir haben diese kleinsten aller möglichen Krankheitserreger bereits auf Seite 34 charakterisiert und bei der Besprechung der Sackbrut auch schon einen ihrer Vertreter kennengelernt (S. 51). Das Virus, welches in erster Linie für die Paralyse verantwortlich ist, hat eine ungleichmäßig rundliche bis längliche Gestalt und ist 20 bis 60 nm (Nanometer) groß (1 nm = 1/1000000 mm). Es gehört zu den RNS-Viren (s. S. 34) und wird als *Chronisches Bienen-Paralyse-Virus* (CPV) bezeichnet. Es ist immer mit einem bedeutend kleineren, rundlichen, ca. 17 nm großen Satelliten-Virus (Assoziiertes Chr. Paralyse-Virus) vergesellschaftet, das sich offenbar nur in Anwesenheit der CP-Viren vermehren kann. Die CP-Viren findet man in verschiedenen Geweben, im Darmtrakt, aber hauptsächlich im Kopf der Biene, im Gehirn und in den Nervenknoten. Sie kommen auch in den Kopfdrüsen vor und scheinen von dort in den Honigblaseninhalt und schließlich auch in die Pollenhöschen zu gelangen, wo sie ebenfalls gefunden werden.

b) Die Krankheit gibt Rätsel auf

Schon der Weg, wie das Virus in den Bienenkörper gelangt, läßt keine sichere Antwort zu. Man könnte annehmen, daß die gegenseitige Fütterung der Bienen und die Brutversorgung dabei eine Rolle spielen – viröses Wachstum findet auch in Bienenpuppen statt –, aber es bedarf bei der experimentellen Verfütterung Millionen von Viruspartikeln, um die Krankheit auszulösen. Viel weniger Infektionsstoff ist bei der Injektion in die Haemolymphe oder beim Übersprühen der Bienen und Bienenbrut notwendig. Vermutlich findet die Infektion in der Natur über die Körperoberfläche statt – etwa durch kleine Wunden, die durch abgebrochene Haare entstehen.

Die Paralyse-Viren findet man nicht nur in kranken, sondern fast ebenso oft in scheinbar gesunden Bienen. Insbesondere lassen sie sich in den meisten toten Tieren nachweisen, die man in Standnähe auflesen kann. Offenbar sind nicht alle Bienen gleich ansteckungsfähig, und möglicherweise gibt es eine *erbliche Resistenz.* Englische Forscher vermuten, daß die Paralyse viel weiter verbreitet ist, als man bisher annahm. Sie glauben, daß die Krankheit besonders dann an Boden gewinnt, wenn die Bienen bei schlechtem Wetter im Frühjahr und Sommer längere Zeit im Stock zusammengedrängt verbringen müssen. Es erscheint aber auch möglich, daß die Virose erst durch andere Krankheiten, z. B. durch die Varroatose, ausgelöst oder zumindest durch sie gefördert wird, und es ist außerdem denkbar, daß Sammelgewohnheiten der Bienen in bestimmten einseitigen Trachten etwas mit der Krankheit zu tun haben. Hier findet sich eine Nahtstelle, wenn nicht ein Übergang, zur »Waldtrachtkrankheit«, die wir später unter dem Überbegriff »Nicht ansteckende Schwarzsucht« behandeln wollen. Wir sehen schon, daß die Einstufung dieser Krankheit gewisse Schwierigkeiten macht.

Tafel XI. Ansteckende Schwarzsucht

(Paralyse)

Erreger:	Chronisches Bienen-Paralyse-Virus (CPV)
Infektion:	wahrscheinlich über Körperoberfläche, möglicherweise auch bei gegenseitiger Fütterung und Brutpflege
Krankheitsverlauf und Kennzeichen:	Viren vermehren sich im *Gewebe* der Bienen: im Fettkörper, in den Kopf- und Brustdrüsen, im Gehirn und in den Nervenknoten. Sie sind oft schon in den Puppen nachweisbar Befallene Bienen erscheinen nicht immer krank; sonst aber verlassen sie den Stock, krabbeln mit dickem Hinterleib oft flügelzitternd über den Boden, zucken mit dem Körper, stehen apathisch, wie gelähmt; charakteristisch (aber nicht immer auftretend) ist Haarverlust. Offenbar werden neben jungen auch ältere Bienen befallen Völker verlieren allmählich oder rasch an Stärke. Vor den Stöcken ist der Boden oft fingerdick mit eingegangenen Bienen übersät Möglich sind Kombinationen mit anderen ansteckenden Krankheiten Nachweis: elektronenmikroskopisch
Verbreitung:	unklar. Vielleicht gibt es eine erblich bedingte Anfälligkeit
Bekämpfung:	kein wirksames Mittel bekannt

Tafel XII. Nicht ansteckende Schwarzsucht

(Waldtrachtkrankheit)

Ursache:	(mittelbare) Honigtautracht; (unmittelbare) vielleicht toxisch wirkende Stoffe im Honigtau, z. B. hoher Mineralgehalt; geringe Eiweißversorgung, nachweisliche Verknüpfung mit Bakterienbefall, gelegentlich auch mit Chronischem Paralyse-Virus (Übergang zu ansteckender Schwarzsucht!); unterschiedliche erbliche Veranlagung
Erscheinungsbild der Krankheit:	Typisch sind Haarausfall bei den Sammlerinnen, Rangeleien am Flugloch, starker Totenfall in und vor der Beute. Bienen haben häufig prall gefüllte Honigblasen und aufgetriebenen Hinterleib. Haarlosigkeit kann fehlen Die Völker eines Standes sind verschieden stark betroffen
Bekämpfung:	Aus Waldtracht abwandern, widerstandsfähigere Biene züchten

9. Andere Virosen erwachsener Bienen (Tafel XIII)

Man hat in den letzten Jahren eine ganze Reihe verschiedener Viren bei den Bienen nachgewiesen. Sie sind nach Gestalt und Größe, ihrem Nucleinsäureaufbau und ihrer serologischen Reaktion deutlich voneinander unterscheidbar. Sie gehören ganz überwiegend zur Gruppe der RNS-Viren (s. S. 34). Man ist sich allerdings in den meisten Fällen über ihre pathogene Wirkung nicht im klaren. Oft sind Krankheitserscheinungen lediglich im Laborversuch auszulösen, wie z. B. bei dem *Akuten Bienen-Paralyse-Virus* (APV), das gleichzeitig mit dem *Chronischen Bienen-Paralyse-Virus* (CPV) entdeckt wurde (s. S. 131). Wenn man die AP-Viren, die sich besonders im Fettkörper und in den Speicheldrüsen der Bienen finden, gesunden Bienen in den Blutkreislauf spritzt, gehen diese innerhalb weniger Tage zugrunde. Andererseits scheint festzustehen, daß dieses Virus allein unter natürlichen Umständen keinen Bienenschaden hervorruft. Es könnte indessen durch andere Krankheiten aktiviert werden. Bekannt ist sein massenhaftes Auftreten in Verknüpfung mit der *Varroatose*.

Es gibt drei verschiedene Virusarten, die besonders häufig in Bienen gefunden werden, die an *Nosema* erkrankt sind. Es sind das Schwarze Königinnenzellen-Virus *(Black Queen Cell Virus,* BQCV), das Faden-Virus *(Filamentous Virus,* FV) und das Bienen-Virus Y *(Bee Virus Y,* BVY). Das 30 nm große, isometrische BQC-Virus wurde zuerst in toten Königinnenpuppen entdeckt, deren Zellen besonders dunkle Wände aufwiesen. Das Filament-Virus besteht aus einem langen Nukleinsäurefaden, der meist kreisförmig aufgewickelt und von einer Hülle umgeben ist, so daß ein eiförmiges Partikel von imponierender Größe (150×450 nm) entsteht. Biochemisch gehört es zu den DNS-Viren. Es vermehrt sich besonders im Fettkörper und im Eierstockgewebe der erwachsenen Bienen. Wenn das Virus in das Blut stark infizierter Bienen einschwemmt, nimmt dieses eine trüb-milchige Farbe an, wie man es bei Septikämien kennt. Das Bienen-Virus Y gleicht in Größe und Aussehen etwa dem BQC-Virus, ohne aber mit ihm verwandt zu sein. Alle drei Viren befallen erwachsene Bienen, besonders im Sammelalter. Ihre starke Vermehrung im Zusammenhang mit der Nosemakrankheit hat sicher nichts mit dieser Krankheit direkt zu tun, sondern hängt wohl mehr mit der vermehrten Infektionsbereitschaft der nosemageschwächten Bienen zusammen, die sich über den Darm mit den Viren infizieren.

Bienen, die stark von Amöben befallen sind, beherbergen häufig ein Virus, das als Bienen-Virus X (*Bee Virus X,* BVX) bezeichnet wird. Es ist aber keineswegs an die Amöbenruhr gekoppelt. In Aussehen und Größe erinnert es an das Y-Virus, mit dem es auch serologisch verwandt ist. Es tritt aber nur im Winter in Erscheinung und kann offenbar für sich allein Bienenvölker umbringen, wozu das Y-Virus nicht in der Lage ist. Die Infektion geschieht wahrscheinlich über den Verdauungstrakt der Bienen.

Ein interessantes Virus ist das Trübe-Flügel-Virus (*Cloudy Wing Particle,* CWP). Es gehört mit nur 17 nm zu den kleinsten bei Bienen gefundenen Viren und ist äußerlich von dem Satelliten-Virus nicht zu unterscheiden. Es formt im

Tafel XIII. In Europa gefundene Honigbienen-Viren

Bezeichnung, Größe und Nukleinsäure-Typ	gekoppelt mit	Auswirkung
APV *(Acute paralysis virus)* Akutes Paralyse-Virus 30 nm, RNS	– Varroatose	keine Wirkung faulbrutartige Erscheinungen
CPV *(Chronic paralysis virus)* Chronisches Paralyse-Virus 20×30 bis 60 nm, RNS gemeinsam mit CPV (A) *(Chr. paral. virus associate)* Assoziiertes Chr. Paralyse-Virus (= Satelliten-Virus) 17 nm, RNS	–	Schwarzsucht
CWP *(Cloudy wing particle virus)* Trübe Flügel-Virus 17 nm, RNS	–	trübe Flügel, verkürzte Lebensdauer der Bienen
PQCV *(Black queen cell virus)* Schwarzes Königinnenzellen-Virus 30 nm, RNS	Nosematose	Schwarze WZ, Tod der Kö.-puppe, verkürzte Lebensdauer der Bienen
BVX *(Bee virus X)* Bienen-Virus X 35 nm, RNS	Amöbenruhr	verkürzte Lebensdauer der Bienen
BVY *(Bee virus Y)* Bienen-Virus Y 35 nm, RNS	Nosematose	verkürzte Lebensdauer der Bienen
DWV *(Deformed wing virus)* Flügelmißbildungs-Virus 30 nm, RNS	Varroatose	verkümmerte Flügel, rascher Tod der Bienen
FV *(Filamentous virus)* Faden-Virus 150×450 nm, DNS	Nosematose	milchig-trübes Blut, verkürzte Lebensdauer der Bienen
SBV *(Sacbrood virus)* Sackbrut-Virus 28 nm, RNS	–	Sackbrut

Zytoplasma der trachealen Endzellen zwischen den Brustmuskeln der erwachsenen Bienen kristalline Massen. Die Flügel der befallenen Bienen verlieren an Durchsichtigkeit. Offenbar vollzieht sich die Übertragung der Viren von Biene zu Biene durch die Luft, besonders wenn die Bienen eng zusammengedrängt sind. Mit dem Virus befallene Bienen sterben frühzeitig ab.

In Tafel XIII sind die wesentlichen bei Honigbienen in Europa bisher gefundenen Viren aufgelistet. Vermutlich gibt es noch andere zu entdecken. Wenn man die Bienen in aller Welt auf Viren untersucht, stößt man auf weitere Formen. Nach ihren ersten Fundorten wurde z. B. das Kashmir-Bienen-Virus (KBV), das Arkansas-Bienen-Virus (ABV) und das Ägyptische Bienen-Virus (EBV) bezeichnet. Inwieweit diese Viren Krankheiten hervorrufen können, ist nicht geklärt. Vorerst nur bei der Indischen Honigbiene (Apis cerana) wurde ein zu den »irisierenden« Viren gehörender Vertreter gefunden. Das sind Viren, die sich durch blau-violettes oder grünes Schillern der damit befallenen Gewebe unter dem Mikroskop verraten. Das Schillernde Bienen-Virus (*Apis Iridescent Virus,* AIV) löst bei den Bienen eine Krankheit aus, die unter dem Namen »clustering disease« (Traubenbildungs-Krankheit) bekannt ist. In den apathischen Völkern bilden sich besonders im Sommer kleine Klumpen mit flugunfähigen Bienen. Die Bienen fallen herunter, krabbeln auf dem Boden umher und sterben. Schon wenige Monate nachdem die Krankheit sichtbar geworden ist, gehen die Völker zugrunde. Dieses Virus, das man in natura bisher nur bei Cerana-Bienen im Himalayagebiet gefunden hat, ist immerhin auf die westliche Honigbiene übertragbar und könnte dort eine Gefahr werden.

Wenn man sich schon über den Krankheitseffekt des Erregers nicht immer einig ist, darf man nicht erwarten, daß es eine Therapie der Bienenvirosen gibt. Die Behandlung mit Antibiotika scheint wenig zu bringen. Der Entdecker der meisten Bienenviren, L. Bailey, meint, daß man vor allem vermeiden solle, viele Völker an einem Platz zusammenzustellen. Vorsicht dürfte auch bei der Einfuhr von Bienen aus fernen Ländern und Kontinenten geboten sein.

B. Nichtansteckende Krankheiten der erwachsenen Bienen

Hierher rechnet man die nichtansteckende, durch die Waldtracht verursachte Schwarzsucht und andere Trachtvergiftungen, sowie Maikrankheit und Ruhr. Eine Krankheit ohne erkennbare äußere Ursache ist die erbliche Schwarzsucht, welche ebenfalls hier einzureihen ist.

1. Nichtansteckende Schwarzsucht

Von dieser Krankheit wissen wir zumindest eines sicher, nämlich daß es sich ursächlich mindestens um zwei verschiedene Krankheiten handelt: um eine *erbliche* und um eine (bedeutend wichtigere) *nicht erbliche,* für die man auch den bezeichnenden Namen Waldtracht-Krankheit gebraucht.

a) Erbliche Schwarzsucht
So selten diese Krankheit vorkommt, so leicht und eindeutig ist sie erkenn- und bestimmbar. Dabei schlüpft nämlich ein bestimmter Teil der Bienen bereits mit dem namengebenden typischen Merkmal der Schwarzsucht aus der Zelle. Diese Bienen scheinen innerlich völlig normal ausgebildet und auch sonst intakt zu sein. Sie werden nur fast oder gänzlich ohne Haare geboren und machen einen ameisenartigen Eindruck. Auch Königinnen und Drohnen können den Erbfaktor »Schwarzsucht« tragen. Die schwarzsüchtigen Bienen besitzen eine geringe Vitalität, so daß bei solchen Völkern auch mit einem geringeren Honigertrag zu rechnen ist. Mit der Auswechselung der Königin ist die Krankheit »aus der Welt« geschafft.

b) Waldtrachtkrankheit (Tafel XII)
Was praktische Imker gewöhnlich als Schwarzsucht bezeichnen, ist ganz vorwiegend diese Krankheit. Hier schlüpfen die Bienen nicht schwarzsüchtig, sondern erwerben dieses Leiden erst im Laufe ihres Lebens. Die Krankheit macht sich hauptsächlich in Jahren mit starker *Nadelhonigtautracht* bemerkbar. Insbesondere sind die *Sammlerinnen* betroffen. Im typischen Fall verlieren sie allmählich ihre Haare: die Filzbinden auf dem Rücken werden unregelmäßig und fransen aus, die Brusthaare lichten sich. Das kann bis zu völliger *Haarlosigkeit* führen. Solchen Bienen verwehren häufig die Wächter den Zutritt in den eigenen Kasten. Es kommt zu *Beißereien* und viele Schwarzsuchtbienen werden getötet.

Manchmal tritt bei den kranken Bienen *kein* Haarausfall auf, aber sie *sterben in Massen* und liegen dicht gesät vor dem Flugloch. In der Regel sind die Honigblasen prall mit *sehr klarem* Futter gefüllt. Der Hinterleib der Bienen ist stark *aufgetrieben.* Das Krankheitsbild ist das gleiche wie bei der Paralyse.

Nicht jede Waldtracht löst diese Erscheinungen aus und nicht bei jedem Volk sind die Symptome gleich stark ausgeprägt. Häufig leiden gerade starke Völker mehr unter der Krankheit als schwache. Die Bienenverluste können ganz erheblich sein. Im Spätherbst werden sie geringer und die Krankheit erlöscht schließlich von selbst.

Rätselhafte Ursache – Was der unmittelbare Anlaß dieser Krankheit ist, wissen wir nicht. Daß die Bienen während des Sammelns an den mit Honigtau behafteten Pflanzenteilen ihre Haare verkleben und verlieren würden, ist eine nur allzu einfache Erklärung. Man hat angenommen, daß Pollenmangel die Ursache der Schwarzsucht sei, da die Bienen beim Eintragen von Honigtau das Pollensammeln vernachlässigen und die Brut einschränken. Man hat auf Wassermangel und auf Überhitzung der in Hochdruck arbeitenden Waldtrachtvölker getippt. Nichts dergleichen konnte bisher experimentell bestätigt werden. – Dagegen ist es recht leicht möglich, daß hier *eine Art Trachtvergiftung* vorliegt. Vielleicht befliegen die betreffenden Völker Waldparzellen, in welchen Honigtaue auftreten, welche für die Bienen unverträgliche Zucker oder toxische Stoffe enthalten. Zum Beispiel hat man im Honigtau *Mannose,* einen bienenschädlichen Zucker gefunden. Der hohe Gehalt des Honigtaus und der Honigtauhonige an *Mineralsalzen* (besonders Kalium und Phosphor) bei relativ niedrigen Natrium- und Calciumwerten ist bekannt; vielleicht gibt es giftige Dosierungen, die sich nicht nur bei der Überwinterung der Bienen schädlich auswirken. Allerdings haben Fütterungsversuche in Flugzelten mit mineralisiertem Zuckerwasser, wobei das Mineralbild den Honigen waldtrachtkranker Bienenvölker angeglichen wurde, die typischen Krankheitssymptome nicht auslösen können, während bei der Verfütterung der echten Honigtauhonige doch wenigstens Anzeichen dazu festzustellen waren. Es traten aber krankhafte Veränderungen der Darmschleimhaut und des Dünndarmepithels auf, wodurch zwangsläufig die Verarbeitung der Nahrung beeinträchtigt werden mußte. Trotzdem scheint ein gestörter Mineralstoffhaushalt nicht die alleinige Ursache der Waldtrachtkrankheit zu sein. Es müssen noch andere Faktoren in der Nahrung oder von außerhalb hinzukommen. Gelegentlich läßt sich das *Chronische Bienen-Paralyse-Virus* nachweisen – und dann ist zwischen der ansteckenden und nichtansteckenden Schwarzsucht kein Unterschied mehr zu machen. Gelegentlich wurden auch *spezifische Bakterien (Pseudomonas fluorescens* und *Yerisinia pseudotuberculosis)* im trüben Blut schwarzsüchtiger Bienen gefunden. Durch Verfütterung dieser Bakterienkulturen, zusammen mit Waldhonig, ließen sich an gesunden Bienen Symptome der Waldtrachtkrankheit erzeugen. Leider reichen die vorliegenden Beobachtungen noch nicht, das Wesen dieser Krankheit wirklich zu enträtseln.

Auffällig ist, daß die Schwarzsuchterscheinungen meist schlagartig aufhören, wenn man die Völker *aus der Waldtracht hinaus,* in eine andere Gegend bringt. Das ist auch ziemlich das einzige, was man gegen die Krankheit tun kann – wenn man nicht stoisch abwarten will, bis die Symptome von selbst verschwinden.

Der Umstand, daß nicht alle Völker gleich stark von der Krankheit befallen werden, könnte mit den *unterschiedlichen Sammelgewohnheiten* der Völker zusammenhängen, deutet aber ebensogut auf eine *unterschiedliche Anfälligkeit* für die Krankheit hin. Man ist denn auch der Meinung, daß man durch Einkreuzen von robustem Bienenmaterial das Erbgut im Sinne einer größeren Widerstandsfähigkeit der Bienen gegen Schwarzsucht beeinflussen kann.

2. Trachtvergiftungen

Die Schwarzsucht in Gestalt der Waldkrankheit ist nicht die einzige Bienenkrankheit, welche mit der von den Bienen genützten Tracht zu tun hat. Man hat Grund anzunehmen, daß auch andere bei Bienenvölkern beobachtete krankhafte Zustände auf Vergiftungen durch Trachtpflanzen zurückzuführen sind.

a) Nektartoxikosen

Bekannt und gleichzeitig auch berüchtigt ist in diesem Zusammenhang die *Linde.* Beim Beflug bestimmter Lindenarten, besonders von *Tilia platyphyllos* (Sommer-L.) sollen in den blühenden Baumkronen massenhaft Bienen zugrunde gehen. Indessen ist die Giftwirkung nicht in jedem Jahr und nicht in jeder Gegend gleich groß. Als Giftstoff kommt ein *Saponin* in Frage, aber auch für Bienen *giftige Zucker* (Mannose, Galaktose, Rhamnose) können beteiligt sein.

Giftige Wirkung auf die Bienen sagt man auch einigen *Roßkastanienarten* nach, insbesondere ist über Bienen- und Brutschäden in Kalifornien, ausgelöst durch die *Kalifornische Roßkastanie (Aesculus californica* SPACH.), berichtet worden. Noch öfter findet man Hinweise auf die Giftwirkung des Nektars von *Rhododendronarten.* Sie äußert sich bei den Bienen in Taumeln, Kreiseln mit anschließenden Lähmungen. Der Genuß von Honig der kleinasiatischen Art *Rh. ponticum* soll sogar beim Menschen noch rauschartige Zustände hervorrufen. Der fragliche Giftstoff ist *Andromedotoxin.* In der Literatur wird noch eine ganze Reihe von Pflanzenarten als möglicherweise oder tatsächlich giftig wirkend bezeichnet, so z. B. *Astragalus- und Asclepiasarten, Camellia reticulata, Daphne mezereum, Euphorbia geniculata, Spiraea ussurensis, Veratrum californicum, Hyoscyamus niger, Andromeda polifolia* u. a.

Daß trotzdem Bienenschäden so selten und, wenn schon, in kaum merklicher Form auftreten, hängt mit dem geringen Mengenanteil dieser Honige am gesamten Sammeleinkommen der Bienen zusammen. Aus demselben Grund darf auch eine Gefahr für den honigverzehrenden Menschen – zumindest in unseren Breiten – ausgeschlossen werden.

b) Pollentoxikosen

Wie es giftige Nektarherkünfte gibt, so sind auch Pflanzen mit giftigem Blütenstaub bekannt. Pollenvergiftungen gehen wohl meistens mit Nektarvergiftungen Hand in Hand. In der Literatur werden in diesem Zusammenhang gerne *Roßkastanie* und *Weißer Germer (Veratrum album)* genannt. Außerdem finden sich Hinweise auf die Giftigkeit des Pollens von *Allium cepa, Aconitum napellus, Delphinum consolida, Ledum palustre, Rosmarin und Ranunculus-Arten.*

Am bekanntesten ist eine Pollentoxikose geworden, die nach dem Ort ihres ersten protokollierten Auftretens in der Schweiz *»Bettlacher Maikrankheit«* genannt wurde. Die jungen Bienen verlassen mit verkrümmtem Hinterleib, gespreizten Flügeln und ausgestrecktem Rüssel zuhauf den Stock, kreiseln am Boden und sterben. Als Ursache hat man überdurchschnittliches Einkommen von *Hahnenfußpollen* (besonders von *Ranunculus auricomus*) festgestellt. Diese und verschiedene andere Ranunculusarten enthalten das giftige *Anemonol,* mit dem man experimentell die selben Vergiftungserscheinungen auslösen konnte. Mit dem Ausbruch dieser Krankheit ist nur in bestimmten Jahren zu rechnen, wenn die Hahnenfußblüte bei mangelnder übriger Pollentracht vermehrt von den Bienen besucht wird. Jüngst wurde sie im Raum von Fulda nachgewiesen.

Wie im Fall der bienengiftigen Nektare dürfen wir wohl auch die Seltenheit der Beobachtungen von Bienenschäden durch giftige Pollenpflanzen damit erklären, daß solche Pflanzenvertreter anteilmäßig in der übrigen Flora nicht sehr ins Gewicht fallen.

3. **Maikrankheit** (Tafel XIV)

Ausschließlich mit der Pollentracht, wenn auch nicht mit einer speziellen, hängt diese leicht zu diagnostizierende Bienenkrankheit zusammen. Sie ist, wie der Name sagt, hauptsächlich im Monat *Mai* – nicht selten um die Zeit der »Eisheiligen« – zu beobachten. Dabei krabbeln junge *Stockbienen* scharenweise zum Flugloch hinaus, fallen zu Boden und schleppen sich mühsam mit stark aufgeschwollenem Hinterleib umher. Oft klumpen sie zu kleinen Haufen zusammen, werden immer matter und verenden. Auf dem Platz vor den Bienenkästen können sie in extremen Fällen geradezu schaufelweise aufgehäuft liegen.

Wenn man die schwerfällig umherkrabbelnden Tiere aufnimmt und ihren *prallen Hinterleib* drückt, befördert man eine dicke, gelbe Pollenpaste zutage. Soweit es einem Teil der Bienen gelingt, sich ihres angestauten Darminhaltes von selbst zu entledigen, wird dieser in Form von festen *gelben* oder *gelbbraunen Würstchen* abgesetzt. Man findet sie auf dem Flugloch, an den Kastenwänden, auf dem Beutendach und auf dem Erdboden (Abb. 38).

Was ist geschehen? – Daß dieses Bienensterben mit dem eingetragenen Pollen etwas zu tun haben muß, liegt auf der Hand. Es hat aber eine ganze Weile gedauert, bis man die wirkliche Ursache erkannt hatte. Eine Vergiftung mußte man auf Grund von Untersuchungen der im Bienenkot vorhandenen Pollenarten ausscheiden. Die Vermutung, daß der Pollen, welcher die erbarmungswürdigen Erscheinungen bei den Bienen hervorruft, gefroren sein könnte, war ebenfalls zu widerlegen. Die zutreffende Erklärung ist viel einfacher: In der Zeit des höchsten Pollenverbrauchs des Bienenvolkes, wenn die Ammenbienen mit der Umsetzung der großen Roheiweißmengen in konzentrierte Brutnahrung voll beschäftigt sind, brauchen sie viel Flüssigkeit. Solange die Bienen regelmäßig ausfliegen können, mangelt es ihnen daran nicht. Die Flüssigkeit gelangt in Form von Nektar oder als Wasser ins Volk. Herrscht aber in dieser Zeit des starken Pollenfraßes mehrere Tage kalte Wetter ohne Bienenflug, kann es leicht zu *Wassermangel* in den Völkern kommen. Die Folge ist eine Art

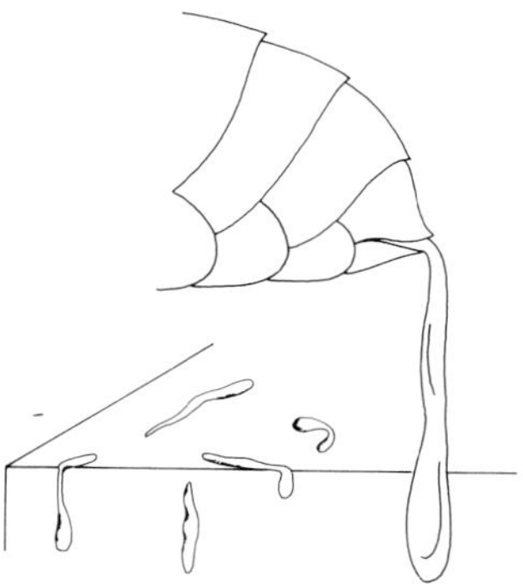

Abb. 38: *Maikranke Bienen befreien sich nur mit Mühe von ihrem aus trockenem Pollen bestehenden (oft mit Pilzen durchsetzten) Darminhalt. Die kompakten gelben Kotwürstchen kann man an den äußeren Kastenwänden, auf dem Flugbrett und überall in der Umgebung der Bienenwohnungen finden.*

Verstopfung bei den jungen Bienen – und allein diese ist die Ursache der ganzen Misere.

Was ist zu tun? – Das alles braucht indessen nicht soweit zu kommen – wenn man die Gefahr nur rechtzeitig erkennt. Dann braucht man nur dafür zu sorgen, daß die Völker ausreichend Wasser erhalten. Manche Imker haben ein besonderes Gespür für solche kritischen Situationen, in denen sich die Bienen zu bestimmten Zeiten befinden, oder sie handeln spätestens, wenn sich die ersten Anzeichen der Maikrankheit bemerkbar machen. Die Gabe von 1–2 Litern leicht gesüßten Wassers bringen die alamierenden Erscheinungen sofort zum Verschwinden. Als Soforthilfe kann man das dünne Zuckerwasser auch einfach in die Wabengassen oder auf die Bienen sprühen.

4. **Ruhr** (Tafel XV)

Man kann sagen, die Ruhr der Bienen ist das Gegenstück zur Maikrankheit, nämlich eine *Durchfallerkrankung*. Sie tritt aber in der Regel viel früher im Jahr auf und befällt nicht junge Pflegebienen, sondern die *Winterbienen,* sobald sie sich von der Traube loszulösen beginnen. Ein großer Teil dieser Tiere kann die mächtigen Exkrementmassen, die sich während des Winters im Enddarm angesammelt haben, nicht mehr zurückhalten und kotet ab. Das geschieht nicht, wie bei gesunden Bienen, anläßlich der ersten Reinigungsausflüge außerhalb des Kastens, sondern noch im Stockinnern. Die ruhrkranken Bienen beschmutzen Waben, Vorräte, Kastenwände – und sich gegenseitig. Überall hinterläßt der breiige Kot beim Eintrocknen große braune Flecken, sogenannte »Ruhrschorfe« (Abb. 39). Auch die Beutenaußenwand und das Flugbrett sind meist

Abb. 39: *Auf den Waben eintrocknende »Ruhrschorfe« finden sich immer nahe dem äußeren Zellrand (oben). Bei der Gutartigen Faulbrut (unten) sind die Schorfe auf dem Zellboden und an der unteren Zellwand plaziert.*

Tafel XIV. Maikrankheit

Ursache:	Wassermangel infolge Schlechtwettereinfall nach starkem Polleneinkommen im späten Frühjahr. Jungbienen fressen viel Pollen, der bei verminderter Flüssigkeitsaufnahme zu Verstopfung führt
Erscheinungsbild der Krankheit:	*Junge Bienen* krabbeln vor dem Stand mit aufgetriebenem, schleppendem Hinterleib umher. Wenn es ihnen gelingt, abzukoten, erscheinen gelbe, feste Würstchen (Druckprobe!). Die an Verstopfung leidenden Bienen sind flugunfähig, vollführen häufig krampfartige Bewegungen. Sie können in Massen eingehen und liegen dann oft »schaufelweise« auf dem Boden vor den Beuten. Gefährliche Zeit: *»Eisheilige«*
Bekämpfung:	Bei ersten Krankheitsanzeichen oder wenn Gefahr in Verzug (Flugpause nach gutem Polleneinkommen!) *dünnflüssiges Zuckerwasser* (1:5) füttern. Als Sofortmaßnahme: bienenbesetzte Waben mit dünnem Zuckerwasser oder bloßem Wasser übersprühen

Tafel XV. Ruhr

Ursache:	vielfältig! Beunruhigung der Völker durch mechanische Störungen im Winter, Weisellosigkeit, Belastung durch andere Krankheiten, ungeeignetes Winterfutter (schädliche Futterzusätze, schwer verdaulicher Wald- und Heidehonig), lange Schlechtwetterperioden nach zeitigem Brutbeginn im Frühjahr u. a. Die genannten Ursachen führen zu einem Mehrverzehr an Futter oder zu Verdauungsstörungen, wodurch die Kotblase über Gebühr belastet wird
Erscheinungsbild der Krankheit:	Bienen verlassen zur Unzeit den Kasten, haben aufgetriebenen Hinterleib. Sie koten in schweren Fällen noch in der Beute, auf Rähmchen und Waben, verunreinigen die Kastenvorderwand (»Ruhrschorf«). Das kranke Volk verbreitet einen unangenehmen Geruch Die Krankheit tritt meist schon im *zeitigen Frühjahr* (Februar, März) in Erscheinung Betroffen sind in erster Linie *Winterbienen*. Ruhrursachen erhöhen auch die Anfälligkeit für andere Krankheiten, bes. Nosema
Bekämpfung:	(versuchsweise) Volk in neuen Kasten auf neuen Bau setzen, eng und warm halten, mit dünnem warmen Zuckerwasser (2:3) füttern
Vorbeuge:	Ursachen vermeiden

gelb und braun besprenkelt. Das kranke Volk verbreitet einen aufdringlichen säuerlichen Geruch.

Ruhrverdächtige Völker neigen, wie auch häufig solche mit ansteckenden Krankheiten, zu unzeitigen Ausflügen, wobei die Bedrängten draußen in der Kälte zugrunde gehen.

Was die Krankheit auslöst – Die Überlastung der Verdauungsorgane ist in der Hauptsache auf drei Ursachen zurückzuführen. Das sind einmal *Störungen im Winter.* Sie können von Tieren herrühren – von Mäusen, die sich im oder unter dem Kasten einnisten, von hungrigen Spechten, oder von Haustieren, die Zutritt ins Bienenhaus haben. Aber auch ans Bienenhaus schlagende Äste benachbarter Bäume können die Bienen beunruhigen. Und dann der Mensch: Es ist doch keine Baustelle nebenan? Oder jemand, der in der Nähe Holz hackt? Wie ist es mit Skifahrern, Straßenbau oder Wintermanövern? Das alles kann den Bienen schaden.

Störungen können auch *im Bienenvolk selbst begründet* sein. So verursacht Weisellosigkeit große Unruhe. Ein Volk, dessen Königin im Herbst verlorengegangen ist, schafft es selten bis zum nächsten Frühjahr. Vermehrte Brut im Winter, ausgelöst durch warmes Wetter, ist eine ernste Gefahr. Aber auch mit Krankheiten anderer Art beladene Bienen (Milben, Nosema, Amöben usw.) sind im Winter besonders unruhig. Die Folgen sind mehr Zehrung und dadurch Überlastung des Verdauungstraktes der Bienen.

Die dritte, vielleicht häufigste Ursache ist *ungeeignetes Winterfutter.* Überraschenderweise wird es den Bienen nicht selten von der Natur selbst beschert. Bei Nutzung der Besenheide (*Calluna vulgaris*) oder wenn der Wald noch einmal spät zu honigen beginnt, ist immer Gefahr im Verzug. Größere Mengen dieser Honige enthalten Stoffe, teils besondere Zucker, teils Mineralanreicherungen, welche bei den Bienen Darmstörungen hervorrufen. Berüchtigt ist der *Melezitosegehalt* der späten Herbsttrachten. Die Natur hätte die hierfür anfälligen Völker früher ganz von selbst ausgeschieden. Der Imker sorgt indessen für ihr Überleben.

Vorbeugen statt Heilen – Die Einwinterung gesunder, starker Völker und ihre Abschirmung gegen winterliche Störungen aller Art sind Nummer eins der vorbeugenden Maßnahmen gegen die Ruhr. Das andere ist die bienengerechte Beschaffenheit des Winterfutters. Es ist kein Geheimnis, daß seit Einführung der Zuckerauffütterung der Völker im Herbst (Ende des vergangenen Jahrhunderts) die Ruhrerscheinungen drastisch zurückgegangen sind. Man kann die Wirkung noch verbessern, wenn man unverträgliche Herbsthonige vor der Auffütterung möglichst ganz entfernt. Notfalls muß man sogar von einer zu lange anhaltenden Waldtracht wegwandern, um dem späten Waldhonig zu entfliehen. Wenn die Waldtracht erst nach der Auffütterung einsetzt, empfiehlt es sich, die Futterwaben wieder herauszunehmen und durch Leerwaben zu ersetzen. Nach Abklingen der Tracht werden die mehr oder weniger gefüllten Honigwaben durch die bereitgehaltenen Futterwaben wieder ausgetauscht.

Auf alle Fälle darf man dem Zuckerwasser bei der Auffütterung der Bienenvölker *keinerlei Zusätze* beigeben. Die gute Absicht, mit Heilsalzen, Vitaminen, Heiltees, Invertierungshilfen u. dgl. die Bienen noch »glücklicher« zu machen, ist bisher fast immer zu deren Schaden ausgeschlagen. Reine Zuckerlösung ist das Beste.

Hat das Volk einmal Ruhr, kann man nicht mehr viel an ihm »behandeln«. Wenn es noch genügend stark ist, wird man es in einen neuen sauberen Kasten mit neuen Waben umquartieren und nach Möglichkeit eng halten. Vielleicht ist die Verfütterung von 1–2 Litern dünnen, warmen Zuckerwassers nützlich, wie oft behauptet wird. Futter ist zumindest notwendig, wenn die Bienen auf dem neuen, leeren Wabenwerk nicht verhungern sollen. Auf diese Weise kann man vielleicht ein ruhrkrankes Volk noch retten, das man anderenfalls abschwefeln würde. Was das Bessere ist, erfährt man – wenn überhaupt – erst später.

IV. Anomalien und Mißbildungen bei den Bienen

Mitunter lassen sich am Bienenvolk und seinen Gliedern Abweichungen vom Normalen beobachten, die man nicht unter die Bienenkrankheiten einreihen kann, sondern als *Abnormitäten* ansehen muß – sofern es sich nicht einfach um Antworten des Bienenvolkes auf bestimmte Ausnahmezustände handelt. Nichtsdestoweniger können solche Erscheinungen lebensbedrohend für ein Bienenvolk sein. Da sie aber nicht ansteckend sind und auch nur gelegentlich vorkommen, sind sie meist von mehr wissenschaftlicher als von praktischer Bedeutung.

A. Abnormitäten der erwachsenen Bienen

Wenn auch bei allen *drei Bienenwesen,* Arbeiterin, Königin und Drohn, mitunter Ungewöhnliches in Ausbildung und Verhalten auftreten kann, ist doch in erster Linie bei den weiblichen Volksgliedern mit einer Rückwirkung auf den Zustand des Volkes und dessen Leistung zu rechnen.

Drohnenbrütigkeit – Eine Königin, die ausschließlich oder ganz vorwiegend Drohnenbrut erzeugt, bezeichnet man als *»fehlbrütig«*. Das kann davon herrühren, daß sie aus irgend einem Grund nicht begattet wurde und dennoch mit der Eiablage begonnen hat. Fehlbrütigkeit kann aber auch bei einer alten Stockmutter auftreten, etwa wenn ihr Samenvorrat erschöpft ist, oder wenn sie infolge Quetschung des Hinterleibs nur noch Drohneneier legen kann. Mitunter kommt es vor, daß eine frisch begattete Königin nur anfangs Drohneneier legt – vielleicht weil ihre Geschlechtsorgane noch nicht voll funktionsfähig sind – hernach aber zu ganz normalem Legeverhalten übergeht.

Man darf die Fehlbrütigkeit der Königinnen nicht mit einer anderen Art der Drohnenbrütigkeit verwechseln, welche auf die Tätigkeit von Arbeiterinnen, den sogenannten *»Drohnenmütterchen«* oder *»Afterweiseln«,* zurückzuführen ist. Diese eierlegenden Arbeitsbienen treten dann auf, wenn ein Bienenvolk längere Zeit keine Königin besitzt. Dabei sind fast immer mehrere Eier in einer Zelle zu finden; auch liegen sie nicht immer auf dem Zellboden, sondern werden von den Arbeitsbienen, die mit ihrer Hinterleibsspitze nicht bis auf den Grund hinabreichen, an die Zellwände abgelegt (Abb. 40). Das Aussehen der sehr lückenhaft und überhöht gedeckelten Arbeiterwabe führte zur Bezeichnung *»Buckelbrut«*. Die Buckelbrut der Arbeiterinnen ist, wie man sieht, eher als Ergebnis eines Regulationsmechanismus des Bienenvolkes, denn als Anomalie zu betrachten.

Andere Legestörungen der Königin – Wenn an den Geschlechtsorganen der Königin oder an benachbarten Teilen Mißbildungen auftreten – was gar nicht so selten vorkommt – kann das zu völliger Legeunfähigkeit führen. Dieselbe Ausfallserscheinung können aber auch Pilze oder (seltener) Bakterien hervorru-

Abb. 40: *Afterweisel-Gelege mit mehreren Eiern in den Zellen. Die Eier sind teilweise an den Wänden angeheftet.*

fen, die sich in diesen Zonen einnisten. In der Regel ist damit eine deutliche Schwarzfärbung der kranken Organe verknüpft (Melanose).

Erblich bedingt sind die sogenannten »tauben« Eier. Man versteht darunter die Eigenart, daß manche Königinnen Eier legen, aus denen nur zum Teil oder überhaupt keine Larven schlüpfen.

Lückenhafte oder zumindest *unregelmäßige Brut* kann bei starker *Inzucht* auftreten und davon herrühren, daß die Königin *besamte Drohneneier* legt, in denen die geschlechtsbestimmenden Anlagen (Sex-Allele) gleichartig (homozygot) auftreten. Das hat zur Folge, daß die Bienen die schlüpfenden (diploiden) Drohnenmaden sofort auffressen.

Schließlich kennen wir auch noch den Fall, daß Königinnen zwar ganz normal Arbeiterinneneier, aber überhaupt *keine Drohneneier* legen. Auch das scheint erblich bedingt zu sein. Natürlich hat es keinen negativen, eher einen positiven Einfluß auf die Lebenstüchtigkeit des Bienenvolkes.

Katalepsie der Königin – Relativ ungefährlich ist diese seltene Erscheinung, welche als eine Art Nervenschock oder Ohnmacht zu deuten ist. Dabei verfällt die Königin beim Anfassen, etwa beim Zeichnen, in *plötzliche Bewegungslosigkeit,* von der sie sich aber später wieder vollständig erholt. Wie das zu erklären ist, weiß man nicht genau. Man kann nur mit Altmeister Professor ZANDER sagen: »Wenn man weiß und sieht, wie manche Leute mit den Königinnen umspringen, ist es nicht gerade verwunderlich, daß die armen Tiere dabei in Ohnmacht fallen.«

Zwergdrohnen – Die kleinen Drohnen, welche man in normalen Völkern gelegentlich und in drohnenbrütigen häufig findet, sind vermutlich aus Arbeiterzellen geschlüpft. Von »Afterweiseln« in Arbeiterzellen abgelegte unbefruchtete Eier ergeben später *»Afterdrohnen«.* Sie unterscheiden sich nur durch ihre geringere Größe von normalen Drohnen. Auch sind sie begattungsfähig.

Weißäugigkeit der Drohnen – Diese vorwiegend männliche Anomalie, die aber, zumindest ausnahmsweise, auch bei weiblichen Tieren festgestellt werden kann, ist auf einem teilweisen oder völligen *Pigmentmangel* im Chitinbereich der Augen zurückzuführen. Es gibt eine Graduierung des Pigmentverlustes, die sich von blau über rosagelb bis weiß erstreckt und die wahrscheinlich mit einem unterschiedlich guten Sehvermögen bis zu völliger Blindheit gekoppelt ist. Die Ursache ist im Erbgut zu suchen.

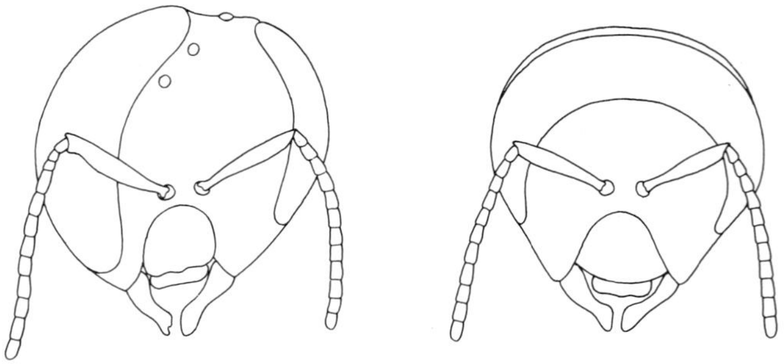

Abb. 41: *Bienenanomalien. Links: Kopf eines Längszwitters mit (linker) männlicher und (rechter) weiblicher Kopfhälfte. Rechts: Bienenkopf mit Zyklopenauge.*

Zwitterbienen – Diese wissenschaftlich auch als »hermaphrodit« oder »gynandromorph« bezeichneten Tiere vereinigen in ihrem Körper männliche und weibliche Geschlechtsmerkmale (Abb. 41, links). Es gibt *Längs-* und *Querzwitter,* bei denen entweder die beiden Seitenhälften oder der vordere und hintere Teil ihres Körpers verschiedengeschlechtlich gestaltet sind; auch können Rükken- und Bauchseite verschieden sein oder die Verteilung der männlich und weiblich ausgebildeten Körperbezirke ist unregelmäßig, weshalb man in solchen Fällen auch von *Mosaikzwittern* spricht. Die Erscheinung ist erblich und hängt mit einer nur teilweisen Befruchtung des Eies oder mit abnormalen Zellteilungen auf frühem Embryonalstadium zusammen.

Zyklopenbienen – Auf besondere genetische Ereignisse (Mutationen = Erbsprünge) geht das Auftreten von Zyklopenbienen zurück. Sie besitzen anstelle der beiden Facettenaugen nur ein großes über die ganze Stirn reichendes halbmondförmiges Auge. Die Punktaugen sind entweder verschoben oder fehlen ganz. Diese Verunstaltungen sind gelegentlich auch bei Drohnen und Königinnen zu beobachten (Abb. 41, rechts).

Andere Körpermißbildungen – Verkümmerungen der Fühler und Beine, besonders häufig aber der Flügel, kommen bei allen drei Bienenwesen vor. In der Regel ist daran eine Unterkühlung während der Puppenzeit schuld, ausgelöst durch zu wenig Bienen im Stock. Zwerg- und Krüppelbienen treten aber auch bei Varroatose, gutartiger Faulbrut und Schäden durch die Kleine Wachsmotte (S. 169) auf. Recht gut sind dem Imker *Flügelverkümmerungen* bei seinen *Zuchtköniginnen* bekannt. Ursache sind in der Regel unbedachte Einwirkungen auf die Zellen in den kritischen Entwicklungszeiten während der Verpuppung der Larven und bei der Häutung der Puppen zum fertigen Insekt.

Daneben gibt es aber auch eine *angeborene Stummelflügeligkeit.* Häufig beobachtet man Anomalien des Flügelgeäders, wobei Adern fehlen oder zusätzlich ausgebildet sein können.

Es wurden ausnahmsweise *Bienen mit besonders kleinem Kopf* gefunden, welche auf Schwierigkeiten bei der Verwandlung der Vorpuppe zur Puppe zurückgehen.

Was nicht auffällt, sind *Abnormitäten der inneren Organe* bei den Bienen. Wir wissen davon vor allem durch Untersuchungen an Königinnen. Am meisten ist über Mißbildungen an den königlichen Sexualorganen bekannt, da man natürlicherweise bei legegestörten Tieren gezielt danach sucht. Häufig findet man in verschiedenen Körpergeweben kalkartige Einschlüsse, die eine enorme Größe erreichen können. Die Spezialliteratur über Königinnenkrankheiten und -anomalien von W. Fyg weiß darüber eine ganze Menge zu berichten.

B. Abnormitäten der Bienenbrut

Anomalien der erwachsenen Bienen, z. B. verkürzte Antennen, verkrüppelte Mundwerkzeuge, mißgebildete Beine, Flügelstummel u. dgl., haben in der Regel ihre Ursache in Entwicklungsstörungen der Bienenbrut und sind damit gleichzeitig auch Anomalien der Brut. Häufig sterben derart veranlagte Bienen schon auf dem Puppenstadium ab, besonders dann, wenn die Mißbildungen den ganzen Körper ergreifen. Oft führen *Störungen der Spinntätigkeit* oder nachfolgende Häutungsfehler zu einem vorzeitigen Absterben der Bienenbrut. Wenn solche Anomalien in einem Bienenvolk gehäuft auftreten, können ausnahmsweise genetische Ursachen dafür verantwortlich sein.

Anomalien der Weiselzelle – Die Weiselzellen fallen einmal *größer,* einmal *kleiner* aus, was mit der Güte der Weiselpflege und, indirekt, mit der Jahreszeit und mit der Beschaffenheit der Ammenbienen zusammenhängen kann. Königinnengewicht und Länge der Weiselzellen sind aber nicht unbedingt voneinander abhängig. In den außen am Zuchtrahmen befindlichen Zellen entwickeln sich die Insassen oft sehr *langsam.* Diese Königinnen schlüpfen mitunter ein bis zwei Tage nach der regulären Zeit. Oft sind sie besonders groß, oft sehr klein ausgebildet. Sicher sind dabei Ernährungsstörungen im Spiele.

Am auffälligsten sind aber die gelegentlich zu beobachtenden ungewöhnlich *langen Zellen.* Dabei verlieren die bereits verdeckelungsreifen Larven den Kontakt zum Futtersaft und »rutschen ab«. Die Bienen bauen unter den abgerutschten Larven die Zellen immer weiter. Bis sie sie endlich schließen, sind die Insassen tot.

Lageumkehrung und falscher Zellinhalt – Auch umgekehrt in der Zelle steckende schlüpfreife Königinnen und Arbeiterinnen kommen gelegentlich vor. Die *Desorientierung* der zur Puppenruhe rüstenden Maden kann mit Krankheiten, kurzzeitigen Unterkühlungen oder verschiedenen experimentellen Eingriffen zusammenhängen. Solche Tiere sind nicht mehr in der Lage, zu schlüpfen und müssen von den Bienen tot aus den Zellen geborgen werden.

Mitunter findet man *Drohnen in Weiselzellen,* die wahrscheinlich durch die Tätigkeit von Afterweiseln dorthin gelangt sind. Man glaubt, daß sie nicht ausschlüpfen können. Von *Drohnen in Arbeiterzellen* war schon die Rede. Auch *Arbeiterinnen in Drohnenzellen* kommen gelegentlich vor – von Natur aus allerdings selten.

Verkühlte Brut – Streng genommen gehört diese Erscheinung gar nicht zu den Anomalien und kann auch nicht zu den Krankheiten gezählt werden. Sie zu besprechen ist aber deshalb wichtig, weil man sie gelegentlich von echten Brutkrankheiten abgrenzen muß.

Verkühlte Brut tritt auf, wenn in einem Bienenvolk mit ausgedehnten Brutbereichen plötzlich die erwachsenen Bienen fehlen. Die Gründe hierfür sind mancherlei. Ich nenne nur Schlechtwettereinbrüche, akute Krankheiten (Milbenbefall, Nosema) oder einfach fehlerhafte imkerliche Eingriffe.

In der Regel bemerkt der Imker gar nichts von dem Drama, denn die Bienen räumen die verkühlte Brut von selbst aus den Zellen. Sie fressen sie entweder auf oder werfen sie aus dem Stock hinaus. Dann findet man mitunter ältere Larven und Puppen vor dem Flugloch, wie man das in sommerlichen Mangelzeiten von hinausgeworfenen Drohnenpuppen kennt. Nur wenn das Volk für die Selbstreinigung zu schwach ist, bekommt man unter Umständen verkühlte Brut in den Waben zu Gesicht. In der Regel *verfärben* sich die Maden und Puppen allmählich *grau bis schwarz.* Die Verfärbung kann in feinen Streifen an den Segmenträndern beginnen. Zuletzt können ältere Maden breiig oder schmierig werden und sehr unangenehm riechen. Es gibt aber niemals ein fadenziehendes Stadium wie bei der Bösartigen Faulbrut. Die fäulnisbedingenden Mikroorganismen wandern stets erst nach dem Tod der Brut von außen ein.

V. Schädlinge der Bienen und ihrer Vorräte

Es gibt tierische, seltener pflanzliche Einwirkungen auf Bienen, die nicht eigentlich Krankheiten bei ihnen hervorrufen, aber ihr Leben dennoch bedrohen. Man spricht von *Schädlingen* der Bienen und von *Bienenfeinden*. Daneben gibt es Lebewesen, die zwar die Bienen selbst nicht schädigen, aber an ihrem Bau und ihren Vorräten interessiert sind. Sie werden als »Wachs-« oder »Vorratsschädlinge bezeichnet. Je nach Art und Auftreten dieser Plagegeister ist das bei den Bienen angerichtete Unheil unterschiedlich groß.

A. Bienenschädlinge

Tiere, die den Bienen nachstellen oder an ihnen schmarotzen, ohne typische Krankheiten auszulösen, gehören den verschiedensten Tiergruppen an. Wir wollen hier die wichtigsten, bzw. interessantesten Vertreter in näheren Augenschein nehmen, wobei wir uns an ihrer Stellung im Tierreich orientieren.

1. Fadenwürmer (Nematoden)

Von dieser umfangreichen Tierklasse, deren Vertreter freilebend sowie in Pflanzen und Tieren schmarotzend anzutreffen sind, können ganz wenige Formen auch in Bienen vorkommen. Diese zu den Gattungen *Mermis* und *Parachordodes* gehörenden Fadenwürmer werden von den Bienen als Jugendformen mit dem Wasser aufgenommen. Sie durchdringen den Darm und wachsen im Hinterleib zu einem langen, zusammengeringelten Faden aus. Bei den mehr erdverbundenen Hummeln und Wespen spielen diese Würmer eine größere Rolle als bei den Bienen.

2. Spinnen (Araneen)

Sie können den Bienen hauptsächlich in ihren netzbauenden Arbeiten *(Labyrinth-* und *Kreuzspinnen)* gefährlich werden. Betroffen sind die Flugbienen, die ihnen draußen im wörtlichen Sinne »ins Netz gehen«. *Krabbenspinnen* können den Bienen auch auf den Blüten auflauern, um sie im Sprung zu erhaschen und durch einen Biß in den Nacken zu erlegen (Abb. 42).

3. Fliegen (Dipteren)

Als Bienenschädlinge kommen aus dieser Tierordnung mehrere Vertreter in Frage. Sie treten als Räuber oder parasitisch auf.

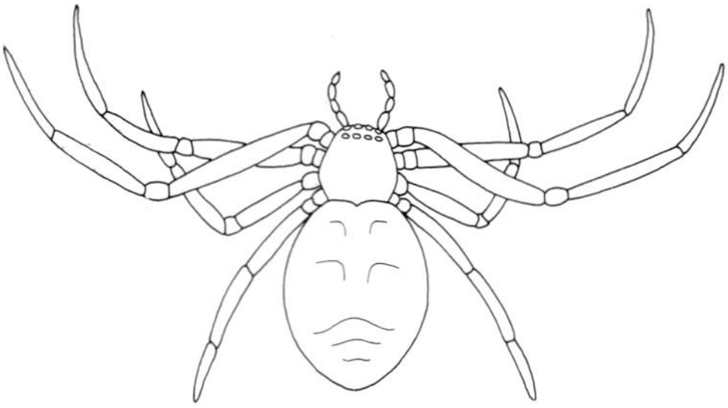

Abb. 42: *Die Krabbenspinnen haben ihren Namen von der Stellung ihrer 8 Spinnenbeine, die an eine Krabbe erinnert. Die beiden vorderen sind erheblich länger und stärker als die hinteren. Krabbenspinnen können seitwärts und rückwärts laufen. Nachdem sie sich behutsam an die Beute herangepirscht haben, schlagen sie ihre Fangbeine blitzartig um das Opfer. Die verschiedenen Arten sind meist kräftig gefärbt oder auffällig gezeichnet. Selten erreichen die mutigen Jäger eine Länge von 1 cm. Ihre Beutetiere sind meist größer als sie selbst.*

a) Bienenlaus (Braula coeca Nitzsch)

Das Tier mit dem wohlklingenden lateinischen Namen ist nach seiner Stellung im Tierreich gar keine Laus, sondern eine ihrer Flügel verlustig gegangene Fliege (Abb. 15 d, 43 links). Sie sitzt, etwa 1,5 mm klein und kugelig, meist in Gesellschaft mit ihresgleichen, auf der Biene, hauptsächlich auf der Brust. Die Fliege saugt kein Bienenblut, wie man früher annahm, sondern begibt sich, sobald sie Hunger verspürt, auf den Kopf der Biene und kitzelt diese mit ihren Vorderfüßen (Abb. 43 rechts) an der Oberlippe. Darauf streckt die Biene ihren Rüssel hervor und würgt einen Futtertropfen aus, von dem sich der Schmarotzer

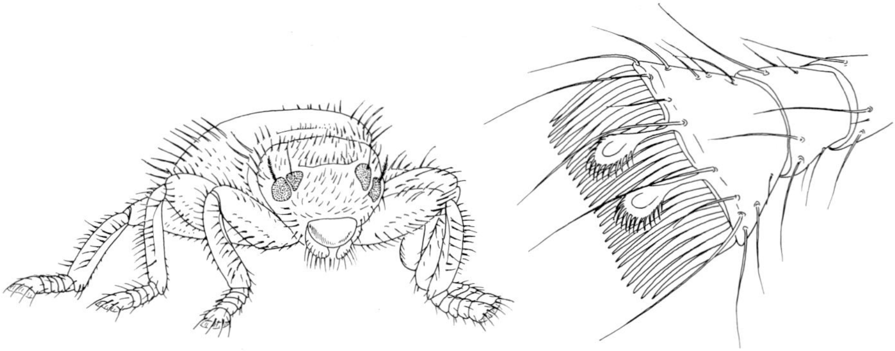

Abb. 43: *Bienenlaus (Braula coeca), total (links) und letztes Zehenglied (rechts), gezeichnet nach rastermikroskopischen Aufnahmen von* W. J. Humphrey *und* A. Dietz. *Die kammartigen Borsten an den letzten Zehengliedern dienen der Laus zum Festklammern an den Bienenhaaren. Mit den beiden eigenartigen Tastbürsten, die bei eingeklapptem Kamm nach vorne abstehen, wird die Biene möglicherweise zur Futterabgabe gereizt.*

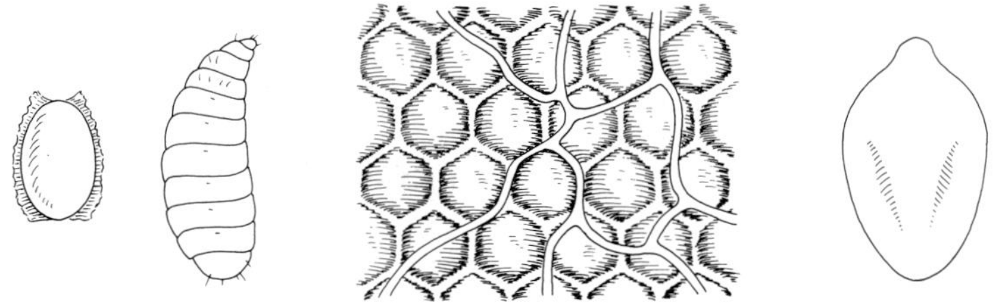

Abb. 44: *Das weiße, ovale, leicht gewölbte Ei der Bienenlaus besitzt einen randwärts umlaufenden, an beiden Enden eingekerbten Saum (a). Die ausschlüpfende beinlose Made (b) gräbt feine, weiße Fraßgänge in die Zelldeckel der Vorratswabe (c) und vollzieht ihre Umwandlung in einer für Fliegen charakteristischen Tönnchenpuppe (d).*

nach Bedarf bedient. Die Läuse nehmen aber auch an den zahlreichen gegenseitigen Fütterungen der Bienen im Volke teil.

Offenbar liebt Braula es nicht allzusehr, draußen umhergeflogen zu werden, wenngleich man ihre *Ausbreitung* von Bienenvolk zu Bienenvolk auch nur auf diese Weise erklären kann. Im Stock wählt sie sich als Reittier mit Vorliebe die Königin aus. Man will auf einer Königin schon einmal 187 Läuse gezählt haben. Vielleicht hat es den Läusen das Spezialfutter angetan, welches die Ammenbienen an die Stockmutter verabreichen.

Ihre Eier legt die Bienenlaus gerne auf die Deckel von Honigzellen. Die schlüpfenden Larven machen in den Zelldeckeln Grabgänge, die als *feine weiße Linien über die Wabe ziehen* (Abb. 44 a, b, c). Möglicherweise fressen die Larven pollenhaltiges Wachs. Am Ende der Gänge findet man die für Fliegen typische *Tönnchenpuppe* (d).

Man kann sich unter diesen Umständen fragen, ob man die Bienenlaus als echten Bienenschädling betrachten soll. Eher ist sie ein ungebetener Gast *(Kommensale).* Aber wenn sie vermehrt in einem Volk auftritt, kann sie die Bienen doch erheblich beunruhigen und womöglich von »wichtigen Aufgaben« abhalten. Auch könnte der Weisel in seiner Legetätigkeit beeinträchtigt sein.

Also bekämpft man die Bienenlaus! Wenn man einen Bogen weißes Papier am Abend nach dem Bienenflug unter die Waben legt und einen Kaffeelöffel *Naphthalin* daraufstreut, fallen die Läuse in Ohnmacht und herunter. Sie wachen auch nicht mehr auf und können am anderen Morgen mit dem Papier herausgezogen und verbrannt werden. Wirksam hat sich auch das gegen die *Varroatose* eingesetzte Medikament *Perizin* erwiesen, und wahrscheinlich gilt das auch für andere dort genannte Mittel.

Braula coeca ist die hauptsächlich in Mitteleuropa beheimatete Bienenlaus. Weltweit gibt es noch ein paar *andere Bienenlausarten,* die sich in ihrem Aussehen und Verhalten geringfügig voneinander unterscheiden.

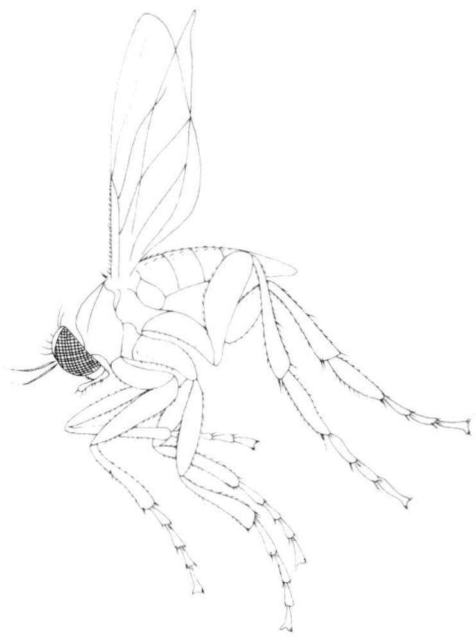

Abb. 45: *Die nur 5 mm große Buckelfliege (Hypocera incrassata) mit glänzend schwarzer Brust besitzt einen mattgrünen Hinterleib und glasklare Flügel. Durch den gesenkten Kopf und den hochgewölbten Brust-Rücken erhält sie ihr buckelartiges Aussehen. Die Fliege kann sich mit ihren dickschenkeligen Beinen pfeilschnell auf der Unterlage bewegen.*

b) Buckelfliege (Phora spec.)

Aus der Familie der Phoriden stammend, kommt sie in mehreren Arten als Bienenschädling in Betracht. Aber nicht die Fliege selbst, sondern ihre Larve ist der eigentliche Schmarotzer. Die älteste beschriebene Art ist *Phora (= Hypocera = Borophaga) incrassata,* ein knapp 5 mm großes, langbeiniges, grauschwarzes Tierchen mit einem stark gewölbten Rücken, welcher für den deutschen Namen der Familie gesorgt hat (Abb. 45). Das Weibchen dringt in schwache Völker ein und legt seine Eier an älteren Rundmaden ab. Die Larven der Fliege ernähren sich von und in den Bienenmaden und verlassen diese nach deren Tod. Sie scheinen aber auch in geschwächten oder toten Bienen leben zu können. Die Verpuppung erfolgt im Gemüll und schon nach 12 Tagen schlüpfen die jungen Fliegen.

Ein Mittel gegen diese »Fliegenkrankheit« hat man nicht; aber der Schaden, den die Fliegen anrichten können, ist normalerweise auch gering. Sichtbar wird ein stärkerer Fliegenbefall wohl nur, wenn aus irgendeinem, meist durch den Imker verschuldeten Grund ein Mißverhältnis zwischen dem Umfang der offenen Brut und der Anzahl der Ammenbienen besteht. Auch in Völkern, die am Verhungern sind, werden häufig Buckelfliegen gefunden. Die richtige Gegenmaßnahme ist hier also hauptsächlich ordentliches Imkern.

c) Fleischfliegen (Sarcophagiden) und Raupenfliegen (Tachiniden)

Im Bienenkörper können sich auch die Larven einiger Arten dieser beiden, wenig feinen, aber vorwiegend nützlichen Familien entwickeln. Die viviparen (lebendig gebärenden) Fliegen stürzen sich im Flug auf die vom Sammelgeschäft in den Stock zurückkehrenden Bienen oder überraschen sie noch auf den

Blüten. Dabei legen sie blitzschnell an geeigneter Stelle, etwa zwischen Kopf und Brust, eine winzige Larve ab. Die Maden dringen durch die dünne Gelenkhaut in den Bienenkörper ein und machen dort ihre Entwicklung durch – Muskeln und Gewebe ihres Opfers aufzehrend.

Die meisten Arten der *Raupenfliegen* entwickeln sich allerdings weder in Bienen, noch überhaupt in fertigen Insekten, sondern, wie schon der Name sagt, in Raupen. Außerdem ist die parasitische Lebensweise der *Fleischfliegen* eher eine Ausnahme als die Regel. Viele brüten in Exkrementen oder zerfallenden organischen Stoffen. Zum Teil sind die Larven *saprophag,* d. h. sie leben von Aas (auch in toten Bienen). Die erwachsenen Fliegen aber sind Pflanzenfresser. Ihre Nahrung ist Nektar, Honigtau und Pflanzensaft.

d) Raubfliegen (Asiliden)

Die Vertreter dieser hochentwickelten Fliegenfamilie gehören zu den größten mitteleuropäischen Fliegen. Sie sind als *Räuber* schlank und kräftig gebaut und haben große Augen, zwischen denen der Scheitel eingesenkt ist. Manche sind verhältnismäßig kahl und hornissenähnlich, andere sind behaart wie Bienen. Mit ihren langen derben Beinen greifen sie die Beute in der Luft und suchen sich dann eine Stelle, um sie in aller Ruhe auszusaugen (Abb. 46). Ihr harter, stechend-saugender Rüssel durchbohrt mit Leichtigkeit den Chitinpanzer ihres Opfers.

Manche Raubfliegen machen auch auf Bienen Jagd und können es sogar speziell auf diese abgesehen haben. Wenn auch ihr Auftreten am Bienenstand bei uns im allgemeinen kaum spektakulär sein dürfte, so sollen sie doch örtlich bei stärkerem Auftreten auch schon eine Plage gewesen sein.

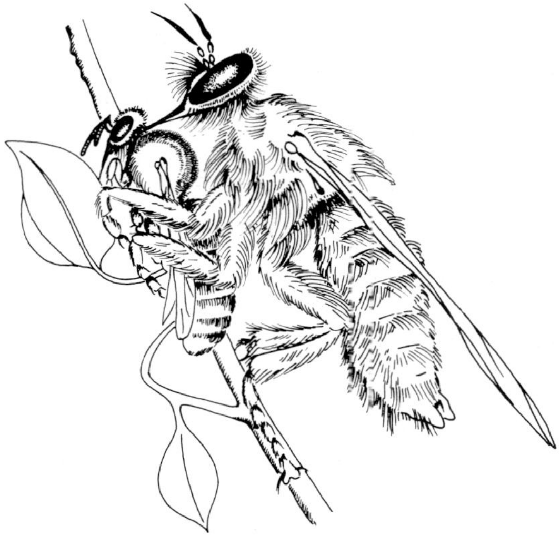

Abb. 46: *Die Raubfliege (Laphria aurea) beim Aussaugen einer Honigbiene.*

4. Käfer (Coleopteren)

Den Bienen werden je nach Käferart entweder die erwachsenen Tiere oder ihre Larven gefährlich.

a) Ölkäfer (Meloiden)

Öl- oder Blasenkäfer kommen bei uns in mehreren Arten vor. Der bekannteste *(Meloë proscarabaeus L.)* ist schwarz mit bläulichem Schimmer und besitzt eine Länge von etwa 2 cm (Abb. 47 a). Beim Anfassen scheidet er ein übelriechendes Öl aus. Er legt im zeitigen Frühjahr Eier in riesiger Zahl (oft mehr als 2000) in ausgescharrte und wieder zugedeckte Erdhöhlen. Daraus schlüpfen winzige, höchstens 3 mm lange, gelbliche und sehr bewegliche Larven, die an den Stengeln von Frühjahrsblumen (Löwenzahn, Hahnenfuß usw.) emporklettern und in den Blüten auf Bienen lauern. *Linné* nannte die Tierchen *Triungulinen,* wegen ihrer drei spitzen Endklauen an den Fußgliedern. (Fast alle übrigen Insekten haben nur zwei Klauen.) Dabei wußte er nicht, daß er die Larven des Ölkäfers vor sich hatte (b). Die Triungulinen-Larven klammern sich im Pelz von vorbeikommenden Bienen fest. Es ist für sie wichtig, an *Solitärbienen* zu gelangen, die sie mit in ihr Nest tragen. Hier frißt die Triunguline zuerst das auf den eingetragenen Pollen abgelegte Bienenei und dann die Vorräte allmählich auf. Dabei häutet sie sich und wächst zu einem 1–1½ cm großen, plumpen Larvenungetüm heran (c). Dieses verkriecht sich in der Erde und häutet sich noch einmal zu einer *engerlingartigen* Larvenform (d), ehe im nächsten Frühjahr das fertige Insekt aus der Puppe schlüpft.

Manchmal gelangen die Triungulinen auch an *Honigbienen,* wo sie sich

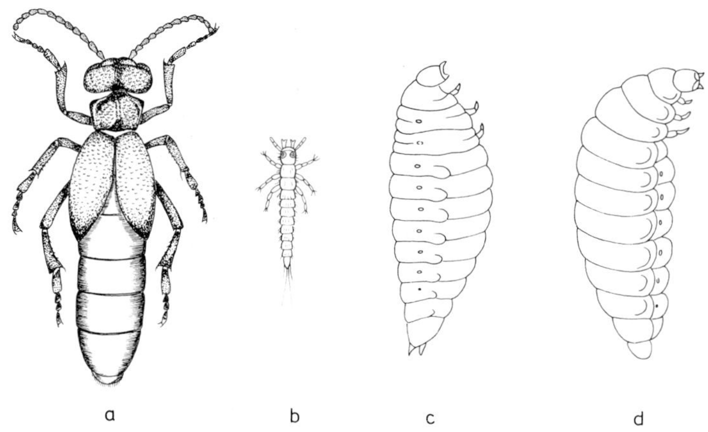

Abb. 47: *Ölkäfer (Meloë proscarabaeus L.). Länge 2 cm. a) erwachsenes Tier, b) Erstlarve (= Triunguline), c) Zweitlarve (= Freßlarve), d) Drittlarve (= Ruhelarve).*

besonders in der weichen Haut zwischen den Körperringen festsetzen. Das bedeutet für die Bienen eine Belästigung, sie putzen sich ständig und vollführen aufgeregte Sprünge. Gelegentlich sollen sich die Triungulinen auch in den Bienenkörper einbohren, wodurch die Bienen unter krampfartigen Bewegungen zugrunde gehen.

Im Bienenvolk finden die Erstlarven des Ölkäfers indessen keine ihnen zusagenden Lebensbedingungen, weshalb ihre Entwicklung hier auch zu Ende ist.

b) Laufkäfer (Carabiden)

Angehörige dieser Käferfamilie, welche durchwegs räuberisch von kleinen Schnecken, Würmern oder Insekten (Raupen und Puppen) lebt, mögen gelegentlich auch einmal Bienen ergreifen. Dazu sind aber wohl nur die großen, bis zu 3 cm langen Arten, wie etwa der grünlich schimmernde *Goldlaufkäfer (Carabus auratus L.)* und der prunkvolle *Große Puppenräuber (Calosoma sycophanta L.)* in der Lage. Einen nennenswerten Schaden verursachen sie natürlich nicht.

c) Immenkäfer (Trichodes apiarius L.)

Trotz seines beziehungsreichen Namens dürfte auch dieser zur Familie der Buntkäfer (Cleriden) gehörende Vertreter keine große Gefahr für unsere Honigbiene bedeuten. Der 1,5 cm lange, mit glänzenden dunkelblau und rotgestreiften Flügeldecken geschmückte Käfer (Abb. 48 links) lauert besonders auf Doldenblüten kleinen Insekten – auch Bienen – auf, die er verspeist. Zur Eiablage sucht er sich mit Vorliebe Nester von Solitärbienen, dringt aber auch in schwache Bienenvölker ein. Seine stark behaarten Larven (rechts) findet man

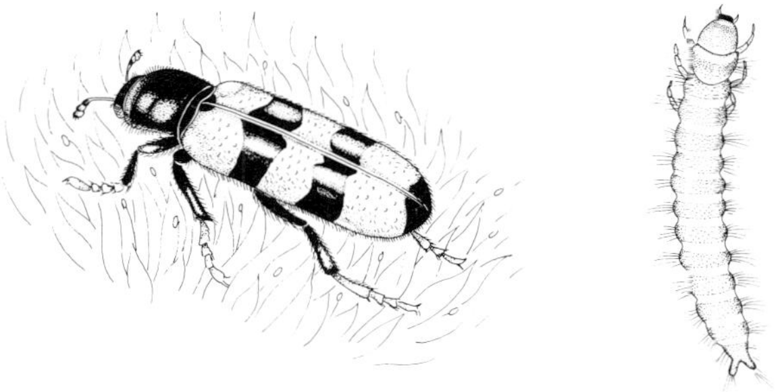

Abb. 48: *Der Immenkäfer (Trichodes apiarius) ist mit seinen hochrot gefärbten, mit stahlblauen Querbändern versehenen grobpunktierten, rauhaarigen Flügeldeckeln ein besonders hübscher Käfer (links). Größe ca. 1,3 cm. Seine stark behaarten Larven (rechts) kann man gelegentlich in schwachen Bienenvölkern antreffen, wo sie sich vornehmlich von Bienenbrut ernähren.*

dann auf dem Beutenboden oder manchmal auch auf Brutwaben. Sie ernähren sich von toten Bienen, Larven und Puppen.

5. Wanzen (Heteropteren)

Aus der großen Ordnung der pflanzensaft- oder blutsaugenden Wanzen kommen nur einige räuberische Arten *(Raubwanzen)* als Bienenfeinde in Frage. Sie stellen, wie der Immenkäfer, hauptsächlich auf Doldenpflanzen den verschiedensten Insekten nach. Beim Bienenfang beobachtet wurde u. a. die *Rote Mordwanze* (*Rhinocoris iracundus L.,* Abb. 49).

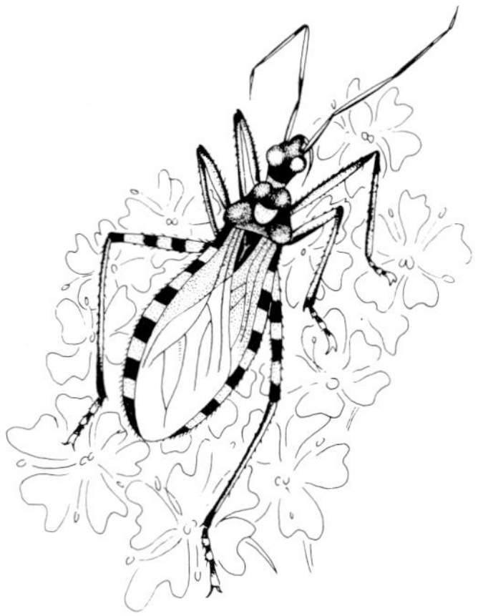

Abb. 49: *Die Mordwanze (Rhinocoris iracundus L.) ist ca. 1,7 cm lang, blutrot mit schwarzen Fleckenreihen auf dem scharfrandigen Hinterleib. Sie sitzt meist unbeweglich auf den Blüten und lauert auf Fliegen und Bienen, die sie mit ihren langen Fangarmen umklammert und aussaugt.*

6. Hautflügler (Hymenopteren)

Aus dieser Insektenordnung, zu der unsere Biene selbst gehört, sind hauptsächlich einige Vertreter der *Wespen, Ameisen* und der sogenannten *Bienenameisen* als Bienenfeinde zu betrachten.

a) Faltenwespen (Vespiden)

Arg in Verruf stehen bei den Imkern die *sozialen Wespen* (Gattung *Vespa*).

Ihre größten Vertreter, die *Hornissen (Vespa grabro),* stellen denn auch manchmal Bienen nach, um ihre fleischfressende Brut damit zu versorgen. Einzelgänger unter ihnen sollen sich sogar auf die Jagd von Bienen spezialisieren. Sie halten sich in der Nähe des Bienenstandes auf und greifen die ankommenden Bienen im Flug.

Trotz dieser Untaten sollte man den Schaden, welchen die Hornissen den Bienen zufügen, nicht überschätzen. Diesem herrlichen großen Tier ist in den letzten Jahrzehnten schon so sehr nachgestellt worden, daß es vom Aussterben bedroht ist. Man sollte es eher schützen als bekämpfen.

Unrecht tut man auch den *übrigen gesellig lebenden Faltenwespen,* wenn man sie als Bienenmörder bezeichnet. Sie haben es höchstens auf tote Bienen abgesehen, die sie auf dem Boden vor den Beuten finden. Dabei sind sie nur an der Bienenbrust interessiert. Sie entkleiden diesen mit Muskeln vollgepackten Nahrungsbehälter all seiner Anhänge und tragen ihn zur Fütterung ihrer Brut nach Hause.

Im Herbst, wenn die erstarkten Wespenkolonien einen große Bedarf an Kohlenhydraten haben, können die Wespen gelegentlich zu Dieben werden, indem sie in schlecht bewachte Völker eindringen und Honig stehlen. Man sollte die Fluglöcher einengen – und natürlich keine schwachen Völker auf dem Stande dulden.

Häufig hört man unter Imkern die Ansicht, daß die Wespen im Herbst durch Vernichtung der *Lachniden* für die vorzeitige Beendigung der Waldtracht verantwortlich seien. Aber auch von dieser Anschuldigung muß man sie freisprechen. Nach allen bisher vorliegenden verbürgten Beobachtungen interessieren sich die Wespen nur für den Honigtau. Niemand hat noch beobachtet, daß eine Wespe eine Blattlaus verzehrt hätte.

Die *Bekämpfung* der »Gelbröcke« ist nur im Frühjahr sinnvoll. Man beschafft sich dazu Flaschen mit einem Hohlboden (z. B. Sektflaschen). Den Boden schlägt man ein, wodurch eine Art Fangtrichter entsteht. Man verkorkt die Flasche, dreht sie um und füllt sie einige cm hoch mit süßem Fruchtsaft oder mit angesäuertem Zuckerwasser (Abb. 50). Dann hängt man sie an geeigneter Stelle auf. Der süßsauere Duft des Flascheninhaltes lockt nur Wespen, keine Bienen. Mit jeder Wespe, die sich in der Flasche fängt, wird ein ganzes Wespenvolk vernichtet, denn im Frühjahr fliegen ausschließlich Königinnen. Wenn man die seltenen Hornissen schonen will, muß man ein Drahtgitter von ca. 7 mm Maschenweite um den Einfalltrichter anbringen.

Später im Jahr, wenn die Wespen zum Aufbau ihrer Völker einen enormen Eiweißhunger entwikkeln, kann man sie auch mit *Fleischködern* anlocken

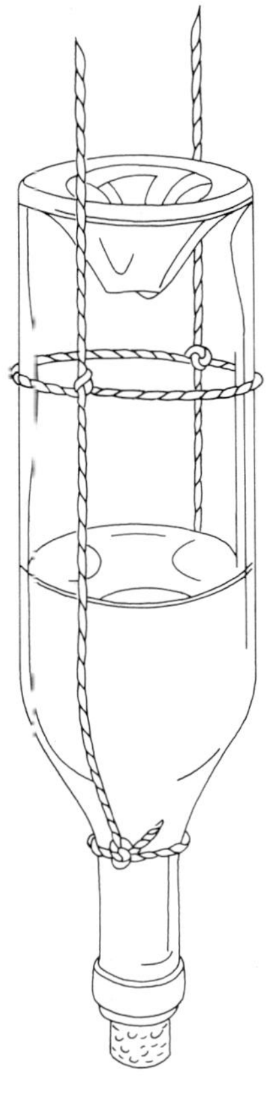

Abb. 50: *Zum Fangen von Wespenköniginnen eignet sich eine mit Fruchtsaft gefüllte, umgekehrt aufgehängte Flasche mit eingeschlagenem Hohlboden. Fangtermin: April und Mai.*

und vergiften. Man versetzt Hackfleisch mit 2–3% E 605-Staub und sorgt am Ort der Wespenplage für eine schattige und trockene Aufstellung. Vögel, Hunde, Katzen und andere Fleischliebhaber müssen durch Schutzgitter abgehalten werden. Die gierigen Wespen tragen das Fleisch zur Brutfütterung in ihre Nester und besiegeln damit den Untergang ihrer Völker. Hornissen gehen als Jäger nicht an die vergifteten Fleischköder.

Wer ein ganzes Wespennest entfernen will, muß am späten Abend oder an einem regnerischen Tag zu Werke gehen, wenn die Wespen zu Hause sind. Freihängende Nester werden am Eingang kräftig mit einem stark wirkenden (und konzentrierten) Kontaktgift, z. B. E 605, aus einem Handdruckzerstäuber besprüht, was nötigenfalls zu wiederholen ist. Wenn das Nest unzugänglich in der Hauswand, zwischen Bodendielen oder in einem Simskasten angelegt ist, muß man die Giftemulsion in reichlicher Menge zur Einflugstelle hineinsprühen. Bei Erdnestern verwendet man das Berührungsgift besser in Staubform und pudert das Schlupfloch kräftig damit ein. Diese Behandlung bedeutet in der Regel den Garaus der Wespenkolonien.

b) Bienenwolf (Philanthus triangulum F.)

Der zu den *Grab-* oder *Sandwespen (Sphegiden)* gehörende Bienenwolf ist eine einzeln lebende Wespe. Beim raschen Hinsehen könnte man ihn mit einer unserer sozialen Faltenwespen verwechseln, aber er ist schlanker und hat einen ganz charakteristischen *dreizackigen gelben Fleck* am Kopf (Abb. 51). Dieser mörderische Räuber, der seinem Namen alle Ehre macht, braucht zur Ernährung seiner Nachkommen Bienenfleisch. Das Weibchen des Bienenwolfs gräbt

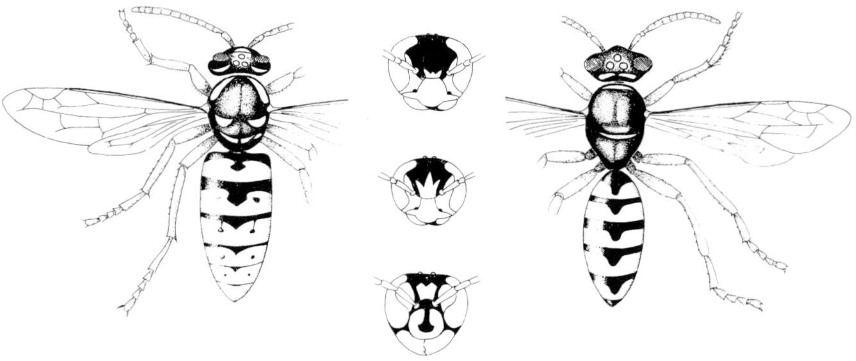

Abb. 51: *Der Bienenwolf (Philanthus triangulum) läßt sich von unseren einheimischen Faltenwespen an seiner schlankeren Gestalt und der charakteristischen Zeichnung, besonders seines Kopfes unterscheiden. Links: Paravespula vulgaris (Gemeine Wespe, Arbeiterin); rechts: Philanthus triangulum (Weibchen); Mitte (oben) Kopf des weiblichen, (Mitte) des männlichen Bienenwolfs und (unten) der Gemeinen Wespe.*

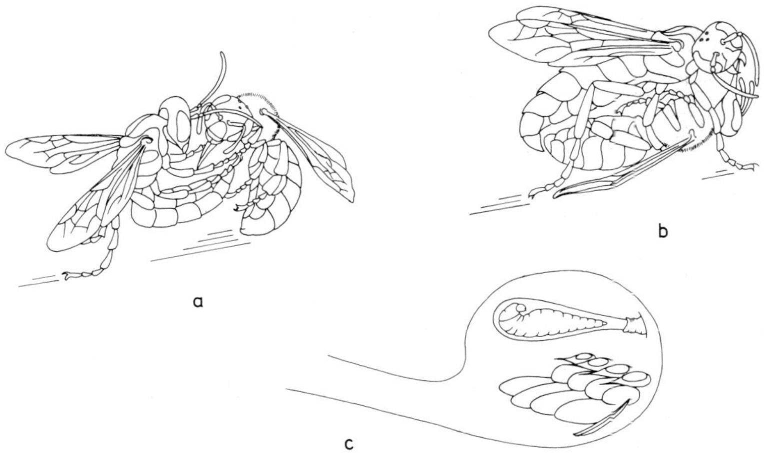

Abb. 52: *Der Bienenwolf lähmt die Biene durch einen Stich in die Brust (a) und trägt sie in typischer Haltung (Bauchseite zu Bauchseite) fliegend und gehend (b) in seinen vorbereiteten Bau. Die fußlose Larve des Bienenwolfs zehrt den Brustinhalt der Bienen auf und verpuppt sich in einem ballonartigen Kokon, der an der Wand der Nisthöhle befestigt ist (c).*

an dafür geeigneten Plätzen verzweigte Gänge mit geräumigen Endkammern in die Erde. Diese Brutkammern können je nach Bodenart bis zu 60 cm tief liegen. Dann fängt die Bienenwolfdame arglose Bienen von den Blüten, lähmt sie durch einen raschen Stich, meist in die untere Brustpartie (Abb. 52), und trägt sie in ihr Höhlensystem. In jede Brutkammer kommen im Durchschnitt 3–4 Bienen, die dicht nebeneinander aufgebahrt werden. Die Wespe legt ein Ei auf die Brust einer Biene und die ausschlüpfende Made ernährt sich von der Brustmuskulatur. Dabei wechselt sie von einer Biene auf die andere. Die Überwinterung erfolgt als Puppe; erst im nächsten Sommer schlüpft das fertige Tier.

Der Bienenwolf ist ein äußerst unzarter Geselle, der zu seiner eigenen Ernährung zuerst noch den Hinterleib der gekaperten und gelähmten Biene derart drückt, daß diese ein Honigtröpfchen abgibt. Der Räuber leckt es gierig auf. Manchmal soll das Bienenwolfweibchen die gefangenen Bienen auch so lange malträtieren, bis Haemolymphe erscheint, die ebenfalls aufgenommen wird. Solche Bienen werden nicht mehr als Brutnahrung verwendet.

Dieser sehr spezifische Nahrungserwerb wird nur von den *weiblichen* Tieren betrieben. Das *Männchen* des Bienenwolfs ist ein *harmloser Blütenbesucher*.

Im allgemeinen hält sich der Schaden, den der Bienenwolf auf Bienenständen anrichtet, in Grenzen. Wenn der Bienenjäger in manchen Gegenden, besonders auf Schutt- und Abraumhalden und in Sandgruben, massenweise auftritt, kann er für die benachbarten Völker aber auch existenzbedrohend werden.

Zur *Bekämpfung* muß man die Niststellen des Bienenwolfes zuschütten –

Splitt oder Lehm sind besser geeignet als Sand. Man könnte auch daran denken, die oberste Bodenschicht abzutragen. Im Notfall wird man sich auf die Anwendung von Gift besinnen. Ein staubförmiges Kontaktmittel (z. B. E 605-Staub) kann dem Spuk schnell ein Ende machen.

Der Bienenwolf ist *nicht die einzige Grabwespe,* die sich für Bienen interessiert, wenn auch diejenige, welche ausschließlich auf Bienen fixiert ist. Andere Formen mögen auch einmal Bienen greifen, als Bienenfeinde spielen sie aber praktisch keine Rolle.

c) Ameisen (Formiciden)

Es gehört schon etwas Mut dazu, diese sympathische Insektenfamilie bei den Bienenschädlingen einzureihen. Die meisten Ameisen zählen zu den wichtigsten tierischen Nützlingen, die wir kennen. Sie verteidigen als eine Art Schutzpolizei die Vegetation des Waldes gegen die verschiedensten Schadinsekten. Somit können sie dazu beitragen, die chemische Schädlingsbekämpfung in Grenzen zu halten.

Außerdem sind viele Imker davon überzeugt, daß Waldameisen, und hier gerade die wirksamsten Schädlingsvertilger, wie etwa *Formica polyctena,* die Vermehrung der Honigtauerzeuger im Walde fördern, indem sie sich um das Wohlergehen der *Honigtauproduzenten* (Blatt- und Rindenläuse) kümmern. Sie geben ihnen Schutz vor Feinden und regen sie durch Betrillern zu vermehrter Saugtätigkeit und Honigtauabscheidung an.

In der Regel kümmern sich die Ameisen nicht um die Bienen. Bienenvölker können unmittelbar neben großen Ameisenhaufen stehen, ohne daß sie belästigt werden. Es gibt sogar *kleine Ameisenarten,* die friedlich mit den Bienen in einem Kasten wohnen. Sie halten sich z. B. über der Abdeckfolie unter dem Deckel auf und lagern hier auch ihre Puppen. Sie nützen lediglich die kostenlose Heizung aus. Bei der Durchsicht der Völker muß der Imker dann allerdings die Ameisennester immer wieder entfernen, um an die Bienen heranzukommen. In die Völker selbst dringen die kleinen Mitbewohner aber nicht ein.

Indessen sind Zusamenstöße zwischen Ameisen und Bienen nicht unmöglich. Besonders die großen, hügelbauenden *Formicaarten* können den Bienen gelegentlich gefährlich werden. Solange sie auf ihren Raubzügen nur tote oder geschwächte Bienen erbeuten, sind sie noch harmlos. Unangenehm wird es aber, wenn sie in die Völker eindringen und bei Massenüberfällen Honigvorräte ebensowenig wie Bienenbrut verschonen. Am ersten stößt das natürlich schwachen Völkern zu, die ihre Flugöffnungen nicht genügend bewachen. Ist einmal die Schlacht im Gange, gibt es für die Bienen wenig Chancen. Glücklicherweise bleiben in der Regel benachbarte Völker verschont.

Die große heimische Art der *Roßameisen (Camponotus spec.,* Abb.53) hat es weniger auf die Bienen und deren Vorräte, als auf das Material der Bienenwohnungen abgesehen. Die Ameisen nisten sich besonders gerne in doppelwandigen Beuten ein und zerstören außer der Isolierung auch das Holz. Normalerweise bewohnen sie morsche Baumstümpfe.

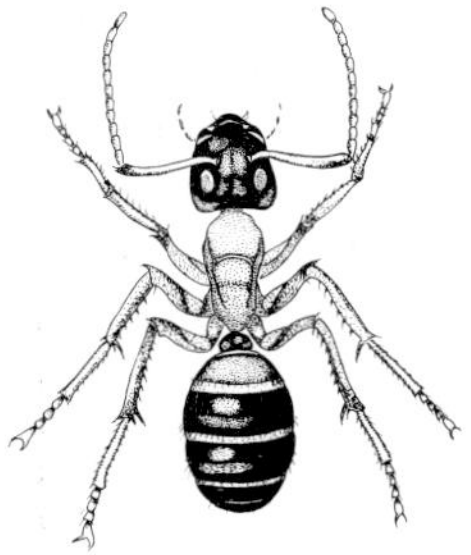

Abb. 53: *Die Roßameise (Camponotus herculeanus, hier: Arbeiterin) ist mit reichlich 1 cm Länge die größte heimische Ameisenart. Sie hat es weniger auf die Bienen selbst als auf deren mit Füllmaterial isolierten Behausung abgesehen.*

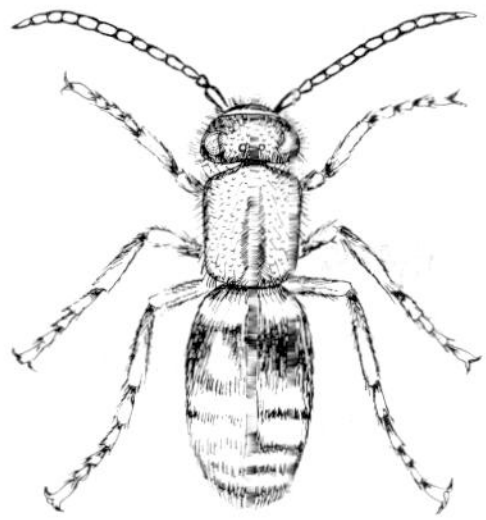

Abb. 54: *Die Bienenameise (Mutilla europaea, hier: Weibchen) ist äußerlich ein Zwischending zwischen Biene und Ameise, ihrer Lebensart nach aber mehr eine Wespe (»Ameisenwespe«). Sie treibt als Larve und als erwachsenes Tier vornehmlich in Hummelnestern, gelegentlich aber auch in Bienenvölkern ihr mörderisches Gewerbe. (Körperlänge: 1–1,5 cm).*

Was kann man gegen die Ameisen am Bienenstand tun? – Ziemlich wenig! Wer seine Beuten auf Böcken stehen hat, kann die Pfosten mit *Raupenleim* bestreichen oder die Fußenden in Büchsen mit *Dieselöl* stellen. Bei ebenerdig aufgestellten Völkern hat man es schwerer. Mit Asche oder feinem Gesteinsmehl, das man um die Beute streut, kann man die Ameisen eine Zeitlang abhalten. *Karbolineum* und *Nelkenöl* wirken als Abschreckmittel nur vorübergehend. Man kann es auch mit *»Ameisenfreßlack«* versuchen, den man in Spezialgefäßen aufstellen muß, um ungebetene Besucher fernzuhalten. Unter besonderen Umständen mag man auch an die Anwendung eines radikalen Kontaktgiftes in Staubform denken; aber keinesfalls darf dergleichen gegen die nützlichen hügelbauenden Waldameisen eingesetzt werden. Da bei der Frei- und Bodenaufstellung der Völker meist nur einzelne aus einer ganzen Gruppe betroffen sind, scheint es noch am besten, wenn der Imker mit diesen abwandert – falls es noch nicht zu spät ist.

c) Bienenameisen (Mutilliden)

Die Bienenameisen (oft auch Spinnenameisen oder Ameisenwespen genannt) gehören stammesgeschichtlich mehr zu den *Wespen* als zu den Ameisen. Ihre Namensvielfalt verdanken sie offensichtlich ihrem Aussehen, das von jedem etwas an sich hat (Abb. 54). Sie kommen in mehreren Arten hauptsächlich in den südlichen europäischen Ländern vor, werden aber gelegentlich auch bei uns angetroffen. Die Bienenameisen haben sich ganz auf ein Parasitendasein eingestellt. Als flügellose Weibchen hausen sie gewöhnlich in *Hummelnestern,* aber sie dringen mitunter auch in *Bienenvölker* ein. Hier kann eine einzelne Mutille ein regelrechtes Blutbad unter den Bienen anrichten. Es sieht so aus, als ob sie den Bienen, ähnlich wie es der Bienenwolf tut, Honig oder Drüsensekrete aus dem Schlund herauspreßt. Der Imker kann die Spinnenameise inmitten eines Haufens toter Bienen auf dem Bodenbrett des Stockes antreffen. Zur Fortpflanzung legt das Mutillenweibchen seine Eier gewöhnlich an den Brutzellen in Hummelnestern ab, so daß sich die schlüpfenden Schmarotzerlarven von der Hummelbrut ernähren können. Dasselbe kann auch im Bienenstock geschehen.

Die Bienen scheinen gegen den Eindringling machtlos zu sein. Da sich die Weibchen vornehmlich auf dem Erdboden aufhalten, vermögen sie auch am leichtesten in ebenerdig aufgestellte Bienenvölker einzudringen. Die Gefahr, die dem deutschen Imker von den Mutilliden droht, ist indessen so gering, daß er sich deswegen kaum Gedanken über die Aufstellungsweise seiner Bienen zu machen braucht.

Die geflügelten, selten gesichteten Männchen der Mutilliden sind harmlose Blütenbesucher.

7. Kriechtiere, Vögel, Säugetiere

Auch wenn man zugesteht, daß *Eidechsen, Frösche* und *Kröten* ab und zu auch einmal eine Biene erhaschen, wird man diese Tiere deswegen nicht gleich zu den Bienenschädlingen zählen.

Nicht viel anders ist es mit den *Vögeln,* obwohl bei ihnen schon eher einmal Spezialisten auftreten können, die es vornehmlich auf Bienen abgesehen haben. Einer verdankt sogar seinen Namen dem Umstand, daß Bienen als seine Lieblingsspeise gelten. Das ist der *Bienenfresser* (*Merops apiaster,* Abb. 55). Er kommt allerdings bei uns höchst selten, mitunter im südlichen Bayern, sonst hauptsächlich in den Mittelmeerländern vor. Er vertilgt die Bienen als ganzes Insekt, während andere bienenfressende Vögel nur deren Weichteile verzehren. Bei uns stehen unter anderem *Meisenarten, Fliegenschnäpper, Zilpzalp, Würger, Haus-* und *Gartenrotschwanz, Rotkehlchen* und *Rauchschwalben* in Verruf, sich gelegentlich einmal an Bienen zu vergreifen. Der *Wespenbussard (Pernis apivorus)* interessiert sich weniger für einzelne Wespen als für den Inhalt ganzer Wespennester. Daneben stellt er allerlei Kleintieren nach. Da die Bienen nicht im Freien nisten, kann er ihnen auch nicht schaden.

Einigermaßen unangenehm können *Meisen* und *Spechte* werden, wenn sie im Winter in der Nähe von Bienenwohnungen auftauchen. Ausdauernd an die Kästen klopfend, locken sie mit Erfolg die beunruhigten Bienen hervor, um sich an ihnen gütlich zu tun. Die Spechte schlagen manchmal sogar tiefe Löcher in die Kastenwände, um an die Leckerbissen heranzukommen. Dabei ist vielleicht gar nicht so sehr der Bienenverlust das Schlimme, als vielmehr die dauernde Ruhestörung, die das Volk erleidet. Ruhrerscheinungen können im Frühjahr die Folge sein.

Abb. 55: *Der bis 28 cm große Bienenfresser (Merops apiaster) ist mit seinem schlanken, leicht gebogenen Schnabel, den langen Flügeln und dem leicht gefächerten, mit zwei verlängerten mittleren Steuerfedern versehenen Schwanz nicht nur ein charakteristischer, sondern durch sein buntes Gefieder auch ein sehr schöner Vogel. (Zum braungelben Rükken kontrastiert die blaugrüne Bauchseite. Die Schwingen sind 3-farbig: grün, braun, und blau. Der Schwanz ist grün und die Kehle leuchtend gelb. Dazu kommt ein schwarzer Augenstreif und ein schwarzes vorderseitiges Halsband.) Der Bienenfresser ist in den Mittelmeerländern zu Hause. Bei uns ist er selten, kann aber gelegentlich als Umherstreicher und sogar als Brutvogel beobachtet werden.*

Es wäre sinnlos und töricht, einzelnen Vogelarten wegen der Bienen nachstellen zu wollen – weder im Sommer noch im Winter. Im Winter könnte man bei Aufstellung der Kästen im Bienenhaus ein Schutznetz vor der Flugfront anbringen. Frei aufgestellte Beuten müßten im Block beisammenstehen, wenn man sie auf diese Weise schützen wollte. Die Plage mit den Vögeln ist aber doch wohl selten so groß, daß man so etwas unternehmen muß. Ob man einen winterlichen Futterplatz in der Nähe des Bienenstandes einrichten soll, um die Meisen von den Bienen abzulenken, ist allerdings umstritten.

Von den *Säugetieren* sind bei den Imkern die insektenfressenden *Spitzmäuse,* die in mehreren Arten vorkommen, am meisten gefürchtet. Sie treiben vor allem auf waldnahen Ständen ihr Unwesen. Wenn man auf dem Beutenboden oder vor dem Flugloch tote Bienen mit ausgehöhltem Brustteil findet, waren sicher diese Kleinsäuger am Werk. Der größte von ihnen, die *Waldspitzmaus* (Sorex araneus, Abb. 56 rechts), wird im Höchstfall 8 cm lang (ohne Schwanz), die *Zwergspitzmaus* (Sorex minutus), mißt als kleinstes Säugetier nördlich der Alpen gar nur 3,5 cm. Die akrobatischen Insektenfresser können sich so platt auf den Boden drücken, daß sie noch durch einen 8 mm hohen Flugschlitz hindurchkommen. Im Sommer getrauen sie sich selten in einen gut bevölkerten Bienenkasten; aber im Winter, wenn das Flugloch nicht bewacht ist, kann ihre Geschäftig- und Gefräßigkeit dem Bienenvolk sehr leicht zum Schicksal werden. Aus diesem Grund sollte man auf Waldständen vor den Fluglöchern der Bienenkästen Drahtgitterstücke mit 6 mm Maschenweite anbringen (Abb. 57). Auch ein senkrecht gestelltes Absperrgitter ist brauchbar. Damit wird den Spitzmäusen der Zutritt zu den Völkern versperrt. Spitzmäuse sind im übrigen als Vertilger von schädlichen Insekten, Raupen, Spinnen usw. nützlich und dürfen vom Menschen nicht verfolgt werden.

Abb. 56: *Die graue Hausmaus (Mus musculus, links) und die etwas kleinere, oben schwarzbraune, unten gräulich-weiße Waldspitzmaus (Sorex araneus, rechts) können den Bienen auf verschiedene Weise zu schaffen machen. Während die Hausmaus im Winter nur als Störenfried auftritt, hat es die insektenfressende Spitzmaus auf die Bienen selbst abgesehen. Sie ist aber sonst sehr nützlich und geschützt.*

Wenn sich im Winter Vertreter aus der Familie der *echten Mäuse,* z. B. *Haus-* (Abb. 56 links) und *Gartenmaus,* im Bienenkasten einnisten, hat man das Winterflugloch ganz sicher zu groß gewählt. Die Flugöffnung kann in der kalten Jahreszeit klein sein, da die Bienen bei geringer Aktivität wenig Luft benötigen. Aber auch im Abdeckmaterial der Beuten (bei der Aufstellung im Bienenhaus) oder unter dem Beutenboden (wenn man die Kästen im Freien stehen hat) sieht man Mäuse nicht gerne. Hier können *Mäusefallen* oder *Giftkörner* Abhilfe schaffen. Bei der Verwendung von Giftkörnern sollte man allerdings darauf achten, daß Vögel und andere Tiere davon ferngehalten werden.

Letztlich ist noch Klage gegen den *Menschen* zu führen. Er ist wohl, ohne es zu wollen, der größte Feind der Bienen. Nicht nur, daß er sie in rigoroser Weise ausraubt (Vorratsschädling) – er trägt mit all seinen künstlichen Eingriffen, die sich nicht selten gegen die Natur des Bienenvolkes richten, nicht unbedingt zum Wohlergehen seiner Schützlinge bei. Ein Glück, daß sie ihm immer wieder durch ihre enorme Anpassungsfähigkeit verzeihen.

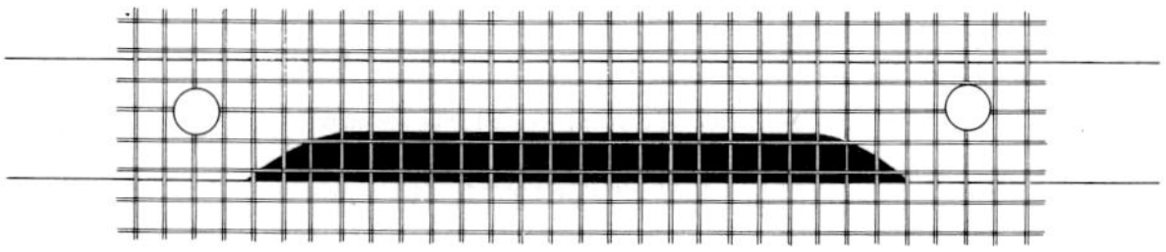

Abb. 57: *Punktgeschweißtes Drahtgitter mit 6 mm Maschenweite, vor dem Flugloch befestigt, stellt einen wirksamen Schutz vor Spitzmäusen dar.*

B. Waben- und Vorratsschädlinge

Leichter als bei den Schädlingen der Bienen und ihrer Brut kann man bei den *Vorratsschädlingen* eine allgemeine Einschätzung ihrer Gefährlichkeit vornehmen. Dabei ist nicht so sehr das Schicksal der Bienen, als vielmehr der rein wirtschaftliche Gesichtspunkt maßgebend. Die Schadenswirkung kann den *Baustoff* der Bienen betreffen, oder die Schädlinge sind auf die *Vorräte* der Bienen, Pollen und Honig, aus. Oft begnügen sie sich auch mit verschiedenerlei *Kleinabfällen* auf dem Beutenboden.

1. Wachszerstörer

Nicht eigentlich auf das Wachs, sondern auf die im Wabenbau enthaltenen Einschlüsse, Pollenanteile, Häutungsreste und Fäzes der Bienenlarven haben es die hierher gehörenden Schädlinge abgesehen. Dabei handelt es sich in unserem mitteleuropäischen Raum im wesentlichen nur um zwei in Aussehen und Lebensgewohnheiten recht ähnliche Repräsentanten, nämlich um die

Kleine und Große Wachsmotte (Tafel XVI, XVII)

Die Übeltäter gehören zu den Kleinschmetterlingen und innerhalb derer zur Familie der *Zünsler.* Dabei sind nicht die Schmetterlinge selbst anzuklagen, sondern ihre Entwicklungsstadien, die Larven. Während die *Kleine Wachsmotte* (*Achroea grisella,* Abb. 58 oben rechts) mit ihren silbergrauen, fettig glänzenden und an den Außenrändern spitzovalen Flügeln eine unterschiedliche Spannweite zwischen 10 und 25 mm aufweist, erreicht ihre größere Schwester (*Galleria mellonella,* Abb. 58 oben links) Weiten zwischen 18 und 38 mm. Die Flügel der *Großen Wachsmotte* sind gelblich- bis bräunlichgrau; auf den Vorderflügeln, deren Seitenränder leicht eingebuchtet sind, befinden sich dunkle Flecken. *Beide* Wachsmottenarten halten sich am Tage meist versteckt. Erst in der Nacht werden die Tiere munter und dringen in Bienenwohnungen ein. Sie legen ihre weichen, glasigen, schwach ovalen, nur etwa 0,4 mm großen Eier in Spalten und Ritzen der Beuten, seltener auf die Waben selbst. Die *Kleine Wachsmotte* legt mehrere hundert, die *Große* oft über tausend. Daraus schlüpfen bei warmem Wetter frühestens in 4–5 Tagen kleine Räupchen, als solche erkennbar durch ihre vier (Raupen-)Beinpaare. Ihr bevorzugter Aufenthalt ist das Gemüll auf dem Bodenbrett, von wo sie bald auf die Waben – besonders ältere und Brutwaben – überwechseln. Die Larven der *Kleinen Wachsmotte* rollen sich bei Berührung oder Erschütterung gerne spiralig zusammen. Die unbehaarten, zuerst weißgelblichen, bei der *Großen Wachsmotte* später schmutziggrauen Maden erreichen nach zahlreichen Häutungen (*Gr. WM*: 8–10; *Kl. WM*: 10–13) eine maximale Länge von 28 *(Gr. WM)* bzw. 16 *(Kl. WM)* mm (Abb. 58 unten links). Die Imker bezeichnen diese nackten Raupen mit ihrer dunklen, rotbräunlichen Kopfkapsel als »Rankmaden«.

Bei *beiden* Mottenarten sind die weiblichen Tiere, sowohl als Larve als auch als Schmetterling, etwas größer als die männlichen. Aber die Maße sind ohnehin außerordentlich variabel, so daß sich in Einzelfällen die Größenverhältnisse geradezu umkehren können. Es kommt dabei ganz auf das Nahrungsangebot und die mehr oder weniger zügige Entwicklung der Larven an.

Die Mottenlarven fressen sich in Gängen durch die Waben, wobei sie sich mit einem *Gespinsttunnel* umgeben. Darin können sie sich rückwärts und vorwärts bewegen. Die Larven der *Großen Wachsmotte* durchbohren und zerfressen die Waben in völlig *willkürlicher* Weise, so daß bei starkem Beifall dichte Gespinste entstehen, die große Wabenflächen ergreifen und nebeneinanderhängende Waben regelrecht miteinander verfilzen. Soweit sich Brut in den Waben befindet, wird sie in den Zellen eingesponnen und geht meist zugrunde. Oft fressen die Rankmaden die Brutdeckel weg, so daß Bienenlarven und -puppen frei liegen (»Kahlbrut«). Wenn die Gespinsttunnel unter dem Deckel von Honigzellen entlanglaufen, kann das Schadbild an die Minierarbeit der Bienenlaus *(Braula coeca)* erinnern.

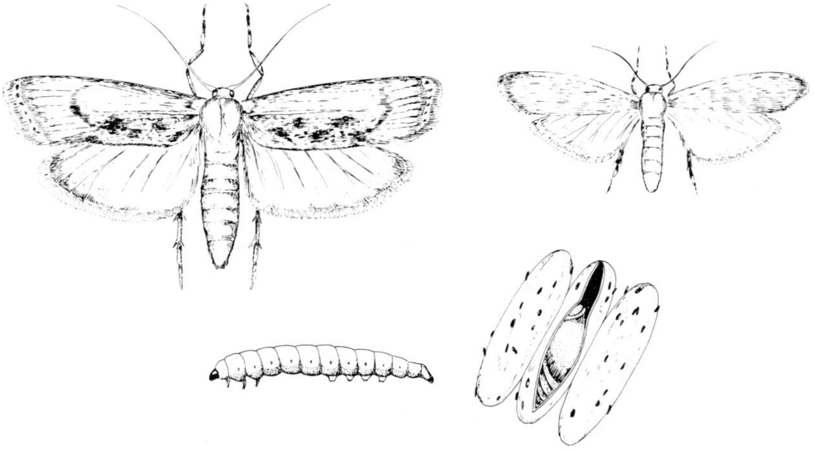

Abb. 58: *Die große Wachsmotte (Galleria mellonella, oben links) erreicht mit ihren bräunlichen Flügeln bei großen Schwankungen eine Spannweite zwischen 2,5 und 3 cm. Die Vorderflügel zeigen dunkle Flecken und sind randwärts mehr winkelig als rund. Dagegen sind die Vorderflügel der Kleinen Wachsmotte (Achroea grisella, oben rechts) am Ende abgerundet, sie erreichen ausgespannt nur 2 cm und sind von einem fettigen silbergrauen Glanz. Unterschiedlich groß wie die Schmetterlinge sind auch die gelblich-grauen Raupen (unten links), die sich weniger im Aussehen als im Verhalten unterscheiden (s. Text). Vor der Verpuppung spinnen sich die Raupen in ovale, zähfasrige Puppenhüllen ein, die bei der Großen Wachsmotte häufig gruppenweise nebeneinander liegen (unten rechts).*

Im Gegensatz zu den Larven der *Großen Wachsmotte* durchziehen die Larven der *Kleinen* die Waben in mehr *geradlinigen Gängen*. Die Minierstraßen laufen meist an der Mittelwand entlang, ohne daß diese durchstoßen wird. Wenn die Gänge am Grunde von bebrüteten Zellen verlaufen, werden die Bienenlarven hochgeschoben und unten festgesponnen. Die Bienen verlängern solche Zellen über die übliche Zellhöhe hinaus und es entsteht die sogenannte *»Röhrchenbrut«*. Entweder stirbt die Brut ab oder es schlüpfen kleine, verkrüppelte Bienen. Gelegentlich führen die Gespinsttunnel auch außerhalb des Wabenbaus auf dem Beutenboden oder den Rähmchenträgern entlang. Jede Larve baut ihre eigenen Gänge.

Bei warmem Wetter ist nach 5 Tagen Eizeit und nach 4 Wochen *(Gr. WM.)* bzw 10 Wochen *(Kl. WM.)* Larvenzeit die Verpuppung fällig. Sie erfolgt bei der *Großen Wachsmotte* mit Vorliebe außerhalb des Wabenbaues in Ecken und Spalten der Beuten, aber auch an Berührungsstellen der Waben mit der Stockwand. Die 20–25 mm langen Puppenhäuschen haben zähe, gelblichweiße Gespinstwände. Sie liegen häufig Seite an Seite (Abb. 58 unten rechts) und in mehreren Schichten übereinander – auf diese Weise ganze Kokonnester bildend. Die untersten Larven nagen ihre Ruhestätte vor dem Einspinnen wannenartig aus der Holzunterlage heraus. Die *Kleine Wachsmotte* verpuppt sich innerhalb oder außerhalb des Wabenbaus. Ihre 9–12 mm langen seidigen, dicht mit Exkrementen und Wachsteilchen verwobenen, ruppigen, dunklen Kokonhüllen liegen in der Regel einzeln, nicht in Gruppen vereinigt wie bei der *Großen Wachsmotte*. Nach der Verpuppung vergehen unter günstigen Temperaturbedingungen noch einmal 2 *(Gr. WM.)* bis 3 Wochen *(Kl. WM.)*, bis die Schmetterlinge schlüpfen. Sie sind schon nach wenigen Stunden zur Paarung bereit. Nicht viel später beginnt das Weibchen mit der Eiablage.

Die ganze Entwicklung dauert im Hochsommer bei der *Großen Wachsmotte* etwa 1½, bei der *Kleinen* 3 Monate, Bei niedrigen Temperaturen kann aber auch ein mehrfaches dieser Zeit bis zum Schlupf der Schmetterlinge verstreichen. Unter 10° C steht die Entwicklung still. Die letztgeborenen Rankmaden oder Puppen, vielleicht auch Schmetterlinge, verharren den Winter über in Kältestarre und setzen erst in der wärmeren Jahreszeit des nächsten Jahres ihre Entwicklung fort. Bei der *Kleinen Wachsmotte* folgen im Jahr vielleicht 2–3, bei der *Großen* 4–6 Generationen aufeinander.

Die *Schmetterlinge* haben verkümmerte Mundwerkzeuge und sind während ihres kurzen Lebens von nur wenigen Tagen zu keiner Nahrungsaufnahme fähig. Das besorgen umso ausgiebiger die *Raupen*. Sie können Wachs verdauen, leben aber, wie schon eingangs erwähnt, hauptsächlich von Häutungsresten und Ausscheidungen der Bienenlarven sowie vom Pollengehalt des Wachses. Gemessen an ihren Nahrungsansprüchen könnten die Wachsmottenlarven als harmlose Tiere erscheinen, wenn sie nicht bei ihrer Minier- und Spinnarbeit das Wabenwerk zerstören und gelegentlich auch zu Brutschäden Anlaß geben würden. Wachsmottenbefall des Wabenwerks kann auch bei der Übertragung der Bösartigen Faulbrut eine Rolle spielen. Glücklicherweise hat die Wachs-

Tafel XVI. Große Wachsmotte

(Galleria mellonella)

Falter:	gelblich bis bräunlichgrau, mit dunklen Flecken auf den Vorderflügeln. Seitenrand der Vorderflügel leicht eingebuchtet. Spannweite im Durchschnitt 2,5 cm (Weibchen)
Eigelege:	oft über 1000, meist paketweise in Stockspalten und Ritzen, selten auf Waben. Eier sind weich, erscheinen glasig und sind etwa mohnsamengroß
Larvenentwicklung und Fraßbild:	glatte, gelblichweiße Larven leben zuerst im Gemüll und wechseln dann auf Brut- und Altwaben über; erreichen bei 8–10 Häutungen eine im einzelnen sehr schwankende durchschnittliche Länge von 2 cm. Dabei verfärben sie sich schmutziggrau Die heranwachsenden »Rankmaden« minieren kreuz und quer in den Waben, füllen Fraßgänge und ausgefressene Höhlungen mit einem seidigen Gespinst aus, in dessen Mitte tunnelartige Gänge verlaufen. Darin leben sie gesellig. Nicht von Bienen belagerte, besonders außerhalb der Völker aufgehobene Waben verfilzen oft gänzlich miteinander
Verpuppung:	Die Maden suchen nach Möglichkeit eine hölzerne Unterlage, nagen darin längliche Vertiefungen aus, spinnen einen rohfasrigen, zähen Kokon um sich, den sie fest mit dem Boden verankern. Die Puppenhäuschen liegen in der Regel eng, neben- und übereinander
Entwicklungsdauer:	temperaturabhängig; unter günstigen Bedingungen vom Ei bis zum Schmetterling ca. 7 Wochen; bei niedrigen Temperaturen mehrere Monate. Zahl der Generationen im Jahr: 4–6
Überwinterung:	als Larve oder Puppe, vielleicht auch als Schmetterling in Bienenvölkern und im frostfreien Wabenlager
Bekämpfung:	spezielle Lagerung; Schwefel, Bacillus thuringiensis

Tafel XVII. Kleine Wachsmotte

(Achroea grisella)

Falter:	glänzend silbergrau, mit spitzovalen Außenrändern der Vorder- und Hinterflügel. Spannweite im Druchschnitt 1,5 cm (Weibchen)
Eigelege:	von ähnlichem Aussehen und Anordnung wie bei der *Gr. WM*. Weibchen legt aber nur bis zu 400 Eier
Larvenentwicklung und Fraßbild:	die ersten Larvenstadien verhalten sich ähnlich wie bei der *Gr. WM*. Nach 10–13 Häutungen erreichen sie eine durchschnittliche Länge von 1,3 cm. Ihre weißgelbliche Farbe wird nur geringfügig dunkler Nach dem Eindringen in die Waben legen die Larven in der Regel nahe der Mittelwand geradlinige, mehrere cm lange Gespinstgänge an. Dabei werden im Brutbereich Bienenlarven hochgehoben und festgesponnen (»Röhrchenbrut«). Oft schlüpfen verkrüppelte Bienen. Larven leben einzeln, jede in ihrem Gang
Verpuppung:	kann sich innerhalb oder außerhalb des Wabenbaus vollziehen. Die seidigen Kokonhüllen sind dicht mit Exkrementen und Wachsteilchen verwoben und erscheinen dadurch schwärzlich
Entwicklungsdauer:	günstigenfalls ca. 14 Wochen, bei niedrigen Temperaturen beliebig länger. Zahl der Generationen pro Jahr: 2–3
Überwinterung:	wie bei *Gr. WM*
Bekämpfung:	wie bei *Gr. WM*

motte in einem gesunden Bienenvolk wenig Chancen, Unheil anzurichten. Obgleich die Bienen nicht in der Lage sind, den Wachsmottenlarven in ihren Gespinsten beizukommen, scheint es doch, daß genügend Abwehrmechanismen in das Volksgeschehen eingebaut sind, die den Schädling in Schach halten. Gefährlich werden die Wachsmotten in erster Linie außerhalb des Bienenvolkes an den aufgehobenen Waben. In wenigen Wochen können die gefräßigen Larven ganze Wabenlager vernichten.

Gegenmaßnahmen. – Eine gut geführte Imkerei kommt nicht ohne laufende Wachsmottenbekämpfung aus. Um den Mottenlarven, die sich in den Brutwaben tätiger Völker eingenistet haben, beizukommen, gibt es ein kurioses Mittel: Man hält die Wabe senkrecht nach unten und klopft mit dem Stockmeißel gegen eine Rähmchenleiste. Die Rankmaden scheinen Unheil zu wittern und kommen eilig herausgekrochen. Sie fallen auf den Boden, wo man sie leicht zerdrücken kann.

Natürlich ist das keine wirtschaftliche Bekämpfungsmethode. Da ist schon mehr mit einer *Säuberung des Bodenbretts* im zeitigen Frühjahr geholfen. Es gilt das Gemüll zu beseitigen und Ecken und Ritzen auszukratzen, in denen sich die Wachsmottenlarven über den Winter besonders gerne aufhalten. Starke Völker können sich der Wachsmotten dann von selbst erwehren.

Unerläßlich ist indessen ein Schutz der außerhalb der Völker gelagerten Waben vor den Wachsmotten. Am radikalsten würde *Blausäuregas (HCN)* wirken, welches Eier und Raupen der Wachsmotte gleichermaßen und in kürzester Zeit tötet. Wir haben schon im ersten Kapitel anläßlich des Abschaffens von kranken Bienenvölkern von diesem Mittel gesprochen (S. 18). Das gefährliche Gas entwickelt sich aus Kalziumzyanid, welches in dem Handelspräparat *Calcyan* der Firma Degesch GmbH enthalten ist. Für den Erwerb dieses Mittels ist eine amtliche Genehmigung erforderlich und für seine Anwendung bestehen strenge Vorschriften (Gasmaske, Warntafeln, Lüftungsvorkehrungen usw.). Wenn überhaupt, scheint der Einsatz dieses Mittels nur in Großbetrieben sinnvoll. Die Waben müssen in Magazintürmen und im Freien behandelt werden. Rückstände auf den Waben oder bei deren späteren Wiederverwendung im Honig sind nicht zu befürchten.

Weniger problematisch und für die Wachsmottenbekämpfung völlig ausreichend ist *Schwefeldioxid* (SO_2). Man verwendet am besten *Schwefelstreifen,* die man in der Drogerie beziehen kann. Wenn man nicht einen ganzen als Wabenlager benutzten Raum ausschwefeln muß, nimmt man die Behandlung in abgedichteten Wabenschränken oder in den zu Türmen gestapelten Magazinen vor. Dazu werden die Schwefelstreifen über den Waben in einem Blech- oder Tongefäß entzündet. Sie brennen nur dann gut, wenn sie keinen Wandkontakt haben. Bequem sind mit Löchern versehene Abbrennbüchsen, die am Deckel eine Klammer für die dort aufzuhängenden Schwefelschnitten besitzen (Abb. 59). Je nach der Dicke der Schwefelstreifen kann schon ein kleines Teilstück für einen mannshohen Beutenstapel ausreichen.

Die Schwefeldämpfe töten nur die Rankmaden (und Motten), aber *nicht* die

Abb. 59: *Mit dem Schwefeltopf lassen sich Schwefelstreifen und Schwefelblüte gleichermaßen sicher abbrennen. Die Streifen werden an einer Metallspange am Deckel aufgehängt.*

Eier. Man muß deshalb die Schwefelung der Waben in Abständen von etwa 3 Wochen mehrmals wiederholen – einesteils, um die inzwischen geschlüpften Maden zu erfassen, anderenteils, um dem neuen Mottenzuflug entgegenzuwirken. Das alles hat aber nur für die wärmere Jahreszeit Gültigkeit, da im Winter in ungeheizten Räumen die Entwicklung der Wachsmotte ohnehin ruht.

Beim Schwefeln der Waben ist immer an die damit verbundene Feuergefahr zu denken. Die Abbrennstelle über dem Wabenwerk muß entsprechend gesichert sein. So empfiehlt es sich, den Deckel der Abbrennbüchse mit einer Asbestscheibe abzudecken.

Bei der Wiederverwendung der geschwefelten Waben im Bienenvolk genügt es, sie kurz in der frischen Luft hin und her zu schwenken. Der Rückstand von schwefeliger Säure, der sich bei häufigerem Schwefeln auf den Waben absetzt, ist für die Bienen und ihre Brut ungefährlich. Der Honig nimmt nur minimale und für Mensch und Tier ungefährliche Mengen von Schwefeldioxid auf.

Noch vor wenigen Jahren gab es bei uns auch noch andere sehr wirksame Wachsmottenbekämpfungsmittel, die alternativ zum Schwefel eingesetzt werden konnten. Da war vor allem das *Paradichlorbenzol,* das man als »Imkerglobol« in jedem Fachgeschäft erhielt. Man mußte allerdings aufpassen, daß man nicht unter dem Namen Globol irgendein Mottenbekämpfungsmittel kaufte, das für die Anwendung im Kleiderschrank gedacht war. Heute enthalten solche Mittel meist Kontaktgifte und sind für den Einsatz auf dem Bienenstand völlig ungeeignet. Paradichlorbenzol ist ein weißes, kristallines Pulver, das man an mehreren Stellen auf Pappeunterlagen zwischen den in Magazinen gestapelten Waben ausbrachte. Wenn es verdampft war, was je nach der herrschenden Temperatur unterschiedlich lange dauerte, sorgte man für Nachschub. Vor der Wiederverwendung brauchten die Waben nur kurz gelüftet zu werden. Leider ist das über Jahrzehnte in der Imkerei und im Haushalt erfolgreich angewendete

»Mottenmittel« in den Strudel der krebsverdächtigen Substanzen geraten, womit sein Schicksal über kurz oder lang besiegelt ist. Ähnlich verhält es sich mit dem Verdampfungsmittel *Äthylenbromid* (1,2-Dibromäthan/MERK). Es wurde in den USA zeitweise für das beste Mittel zur Wachsmottenbekämpfung gehalten. In Österreich konnte man es unter der Bezeichnung D 209 im Fachhandel beziehen. Die Flüssigkeit wurde in flachen Schalen oder auf damit getränkten Tuchrahmen über den Waben im Wabenschrank oder im Magazinturm zum Verdunsten gebracht. Die Dämpfe töten Larven und Eier. Man mußte sich aber hüten, das ölartig riechende Gas einzuatmen oder etwas von der ätzenden Flüssigkeit an die Hand zu bringen. In Kalifornien und einigen anderen nordamerikanischen Staaten wurde das Präparat inzwischen als möglicherweise krebsverdächtig aus dem Handel genommen.

In neuerer Zeit gewinnt die Wachsmottenbekämpfung auf »biologischem Wege« immer größere Aufmerksamkeit. Das Zauberwort heißt *Bacillus thuringiensis* BERLINER. Dieses leicht zu züchtende und konservierbare Bakterium wird von der Firma SANDOZ in verschiedener Aufbereitung zur Verfügung gestellt: als Flüssigmittel mit dem Namen »Certan TM« oder in Tablettenform unter der Bezeichnung »B 401«. Die Präparate werden mit Wasser verdünnt und von beiden Seiten auf die Waben gesprüht. Der beträchtliche Arbeitsaufwand und die relativ hohen Kosten des Mittels mögen den Enthusiasmus für die biologische Bekämpfung der Wachsmotte vorerst noch etwas dämpfen. Immerhin ist nur eine einmalige Anwendung für unbegrenzte Wirkungsdauer erforderlich. Noch schöner wäre es, wenn es gelänge, *Bacillus thuringiensis* gleich in die Mittelwände mit einzugießen, was man natürlich auch versucht hat. Der Erfolg war bisher aber noch nicht überzeugend.

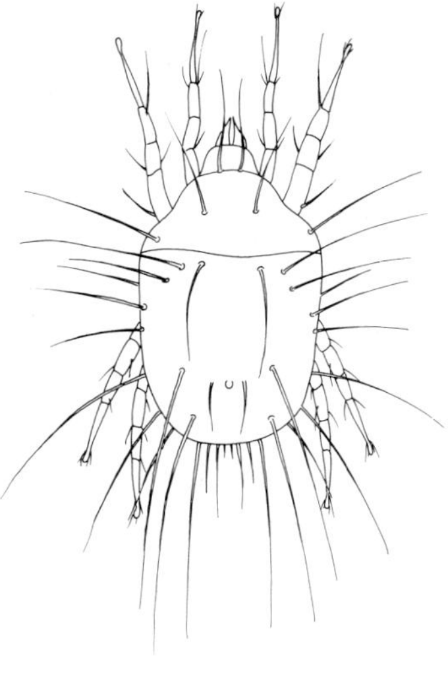

Abb. 60: *Die Hausmilbe (Glyciphagus domesticus), weniger als ½ mm groß, lebt von pflanzlichen und tierischen Abfällen und ist sehr häufig im Gemüll und in den Pollenvorräten des Bienenvolkes anzutreffen. Dasselbe gilt für die in Größe und Aussehen ähnlichen Milben der Gattungen Tyroglyphus (Käsemilben) und Carpoglyphus (Backobstmilben).*

Schließlich soll es auch Imkereibetriebe geben, die ohne speziell wirkende Mottenbekämpfungsmittel auskommen. Dort stellt man auf den Boden der Wabenschränke oder der Magazintürme mit den Waben kleine Kästen mit *gebranntem Kalk* (CaO). Dieser entzieht dem Wabenraum Wasser unter Bildung von gelöschtem Kalk ($Ca(OH)_2$). Das scheint den Raupenmaden auf die Dauer nicht zu bekommen. Andere Imkereien kommen sogar ohne jegliches Mittel über die Runden. Sie besitzen einen luftigen Raum, in dem die Waben frei aufgehängt werden. Hier sollen sich ebenfalls keine Wachsmotten einnisten.

2. Pollenschädlinge

Von den verschiedenen Liebhabern des Pollens sind als Schadorganismen in erster Linie *Milben* und *Pilze* zu nennen. So weit noch andere Pollenverzehrer im Bienenvolk gefunden werden, nähern sich diese schon sehr dem Status harmloser Mitbewohner.

a) Pollenmilben

Es sind Milben aus der großen Familie der *Tyroglyphiden* und *Glyciphagiden* (Abb. 60), die, ohne unbedingt auf Pollennahrung spezialisiert zu sein, doch sehr gut davon leben können. Man findet die ca. ½ mm großen Tiere in den Haaren der Bienen, auf Pollenwaben und im Gemüll, wo sie normalerweise wenig Aufsehen erregen. Erst in schwachen Völkern mit geringem Putztrieb, und vor allem auf außerhalb der Völker und in *feuchter Umgebung* lagernden Waben machen sie sich unangenehm bemerkbar. Sie dringen unter Bildung von Gängen in die Pollenpfröpfe der Zellen ein und wandeln den Pollen zu einem *groben gelben Pulver* um, das aus den Zellen heraus auf den Boden rieselt. Je höher die Luftfeuchte, desto stürmischer die Entwicklung, welche vom Ei über eine Reihe von Nymphenstadien zur fertigen Milbe führt. Die Pollenvorräte gelagerter Waben können sich durch die Massenvermehrung der Milben in kurzer Zeit zu einem wertlosen Mehlstaub verwandeln. Damit ist die Schadwirkung dieser Milben für die Bienenzucht nicht unerheblich.

Zu Vermeidung von Milbenschäden können *natürliche Maßnahmen* völlig ausreichend sein. Erstens vermeide man schwache Völker und zweitens sorge man dafür, daß das Wabenwerk außerhalb des Volkes *trocken* gelagert wird. Wenn letzteres aus irgend einem Grund nicht möglich sein sollte, hilft *Schwefeln,* wie bei der Wachsmottenbekämpfung.

Im Bienenvolk sind noch über 2 Dutzend *andere Milbenarten* beobachtet worden. Die Milben gelangen teilweise zufällig dorthin, indem sie von den Sammelbienen mit nach Hause gebracht werden. Teilweise leben sie auch regelmäßig dort. Sie ernähren sich von Pollen, unabsichtlich eingeschleppten Hefen und Pilzen sowie Abfällen aller Art. Manche sind aber auch Räuber, welche Kleinlebewesen nachstellen und auch auf andere Milben, z. B. die

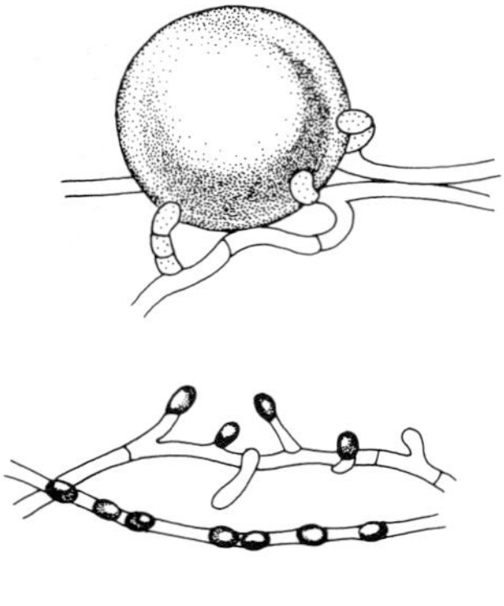

Abb. 61: *Der Pollenschimmel (Bettsia alvei) bildet seine Sporen auf zweierlei Weise: 1. in ca. 30 µm großen, kugelförmigen, schwärzlichen Behältern (Cysten, oben), in denen die rundlichen, ca. 4–5 µm großen glänzenden Sporen zu Ballen zusammengepackt sind (ähnlich wie bei Ascosphaera apis, S. 56). Sie werden durch Platzen der Cyste und Aufreißen der Sporenballen frei; 2. durch Abschnüren direkt von den Hyphenästen (unten). Diese sogenannten Clamydosporen sind länglich derbschalig und etwas größer als die Cystensporen.*

Tyroglyphiden, Jagd machen. Man kann sie streng genommen weder als Bienen- noch als Vorratsschädlinge bezeichnen.

b) Pollenschimmel

Die in den Waben gelagerten Pollenvorräte werden von einem Pilz bedroht, der den Namen *Bettsia alvei* (früher: *Ascosphaera alvei*) trägt. Dieser zweigeschlechtliche Pilz durchwuchert bei *hoher Luftfeuchte* und *niedrigen Temperaturen,* also vornehmlich im Winter und Frühjahr, die Pollenmassen und verwandelt sie in feste, *dicht verfilzte Pfropfen.* Das kann im winterlichen Bienenvolk auf unbesetzten Außenwaben geschehen, aber noch leichter auf den Vorratswaben im Wabenlager. Im Frühjahr bildet der Pilz an den freien, sich zusammenlegenden Hyphenästen schwarzgrüne bis schwarze Fruchtkörper *(Cysten)* aus. Diese enthalten, zu mehreren Ballen zusammengepackt, die derbwandigen, sehr widerstandsfähigen, glänzenden Sporen. Beim Platzen der Cysten verstäuben sie, um bei kühlem Wetter mit Vorliebe auf mangelhaft mit Honig beschichteten Pollenzellen neu auszukeimen. Daneben gibt es noch eine zweite Art der Sporenbildung: Durch unmittelbare Abschnürung von den Pilzfäden entstehen die etwas größeren, länglichen *Clamydosporen* (Abb. 61).

Der Pilz wird über die Sporen von Volk zu Volk *übertragen.* In normalen Völkern kann er sich schon wegen des trockenen Innenklimas kaum vermehren. Auch sind die Bienen im Frühjahr in der Lage, durch Beseitigung der »Pollenmumien« den Anfängen zu wehren. Nur in schwachen Völkern muß der Imker durch Entfernen der verpilzten Waben helfend eingreifen. Außerhalb der Bienenvölker sind die Waben aber immer durch den Pollenschimmel bedroht – sofern sie nicht *trocken aufbewahrt* werden. Wie gegen die Pollenmilbe und die Wachsmotte hilft auch gegen den Pollenschimmel im Normalfall regelmäßiges Schwefeln. Globol ist dagegen nicht voll wirksam. Wer seine Waben mit *Eisessig* beziehungsweise *60%iger technischer Essigsäure* gegen die Nosemaseuche und die Amöbenruhr behandelt (s. S. 118f.), unterbindet damit gleichzeitig auch die Pilzentwicklung.

Mit diesen Maßnahmen lassen sich auch andere nicht bienenspezifische *Schimmelpilze* bekämpfen, die gelegentlich das Wabenwerk befallen. Sie benötigen zu ihrem Wachstum keinen Pollen, sondern finden in den bebrüteten Zellen genügend Nährboden. Für die Bienen, die solche Waben selbst zu säubern verstehen, sind sie ungiftig. Dennoch wird der Imker sie nach Möglichkeit nicht aufkommen lassen.

c) weitere Pollenfresser

Als gelegentlichen Gast im Bienenvolk kann man den *Speckkäfer (Dermestes lardarius L.)* antreffen. Eigentlich ist der schwarze, ca. 8 mm große Käfer mit der breiten gelbgrauen Querbinde (Abb. 62 links) ein Allesfresser, der in menschlichen Speisekammern, aber auch an Fellen, gelagerten Därmen, getrockneten Fischen und verschiedenem Aas zu finden ist. Aber er kann sich auch von Pollen und Abfällen im Gemüll des Bienenvolkes ernähren. Dasselbe gilt für die jüngeren Larvenstadien des Käfers. Zur Verpuppung bohren sich die büschelig behaarten Larven (Mitte) nach Möglichkeit in härtere Stoffe, sogar in Holz ein, wo sie röhrenartige Gänge ausfressen. Damit kann der Speckkäfer auch als Holzschädling im Bienenkasten auftreten. Insgesamt ist seine Schadwirkung aber doch recht gering.

Ein gleiches kann man auch von dem nur 4 mm großen rotbraunen, mit zahlreichen auf den Flügeldecken längs verlaufenden Punktreihen versehenen

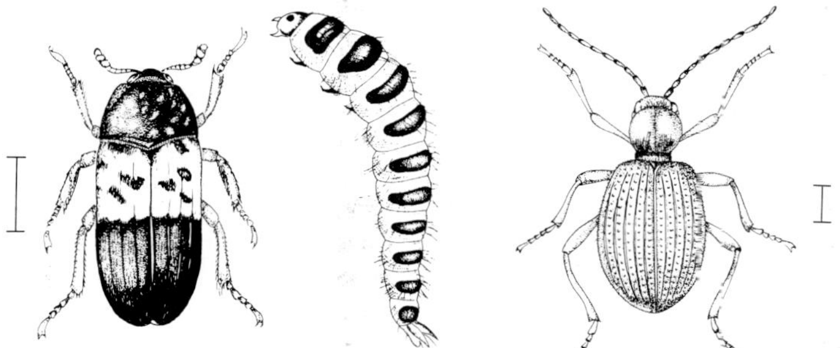

Abb. 62: *Der schwärzliche, ca. 8 mm große Speckkäfer (Dermestes lardarius L.) hat eine breite schmutzig-braune Querbinde und unregelmäßige schwarze Flecken auf den Überflügeln (links). Er verirrt sich gelegentlich in den Bienenkasten, wo er und seine stark behaarte Larve (Mitte) von Pollen, Gemüll und Abfällen leben. Dasselbe trifft auch für den nur halb so großen rotbraunen Diebskäfer (auch Kräuterdieb, Ptinus fur L.) zu. Das Weibchen dieses »Allesvertilgers« zeichnet sich gegenüber dem langfühlerigen, schlanken Männchen durch einen mehr rundlichen Körperbau aus (rechts).*

Kräuterdieb (*Ptinus fur L.,* Abb. 62 rechts) sagen, der ebenso wie seine Larve vor allem von Getreide, Sämereien und den verschiedensten menschlichen Nahrungsmitteln lebt, aber auch Leder, Wolle, Filz usw. vertilgen kann. Larve und Käfer werden gelegentlich auch im Bienenvolk gefunden, wo sie sich nicht nur am Pollen gütlich tun, sondern auch das Wabenwerk abschroten. Wahrscheinlich sind sie sogar in der Lage, Wachs zu verdauen. Auf die Pollenvorräte im Bienenvolk hat es auch ein Verwandter des Kräuterdiebs, der etwa gleich große, schwarzbraune, mit vier unregelmäßigen Flecken auf den Flügeldecken gezeichnete *Ptinus raptor L.* abgesehen; und in verlassenen nicht gesäuberten Bienenwohnungen ist nicht selten der ebenfalls zu den *Ptiniden* (Diebskäfern) gehörende *Messingkäfer* (*Niptus hololeucus*) anzutreffen.

3. Honigdiebe

Am bekanntesten, aber wohl auch harmlosesten in dieser Gilde ist der *Totenkopfschwärmer (Acherontia atropos L.,* Abb. 63). Es ist schon fast ein Glücksfall, wenn wir ihn im Bienenvolk antreffen. Dieser riesige Nachtschwärmer mit einer Flügelspannweite von 13 cm kommt nur als *Zuzügler aus südöstlichen Ländern* zu uns nach Deutschland, wo er keine Chance zur Überwinterung hat. Von dem Duft des Honigs angelockt, zwängt sich der Falter des Nachts durch das Flugloch. Selbst wenn er das begehrte süße Ziel erreichen sollte, ist dies meistens seine letzte Tat. Wenn ihn die Bienen nicht durch Stiche überwältigen können, scheint er nur selten den Rückweg zu finden. Zernagte Körperteile des Schmetterlings oder mit Kittharz einbalsamierte Schmetterlingsmumien im Bienenstock geben davon Zeugnis.

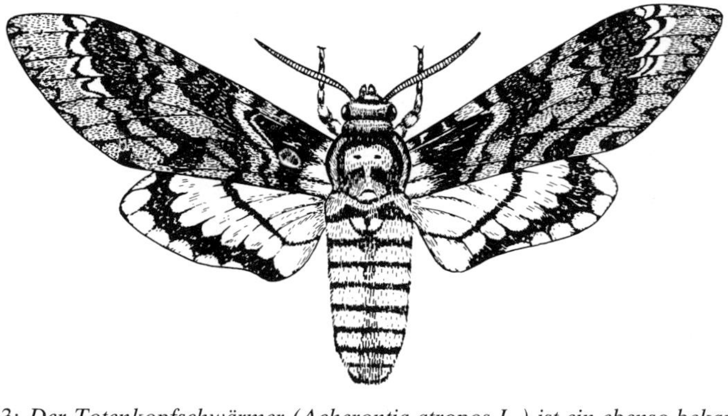

Abb. 63: *Der Totenkopfschwärmer (Acherontia atropos L.) ist ein ebenso bekannter wie harmloser Honigdieb. Sein Eindringen in einen Bienenstock bezahlt er in der Regel mit seinem Leben.*

Der stattliche Schmetterling ist zwar das literarische Paradestück der Honigdiebe, doch mehr Berechtigung, an dieser Stelle genannt zu werden, haben *räubernde Wespen* und *Ameisen* – ganz selten wohl auch einmal *Hummeln.* Entsprechende Hinweise finden sich auf Seite 159 u. 162.

C. Harmlose Mitbewohner

Wenn man von den zahlreichen im Bienenvolk ganz zufällig anzutreffenden Gästen aus dem Lager der *Käfer, Hautflügler, Schmetterlinge, Fliegen, Spinnen* u. dgl. absehen möchte, so gibt es doch noch eine ganze Reihe von Lebewesen, die ziemlich regelmäßig in der Bienenwohnung anzutreffen sind. Sie richten nicht nur keinen Schaden an, sondern können sogar bis zu einem gewissen Grad nützlich werden. Das gilt von verschiedenen *Milbenarten,* die als *Unratvertilger* im Gemüll auf dem Kastenboden ihren Dienst tun. Gelegentlich beteiligen sich auch die allseits bekannten und sympathischen *Silberfischchen* (*Lepisma saccharina L.*, Abb. 64 links) an der Abfallvertilgung, wenn sie auch dem Hang zum Honig nicht ganz widerstehen können. In der Nacht geht der *Ohrwurm* (*Forficula auricularia L.*, Abb. 64 Mitte) auf Jagd. Da er außer von pflanzlicher auch von tierischer Nahrung lebt, mag ihm auch manche Wachsmottenlarve zum

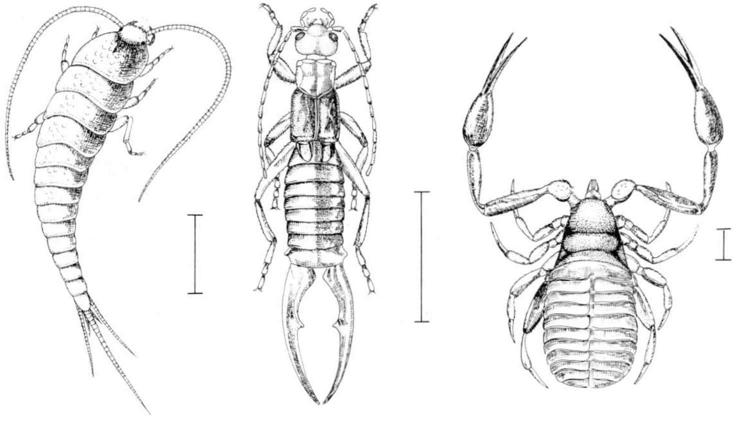

Abb. 64: *Zu den eher nützlichen als schädlichen Mitbewohnern im Bienenvolk zählen das ca. 1 cm lange Silberfischchen (Lepisma saccharina L.) mit seinen 3 kräftigen Borsten am Ende des langgestreckten, feingeschuppten Körpers (links), der bekannte und zu Unrecht vielgeschmähte Ohrwurm (Forficula auricularia L., hier Männchen, Mitte) und der nur 4 mm große, rötlichbraune und mit seinen großen vorderen Scherengliedern abenteuerlich anmutende Bücherskorpion (Chelifer cancroides L., rechts).*

Opfer fallen. Als regelrechter Nützling darf der bizarre zierliche *Bücherskorpion* (*Chelifer cancroides L.*, Abb. 64 rechts) gelten. Seitwärts und rückwärts laufend ergreift das platte, nur 3–4 mm große Tierchen mit seinen übergroßen Scheren kleinere Beutetiere, wozu auch Wachsmotteneier und -larven jüngsten Stadiums, Bienenläuse und Milben gehören können. Keinesfalls schädlich sind die noch kleineren *Springschwänze (Collembolen)* und die *Flechtlinge (Copeognathen)*, welche besonders als flügellose Staubläuse *(Liposcelidae = Troctidae)* im Bienenkasten anzutreffen sind. Als Abfallbeseitiger mag ihnen der gelegentliche Appetit auf etwas Pollen verziehen sein.

Nur Unkenntnis könnte dazu verleiten, diesen Tierchen nachzustellen.

VI. Bienenvergiftungen

Die Bienen sind nicht nur von Krankheiten und Schädlingen bedroht, sie haben im Zeitalter der Technik und Chemie auch unter Gifteinwirkungen zu leiden. Es drohen ihnen Gefahren aus dem modernen *Pflanzenschutz* und sie sind der Einwirkung von *Abfallprodukten aus der Industrie* ausgesetzt.

A. Bienengefährdung durch den Pflanzenschutz

Viele Pflanzenschädlinge sind Insekten wie die Bienen. Wenn man dem Schädling an den Leib will, kann es auch der Biene das Leben kosten. Aber auch die Bekämpfung von schädlichen Pilzen im Pflanzenanbau und die Unkrautbekämpfung können für die Bienenzucht Probleme aufwerfen. Um die Zusammenhänge besser zu verstehen, müssen wir uns etwas eingehender mit den Fragen des Pflanzenschutzes beschäftigen.

1. Pflanzenschutzmittel und ihre Wirkung

Von jeher war der Mensch bestrebt, die ihm zur Nahrung dienenden Pflanzen vor Krankheiten und Schadorganismen zu schützen. Durch Düngung, sorgfältige Pflege, Hacken und Jäten, aber auch durch züchterische Maßnahmen versuchte er, ihre Widerstandsfähigkeit zu vergrößern. Der *biologische Pflanzenschutz,* soweit er die Förderung von insektenvertilgenden Vögeln und Kleintieren anstrebt, ist schon sehr alt. Aber auch *Gifte* kennt man zur Abwendung von Schädlingen im Pflanzenbau nicht erst seit gestern. Das heute verbotene *Arsen* hat vor dem letzten Krieg bei der Bekämpfung von Fraßschädlingen im Acker- und Obstbau eine große Rolle gespielt. Man kannte auch schon lange die aus Pflanzen gewonnenen *Pyrethrum-, Derris-* und *Quassiamittel,* die als Berührungsgifte auf Schadinsekten wirken, und ebenso das gleichermaßen als Atem-, Kontakt- und Fraßgift wirkende *Nikotin.* Diese letztgenannten Mittel waren glücklicherweise ungefährlich für Bienen. Sie werden auch heute noch gelegentlich im Pflanzenschutz eingesetzt.

Richtig angefangen hat die chemische Schädlingsbekämpfung aber erst mit der Entdeckung der insektiziden Wirkung des heute verbotenen *DDT (Dichlordiphenyltrichloräthan)* durch den schweizerischen Chemiker *Paul Müller* im Jahre 1939. Man hat diese Tat so hoch eingeschätzt, daß er dafür den Nobelpreis erhielt. Seither ist eine wahre Flut *von synthetischen Schädlingsbekämpfungsmitteln* auf den Markt gekommen. Der chemische Pflanzenschutz ist so umfangreich geworden, daß es der Staat für notwendig hielt, bereits 1968 ein *Pflanzenschutzgesetz* zu erlassen, durch das der Vertrieb von Pflanzenschutzmitteln geregelt wurde. Später ist die Zweckbestimmung gründlich erweitert worden. In der heute gültigen Fassung des »Gesetzes zum Schutz der Kulturpflanzen« vom 15. 9. 1986 wird in § 4 ausdrücklich festgestellt: *»Zweck dieses Gesetzes ist, Gefahren abzuwenden, die durch die Anwendung von Pflanzenschutzmitteln oder durch andere Maßnahmen des Pflanzenschutzes, insbesondere für die Gesundheit von Mensch und Tier und für den Naturhaushalt entstehen können.«* Dieser vordringlichen Forderung ist noch eine ganze Reihe weiterer *einschlägiger Gesetze und Verordnungen verpflichtet* (s. S. 187). Die Anwendung von Pflanzenschutzmitteln ist immer ein Eingriff in die Natur. Jede Veränderung zieht eine andere nach sich. Damit die Folgen der Beseitigung eines Mißstandes nicht schlimmer werden als der Mißstand selbst, bedarf es eines großen Maßes an Verständnis für die natürlichen Zusammenhänge durch den Schädlingsbekämpfer und eines fortgesetzten diffizilen Lernaktes.

Nach ihrem Einsatz teilt man die Pflanzenschutzmittel heute in die folgenden wichtigsten Gruppen ein:

Insektizide und Acarizide (gegen Schadinsekten und -milben)
Fungizide (gegen Pilze)
Herbizide (gegen Unkräuter) und
andere (z. B. Wachstumsregler, Wildverbißmittel, Nematoden- und Schneckenmittel)

Die Anwendung dieser Mittel erlebte in der Frühzeit der chemischen Schädlingsbekämpfung einen enormen Anstieg, der sich mit der Zeit abflachte. Der Absatz von Insektenvertilgungsmitteln ist heute eher rückläufig. Ähnliches gilt für die Unkrautvernichtungsmittel, deren Absatz in der Vergangenheit besonders stark zugenommen hatte. Lediglich Fungizide zeigen noch etwas ansteigende Tendenz (Abb. 65). Es ist anzunehmen, daß der Mittelabsatz in Zukunft kaum mehr wachsen wird, da heute immer häufiger mit Einschränkungen für die Anwendung bestimmter Präparate gerechnet werden muß.

Nach der Formulierung der Pflanzenschutzmittel unterscheidet man hauptsächlich drei Arten: 1. wasserlösliche oder aufschwemmbare Pulver oder Granulate, 2. flüssige Konzentrate und 3. (Streu-)Granulate. Daneben gibt es noch 4. Stäubepulver und 5. mikroverkapselte Granulate. An diesen Formulierungsarten der Präparate orientiert sich ihre Anwendungstechnik. Nur noch eine bescheidene Rolle spielen heute die früher vielgebrauchten *Stäubemittel,* obgleich sie im allgemeinen besonders stark auf die Schädlinge (auch Nützlinge) wirken. Lediglich für den Haus- und Gartenbereich sind noch einige zugelassen, dagegen dürfen sie in Großkulturen wie allen Kulturen des Ackerbaus, im Obstbau, im Weinbau u. dgl. nicht mehr angewendet werden. Viel rationeller und in bestimmten Situationen allein praktikabel ist die flüssige Anwendung der Schädlingsbekämpfungsmittel, also von Spritzpulvern und -granulaten. Das hergebrachte *Spritzen* wird heute häufig durch die modernen Praktiken des *Sprühens* oder *Vernebelns* ersetzt. Dabei läßt sich bei gleichem Mittelaufwand der Wassergehalt erheblich verringern (an Stelle von 600 Litern nur 200 Liter pro Hektar!). Durch die dabei entstehenden feinsten Tröpfchen wird die Verteilung erheblich verbessert. Nur so ist der Einsatz von Pflanzenschutzmit-

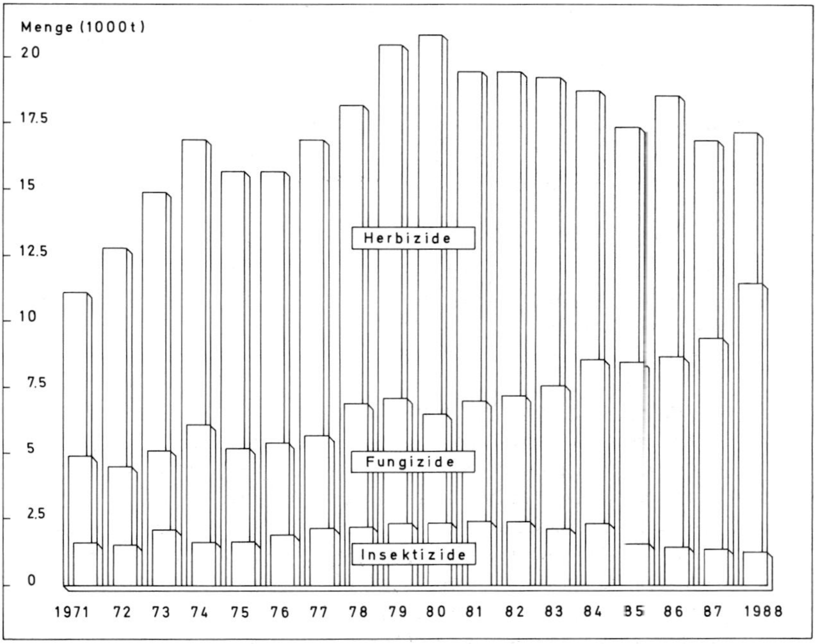

Abb. 65: *Pflanzenschutzmittelabsatz (Wirkstoffmengen) in Tonnen in der Bundesrepublik Deutschland von 1971 bis 1988 (nach Angaben des Industrieverbandes Agrar, vormals Industrieverband Pflanzenschutz- und Schädlingsbekämpfungsmittel). Bei Herbiziden und Insektiziden ist eine abnehmende Tendenz zu erkennen, während der Absatz von Fungiziden noch ansteigt.*

teln vom Hubschrauber oder Flugzeug aus möglich. *Streugranulate* mit insektizider Wirkung müssen nach der Ausbringung mit Boden bedeckt oder in den Boden eingearbeitet werden, um Vögel nicht zu gefährden. Für herbizide Granulate besteht diese Forderung nicht. Die *mikroverkapselten Granulate* werden in der Regel gespritzt oder gesprüht. Die winzigen Teilchen haben eine Schutzschicht, die erst allmählich verschwindet, was eine Langzeitwirkung zur Folge hat.

a) Insektizide und Acarizide

Diese Schädlingsbekämpfungsmittel wirken je nach ihrer chemischen und physikalischen Beschaffenheit als *Fraß-*, *Atem-* oder *Berührungsgifte*, häufig besitzen sie zwei oder alle drei dieser Eigenschaften gleichzeitig. Die wichtigste Wirkung ist aber die *Kontaktwirkung*. Das heißt, der Schädling braucht nur äußerlich mit dem Mittel in Berührung zu kommen – braucht nur über eine mit dem

Kontaktgift behandelte Unterlage hinwegzulaufen, um dadurch geschädigt oder getötet zu werden. Je dicker der Chitinpanzer des Insektes, desto größer ist seine Chance, der Wirkung des Berührungsgiftes zu entgehen. Dieses dringt indessen besonders leicht über die Sinnesorgane und durch die feinhäutigen Gelenke in das Körperinnere ein.

Fast alle modernen Insektizide und Acarizide wirken als *Nervengifte.* Genauer gesagt blockieren sie das Ferment *Cholinesterase,* das für die Erregungsleitung in den Nervenfasern verantwortlich ist. Nebenher können sie auch noch den Atemstoffwechsel und Wasserhaushalt der Insekten stören.

Die heute am meisten verwendeten *Insekten-* und *Milbenbekämpfungsmittel* lassen sich nach ihrer chemischen Konstitution in vier Hauptgruppen einteilen:

chlorierte Kohlenwasserstoffe,
organische Phosphorverbindungen,
Carbamate,
Nitrophenole und *Pyrethroide.*

Innerhalb jeder dieser Gruppen gibt es zahlreiche Handelspräparate, deren Aufzählung hier unmöglich ist. Trotzdem sind ein paar Besonderheiten erwähnenswert: Das älteste synthetische Kontaktgift, das zu den *chlorierten Kohlenwasserstoffen* gehörende *DDT,* wurde trotz seiner nur mäßigen unmittelbaren Giftigkeit für Mensch und Tier 1970 in Deutschland verboten, nachdem sich herausgestellt hat, daß es sich im Fettkörper anreichert und damit eine Giftwirkung auf lange Sicht hervorrufen kann. Heute noch angewendet werden die *Hexa-* und *Lindan-Mittel,* welche diese fatale Eigenschaft des *DDT* nicht besitzen. Außerdem gehören hierher die als nicht bienengefährlich anerkannten Wirkstoffe *Metoxychlor* und *Endosulfan (= Thiodan).*

Von den *organischen Phosphorverbindungen (Phosphorsäure-Ester)* ist am bekanntesten das für Mensch und Tier hochgiftige *Parathion,* das in den Pflanzenschutzpräparaten *E 605 (forte, Combi und Spritzpulver)* enthalten ist. Es konnte sich gegenüber den weniger gefährlichen chlorierten Kohlenwasserstoffen hauptsächlich deshalb durchsetzen, weil es sich relativ rasch in ungiftige Bestandteile zersetzt. Inzwischen gibt es aber Mittel, die bei ähnlich guter insektizider Wirkung weniger giftig für Warmblütler sind. Innerhalb der Phosphorsäure-Ester ließen sich auch Verbindungen entwickeln, die vom Pflanzeninnern her auf die Schädlinge wirken. Diese *systemischen Mittel* dringen nach dem Ausbringen auf das Blattwerk oder den Wurzelstock innerhalb weniger Stunden in die Pflanze ein und verteilen sich dort über das Leitbündel-System überallhin. Sie wirken dann als Fraßgift auf saugende Schädlinge, besonders auf Pflanzenläuse, aber auch auf minierende und fressende Schädlinge. Systemische Pflanzenschutzmittel sind durch ihr rasches Verschwinden von der Oberfläche der Pflanze für die Bienen schon nach kurzer Zeit nicht mehr erreichbar. Dennoch sind heute die meisten als bienengefährlich eingestuft, nicht zuletzt, weil sie über den Stoffwechsel der Pflanze unter Umständen auch in den Nektar gelangen und damit den Bienen schaden könnten.

Von den *Carbamaten* hat das heute verbotene *Carbaryl* bei den Imkern berüchtigte Bedeutung erlangt. Es wird im Weinbau eingesetzt und hat hier in zurückliegenden Jahren erhebliche Bienenschäden verursacht. Entgegen der Meinung, daß Bienen Weinbauanlagen nicht befliegen würden, hat sich herausgestellt, daß sie in manchen Jahren Weinpollen in größerem Umfang eintragen. Die Folgen waren meist längerandauernde Vergiftungen, besonders auch der Jungbienen und der Brut.

Nitrophenole sind die ältesten synthetisch hergestellten Insektizide. Die sogenannten *»Gelbspritzmittel«* gab es schon vor dem letzten Krieg. Sie werden auch heute noch im Obstbau eingesetzt, wo sie Insekteneier aller Art vernichten und gleichermaßen gegen Pilze, Flechten und Moose wirken. Sie sind zwar gefährlich für die Bienen, können ihnen aber kaum schaden, da sie vornehmlich im Winter und im zeitigen Frühjahr angewendet werden.

Die *Pyrethroide* sind die jüngste Gruppe aus der Reihe der Insektenbekämpfungsmittel. Sie wurden und werden in wachsender Zahl auf synthetischem Wege nach dem Vorbild des *Pyrethrums* entwickelt. Dieses auch unter dem Namen »Dalmatinisches Insektenpulver« bekannte und früher viel verwendete »natürliche« Insektenvertilgungsmittel wurde durch Extraktion aus bestimmten Chrysanthemenarten (Chrysanthemum cinerariifolium, Chr. coccineum) gewonnen. Die »künstlichen« Pyrethroide eröffnen einen willkommenen Ausweg, wenn sich bei der Anwendung von chlorierten Kohlenwasserstoffen oder organischen Phosphorverbindungen Resistenzen der Schädlinge gegenüber diesen Mitteln einstellen. Die Pyrethroide sind wie das »natürliche« Pyrethrum breit wirksam. Zwar ist in der Bundesrepublik bisher noch keines der Mittel als nicht bienengefährlich eingestuft, aber einige sind für den Einsatz »abends nach dem täglichen Bienenflug« in blühende Kulturen zugelassen. Das bedeutet, daß das abends ausgebrachte Mittel die am nächsten Morgen auf den behandelten Pflanzen sammelnden Bienen nicht mehr schädigen kann. Da diese Mittel häufig schon in kleinsten Mengen große Wirksamkeit entfallen, werfen sie in der Regel wenig Rückstandsprobleme auf. Für Warmblütler sind sie relativ ungefährlich, nicht dagegen für Fische, weshalb sich Reste in offenen Gewässern verhängnisvoll auswirken können. Ein paar Vertreter aus der Gruppe haben in die Bekämpfung der *Brutmilbenkrankheit* Eingang gefunden (s. S. 90).

b) Fungizide

Diese Pflanzenschutzmittel wirken gegen pflanzenschädigende Pilze, wie *Mehltau, Peronospora, Schorf* und *Monilia*. Fungizide Wirkstoffe sind auch in *Holzschutzmitteln, Saatgutbeizmitteln* und *Vorratsschutzmitteln* enthalten. Die alten, schon im vergangenen Jahrhundert bekannten, auf der Basis von *Schwefel* und *organischem Kupfer* aufgebauten Mittel, sind teilweise auch heute noch in Gebrauch. Daneben gibt es eine große Reihe neuer *organischer Verbindungen*. Sie sind, abgesehen von verschiedenen Holzschutzpräparaten, meistens ungiftig für die Bienen.

c) Herbizide

Chemische Mittel, welche der *Unkrautbekämpfung* dienen, spielen in der modernen Land- und Forstwirtschaft, ebenso wie in den Bereichen Verkehr und Industrie, eine große Rolle. Es gibt zum Zeitpunkt, da diese Zeilen geschrieben werden, in der Bundesrepublik 332 verschiedene Herbizide, das sind 34,3% sämtlicher zugelassener Pflanzenschutzmittel. Da es bei den Unkrautbekämpfungsmitteln nicht auf den Schutz, sondern auf die Vernichtung der Unkräuter ankommt, waren sie mit dafür verantwortlich, daß man, wenigstens zeitweise, den alten Ausdruck »Pflanzen*schutz*mittel« durch die allgemeinere Bezeichnung »Pflanzen*behandlungs*mittel« zu ersetzen versuchte. Man kann die heute wieder geltende alte Bezeichnung aber immerhin damit rechtfertigen, daß die Vernichtung von Unkräutern sozusagen dem Schutz der Kulturpflanzen dient.

Nach der Art ihrer Verwendung unterscheidet man *Bodenherbizide* und *Blattherbizide.* Die erstgenannten werden in den Boden gegossen oder darauf gestreut, meist noch ehe sich ein Pflanzenwuchs blicken läßt. Die anderen haben die Aufgabe, entweder die Pflanzen zu *verätzen* bzw. auszutrocknen (Ätzmittel) oder sie wirken als *Wuchsstoffe.* Im Grunde handelt es sich bei letzteren um Substanzen, die auch von Natur aus, allerdings in winzigen Mengen, in den Pflanzen vorkommen (Pflanzenhormone). In unnatürlich großer Menge über Blatt und Wurzel verabreicht, haben sie ein übermäßiges, unkontrolliertes Wachstum der Pflanzen zur Folge, welches zu ihrem Tode führt.

Als Imker dürfen wir froh sein, daß die meisten Herbizide bienen*un*gefährlich sind. Die bienenschädlichen, ätzend wirkenden Mittel werden entweder nicht gegen Pflanzen im Blühstadium eingesetzt, oder sie schädigen die Pflanzen so schnell, daß die Bienen ebenso rasch ihr Interesse an ihnen verlieren. Die überwältigende Mehrzahl der Herbizide sind Wuchsstoffmittel, die zumindest in der Bundesrepublik, in Österreich und in der Schweiz als bienenungefährlich eingestuft werden.

Während der Hauptausbringungszeit der Wuchsstoffherbizide grassiert auf vielen Bienenständen die tückische Nosemaseuche und fordert ihren Tribut. Da ist es nur allzuleicht möglich, daß man die Schuld auf die Unkrautbekämpfung schiebt. Wenn hier wirklich einmal ein ursächlicher Zusammenhang zwischen Unkrautbekämpfung und Bienenschäden bestehen sollte, dürften die Gründe komplexer sein. Möglicherweise wurde das Mittel stark überdosiert verwendet oder es verklammten relativ viele Flugbienen im kalten Spritzstrahl. Durch die Frühjahrskrankheit (Nosema) bereits geschwächte Bienen könnten empfindlicher als gesunde Bienen reagieren, desgleichen Jungbienen, die in einem besonders witterungsungünstigen Frühjahr unter Pollenmangel aufgezogen wurden. Am wahrscheinlichsten aber ist in einem solchen Fall, daß der Landwirt nicht ein reines Wuchsstoffmittel, sondern ein Mischpräparat verwendet hat, oder daß sich noch Reste eines Kontaktgiftes in der Spritze befanden, mit der er das Unkrautbekämpfungsmittel ausbrachte.

Sehen wir von diesen objektiven Überlegungen ab, so haben wir sicherlich keinen Grund, über die intensive Unkrautbekämpfung in der Land- und Forstwirtschaft glücklich zu sein. *Unkräuter* und *Ungräser* sieht der Landwirt als *Schadpflanzen,* die es zu vertilgen gilt, dem Imker sind sie dagegen in der Mehrzahl hoch willkommen, denn sie liefern guten Honig. Glücklicherweise erkennt man heute aber auch an anderer Stelle, daß viele der *sogenannten* Unkräuter auch für die Landwirtschaft nicht ganz entbehrlich sind, und daß ihre völlige Ausrottung bedenklich wäre.

2. Worauf stützt sich die Zulassung von Pflanzenschutzmitteln?

Niemand kann heute einfach hergehen und ein Schädlingsbekämpfungsmittel vertreiben. Zu diesem Zweck ist ein aufwendiges und kostspieliges Prüfungs- und Zulassungsverfahren notwendig, welches die *Biologische Bundesanstalt für Land- und Forstwirtschaft (BBA)* in Braunschweig im Einvernehmen mit dem *Bundesgesundheitsamt (BGA)* sowie neuerdings dem *Umweltbundesamt (UBA)* in Berlin durchzuführen hat. Es muß nicht nur geklärt werden, wie gut ein Mittel gegen den Schädling wirkt, der bekämpft, oder das Unkraut, das ausgemerzt werden soll, sondern man möchte wissen, welche Einwirkungen dabei auf die übrige Umwelt und vor allem auf Mensch und Tier zu erwarten sind. Dabei haben allerlei Gesetze und Verordnungen ihre Fußangeln ausgelegt, damit auch wirklich alle Eigenschaften und möglichen Nebenwirkungen des Mittels aufgedeckt und gegebenenfalls entsprechende Auflagen bei der Zulassung gemacht werden können. Genannt seien hier nur: *Lebensmittelgesetz, Wasserschutzbestimmungen, Giftverordnung, Abfallbeseitigungsgesetz, Anwendungsverordnung, Höchstmengenverordnung, Pflanzenschutzgesetz, Pflanzenschutz-Anwendungsverordnung* und nicht zuletzt die *Bienenschutzverordnung.* Man sagt, daß die Prüfungen bei Pflanzenschutzmitteln in Hinblick auf das Lebensmittelgesetz und die Höchstmengenverordnung strenger seien als bei den Arzneimitteln in der Humanmedizin.

Für die Zulassung eines Pflanzenschutzmittels ist auch die Prüfung seiner Auswirkung auf die Honigbiene notwendig. Diese Prüfungen werden in den Bieneninstituten der Bundesländer durchgeführt, die in einem Fachbeirat »Bienenschutz« zusammengefaßt sind. Der Fachbeirat berät die Biologische Bundesanstalt in allen Fragen des Bienenschutzes in Hinblick auf die Gefährdung durch Pflanzenschutzmittel. An den einzelnen Untersuchungsstationen werden neue, auf den Markt drängende Pflanzenbehandlungsmittel unter die Lupe genommen, und zwar jedes an drei verschiedenen Prüfstellen. Zuerst wird im Labor die Wirkung als *Berührungs-, Atem-* und *Fraßgift* getestet. Bei der Kontaktgiftprüfung läßt man in kleinen Kästchen gekäfigte Versuchsbienen auf einer entsprechend präparierten Unterlage laufen oder setzt sie einem feinen Sprühnebel aus. Die Atemwirkung wird über einem offenen, mit dem Mittel gefüllten Schälchen beurteilt, und zur Ermittlung der Wirkung als Fraßgift bestimmt man die LD_{50}, das ist diejenige Menge des Stoffes, die innerhalb eines Zeitraums von 24 Stunden 50% der damit gefütterten Bienen tötet (Letaldosis).

Danach kommen die Mittel zur »Zeltprüfung« ins Freiland. Die Zelte sind übermannshohe, mit Drahtgitter oder Nylon bespannte Käfige, die auf blühenden Kulturen schnellwüchsiger Pflanzen stehen und mit je einem kleinen Bienenvölkchen ausgestattet sind. Nach Behandlung der Pflanzenkultur mit dem zu prüfenden Mittel gilt es, das Verhalten der Bienen zu beobachten und den Totenfall auszuzählen.

Abhängig von den Ergebnissen der Labor- und Zeltversuche wird über die Notwendigkeit der Prüfung des einen oder anderen Mittels *im Freiland* entschieden. Bei diesem letzten Prüfungsschritt stehen Versuchsbienenvölker unmittelbar an großflächigen, blühenden Feldkulturen, die mit dem Schädlingsbekämpfungsmittel behandelt werden. Ist auch hierbei kein Bienenschaden feststellbar, ist die Beurteilung des Mittels klar. Der Teil des Zulassungsverfahrens, der die Prüfung der Wirkung eines neuen Präparates auf Bienen betrifft, ist damit abgeschlossen.

Es werden stets die fertig formulierten Pflanzenschutzmittel und nicht etwa nur die Wirkstoffe geprüft. Außerdem ist bemerkenswert, daß in der Bundesrepublik als weltweit einzigem Land sämtliche Prüfungen in doppelter Konzentration oder Menge der später für den praktischen Einsatz vorgesehenen Aufwandempfehlung durchgeführt werden.

Zum gegenwärtigen Zeitpunkt sind in der Bundesrepublik insgesamt 967 Pflanzenschutzmittel zugelassen, davon sind 332 (34,3%) Herbizide, 202 (20,9%) Insektizide und Acarizide, 207 (21,4%) Fungizide und 226 (23,4%) übrige, also Mittel gegen Schnecken, Nematoden, Nagetiere, keimhemmende Mittel, Wachstumsregler, Baumharze usw. Die Grafik in Abb. 66 zeigt, wie es mit der Bienengefährlichkeit in den einzelnen Gruppen bestellt ist. Neben den bienengefährlichen (B 1) und nicht bienengefährlichen Mitteln (B 4) sind die mit erlaubter Anwendung nach dem täglichen Bienenflug bis 23 Uhr als B 2 gesondert eingezeichnet. Daneben gibt es noch Mittel, die allein auf Grund ihrer in der Zulassung festgelegten Anwendung die Bienen nicht gefährden können (B 3). Die Unterschiede zwischen den realen Zahlen der zugelassenen Mittel und den aus der Abbildung ablesbaren Werten rühren daher, daß mehrere Pflanzenschutzmittel in verschiedenen Wirkgruppen gleichzeitig vertreten sind. Im übrigen sollte man bedenken, daß der Bestand der zugelassenen Pflanzenschutzmittel in Anpassung an steigende Prüfungsanforderungen und neue Erkenntnisse einer ständigen großen Veränderlichkeit unterworfen ist. Die Biologische Bundesanstalt für Land- und Forstwirtschaft in Braunschweig veröffentlicht in regelmäßigen Abständen eine namentliche Zusammenstellung dieser Mittel nach dem jeweils neuesten Stand. Diese Sammlung kann man als Teil 7 des Pflanzenschutzmittel-Verzeichnisses, »Wirkung auf Bienen«, gegenwärtig noch bei Pigge Lettershop, Postfach 1143, 3300 Braunschweig beziehen. Eine in Kürze zu erwartende neue Adresse kann man über die Biologische Bundesanstalt (BBA) in Braunschweig (s. S. 198) erfragen.

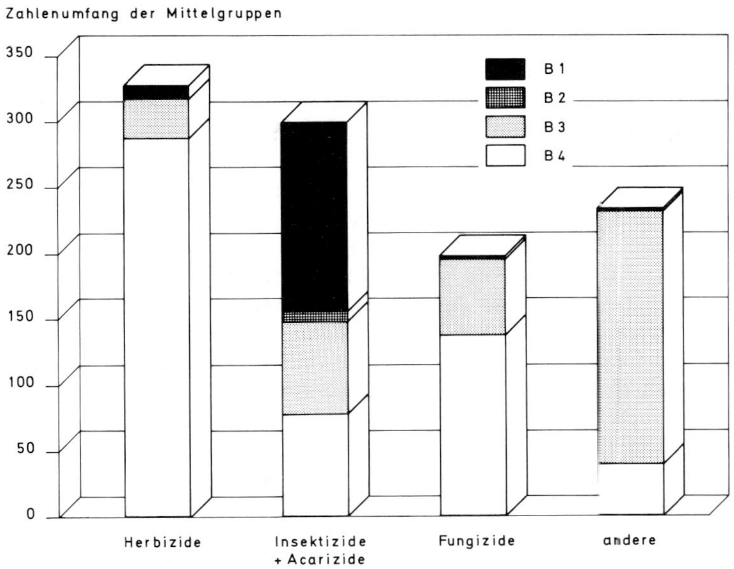

Abb. 66: *Zahlenmäßige Aufteilung der in der Bundesrepublik zugelassenen Pflanzenschutzmittel nach ihren Wirkeigenschaften unter Berücksichtigung ihrer Wirkung auf die Bienen. B 1 = bienengefährlich; B 2 = bienengefährlich, ausgenommen bei Anwendung nach dem täglichen Bienenflug bis 23 Uhr; B 3 = Bienen werden nicht gefährdet auf Grund der durch die Zulassung festgelegten Anwendung; B 4 = nicht bienengefährlich. Der Mammutanteil an bienengefährlichen Mitteln befindet sich unter den Insektiziden + Acariziden, wo auch die kleine Anzahl der nach Bienenflug anwendbaren Mittel ihren Platz hat. Die anderen Gruppen enthalten ganz überwiegend für Bienen ungefährliche Präparate.*

3. Moderne Aspekte im Pflanzenschutz

Hat man früher nach Pflanzenschutzmitteln Ausschau gehalten, die radikal und vielseitig wirkten, d. h. alle Schädlinge möglichst auf einmal vertilgten, so beginnt man heute einzusehen, daß das nicht gut war. Mit den Schädlingen, z. B. im Bereich der Insekten, werden immer auch harmlose Vertreter dieser Tiergruppe mitvernichtet – auch solche, die sich als nützlich erweisen. Aus diesem Grund ist die Suche nach *selektiv wirkenden* Gift- und Unkrautbekämpfungsmitteln, also Mitteln, die nur bestimmte Schadinsekten und bestimmte Unkräuter treffen, ein wichtiges Ziel des modernen Pflanzenschutzes geworden.

Es ist auch begrüßenswert, daß man sich in unserer Zeit mit dem dringlichen Ruf nach Natur- und Umweltschutz wieder stärker um Methoden der *Pflanzen-*

behandlung ohne Gift und Chemie bemüht. Man sucht nach natürlichen Feinden der Schädlinge – und dabei kann schon ein verbesserter *Vogelschutz* und die Förderung von *Ameisenkulturen* im Walde hilfreich sein. Man bemüht sich aber auch um die Vermehrung von Widersachern der Schadinsekten aus dem Insektenreich selbst. Man fördert sozusagen die Schädlinge der Schädlinge, die man dann als *»Nützlinge«* bezeichnet. Genannt seien Raubinsekten, wie *Laufkäfer, Marienkäfer, Raubwanzen,* die als Larven und Imagines auf Beutefang ausziehen, dazu kommen die Larven von *Schwebfliegen, Gallmücken* u. a. Zu den nützlichen Insekten gehören auch die parasitischen Schlupfwespen, Raupenfliegen und echte Räuber wie die Familien der Raubfliegen.

Und es gibt noch andere Möglichkeiten. Vielfach setzt man *krankheitserregende Bakterien* und *Viren* ein. Am bekanntesten in dieser Hinsicht ist das »biologische Insektizid« *Bacillus thuringiensis* geworden. Außerdem bedient man sich *biotechnischer Methoden,* die sich auf die anziehende Wirkung von akustischen, optischen oder Geruchs-Reizen stützen. Man denke an den Einsatz von *Pheromonen.* Und schließlich ist da noch das Feld der *genetischen Sterilisation.* Wer mehr über diese Dinge wissen will, sollte sich das Buch von A. Krieg und J. M. Franz »Lehrbuch der biologischen Schädlingsbekämpfung«, Verlag Paul Parey, Berlin u. Hamburg beschaffen.

Darüber hinaus ist man heute wieder mehr denn je bemüht, über *verbesserte Ernährungsbedingungen* und *Pflegemaßnahmen* eine größere Widerstandskraft der Kulturpflanzen gegen Schadeinflüsse jeder Art zu erreichen. Man kehrt also in gewisser Weise wieder zu den Ausgängen des Pflanzenschutzes zurück, wenn auch nur als Zusatzmaßnahme und leider immer noch mehr im Wortbekenntnis als in der wirklichen Tat. Trotzdem findet der *biologische Pflanzenschutz* heute wieder mehr und mehr Beachtung, und der Begriff *»integrierte Schädlingsbekämpfung«* ist schon fast jedermann geläufig. Man versteht darunter die sinnvolle Verbindung chemischer und biologischer Maßnahmen zum Schutze der Kulturpflanzen. Das Pflanzenschutzgesetz präzisiert den Begriff in § 2 (1) 2 etwas genauer als »eine Kombination von Verfahren, bei denen unter vorrangiger Berücksichtigung biologischer, biotechnischer, pflanzenzüchterischer sowie anbau- und kulturtechnischer Maßnahmen die Anwendung chemischer Pflanzenschutzmittel auf das notwendige Maß beschränkt wird«.

4. Bienenschutz nach dem Gesetz

Trotz der günstigen Vorzeichen für eine mehr naturgemäße Handhabung der Schädlingsbekämpfung im Pflanzenschutz geht es nicht ohne einen amtlichen Schutz für unsere Bienen. Eigentlich ist er ja schon im *Pflanzenschutzgesetz,* und zwar in dem vorne zitierten Abschnitt aus § 1 über die Abwendung von Schäden bei Mensch und Tier, zum Ausdruck gebracht. Aber die Bedrohung der Bienen durch den Pflanzenschutz ist größer als bei anderen Nutztieren, so daß sie ihre eigene Schutzverordnung erhalten haben. Die *»Verordnung zum Schutze der Bienen vor Gefahren durch Pflanzenschutzmittel«,* kurz: *Bienenschutzverordnung,* sorgt dafür, daß chemische Pflanzenschutzmittel so angewendet werden, daß den Bienen kein Schaden entstehen kann. Die Bienenschutzverordnung ist in der derzeitigen gültigen Fassung im vollständigen Wortlaut im Anhang auf den Seiten 258/59 wiedergegeben. Hier seien nur die wichtigsten Punkte daraus besprochen:

Zunächst geht es um die Frage, welches Mittel bienengefährlich ist und welches nicht. Das kann man am einfachsten durch Studium der Aufschrift auf der Verpackung des Präparates feststellen. *Bienengefährliche Mittel* müssen ausdrücklich als solche ausgewiesen sein. Dabei erfährt man auch die anzuwendende Konzentration oder Aufwandmenge/ha, die auch bei bienenungefährlichen Mitteln gewissenhaft einzuhalten ist. Nicht, daß Überdosierungen den Bienen schaden würden, sie sind nur völlig unnötig und beschwören höchstens die vermeidbare Gefahr von Rückständen im Erntegut, im Boden und in der Umwelt herauf.

Meinungsverschiedenheiten könnten über die Frage auftreten, *was man als »blühend« ansehen muß.* Dazu gibt es eine eindeutige rechtsgültige Aussage: blühend ist eine Pflanzenkultur dann, wenn sich die ersten Blüten geöffnet haben. Die Blüte dauert so lange, bis auch die letzten Pflanzen abgeblüht sind. Das kann z. B. beim *Obst* und *Raps* eine verhältnismäßig lange Zeitspanne sein. Sind währenddessen Pflanzenbehandlungen nötig, gibt es bienen*un*gefährliche Mittel dafür.

Es gibt einige Pflanzen, für die man eine namentliche Ausnahme macht, weil die Bienen ihre Blüten nicht befliegen, d. s. *Hopfen* und *Kartoffeln.* Früher war auch noch der *Wein* dabei. Dieser wurde gestrichen, nachdem man beobachtete, daß die Bienen in manchen Jahren aus der Weinblüte Pollen holten. Dadurch kam es infolge gleichzeitiger *Carbaryl*-Spritzungen schon zu erheblichen Bienenschäden.

Nach der Bienenschutzverordnung dürfen bienen*gefährliche* Pflanzenbehandlungsmittel *nicht auf blühende Pflanzen* ausgebracht werden, auch nicht unbeabsichtigt, etwa auf blühenden Unterwuchs oder durch Abtrift auf Wegraine, Brachflächen u. dgl. Die Gefahr der Abtrift ist bei dem Sprüh- und Vernebelungsverfahren, insbesondere vom Flugzeug oder Hubschrauber aus, besonders groß. Auch die Thermik bei starker Sonneneinstrahlung macht sich hier unliebsam bemerkbar.

Mit der in der Bienenschutzverordnung enthaltenen Regelung, daß bienengefährliche Pflanzenschutzmittel innerhalb eines Umkreises von 60 Metern um den Aufstellungsplatz der Bienen ohne Zustimmung des Imkers nur außerhalb der Zeit des täglichen Bienenfluges angewandt werden dürfen, wird zweierlei beabsichtigt: Einmal soll verhindert werden, daß der in der Nähe des Bienenstandes besonders lebhafte Bienenflug in den Ausbringungsbereich der Mittel gerät, zum anderen will man vermeiden, daß Wasserstellen in Standnähe, an denen die Bienen verkehren, durch die Mittel verunreinigt werden.

Daß es beim Umgang mit Pflanzenschutzmitteln keine Schlamperei geben darf, daß Spritzbrühe nicht verschüttet wird und die Spritz- und Sprühgeräte von Fall zu Fall zu reinigen sind, ist eine Selbstverständlichkeit.

Der Einsatz von Mitteln mit der amtlich sanktionierten Angabe *»bienengefährlich, ausgenommen bei Anwendung nach dem täglichen Bienenflug bis 23 Uhr«* ist immer problematisch. Wann ist der Bienenflug zu Ende? Und was geschieht, wenn bei hoher Luftfeuchtigkeit der Spritzbelag bis zum Morgen nicht eingetrocknet ist? Trotzdem scheint man sich nicht entschließen zu können, diesen Passus der Bienenschutzverordnung verschwinden zu lassen. Vorerst sollte ein derartiger Einsatz auf Ausnahmefälle beschränkt bleiben.

Wenn besondere Umstände es erfordern, daß bienengefährliche Mittel *an Bäumen im Wald* angewendet werden müssen, ist nach dem Gesetzestext die Behörde einzuschalten. Die erforderliche Meldefrist von bisher 48 Stunden erwies sich indessen als zu kurz, um die betroffenen Imker zu erreichen und zum Abwandern mit ihren Bienen zu veranlassen. In der bevorstehenden Novellierung müßte die Zeitspanne der Ankündigung bis zum Beginn der Bekämpfungsaktion auf 72 Stunden verlängert werden, und auch die Entfernung der zu benachrichtigenden Imker vom Ort des Mitteleinsatzes wäre von bisher zwei auf drei Kilometer zu erweitern. Trotzdem bleiben Probleme: Nach der derzeit gültigen Bienenseuchen-Verordnung ist zur Abwanderung ein Gesundheitszeugnis nötig, das, wenn man es nicht schon hat, in der kurzen Zeit unmöglich zu beschaffen ist und auch eine veterinärpolizeiliche Ausnahmegenehmigung ist wohl nicht so schnell zu erwirken.

Bei dem »Waldpassus« hat der Gesetzgeber wohl vornehmlich an die *Blattlausbekämpfung* gedacht. In dieser Hinsicht hat die Bienenschutzverordnung seit jeher eine Lücke. Sie betrifft die Anwendung von Pflanzenschutzmitteln bei honigtauerzeugenden Pflanzen im Wald. Honigtau von Blattläusen gibt es nicht nur an Waldbäumen, er kann auch am Getreide, am Mais, an Zuckerrüben u. dgl. auftreten. Man hat auch wiederholt schon Bienenflug in solche Kulturen beobachtet. So wird eine Novellierung der Bienenschutzverordnung auf diesen Sachverhalt Rücksicht nehmen müssen. Am besten wäre es, wenn die Anwendung von bienengefährlichen Pflanzenschutzmitteln an jeglichen Pflanzen mit Honigtauvorkommen untersagt werden würde, sofern dort mit sammelnden Bienen gerechnet werden muß. Daraus würde folgen, daß im Forst und an allen honigtauspendenden Pflanzen nur noch *bienenungefährliche* Mittel angewendet werden dürften. Aus diesem Grund wäre es ratsam, und man erwägt, das in der Verordnung ausgesprochene Verbot des Einsatzes von bienengefährlichen Pflanzenschutzmitteln an *blühenden Pflanzen* allgemein auf *»Pflanzen, die von Bienen beflogen werden«* auszudehnen. Ausnahmeregelungen für Notsituationen könnten in Verbindung mit der oben genannten Benachrichtigungsklausel bestehen bleiben.

Man sollte ohnehin den Umfang des Pflanzenschutzes im Forst nicht überschätzen. Nach neueren Erhebungen wird jährlich nur etwas mehr als 1% der Waldfläche der Bundesrepublik mit Pflanzenschutzmitteln behandelt. Dabei entfallen nur etwa 9% auf die von den Imkern besonders gefürchteten Insektizide, d. h. daß jährlich nur etwa 0,1% der gesamten Forstfläche damit behandelt wird. Man könnte daraus den Schluß ziehen, daß der Pflanzenschutz im Forst den Bienenschutz im allgemeinen nur wenig berührt.

Nicht unbedingt zum Segen für den Bienenschutz wirkt sich die Betriebsamkeit eifriger Naturschützer aus, die nicht nur eine unbewiesene und unwahrscheinliche Nahrungskonkurrenz zwischen Honigbienen und nützlichen Wildinsekten sehen wollen, sondern außerdem auch noch der Bienenschutzverordnung ankreiden, daß sie zwar die Honigbienen, nicht aber in gleicher Weise auch die Wildbienen schütze. Wenn die Ungefährlichkeit von Pflanzenschutzmitteln auch nicht automatisch für alle Wildbienen und andere Insektennützlinge gilt, so doch sicher für einen Teil von ihnen, und keinesfalls bedeutet die Bienenschutzverordnung einen Nachteil für die Nutzinsekten. Ob man aus solchen Überlegungen heraus der Verordnung gleich einen neuen Namen geben sollte, der stärker auf die Honigbiene abzielt, scheint doch eher ein Streit um des Kaisers Bart. Auf alle Fälle helfen derlei Einwände, die Verabschiedung der ersehnten Neufassung der Verordnung weiter hinauszuschieben.

Daß es dem Gesetzgeber sehr ernst mit der Bienenschutzverordnung ist, geht schon daraus hervor, daß Ordnungswidrigkeiten bei Maßnahmen des Pflanzenschutzes nach den entsprechenden Paragraphen des Pflanzenschutzgesetzes geahndet und mit Strafen bis zu 10 000 DM belegt werden können.

Über den Schutz der Bienen hinaus ist die Rücksicht auf Nützlinge in der Insekten- und der ganzen übrigen Tierwelt und letztlich auch der Schutz des Menschen vor möglichen Schäden im Zusammenhang mit dem Einsatz von Pflanzenschutzmitteln oberstes Gebot. Deshalb müssen nach einer ab 1. Juli 1988 gültigen Verordnung alle in der Landwirtschaft mit der Anwendung von Pflanzenschutzmitteln befaßten Personen ihre besondere »Sachkunde« auf diesem Gebiet nachweisen. Das bedeutet, daß die Betroffenen, soweit sie keine einschlägige Berufsausbildung vorweisen können, einen 30-Stunden-Lehrgang zum Erwerb dieses Nachweises absolvieren müssen.

5. Wie erkennt man Bienenvergiftungen durch Pflanzenschutzmittel?

Die modernen Kontaktinsektizide zeigen in der Regel eine so rasche Wirkung bei den Bienen, daß der Vergiftungsschaden schon deshalb relativ leicht erkennbar ist.

Soweit die Bienen nicht schon auf dem Feld verenden, werden die Heimkehrer von den Wächtern am Flugloch heftig angegriffen. Es kommt zu Beißereien und Stechereien. Die Stockbienen erkennen möglicherweise am veränderten Verhalten der Sammlerinnen, daß hier etwas nicht in Ordnung ist. Bereits eingedrungene Bienen werden häufig wieder zum Flugloch hinausgedrängt. Dabei kann es sich auch um Stockbienen handeln, die mit den Sammlerinnen in enge Berührung gekommen sind. »Giftalarm« im Bienenvolk führt ganz allgemein zu erhöhter Stechlust. Die Bienen putzen sich sehr stark. Ihre Bewegungen werden unkoordiniert und fahrig. Sie spreizen ihre Flügel unnatürlich ab, fallen auf die Seite und kreiseln am Boden; zuletzt zucken sie krampfhaft, bis ihre Bewegungen allmählich ganz ersterben.

Vor den Beuten nimmt der Totenfall beängstigend zu. Unter den eingegangenen Bienen findet man viele mit Pollenhöschen. Im Kasten können die Toten so hoch liegen, daß sie das Flugloch verstopfen. Das Volk kann in zwei Tagen vernichtet sein.

In glimpflichen Fällen kommt es nur zu Teilschädigungen, welche sowohl durch sehr stark als auch durch mäßig bienengiftig wirkende Mittel hervorgerufen werden können. Ein rasch wirkendes Insektizid, das auf einem weiter entfernten Trachtplatz angewendet wurde, tötet die Sammelbienen bereits an Ort und Stelle oder auf dem Rückflug, so daß am Flugloch wenig von der Vergiftung zu merken ist. Dann sollte aber dem Imker die plötzliche Schwächung der Völker auffallen, die Leere der Honigräume und der nachlassende Flugverkehr. Hier besteht allerdings eine hohe Verwechslungsgefahr mit den nahezu gleichen Symptomen der Nosemakrankheit. Auch gering wirkende Mittel, besonders wenn sie mit dem Pollen eingetragen werden, lassen manchmal die typischen Vergiftungserscheinungen am Flugloch vermissen. Man erkennt den Schaden erst, wenn die Jungbienen den Pollen fressen, bzw. wenn die Brut damit gefüttert wird. Das Volk nimmt an Stärke ab und oft erscheinen hinausgetragene Maden und Puppen vor dem Flugloch.

Tote Brut vor dem Flugloch kann man auch gelegentlich bei sehr massiven Vergiftungen feststellen. In solchen Fällen sind die Völker durch die hohen Bienenverluste oft nicht mehr in der Lage, die vorhandenen Brutflächen zu erwärmen, die verkühlte Brut muß weggeschafft werden.

Der häufige Verdacht der Imker, daß ihre Bienenvölker unter lange anhaltenden, sozusagen schleichenden Vergiftungserscheinungen nach Schädlingsbekämpfungsaktionen zu leiden hätten, erscheint bei Kenntnis der Wirkung der heute eingesetzten Gifte indessen nicht sehr wahrscheinlich. Eher könnte man daran denken, daß gelegentlich in einer Gegend mehrmals hintereinander Spritzsünden begangen werden, wodurch dieser fatale Eindruck entsteht.

Es ist von großer Wichtigkeit, daß man das Erscheinungsbild von Bienenvergiftungen durch Schädlingsbekämpfungsmittel von den Symptomen verschiedener damit verwechselbarer Bienenkrankheiten zu unterscheiden vermag. *Verwechslungsmöglichkeiten* bestehen besonders mit *Nosematose, Amöbenruhr, Acarapiose,* sowie Flugbienenverlusten durch *Witterungsunbilden.* Allen diesen Anlässen ist eine mehr oder weniger starke Schwächung der Völker gemeinsam. Kranke Völker bleiben oder werden *hauptsächlich im Frühjahr* schwach, und leider treten auch die Schäden durch Pflanzenschutzmaßnahmen gehäuft im Frühjahr und Vorsommer auf, weil in dieser Zeit der Mitteleinsatz in der Landwirtschaft am häufigsten ist. Dennoch kann es auch zu anderen Zeiten im Jahr zu Bienenvergiftungen kommen. Eine Vergiftung setzt in der Regel *schlagartig* ein und ebbt allmählich ab. Dagegen beginnt bei der am häufigsten auftretenden Frühjahrskrankheit, der Nosematose, der Totenfall eher *zögernd* und steigert sich allmählich; die Krankheit zieht sich lange hin. Nur bei der Acarapiose kennt man ausnahmsweise auch ein plötzliches »Auslaufen« der Bienen. Fast immer finden sich *Pollensammler* im Totenfall vergifteter Bienen – ein sicheres Zeichen, daß in erster Linie Sammelbienen daran glauben mußten. Dasselbe kann man aber auch beobachten, wenn die Bienen bei ungünstigen Witterungsverhältnissen ausfliegen und bei der Rückkehr ihr Flugloch nicht mehr erreichen. Die Pollensammler verklammen dann unmittelbar davor auf dem Boden.

Nosema- und Amöbenbienen verkoten das Flugloch und den Kasten, was vergiftete Bienen in der Regel nicht tun.

Krabbler auf dem Boden vor den Völkern kommen bei allen hier genannten Anlässen vor. Die Bienen zittern mit den Flügeln, spreizen sie unnatürlich von sich ab, machen vergebliche Abflugversuche und zeigen in der Endphase ihres Leidens deutliche Lähmungserscheinungen. Aber *Kreiselbewegung mit schwirrenden Flügeln* sind fast nur bei Vergiftungen zu beobachten. Dazu kommen die *Stechereien am Flugloch,* die man sonst nur bei Räuberei und Schwarzsucht kennt.

Schließlich gibt es noch ein ganz wichtiges Erkennungszeichen für Vergiftungserscheinungen bei Bienen: Die vergifteten toten Tiere haben fast immer ihren Rüssel ausgestreckt. Dieses Kriterium ist deshalb so wichtig, weil die meisten Giftschäden erst entdeckt werden, wenn das Malheur schon eine Weile zurückliegt und die typischen Verhaltensmerkmale an den lebenden Bienen nicht mehr beobachtet werden können.

In Tafel XVIII habe ich noch einmal die wichtigsten Unterscheidungsmerkmale bei Bienenvergiftungen und die am leichtesten damit zu verwechselnden Bienenkrankheiten zusammengestellt. Alles in allem ist der Imker sehr wohl in der Lage, Bienenvergiftungen von krankhaften Erscheinungen im Bienenvolk zu unterscheiden. Wenn trotzdem Zweifel bestehen, können sie durch die Laboruntersuchung der toten Bienen und nach Möglichkeit der Pflanzen aus den Kulturen, die vermutlich mit dem bienengiftigen Mittel behandelt worden sind, ausgeräumt werden. Die Anschrift der Untersuchungsstelle findet sich im nachfolgenden Abschnitt.

6. Was ist im Notfall zu tun?

Die Bienenschutzverordnung soll Bienen und Imker vor jeglichen Schäden durch unsachgemäße Pflanzenbehandlung bewahren. Gesetze werden vom Menschen für den Menschen gemacht. Das heißt mit anderen Worten, daß es immer wieder einmal Pannen geben kann. Wenn man trotz aller gesetzlichen Vorsorge einmal einen Vergiftungsschaden feststellen muß, ist es wichtig, das richtige zu tun.

Tafel XVIII. Unterscheidungsmerkmale zwischen Bienenvergiftungen und damit verwechselbaren Bienenkrankheiten

Kriterien	**Nosema, Tracheenmilbe**	**Berührungsgifte**
Zeit des Auftretens	besonders im Frühjahr	vom Frühjahr bis zum Herbst
Einsatz und Verlauf	schwach einsetzend, sich steigernd	schlagartig einsetzend, allmählich abebbend
Verhalten der Bienen	Krabbler und Hüpfer am Boden Körperzittern und Flügelverdrehen –	Krabbler und Hüpfer am Boden Körperzittern und Flügelverdrehen kreiselnde Bewegungen
Verhalten am Flugloch	–	Kämpfe und Beißereien (auch bei Räuberei und Schwarzsucht!)
Totenfall	ohne Pollensammler	mit Pollensammlern (auch bei wetterbedingten Flugbienenverlusten!), tote Bienen mit ausgestrecktem Rüssel

Das Schlimmste ist meist der erste Schrecken, von dem man sich so rasch wie möglich erholen sollte. Dann wird man prüfen, was von den Völkern noch zu retten und was verloren ist. Man muß aus den geschädigten Völkern die toten Bienen herausholen und den Bienensitz *einengen;* eventuell *dünnflüssig füttern!* Im übrigen wird zunächst alles so belassen, wie man es vorgefunden hat. Das ist für die Beweissicherung, die man jetzt unverzüglich (nach Möglichkeit innerhalb von 24 Stunden nach der ersten Feststellung des Schadens) vorzunehmen hat, von Wichtigkeit. Folgendes ist zu veranlassen:

1. Man unterrichte über den Bienenschaden folgende Personen und hole sie, soweit verfügbar, als Zeugen auf den Stand:
   a) einen *Vertreter der Imkerschaft,* z. B. den Vereinsvorsitzenden oder Gesundheitswart, der eine erste Schadenseinschätzung vornehmen kann. Er wird auch später noch einmal herangezogen werden müssen, um das Ausmaß des Vergiftungsschadens endgültig zu beurteilen. Dabei ist nicht nur über Total- und in Prozenten auszudrückende Teilverluste zu befinden, sondern auch die entgangene Honigernte am Ende des Jahres einzuschätzen. Das ist für die Versicherung beziehungsweise für die zivilrechtliche Abwicklung des Schadensfalles von Bedeutung.
   b) einen *Vertreter des zuständigen Pflanzenschutzamtes,* der sich über das Landwirtschaftsamt ermitteln läßt. Er ist am ersten in der Lage, Hinweise zu geben, wo und was »gespritzt« worden sein könnte.
   c) einen *Beamten der nächsten Polizeistation.* Bei ihm macht man gleichzeitig eine schriftliche Anzeige über das Vorkommnis und stellt Strafantrag – notfalls gegen Unbekannt. Damit wird der Schaden zwar nicht wettgemacht, aber die Anzeige führt zu einem Bußgeldbescheid des Schädigers, falls er gefunden wird. Sie ist für eine spätere zivilrechtliche Verfolgung des Falles mit Schadensersatzklage von Bedeutung.
   d) wenn der *Schädiger* oder der *Eigentümer* der behandelten Pflanzenkultur bekannt sein sollte, hole man auch ihn auf den Stand.

2. Für die biologische und chemische Untersuchung sammle man unter Anwesenheit der Zeugen etwa *1000 tote Bienen* (d. s. 100 g). Die Bienen werden in eine Pappschachtel oder Zigarrenkiste verpackt. Man verwende keine luftundurchlässigen Plastik- oder Blechschachteln, in denen die Bienen faulen und schimmeln würden. Es ist auch besonders darauf zu achten, daß man keinen Schmutz (Erde oder Humus) mit in die Behälter bringt. Manche Mittel können in Tonmineralien gebunden und von Mikroorganismen abgebaut werden, was das Untersuchungsergebnis verfälschen würde. Kann man die Bienen nicht gleich zur Post bringen, muß man sie in einer Tiefkühltruhe aufbewahren.

3. Sollte man Verdacht haben oder schon wissen, welche Pflanzenkultur in der Nähe behandelt worden ist, entnehme man – wieder unter Zeugen – *Pflanzenproben* (etwa 100 g) und verpacke sie in eine zweite Schachtel. Man vermische sie also nicht mit den eingesammelten toten Bienen. Handelt es sich um mehrere Pflanzenproben, schlage man sie getrennt voneinander in

Pergamentpapier oder weißes (unbedrucktes!) Papier ein und verklebe sie, damit sie beim Transport nicht aufgehen.

4. Falls eine Probe des für die Bienenvergiftung verantwortlich gemachten *Pflanzenbehandlungsmittels* zu bekommen ist, fülle man sie in eine saubere Flasche oder in einen anderen passenden Behälter ab.

5. Bienen- und Pflanzenprobe (sowie günstigstenfalls auch das Behandlungsmittel) sende man in gesonderten Paketen an die *zuständige Untersuchungsstelle.* Das ist heute für alle Bundesländer die
Biologische Bundesanstalt für Land- und Forstwirtschaft,
Untersuchungsstelle für Bienenvergiftungen,
Messeweg 11/12, 3300 Braunschweig, Tel. 05 31/3 99–3 90

6. Der Sendung ist ein sorgfältig ausgefüllter *»Antrag auf Untersuchung von Bienenvergiftungen«* beizugeben. Durchschläge sind mit gleicher Post an die darauf vorgedruckten Adressen zu senden. Es kann für den Nachweis der Vergiftung entscheidend sein, daß die Proben so schnell wie möglich an die Untersuchungsstelle gelangen – im Notfall auch ohne Antrag. Dann sollte man aber eine Notiz beilegen, daß der Antrag nachgereicht wird; und das hat dann auch unverzüglich zu geschehen. Ein zweiter Fragebogen ist für die *Rechtsverfolgung* (in zweifacher Ausführung) nebst einer Abschrift der polizeilichen Anzeige an den *zuständigen Landesverband* zu schicken. (Die Formulare kann man beim Vorsitzenden des örtlichen Imkervereins oder über die Geschäftsstelle des jeweiligen Landesverbandes beziehen.)

Bei der *Beurteilung des Schadens,* die der hinzugezogene Vertreter der Imkerschaft gemeinsam mit dem Geschädigten vornimmt, ist zu unterscheiden, ob die Völker gänzlich abgeschrieben werden müssen, oder ob man *Teilverluste* – wenn etwa nur die Flugbienen (40%) oder die Flugbienen und ein Teil der Stockbienen (50–80%) fehlen – geltend zu machen hat. Auch zwischen Ablegern und Vollvölkern wird man unterscheiden müssen, und schließlich ist der Verlust durch den Ausfall einer in der betreffenden Gegend erzielten Honigernte zu berechnen.

Inzwischen wird an der Biologischen Bundesanstalt das eingesandte Probenmaterial auf Vergiftung durch Pflanzenschutzmittel untersucht. Das geschieht zunächst auf biologischem Weg mit Hilfe des Aedes-Tests, wozu die im Wasser lebenden sehr giftempfindlichen Larven der Aedes-Mücke als Giftanzeiger benutzt werden. Damit läßt sich ein besonders rasches Ergebnis erzielen. Von allen dazu geeigneten Bienenproben wird eine Pollen-Analyse des im Haarkleid der Bienen befindlichen Blütenstaubs und eine Nosemauntersuchung durchgeführt. Wenn der biologische Vergiftungsnachweis bei Bienen- und Pflanzenproben positiv ausgefallen ist, gibt eine anschließende aufwendigere chemische Untersuchung genaueren Aufschluß über das beteiligte Pflanzenschutzmittel. Nur Frevelfälle werden nicht in die chemische Untersuchung einbezogen.

Von großer Wichtigkeit, weil u. a. auch von versicherungsrechtlicher Bedeutung, ist die Feststellung, ob der Vergiftungsschaden tatsächlich durch Pflanzenbehandlungsmaßnahmen entstanden ist, oder ob es sich nicht vielleicht um einen *Frevelschaden* handelt. Für den letzteren Fall gibt es folgende Hinweise:

1. Es sind nur einzelne Völker am Stand betroffen, die anderen zeigen keinerlei Schädigung.

2. Der ganze Stand ist betroffen, aber auf den nächstgelegenen Nachbarständen sind keine Vergiftungsanzeichen bei den Bienen festzustellen.

3. Der Bienenschaden ist außerordentlich massiv, d. h. mehr oder weniger das ganze Volk liegt auf dem Bodenbrett, da das Gift vermutlich zum Flugloch hineingespritzt wurde. Bei der späteren chemischen Untersuchung sind unverhältnismäßig hohe Giftmengen in den Bienenproben nachzuweisen.

4. Gibt es lose Teile am Flugloch (z. B. Flugkeil oder abschraubbares Flugbrett) und schickt man diese »Beweisstücke« mit an die Untersuchungsstelle, lassen sich auch hierauf massive Mengen des Giftes feststellen.

5. Liegengebliebene oder in der Nähe weggeworfene Spritzdosen räumen letzte Zweifel aus.

Kommen wir zurück zu den *echten* durch Pflanzenschutzmaßnahmen verursachten Bienenschäden: In den Formularen wird nach dem *Schädiger* gefragt. Man forsche überall in der Nachbarschaft, ob in letzter Zeit eine Schädlingsbekämpfungsmaßnahme durchgeführt worden ist. Der Pflanzenschutzsachverständige hat wahrscheinlich schon erste Hinweise gegeben. Die Auffindung des »Spritzsünders« ist von größter Wichtigkeit. Besonders in den Bundesländern, in denen der Imker durch seine Verbandszugehörigkeit nicht gleichzeitig auch gegen Vergiftungsschäden seiner Bienen versichert ist, läßt sich eine Schadenregulierung ohne den Schädiger nicht durchführen.

Wenn man sich all diese Umstände und Mühen gemacht hat, wenn man auch den Schädiger dingfest machen konnte und wenn von der Untersuchungsstelle dann endlich ein positiver Vergiftungsbefund einläuft, darf man nur noch hoffen, daß die *Rechtshilfe des Verbandes,* welche in einem solchen Fall in Aktion tritt, die Sache glücklich zu führen vermag. Sonst hat man am Ende zu allem Ärger auch noch den Schaden. Nur in Ländern, in denen die Imker »stäubeversichert« sind, kann man auch ohne den Schädiger und somit ohne Prozeß zu einer Entschädigung kommen.

Viel besser, als einem Vergiftungsschaden nachzulaufen, ist es natürlich immer, ihn nach Möglichkeit *von vornherein zu vermeiden.* Dazu kann der Imker selbst einiges beitragen. Er kann sich mit den Landwirten in der Nähe seines Bienenstandes in Verbindung setzen und auf seine Bienen aufmerksam machen. Der Landwirt braucht die Bienen, und er weiß das auch. Wenn es zu einem Schaden kommt, liegt in der Regel keine Absicht vor, sondern Unbedachtheit oder Vergeßlichkeit. Damit das nicht passiert, sollte der Imker das Gespräch mit dem Landwirt suchen. Dieser wird sich dann im Bedarfsfall auch an die Bienen erinnern.

Dasselbe gilt auch für die Wanderimkerei. Es empfiehlt sich immer, die Eigner größerer blühender Kulturen am Wanderplatz zu ermitteln. Insbesondere ist Kontakt mit der Gemeindeverwaltung aufzunehmen, die man aus gesundheitspolizeilichen Gründen ohnehin über die Zuwanderung zu verständigen hat (s. S. 32). Bei dieser Gelegenheit kann man auch gleich auf die Haftung bei Bienenschäden durch gemeindliche Schädlingsbekämpfungsaktionen hinweisen.

Der Imker sollte außerdem am Bienenstand seine Adresse deutlich sichtbar anbringen. Auf dem Wanderplatz ist er gesetzlich dazu verpflichtet.

B. Bienengefährdung durch industrieelle und technische Einwirkungen

Bienenschäden, hervorgerufen durch *»Industrie-Immissionen«,* d. s. Einwirkungen von Industrieabscheidungen, sind selten und dürften mit den heutigen strengen Auflagen der Umweltschutzbehörden in Zukunft noch weiter zurückgehen.

Aus früherer Zeit sind *Arsenvergiftungen* der Bienen bekannt. Beim Verhütten von arsenhaltigen Erzen und Verbrennen arsenhaltiger Kohle entsteht *Arsentrioxid,* das mit dem Rauch mehrere Kilometer weit getragen werden kann. Wenn es sich auf den Pflanzen niederschlägt, tragen es die Bienen mit Pollen, Nektar oder Honigtau nach Hause. Es wirkt als Fraßgift und schädigt die Bienen und ihre Brut. Die Wirkung war in den bekundeten Fällen schleichend. Es trat vermehrter Totenfall auf, oder auch nicht. Die Völker wurden aber immer schwächer, und an eine Honigernte war nicht zu denken.

Schwere Bienenschäden können durch *fluorhaltige Industrieabfälle* ausgelöst werden. Fluorhaltige Gase und Staubabsonderungen fallen in den verschiedensten Industrien an (Phosphatfabriken, Braunkohle verfeuernde Wärmekraftwerke; Glas-, Aluminium- und Keramikindustrie; Ziegeleien, Hütten- und Stahlwerke usw.). Die Symptome der Fluorvergiftungen bei der Biene sind etwa die gleichen wie bei der Arsenvergiftung. Über die Sammelprodukte werden nicht nur die erwachsenen Bienen geschädigt, der vergiftete Pollen kann auch zu Bruteinbußen führen, und es ist mit lang andauernder Wirkung zu rechnen. Fluorverbindungen wirken wahrscheinlich auch als Atemgift. Bienenschäden durch Fluoreinwirkung wurden besonders durch Veröffentlichungen aus der Schweiz bekannt. Es gab auch Meldungen aus *Ostdeutschland,* aus *Südbayern,* der *Oberpfalz* und aus dem *Ruhrgebiet.*

Was tut man als Imker in einem Bienenschadensfall durch Industrieabgase? Hier hat man kaum eine andere Wahl, als möglichst schnell abzuwandern. Ist man sich seiner Sache nicht ganz sicher, empfiehlt es sich, einige Völker zurückzulassen, die zur endgültigen Aufklärung der Schadensursache dienen können. Die Zusammenarbeit mit benachbarten Imkern ist dabei ebenfalls sehr wichtig, weil auch diese in der Regel Bienenschäden aufzuweisen haben – und zwar entsprechend der Entfernung der Schadensquelle und der Hauptwindrichtung in unterschiedlichem Ausmaß. Wichtig ist auch eine Abstimmung mit den Landwirten und den Fischereifachleuten in der betreffenden Gegend, denn auch deren Tierbestände sind in solchen Fällen gefährdet. Nur wenn nach gründlicher

Vorarbeit die Schädigung und der Schädiger einwandfrei feststehen, kann man sich auf einen Prozeß mit der mächtigen Industrie einlassen – und auch dann wird man die Hilfe des Imkerverbandes mit seinem Rechtsschutz nicht entbehren können.

Man möchte fragen, ob die in unserer Zeit so gewaltig angewachsene allgemeine Luftverschmutzung durch Industrie-Emissionen wie Schwefeldioxid, Kohlenmonoxid, nitrose Gase und Chlorverbindungen, sowie Autoabgase mit ihren Schwermetallanteilen nicht ebenfalls zu Bienenschäden führen können. Bisher ist dergleichen aber noch nicht bekannt geworden. Auch die Sammelprodukte der Bienen dürfen immer noch als relativ unbelastet von solchen Einwirkungen angesehen werden. In zahlreichen Stichproben, bei denen Honige verschiedenster Herkunft untersucht wurden, sind bisher die in Lebensmitteln zugelassenen Toleranzgrenzen für Verunreinigungen niemals erreicht worden. Die Bienen scheinen ihr Sammelgut – wie auch immer – sauber zu halten.

Daß auch *Abwässer,* wenn die Bienen ihren Wasserbedarf daraus beziehen, zu Bienenvergiftungen führen könnten, ist bei den mannigfachen Gewässerverunreinigungen keineswegs auszuschließen. Konkrete Fälle mit zyanidhaltigen Abwässern sind aus der vormaligen DDR bekannt geworden.

Zu den gefürchteten Umwelteinwirkungen unserer Tage gehören *Lärm* und *Erschütterungen.* Da die Bienen nichts hören, bleibt ihnen manches erspart. Sie sind aber gegen Vibrationen äußerst empfindlich. Erschütterungen, die durch Baumaßnahmen (z. B. Straßenbaumaschinen) oder im Zuge von Manövern in der Nähe von Bienenvölkern auftreten, können sich schädlich auswirken oder sogar die Bienen umbringen – was schon geschehen ist. Es ist auch nicht ausgeschlossen, daß der Überschallknall von Düsenflugzeugen zu Schädigungen der Völker führt. Das alles gilt aber nur für die kalte Jahreszeit, wenn die Bienen in der Wintertraube beisammensitzen und besonderer Ruhe bedürfen. Erstaunlich ist, daß den Bienen regelmäßig wiederkehrende kurzfristige Störungen, wie z. B. fahrplanmäßig vorbeifahrende Eisenbahnzüge, nichts ausmachen. Sie scheinen sich daran zu gewöhnen.

Lange war es strittig, ob auch *elektromagnetische Felder,* wie sie unter *Hochspannungsleitungen* ausgebildet sind, einen Einfluß auf die Bienen ausüben. Die Aussagen der Imker zu diesem Punkt waren zu unterschiedlich. Das ist auch nicht verwunderlich, wenn man bedenkt, daß in diesem Zusammenhang eine ganze Reihe von zusätzlichen Faktoren, z. B. verschiedene Spannungsstärken, unterschiedliche Landschafts- und Bodenverhältnisse, verschiedenartige Bienenbehausungen, selbstverständlich auch die Entfernung des Bienenstandplatzes von der Leitungsführung und anderes mehr, eine Rolle spielen können. Die Biene hat einen elektromagnetischen Sinn und benutzt ihn auch bei ihrer Orientierung. Es ist also schon theoretisch eine Wirkung zu erwarten, die inzwischen auch bereits in einer Reihe von Labor- und Freilandexperimenten nachgewiesen wurde. Bei praxisrelevanten Feldstärken unter Hochspannungsleitungen mit 220–380 kV ist bis zu einer Entfernung von maximal 30 m von der Trasse mit einer Beeinflussung der Bienen zu rechnen. Der nachgewiesene

Stimulationseffekt und die *verstärkte Motorik* der Bienen wirken sich leider nicht fördernd auf ihren Sammeleifer aus, sondern erzeugen u. a. größere Verteidigungsbereitschaft, Aggressivität, allgemeine Unruhe, verstärktes Kitten und gesteigerte Schwarmlust. Das alles sind Eigenschaften, die nicht gerade zu einer Steigerung des Honigertrags und der Pollenversorgung beitragen.

Es gibt somit eine ganze Reihe von Punkten, in denen die Bienen vom Inhalt des *Gesetzes zum Schutze vor schädlichen Umwelteinwirkungen durch Luftverunreinigungen, Geräuschen, Erschütterungen und ähnlichen Vorgängen (Bundes-Immissionsschutzgesetz vom 15. Mai 1974,* zuletzt geändert am 26. November 1986) berührt werden. Wir wollen nicht verschweigen, daß die Bienen aber auch umgekehrt gelegentlich eine Belastung für die Umgebung darstellen können. Das kann der Fall sein, wenn sie z. B. in zu großer Völkerzahl auf einem zu kleinen Grundstück, und womöglich noch mitten in einem reinen Wohngebiet, gehalten werden. Wir sollten das vermeiden.

Im übrigen zweifelt heute wohl niemand mehr daran, daß der Bienenflug auf fremdes Terrain als positiv zu beurteilen ist. Jeder weiß, daß die Biene auf Grund ihrer Bestäubungstätigkeit volkswirtschaftlich eine bedeutende Rolle spielt, und daß sie darüber hinaus als Landschaftsgestalterin unentbehrlich ist.

VII. Zur Methodik der Krankheitsuntersuchung

Während sich Krankheiten der *Bienenbrut* in der Regel allein nach ihrem äußeren Erscheinungsbild unschwer auseinanderhalten lassen – kann es bei den Krankheiten der *erwachsenen Bienen* eher einmal Schwierigkeiten geben. So ist es wünschenswert, die klinischen Befunde der *Nosemaseuche*, der *Ruhr*, des *Amöbenbefalls* und der *Tracheenmilbenkrankheit* noch stärker gegeneinander abzusichern. Bei dem Ärger, welche die anzeigepflichtige *Bösartige Faulbrut* dem betroffenen Imker bereitet, will er natürlich auch diese im allgemeinen leicht erkennbare Krankheit eindeutig bestätigt wissen, und das gleiche gilt für die neu bei uns eingeschleppte *Varroatose*.

Wenn wir jeden Irrtum ausschließen wollen, müssen wir den *Krankheitserreger* gesehen und erkannt haben. Das ist die Aufgabe der *amtlichen Untersuchungsanstalten,* soweit es sich um *anzeigepflichtige Bienenseuchen* handelt. Diese Stellen sind nach Aufforderung und gegen Gebühr auch in der Lage und bereit, *nicht anzeigepflichtige* Bienenkrankheiten zu diagnostizieren. Das heißt aber nicht, daß ein Imker, der Zeit, Interesse und Liebe dazu hat, die nötigen Untersuchungen nicht auch selbst durchführen kann. Allerdings braucht er dazu eine gewisse Ausrüstung und einige Anleitung.

A. Mikroskopische Untersuchungstechnik

Die meisten Erreger der Bienenkrankheiten gehören zu den *Mikroorganismen,* d. h. daß wir sie mit unbewaffnetem Auge nicht mehr sehen können. Wir benötigen dazu eine optische Vorrichtung zur Vergrößerung. Im einfachsten Fall ist das eine *Lupe.* Sie besteht aus einer einzigen Sammellinse oder aus einem einfachen Linsensystem. Damit ist höchstenfalls eine 20–25fache Vergrößerung erreichbar. Je stärker die Lupe, desto geringer sind der Arbeitsabstand zum Objekt, das Gesichtsfeld und die Lichtstärke. Die besten Arbeitsvoraussetzungen bestehen bei 6–12facher Vergrößerung (Abb. 67). Eine erheblich stärkere

Abb. 67: Stiellupen mit 6–12-facher Vergrößerung sind für imkerliche Zwecke gut geeignet.

Vergrößerung ist nur unter Verwendung einer kombinierten Vorrichtung aus zwei getrennten Linsensystemen möglich, wie sie im *Mikroskop* verwirklicht ist.

1. Das Mikroskop

Es gibt heute *Lichtmikroskope,* die gegenüber den Geräten vor 50 Jahren einen so viel komfortableren und komplizierteren Eindruck machen, daß man glauben könnte, es handele sich um ein ganz anderes Werkzeug. Dabei hat sich im grundsätzlichen Bauprinzip so gut wie nichts geändert (Abb. 68).

Ein festes Stativ hält einen Tubus, in den die beiden Linsensysteme – oben das *Okular* (Oculus = Auge) und unten (dem Objekt zugewendet) das *Objektiv* – eingefügt sind. Okular und Objektiv sind auswechselbar, wodurch der Vergrößerungsmaßstab verändert werden kann. Zum raschen Wechsel der Objektive besitzen die meisten Mikroskope einen drehbaren Objektivrevolver.

Ein *Objekttisch* trägt das mikroskopische Präparat, auf welches das optische System für das betrachtende Auge scharf eingestellt werden muß. Das geschieht mit Heben und Senken entweder des Tubus oder (bei feststehendem Tubus) des

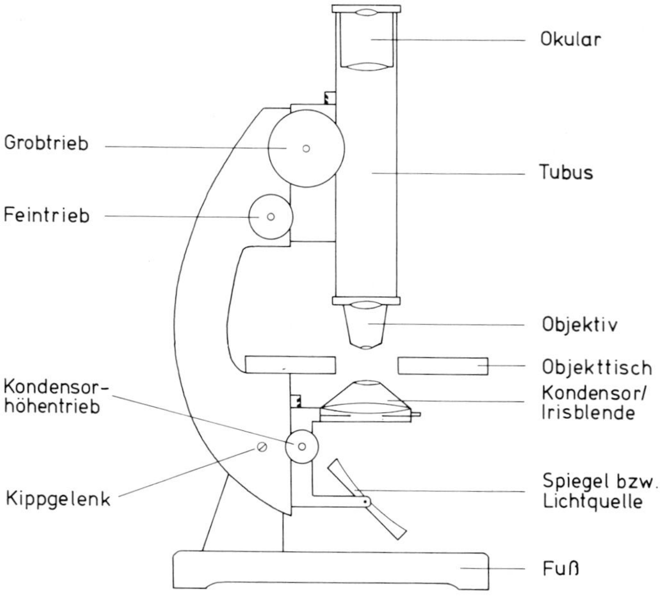

Abb. 68: *Schemazeichnung eines Lichtmikroskopes. Die Grundbestandteile sind dieselben, gleich, ob es sich um ein einfaches Kursmikroskop oder um ein hochmodernes Forschungsmikroskop handelt.*

Objekttisches. Eine Gewindeschraube besorgt den *Grobtrieb* (Makrometerschraube), eine andere den *Feintrieb* (Mikrometerschraube). Beide Schrauben sind entweder auf getrennten Achsen oder auf einer gemeinsamen Achse gelagert. Die für das Mikroskopieren bequeme Schrägstellung des Tubus wird entweder durch eine Kippvorrichtung oder durch Umlenkung des Strahlengangs mit einem Prisma an einer Knickstelle erreicht.

Der Objekttisch hat in der Mitte eine runde Öffnung. Darüber legen wir das mikroskopische Präparat, welches in der Regel zwischen zwei unterschiedlich starken Glasplatten eingezwängt ist. Wir betrachten es im *Durchlicht.* Zu diesem Zweck wird mit Hilfe eines drehbar im Fuße des Mikroskops befestigten *Spiegels* Licht gesammelt und nach oben in die Öffnung des Objekttisches umgeleitet. Der Spiegel hat in der Regel eine plane und eine konkave (hohle) Seite.

Zwischen dem Spiegel und dem zu betrachtenden Objekt ist in der Regel noch ein *»Kondensor«* (Lichtregulierungsvorrichtung) eingeschaltet. Die Auflösungsgenauigkeit des mikroskopischen Objektes hängt nämlich zu einem guten Teil von der Beschaffenheit des Lichtbündels ab, das von unten her durch das Präparat dringt. Es kann durch den unter dem Objekttisch befestigten Kondensor (dem dritten Linsensystem des Mikroskops), gesteuert werden. Durch die Möglichkeit der Höhenverstellung des Kondensors und durch eine eingebaute veränderbare Irisblende läßt sich eine optimale Beleuchtung und Auflösung des mikroskopischen Bildes erreichen.

Das Auflösungsvermögen, d. h. die Fähigkeit, zwei eng beieinanderliegende Punkte noch getrennt abzubilden, und die Bildqualität eines Mikroskops hängen in erster Linie von seiner optischen Ausrüstung, besonders von der Güte des Objekts, ab. Gute Mikroskope haben farb- und verzerrungskorrigierte Linsensysteme mit einer möglichst großen optisch wirksamen Öffnungsweite (numerische Apertur). Letztere ist in jedes Markenobjektiv eingraviert.

Von großer Bedeutung ist die *Lichtquelle.* Das Tageslicht wird heute nur noch in beschränktem Maße verwendet. An seine Stelle tritt die künstliche Lichtquelle, welche ein nach Helligkeit und spektraler Zusammensetzung stets gleichmäßiges Licht liefert. In der Regel verwendet man *Niedervoltlampen,* die mit niedriger Spannung, aber relativ hoher Stromstärke betrieben werden und deshalb ein »kaltes« Licht ausstrahlen. Die Lichtquelle wird entweder getrennt vom Mikroskop aufgestellt, oder sie ist im Fußteil des Mikroskops eingebaut. Erst durch eine gute Beleuchtung kommen die optischen Qualitäten eines Mikroskops voll zur Geltung.

Die *Endvergrößerung* einer Mikroskopeinstellung berechnet sich als Produkt der Eigenvergrößerungen der beiden optischen Systeme des Okulars und Objektivs:

$$V_{\text{gesamt}} = V_{\text{Objektiv}} \times V_{\text{Okular}}.$$

Bei jedem Arbeiten mit stärkeren Vergrößerungen muß der Experimentator achtgeben, daß das Präparat, welches auf dem gläsernen *»Objektträger«* liegt und von einem sehr dünnem *»Deckglas«* nach oben hin geschützt wird, nicht durch zu nahes Auffahren des Objektives verletzt wird. Deshalb empfiehlt es sich, das Objekt durch Betätigung des Großtriebes zuerst so nahe wie nur möglich an die Deckglasoberfläche heranzubringen. Dabei schaut man nicht durch das Okular, sondern kontrolliert den Vorgang von der Seite her. So läßt sich am leichtesten vermeiden, daß das Objektiv das Deckglas durchstößt. Erst jetzt schaut man in das Okular, das Objektiv mit der Mikrometerschraube langsam vom Präparat wegbewegend, bis das Bild scharf erscheint.

Bei sehr starken Vergrößerungen (z. B. über 1000fach!), wenn das Objekt dem Betrachtungsobjekt extrem nahe kommt, macht sich der Brechungsindex der dazwischen befindlichen Luft unangenehm bemerkbar, indem er vom Objekt ausgehende Lichtstrahlen ablenkt und ihr Eindringen in die Frontlinse des Objektivs verhindert. Diesen Nachteil kann man durch Zwischenschalten eines Mediums, das den gleichen Brechungsindex wie Glas besitzt, beheben. Man verwendet dazu ein *Immersionsöl,* z. B. *Canadabalsam, Cedernöl* oder *synthetische Immersionsflüssigkeiten.* Das Auflösungsvermögen wird dadurch erhöht, die Abbildungsqualität verbessert. Objektive, welche zur Erreichung ihrer maximalen Vergrößerungsleistung eine Immersionsflüssigkeit brauchen, heißen Immersionsobjektive.

Das Mikroskop in der hier beschriebenen Grundausführung reicht im allgemeinen zum Nachweis der Erreger der wichtigsten Bienenkrankheiten aus. Wir können uns die Beschreibung der vielerlei Spezialverfahren der Lichtmikroskopie (Phasenkontrast-, Polarisations-, Fluoreszenz-, Ultraviolett-, Dunkelfeld-, Interferenzmikroskopie u. a.) sparen. Lediglich Viren vermögen wir mit dem Lichtmikroskop nicht wahrzunehmen. Dazu bräuchten wir ein *Elektronenmikroskop,* welches sich aber der Privatmann nicht leisten kann. Er wäre ohne besondere Schulung auch nicht in der Lage, damit umzugehen. Dagegen soll hier noch auf einen anderen Typ des Lichtmikroskops hingewiesen werden: auf das *Stereomikroskop,* das auch *binokulares Mikroskop* oder kurz *Binokular*

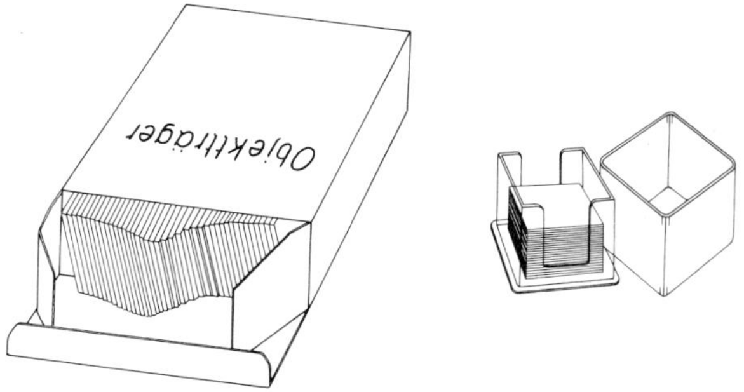

Abb. 69: *Objektträger (links) und Deckgläser (rechts) sind unerläßliche Hilfsmittel beim Mikroskopieren.*

genannt wird. Diese Mikroskope sind in der Regel nur für geringere Vergrößerungen ausgelegt; ihr optimaler Bereich liegt zwischen 4- und 100-facher Vergrößerung. Dem Aufbau nach sind sie eigentlich zwei gekoppelte Mikroskope, welche ein räumliches Bild liefern, und durch besonderen Strahlengang ein seitenrichtiges und aufrechtstehendes dazu. Die üblichen Mikroskope erzeugen seitenverkehrte und auf dem Kopf stehende Bilder.

Man benützt das Stereomikroskop, um in seinem Blickfeld Präparationen durchzuführen. In der Regel arbeitet man mit *Auflicht,* d. h., daß das Licht von ein oder zwei Lichtquellen seitlich von oben auf das Objekt fällt. Binokulare sind aber auch mit Durchlicht zu gebrauchen, wobei allerdings bei der geringen Vergrößerung der Kondensor wegfällt.

2. Hilfsmittel und Arbeitsgeräte

Zum Mikroskopieren gehört eine Reihe von zusätzlichen Arbeitsutensilien. Je nach dem, was man beobachten will und wie die einzelnen Präparate für die mikroskopische Auswertung vorbereitet werden müssen, können die notwendigen Hilfsgeräte unter Umständen teurer sein als das Mikroskop selbst. Für die Zwecke des Imkers allerdings, dem es nur darum geht, die Erreger der wichtigsten Bienenkrankheiten zu Gesicht zu bekommen, hält sich die Auswahl der Zusatzmittel in Grenzen.

Wir brauchen vor allem eine Unterlage für die zu untersuchenden Objekte. Das ist in der Durchlichtungsmikroskopie eine auf den Objekttisch zu legende Glasplatte. Solche Trägergläser *(Objektträger!)* aus schlierenfreiem, planparallelem, ca. 1 mm starkem Glas haben die genormte Größe von 75×25 mm. Man kauft sie in der Regel gleich in größerer Menge ein (Abb. 69). Weiter benötigen wir zum Abdecken der Präparate kleinere Glasplättchen. Sie müssen sehr dünn sein, da man ja mit dem Objektiv des Mikroskops sehr nah an den zu betrachtenden Gegenstand herankommen muß. Auch diese *»Deckgläser«* gibt es genormt. Sie sind etwa 0,17 mm dick. Für unsere Zwecke eignen sich am besten quadratische Deckgläser mit 18 mm Seitenlänge. Sie gibt es in Päckchen zu 100 Stück im Handel. Bei ihrer großen Empfindlichkeit wird man eine Menge davon brauchen.

Als Kleinwerkzeuge beschaffen wir uns eine sehr feine *gerade Pinzette,* eine *gekrümmte Pinzette,* die etwas derber sein darf, zwei gefaßte *Präpariernadeln,* eine *Lanzette,* eine *Drahtöse* und ein paar *Glasstäbe* mit rund-geschmolzenen Enden. Weiter gehören zu unserer Ausrüstung ein gestieltes Messer mit flach gewölbter Scheide, das man als *»Skalpell«* in verschiedener Größe und Form bekommen kann, und ein *»histologisches«* Scherchen mit doppelt spitzen Enden, das im wesentlichen einem Nähzeugscherchen entspricht. Für besonders feine Schnitte wäre ein *»Pinzettenscherchen«* recht. Es läßt sich durch Zusammendrücken der gefederten Scherenarme schließen. All diese Werkzeuge sind in Abb. 70 dargestellt.

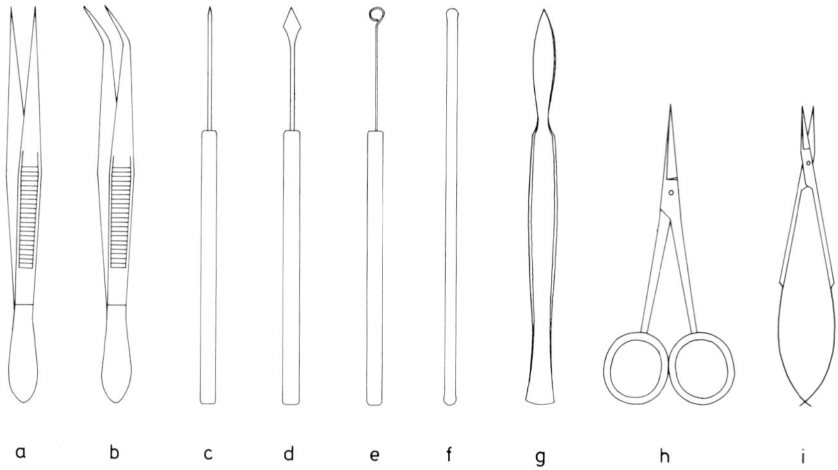

Abb. 70: *Zur Präparation von Bienen braucht man: a) eine Pinzette mit geraden Spitzen, b) eine Pinzette mit geknieten Enden, c) Präpariernadel, d) Lanzette, e) Drahtöse, f) Glasstab, g) Skalpell, h) histologisches Scherchen und i) Pinzettenscherchen.*

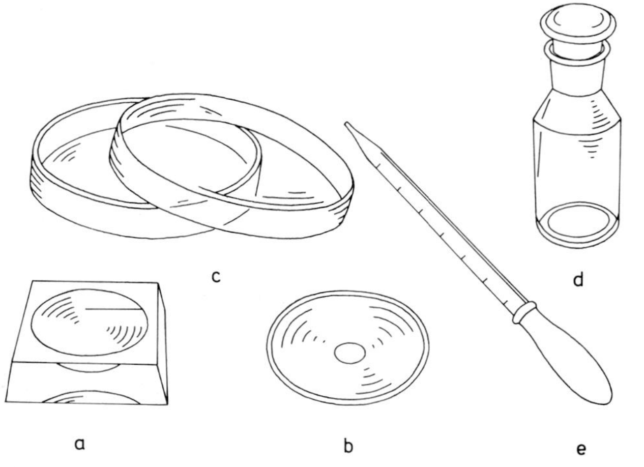

Abb. 71: *Als nützliche Glasgeräte bei der mikroskopischen Untersuchung der Bienenkrankheiten erweisen sich: Blockschälchen (a), Uhrgläser verschiedener Größe (b), Petrischalen (c), Weithalsflaschen unterschiedlichen Fassungsvermögens (d), Saugpipetten (e).*

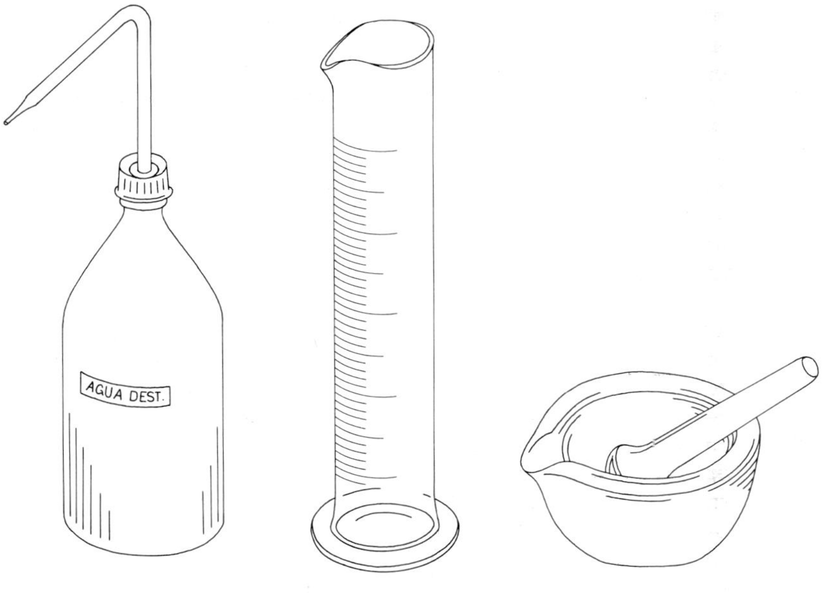

a b c

Abb. 72: *Ergänzend werden zur Laboruntersuchung von Bienenkrankheiten gebraucht: eine Spritzflasche (a), ein Meßzylinder (b) und eine Reibschale mit Pistill (c).*

An Glasgefäßen werden einige *Blockschälchen* (auch *Salznäpfchen* genannt), *Uhrgläser* und *Petrischalen* gebraucht. Für Tinkturen und Lösungen sind *Weithalsflaschen mit Schliffstopfen* praktisch. Wenn man mit Färbemitteln arbeitet, sollte man sich auch ein paar *Pipetten,* evtl. mit Gummibällchen als Saugvorrichtung, beschaffen. Als *Meßpipetten* sind sie mit einer Graduierung versehen (Abb. 71). Eine *Spritzflasche* für destilliertes Wasser und einen *Meßzylinder,* den man je nach Bedarf in verschiedenen Größen erhält, können von Nutzen sein. Für die Nosemauntersuchung wird eine *Reibschale* (= *Mörser* aus Porzellan) mit einem *Stampfer* (=*Pistill*) gebraucht (Abb. 72).

Das ist das Nötigste, was zur mikroskopischen Untersuchung der Bienenkrankheiten vorhanden sein sollte. Wenn man vom Mikroskop selbst absieht, das unbedingt ein Markenfabrikat mit korrigierten Linsensystemen sein sollte, sind alle Zusatzutensilien in der Anschaffung relativ bescheiden.

B. Spezielle Untersuchungsverfahren

Bei einer Reihe von Bienenkrankheiten läßt sich der *klinische* (d. i. der durch das äußere Erscheinungsbild gewonnene) Befund durch den *Labortest* absichern. Die dazu notwendigen Untersuchungen erfordern einen unterschiedlichen Material- und Zeitaufwand. Ich will bei ihrer Besprechung in der Reihenfolge nach abnehmender Größe der Krankheitserreger (Milben, Mikrosporidier und Amöben, Pilze, Bakterien) vorgehen.

1. Brutmilbenkrankheit (Varroatose)

Zum Nachweis dieses relativ großen Tieres braucht man noch kein Mikroskop. Man kann die Milbe mit bloßem Auge sehen; allerdings erlangt man größere Sicherheit, wenn man sie bei leichter Vergrößerung betrachtet. Geeignet ist dazu eine 6- oder 8-fach-Lupe, die man als Imker auch sonst gelegentlich, z. B. bei der Merkmalskörung der Bienen oder bei der Suche nach Lachniden auf den Trachtpflanzen, brauchen kann.

Wir haben im wesentlichen drei Möglichkeiten der Diagnose:

1. Man untersucht die erwachsenen Bienen auf weibliche Schmarotzermilben,
2. man untersucht die Brut auf weibliche und männliche Varroamilben, Nymphen, sowie Kotspritzer an den Zellwänden,
3. man untersucht die Bodeneinlage auf abgefallene tote Milben und ihre Entwicklungsstadien.

Für Bienenvölker, die erst sehr schwach befallen sind, kommen die beiden ersten Kontrollmöglichkeiten weniger in Betracht. Die Aussicht, auf diese Weise Milben zu finden, ist hier zu gering. Chancen bietet dagegen die dritte Möglichkeit. Dabei kann man sein Augenmerk auf den spontanen Milbenabfall im *Sommer-* und *Herbstgemüll* richten, oder man sucht die Bodeneinlage im Anschluß an ein chemisches Bekämpfungsverfahren auf heruntergefallene Milben ab. So hat man früher, als die Krankheit noch nicht so weit verbreitet war, nach ihr gesucht und den Vorgang als »Chemodiagnose« bezeichnet. Der Geübte kann inmitten der wenigen Wachskrümel die Milben und ihre Entwicklungsstadien auf einer sehr hellen oder sehr dunklen Unterlage relativ leicht ausmachen. Ungleich schwieriger ist es, wenn man die Milben aus dem *Wintergemüll* mit Massen von Wachsresten und allerlei Fremdkörpern wie Pollen, Chitinteilen, Vorratsschädlingen u. dgl. herausfinden soll. Dabei gilt es als erstes, den Wintertotenfall vom Gemüll abzutrennen. Dazu kann man das Ganze durch ein 3–4 mm weites Maschengitter sieben. Wenn man den vorne beschriebenen *Gitterrahmen* (S. 25) als Bodeneinlage verwendet, vollzieht sich schon beim Herunterfallen eine zumindest grobe Trennung der toten Bienen vom Gemüll. Der Gitterrahmen hat auch noch den Vorteil, daß das Gemüll mit den Parasiten nicht vorzeitig aus dem Kasten hinausgeschafft werden kann.

Die Aufgabe des Untersuchers ist es nun, das Gemüll nach den Varroaparasiten durchzumustern. Das ist bei der oft nicht geringen Gemüllmenge und der

Abb. 73: *Varroa-Untersuchung nach* S. Brem: *Man schüttelt das von toten Bienen befreite und gut getrocknete Gemüll in einen Glasbehälter (1), übergießt es einige cm hoch mit Spiritus und rührt mit einem Glasstab tüchtig durch (2). Nach Auffüllen mit ca. 40 Teilen Wasser sucht man die Flüssigkeitsoberfläche mit einem feinen Sieb nach Varroa-Milben ab (3).*

farblichen Ähnlichkeit von Wachspartikeln und Parasiten äußerst arbeitsaufwendig – zumindest wenn man in naheliegender Weise das auf eine helle Unterlage ausgebreitete Gemüll Stück für Stück mit der Lupe durchsucht.

Es gibt aber raschere Verfahren, von denen die Methode nach S. Brem besonders einfach und wirksam erscheint: Das Gemüll wird im geheizten Zimmer wenigstens 2 Tage gut durchgetrocknet und anschließend in einen weiten Glasbehälter geschüttet. Dazu gießt man so viel Brennspiritus, bis die Flüssigkeitsoberfläche das Gemüll um einige Zentimeter übersteigt. Zusammengeklebte Gemüllteile werden mit einem Glasstab zerkleinert. Während Wachsteilchen, Pollen, Kittharz und andere schwerere Partikel unten bleiben, kommen die Varroamilben, Chitinteile der Bienen, kleinere Pflanzenreste u. dgl. nach oben. Schwimmen noch keine Milben an der Oberfläche, mag man das spezifische Gewicht der Flüssigkeit und damit den Auftrieb durch Zugießen von Wasser bis knapp auf die doppelte Flüssigkeitsmenge erhöhen. Jetzt siebt man das Schwimmgut ab und ermittelt den Varroabefall (Abb. 73).

Nehmen wir an, daß in einem varroabefallenen Bienenvolk 10% der Parasiten natürlicherweise während des Winters eingehen und abfallen. Wenn wir von einer winterlichen Volksstärke von 10 000 Bienen ausgehen, und bei unserer Untersuchungsmethode 10 Milben aus dem Gemüll aufsteigen, würde das bedeuten, daß jede 100ste Biene von dem Parasiten befallen ist. Natürlich müßte man auch des ganzen Wintergemülls habhaft werden, was aber sicher nur ausnahmsweise zutrifft.

2. Tracheenmilbenkranheit (Acarapiose)

Um diesen Parasiten sichtbar zu machen, müssen wir ihn erst aus der Biene *herauspräparieren*. Es gibt dazu mehr oder weniger gute Verfahren. Ich begnüge mich mit der Besprechung zweier methodischer Varianten, welche an der Bayerischen Landesanstalt für Bienenzucht in Erlangen üblich sind.

Der Anfang ist beidemale gleich: Man faßt die Biene, den Rücken nach unten, zwischen Daumen und Zeigefinger und reißt mit einem feinen geraden Scherchen den Kopf und gleichzeitig das erste Beinpaar von der Brust ab. Dann schneidet man parallel zu der so entstandenen Öffnung, das Scherchen knapp vor den Flügelwurzeln ansetzend, eine 1–1,5 mm breite Brustscheibe herunter. Das geschieht mit jeder einzelnen der etwa 30 Bienen einer Probe (Abb. 74).

Die Scheibchen werden in ein 20 ml fassendes (»Arznei-«) Fläschchen, das zu knapp ⅓ mit 10%iger Kalilauge gefüllt ist, gesammelt. In der Lauge löst sich das Muskelgewebe auf. Die Chitinteile, also der »Körperring« und die angeschnittenen Tracheenstücke, die von den hier mündenden vorderen Stigmen (= Atemöffnungen) nach innen führen, bleiben erhalten. Dieser Prozeß ist nach 4 Minuten Erwärmung des Laugenfläschchens im kochenden Wasserbad oder nach 24stündigem Zimmeraufenthalt abgeschlossen. Danach schüttet man die Kalilauge mit den Chitinringen auf ein Stück feines Drahtgewebe und spült unter dem Wasserhahn kräftig nach (Abb. 75). Die weitere Untersuchung gestaltet sich

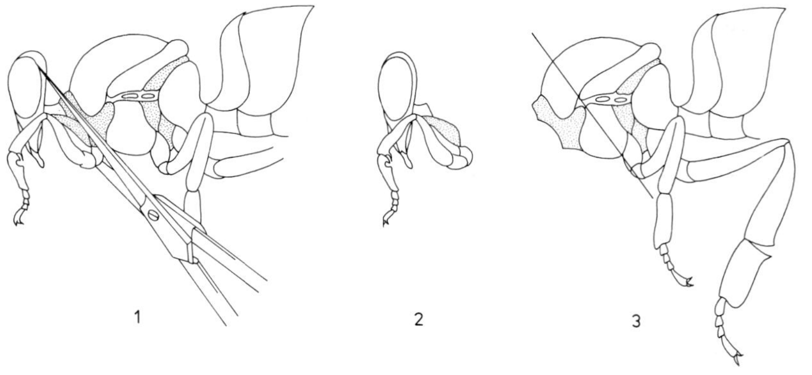

Abb. 74: *Präparation der Biene zum Nachweis der Tracheenmilbe: Unter Zuhilfenahme eines geraden Scherchens reißt man den Kopf mit einem Teil des ersten Brustrings und dem ersten Beinpaar von der Brust (1, 2) und schneidet danach parallel zur Abrißstelle eine 1–1,5 mm starke Brustscheibe ab (3). Darin befinden sich die Haupttracheenäste mit den Milben. Erster und dritter Brustring sind punktiert gezeichnet. Unter der nach hinten oben zeigenden Chitinzunge des ersten Brustrings befindet sich das vorderste Stigma, die Eintrittstelle der Acarapis-Milbe. Die Ansatzstellen der Flügel sind als Ovale zwischen den Rücken- und Brustplatten des 2. und 3. Brustringes zu erkennen.*

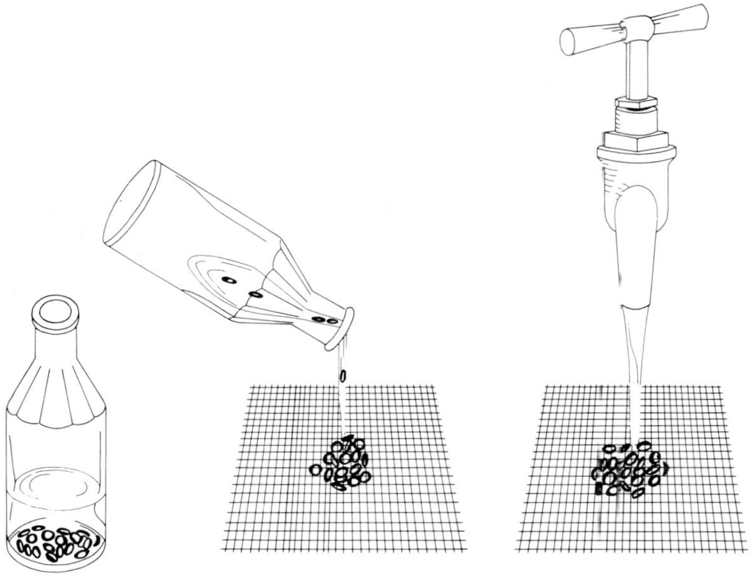

Abb. 75: *Zur Vorbereitung für die Milbenuntersuchung werden die Brustscheiben in ein Gläschen mit 10%iger Kalilauge geworfen, worin sich das Muskelgewebe auflöst (links). Danach gießt man die Lauge ab und sammelt die Chitinringe auf einem Drahtgitter (mitte); hier werden sie einer Schlußwäsche mit reinem Wasser unterzogen (rechts).*

verschieden, je nachdem, ob man nur ein *einfaches,* oder ein *binokulares Mikroskop* zur Verfügung hat.

Mit dem *einfachen* Mikroskop: Die beiden Haupttracheenstämme, oft mit Nebenästen, sind mit dem bloßen Auge leicht zu erkennen. Man zupft sie mit der Pinzette von dem Chitinring los und legt sie in einen Wassertropfen auf den Objektträger. Darauf kommt ein Deckgläschen, das man etwas andrückt. Das Präparat wird unter das Mikroskop gelegt, wo man die Tracheen bei beliebiger, aber nicht zu starker Vergrößerung betrachtet (Abb. 23).

Mit dem *binokularen* Mikroskop: Man klopft die Ringe vom Siebgitter herunter in ein durchsichtiges Glasschälchen (»Uhrglas-« oder besser »Blockschälchen«) und gießt etwas Wasser darüber, so daß sie darin schwimmen (Abb. 76 links). Das Schälchen stellt man auf den Tisch des Stereomikroskops und dirigiert mit zwei Präpariernadeln nacheinander die einzelnen Ringe mit ihren Tracheen in das mikroskopische Blickfeld. Eine 20–40-fache Vergrößerung hat sich dabei als besonders vorteilhaft erwiesen (rechts).

Die Luftröhrchen sind bei gesunden Bienen *klar* und *durchsichtig*. Bei kranken Tieren sind sie auf frühem Befallsstadium *fleckig gelb,* wobei man recht gut

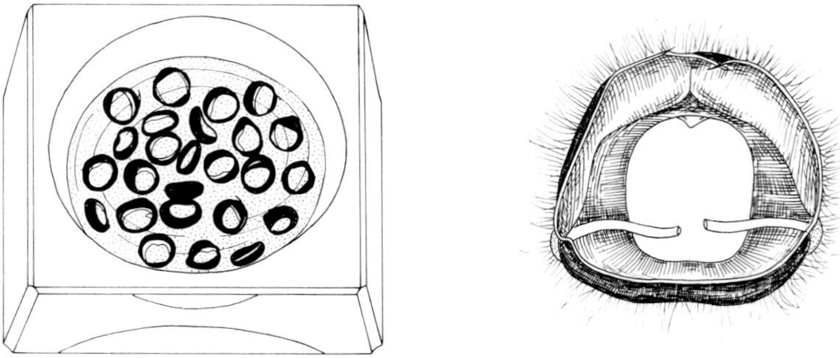

Abb. 76: *Fertige Untersuchungsprobe zur mikroskopischen Betrachtung (links). In den Chitinringen liegen die Hauptstämme des ersten Tracheenpaares frei (rechts).*

einzelne Milben darin unterscheiden kann; später werden die Tracheen durch die sie verstopfenden Milben dunkler und erlangen zuletzt eine unregelmäßig *dunkelbraune* bis *schwarze* Färbung, welche von Vernarbungen und Blutschorfen an den Tracheenwänden herrührt (s. S. 99f. u. Abb. 24).

Natürlich reicht die Untersuchung von wenigen und noch dazu beliebigen Bienen nicht aus, um die Frage des Milbenbefalls mit Sicherheit beantworten zu können. Andererseits ist es bei der notwendigen Untersuchung von Einzelbienen aber auch nicht möglich, mit sehr großen Zahlen zu arbeiten – und selbst dann bleibt die Aussage im Wahrscheinlichkeitsbereich. Man wird auf alle Fälle *gezielt* nach der Milbe suchen. Der Wintertotenfall kann bereits als eine Positivauslese angesehen werden. Noch aussichtsreicher ist die Untersuchung von »Krabblern« und »Hüpfern« vor dem Bienenstand, falls man solcherart verdächtige Tiere beobachten kann.

3. Nosemaseuche

Je nachdem, ob man nur wissen will, wie stark ein Bienenvolk als Ganzes von dem Parasiten befallen ist, oder ob man den Befallsgrad der Einzeltiere kennenlernen möchte, ist der zeitliche Aufwand der »Nosemauntersuchung« verschieden groß.

Für den praktischen Bedarf genügt in der Regel der *pauschale Nachweis* der Krankheit, wobei gleich eine ganze Bienengruppe eines Volkes in einer sogenannten *Sammelprobe* untersucht wird. Dazu trennt man die Hinterleiber von 30–35 Bienen vom übrigen Körper und zerreibt sie mit ca. 2 ml – wenn sie schon sehr trocken sind, mit 3 ml – Wasser in einem Porzellanmörser. Mit dem Pistill tupft man von dem entstandenen Brei nebeneinander dreimal einen Tropfen auf einen Objektträger und deckt jeden Tropfen mit einem Deckglas ab (Abb. 77). Man achte darauf, daß keine Chitinteile mit unter das Deckglas kommen, da die

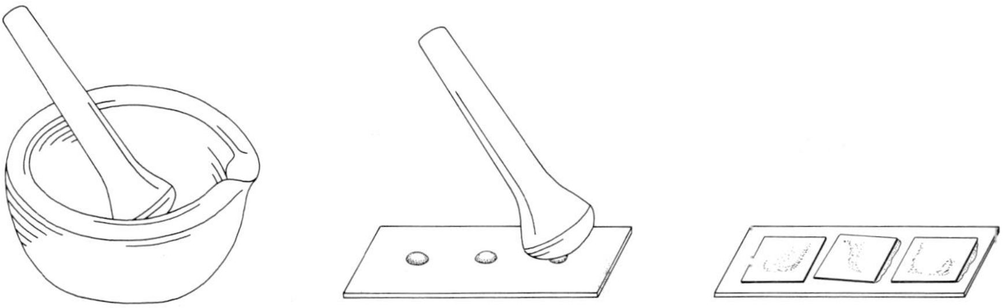

Abb. 77: *Bei der Nosema-Sammeluntersuchung zerreibt man die Hinterleiber von 30 Bienen mit etwas Wasser in einem Porzellanmörser (1), tupft nebeneinander 3 Tropfen von dem entstandenen Brei auf einen Objektträger (2) und deckt mit je einem Deckglas ab (3).*

Sporen sonst im mikroskopischen Bild nicht scharf einzustellen sind. Man braucht ein Mikroskop mit großem Blickfeld und guter Optik. Als Vergrößerung wählt man 400-fach. Dabei ist es zweckmäßig, den Kondensor abzublenden, um die Sporen deutlicher sichtbar zu machen. Eine Färbung des Präparates ist nicht notwendig.

Man erkennt unter dem Mikroskop die *Nosemasporen* als ziemlich gleichmäßig große, einheitlich oval geformte Gebilde. Sie sind stark lichtbrechend und präsentieren sich als farblose, glänzende Körperchen mit dunklem Rand. Auch der Wenig-Geübte wird sie nach kurzer Zeit leicht erkennen. Er muß es lernen, die Nosemasporen von allerlei anderen im Präparat vorkommenden Partikelchen, etwa *Hefezellen, Pilzsporen, Fett-* und *Kalkkörperchen,* extra kleinen *Pollenkörnchen* und schließlich von *Amöbencysten* (s. S. 120), zu unterscheiden. Muskelfasern, Luftröhrenteile und Bienenhaare sind dabei unverfängliche Begleiterscheinungen.

Die Beurteilung der Befallsstärke ist eine Erfahrungssache. Man unterteilt in der Regel in 4 Stärkegrade:

0 (−)	= keine Sporen
1 (+)	= schwacher Befall
2 (++)	= mittlerer Befall
3 (+++)	= starker Befall

Dem Anfänger sei geraten, durch Verschieben jedes Präparates etwa 10 Gesichtsfelder zu kontrollieren und in jedem die Sporenzahl abzuzählen oder abzuschätzen. Findet man in keinem der Felder über 20 Sporen, kann man von einem geringen Befall sprechen. Zählen wir verschiedentlich 20–100 Sporen, ist ein mittlerer und darüber ein starker Befall anzunehmen. Eine ungefähre Vorstellung geben die Befallsmuster in Abbildung 78.

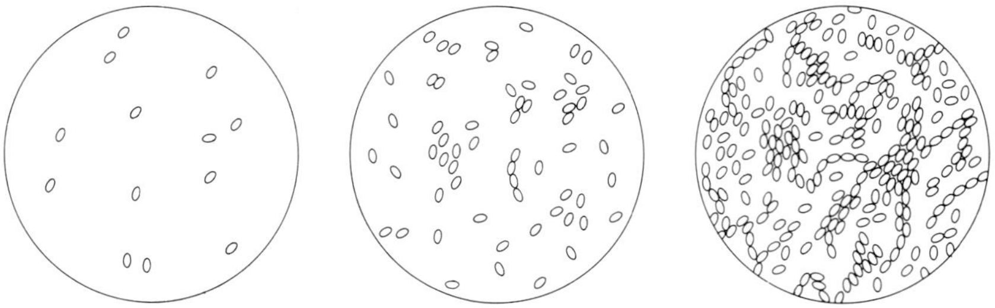

a b c

Abb. 78: *Befallsstadien der Nosematose: a) schwacher, b) mittlerer, c) starker Befall. 400-fache Vergrößerung.*

Nach jeder Benützung müssen Reibschale und Mörserstempel unter fließendem Wasser gründlich gespült und gereinigt werden, ehe man eine neue Untersuchungsprobe anrichtet.

Bei der Untersuchung von Sammelproben besteht immer die Gefahr, daß einzelne, stark befallene Bienen das Bild verfälschen. Aussagekräftiger wäre zweifellos die Aufteilung der Probe in *mehrere kleine Bienengruppen* und deren gesonderte Untersuchung. Einen noch aufschlußreicheren Befund, vor allem im Hinblick auf den Prozentsatz und den Befallsgrad der kranken Bienen im Volk, erhält man aber nur durch die *Einzeluntersuchung.* Dabei schneidet oder reißt man der Biene den Kopf ab und packt mit einer Pinzette die Hinterleibsspitze, welche man leicht hin und her bewegend vom übrigen Körper abzieht. Dabei kommt der Darmkanal (Kotblase, Dünndarm, Mitteldarm, Honigblase) zum Vorschein, den wir auf einen Objektträger legen. Wenn die Tiere schon etwas in Fäulnis übergegangen sein sollten, kann man den Darm auch einfach durch Auseinanderziehen des Hinterleibs unmittelbar auf dem Objektträger freilegen. Wir zupfen alles ab, bis nur noch der für die Nosemauntersuchung besonders interessante Mitteldarm übrig bleibt. Nach Aufbringen eines Tropfen Wassers decken wir ihn mit einem Deckglas ab und zerquetschen ihn durch leichtes Andrücken.

Gleich, ob man Sammelproben oder Einzelbienen untersucht, man wird dazu immer *gezielt* nach Nosematrägern, d. h. nach alten Bienen, Ausschau halten. Eine gute Chance, Nosemabienen zu finden, besteht in der Untersuchung des Wintertotenfalls. Aussichtsreiche Untersuchungsobjekte sind krankheitsverdächtige Bienen im Frühjahr vor dem Flugloch. Wenn es solche nicht gibt, muß man Sammelbienen am Flugloch abfangen, am besten welche, die mit Pollenhöschen nach Hause kommen. Daß man auch Kotschorfe von Rähmchen oder anderen Beutenteilen abkratzen, mit Wasser verdünnen und zur mikroskopischen Untersuchung heranziehen kann, versteht sich von selbst. Dies ist zudem ein bequemer Weg, um die nicht ansteckende Ruhr von der Nosemaseuche abzugrenzen.

Es gibt einen kleinen wissenschaftlichen Streit, ob die Untersuchung des Wintertotenfalls sinnvoll ist, wenn es gilt, etwas über die Entwicklung der Krankheit im Frühjahr vorauszusagen. Tatsächlich ist es für den Praktiker oft schwer verständlich, wenn der Nachweis eines schweren Nosemabefalls in einer Bienenprobe so gar nicht zu dem äußerlich gesunden Bild des dazugehörigen Volkes passen will. Andererseits kann eine Probe mit sehr geringem Befall aus einem geradezu erbarmungswürdigen Volk stammen. Hier muß man sich an das erinnern, was weiter vorne über die Möglichkeit von Mischinfektionen gesagt wurde. Außerdem haben wir in der Nosematose ein geradezu klassisches Beispiel einer »Faktorenkrankheit« (also einer von Außenfaktoren stärkstens beeinflußbaren Krankheit) vor uns. Aber trotzdem: auch wenn die Untersuchung des Wintertotenfalls mehr über das im letzten Jahr Gewesene als über die Zukunft eines Volkes Aufschluß geben mag, erhält man doch zumindest einen Hinweis, wie gut oder schlecht es mit den weiteren Entwicklungsaussichten bestellt ist. Immerhin liegen statistische Untersuchungsergebnisse vor, die zeigen, daß zwischen der Stärke des Nosemabefalls im Wintertotenfall und der späteren Volksentwicklung und -leistung der Bienenvölker eine Beziehung besteht.

4. Amöbenkrankheit

Mit denselben Hilfsmitteln und sogar in *denselben* Präparaten, die zum Nachweis der Nosemasporen angefertigt werden, kann man auch die Cysten von *Malpighamoeba mellificae* finden. Die Amöbencysten sind wie die Nosemasporen farblos und von einer kräftigen dunklen Randzone umgeben. Sie sind aber in der Regel *kreisförmig* und *größer* als die Nosemasporen. Ihr Durchmesser entspricht etwa der Länge der Sporen, beträgt also 5–7 µm. Oft erscheinen sie etwas eingedellt.

Gezielt kann man nach den Cysten suchen, wenn man ausschließlich die *Malpighischen Gefäße* (= Harnröhrchen) unter das Mikroskop bringt. Dazu muß man wieder den Darmkanal der Biene freilegen (s. Nosemauntersuchung). Man wirft ihn in ein Schälchen mit Wasser, und, indem man ihn mit der Pinzette festhält, schneidet man unter Wasser die Harnkanälchen mit einem Skalpell oder einer feinen Schere ab (Abb. 79, links). Sie werden dann in einem Tropfen Wasser auf den Objektträger und unter ein Deckglas gebracht. Durch einen kleinen Druck treten die Cysten aus den Röhrchen heraus (rechts). Theoretisch müßten auf diese Weise auch vegetative Stadien sichtbar werden. Dazu wäre allerdings eine Färbung des Präparates vorteilhaft (s. S. 221f.).

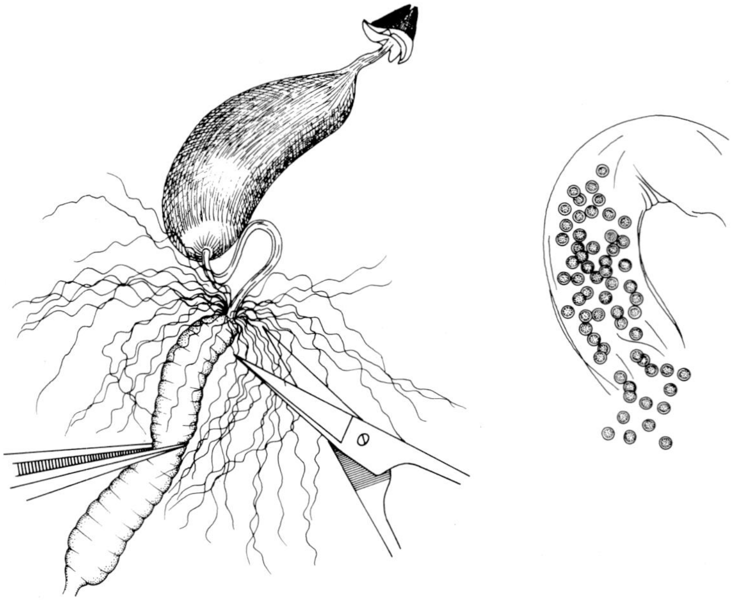

Abb. 79: *Zur gezielten Amöbensuche muß man sich auf die Malpighischen Gefäße konzentrieren. Wenn man den Bienendarm im Wasserschälchen mit einer Pinzette festhält, lassen sich die Harnkanälchen mit einer kleinen Schere leicht abtrennen (links). Unter dem Mikroskop bei 400-facher Vergrößerung findet man die Harnröhrchen oft vollgepfropft mit Amöbencysten (rechts).*

5. Kalk- und Steinbrut

Zum mikroskopischen Nachweis dieser Krankheiten benötigt man mumifizierte Maden, welche bereits mit der Fruchtkörperbildung begonnen haben und einen grau-grünen (Kalkbrut) oder gelb-grünen (Steinbrut) Belag aufweisen. Von diesem Belag schabt oder zupft man mit einer Lanzette oder feinen Pinzette eine kleine Menge ab und bringt sie auf einen Objektträger. Darüber legt man ein Deckglas. Neben diesem *Trockenpräparat* kann man gleich noch eine *Feuchtprobe* herstellen, indem man die abgelösten Pilzteilchen mit einem Tropfen destillierten Wassers verrührt, ehe man das Deckgläschen auflegt. Man kann die Pilzprobe aber auch in ein Gemisch von Glycerin und 96%igen Alkohol zu gleichen Teilen legen und so für die mikroskopische Betrachtung noch durchsichtiger machen. Bei mittlerer Vergrößerung (150–200-fach) kann man die *kugelförmigen Fruchtkörper* bei der Kalkbrut und die *pinselartigen Sporenanordnungen* bei der Steinbrut gut erkennen (Abb. 80 links u. rechts).

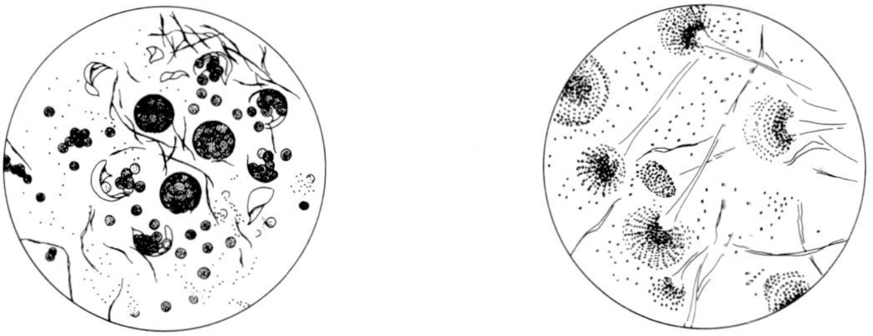

Abb. 80: *Mikroskopische Bilder von Zupfpräparaten des Erregers der Kalkbrut, Ascosphaera apis (links) und der Steinbrut, Aspergillus flavus (rechts). Die kugeligen Fruchtkörper des Kalkbruterregers sind, soweit nicht geborsten, gefüllt mit Sporenballen; dazwischen finden sich freie Sporenballen, leere Hüllen, vertrocknete Mycelreste und freie Sporen. Der Steinbrutpilz verrät sich durch seine kolbigen Fruchtträger mit pinselartig angeordneten Conidiosporen. 150-fache Vergrößerung.*

6. Bösartige und Gutartige Faulbrut

Auf Grund der Zugehörigkeit der Erreger dieser Krankheiten zu den *Bakterien* bedarf es für die mikroskopische Betrachtung einer entsprechend starken Vergrößerung. Das Mikroskop muß wenigstens 1000-fache Vergrößerung zulassen und über Ölimmersion verfügen. (s. S. 206).

Allerdings sollte hier gleich eine *Warnung* ausgesprochen werden: Es ist weder leicht noch absolut sicher, Gutartige und Bösartige Faulbrut allein über das mikroskopische Bild zu unterscheiden. Die mikroskopische Beurteilung von Bakterien nach Größe, Gestalt und Eigenheiten in den dafür hergestellten »Ausstrichpräparaten« ist ein sehr schwieriges Kapitel. Es gibt einfach zu viele und einander zu ähnliche Bakterien, als daß sich der Laie hier zurechtfinden könnte. Nicht nur, daß die meisten Bakterien wenigstens in zwei Formen, der vegetativen und der Dauerform in Erscheinung treten, gibt es noch eine ganze Reihe anderer Formvarietäten, so daß man oft nicht weiß, ob man verschiedene Bakterien oder ein und dasselbe Bakterium, nur in verschiedener Gestalt vor sich hat.

Der Bakteriologe hat zwar die verschiedensten Färbemethoden zur Verfügung, aber selten reagieren die Bakterien auch in spezifischer Weise darauf. Sie verhalten sich in der Regel recht ähnlich, so daß sie und ihre Abkömmlinge im Präparat zwar schöner sichtbar, aber doch nicht eben leichter voneinander unterscheidbar werden. So gehört zur genauen Identifizierung der Bakterien nicht selten die Lebendbeobachtung ihres Wachstums und ihrer Sporenbildung, wozu die *künstliche Zucht* auf einem geeigneten Nährboden notwendig ist. Dazu kommt in jüngerer Zeit als besonders sicheres Verfahren zur Erkennung bakterien- oder virenbedingter Infektionskrankheiten die *Serumdiagnostik.* Sie beruht auf Veränderungen des Blutserums durch Bildung von Antikörpern nach natürlichen oder künstlich herbeigeführten Infektionen. Diese auch bei der Biene anwendbare »seroimmunologische« Untersuchung ist nur in Fachlaboratorien möglich.

Das alles bedeutet, daß der Imker mit Schlußfolgerungen aus der mikroskopischen Untersuchung der Faulbruterreger vorsichtig sein muß. Dennoch ist der mikroskopische Befund zur Stützung der klinischen Beurteilung eines Faulbrutfalles von Nutzen. Lernen wir also, wie man Bakterien unter dem Mikroskop sehen und ansprechen kann:

Ausstrichverfahren – Bakterien werden zu diagnostischen Zwecken in der Regel mit Hilfe des Ausstrichverfahrens untersucht. Dazu gibt man einen winzigen Tropfen destillierten Wassers auf einen fettfreien Objektträger. Mit peinlich sauberer Lanzette oder abgeflammter Drahtöse nimmt man etwas von dem kranken Brutmaterial und vermischt es mit dem Wassertropfen. Das Ganze wird möglichst gleichmäßig flächig verteilt, was in der Weise geschieht, daß man ein Deckgläschen schräg an den Tropfen setzt und ihn ausstreicht (Ausstrichpräparat!). Man läßt den Ausstrich an der Luft antrocknen. Schneller geht es, wenn man den Objektträger mit der Präparatseite nach oben ein paarmal rasch durch den nicht leuchtenden Teil einer Gasflamme zieht (Abb. 81).

Wenn das Präparat gefärbt werden soll, wäre jetzt der richtige Zeitpunkt.

Zur mikroskopischen Betrachtung bringt man einen Tropfen Immersionsflüssigkeit auf den Ausstrich und legt ein fettfreies Deckglas darüber. Ein weiterer Tropfen Immersionsöl kommt auf das Deckglas – und das Präparat ist fertig für den Objekttisch. Man taucht das Objektiv unter vorsichtiger Anwendung der groben Einstellung und bei ständiger seitlicher Kontrolle in das Immersionsöl, bis es beinahe auf dem Deckglas aufsteht. Danach versucht man, durch das

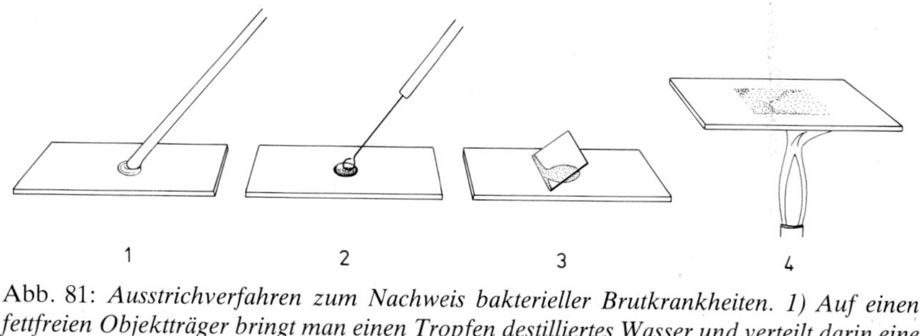

Abb. 81: *Ausstrichverfahren zum Nachweis bakterieller Brutkrankheiten. 1) Auf einen fettfreien Objektträger bringt man einen Tropfen destilliertes Wasser und verteilt darin eine Winzigkeit des faulbrutverdächtigen Larvenrückstandes – am besten unter Benützung einer ausgeglühten Drahtöse (2). 3) Man setzt in schräger Haltung ein Deckglas an den Tropfen und zieht ihn flächig auf dem Objektträger aus. 4) Den Ausstrich läßt man an der Luft oder – wenn es schnell gehen soll – durch mehrmaliges Hindurchziehen durch den nicht leuchtenden Teil einer Gasflamme (Bunsenbrenner) trocknen.*

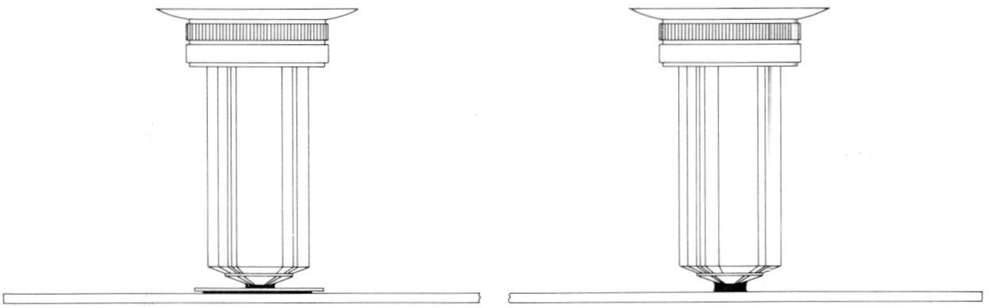

Abb. 82: *Möglichkeiten des Einsatzes von Ölimmersion bei der Bakterien-Mikroskopie. Links: Das »Immersionsobjektiv« taucht in einen Tropfen Immersionsflüssigkeit über dem Deckglas, welches seinerseits den Ausstrich mit Immersionsöl eindeckt. Rechts: Unter Verzicht auf ein Deckglas befindet sich lediglich ein Tropfen Immersionsöl zwischen Objektiv und Ausstrich.*

Okular blickend, mit der Mikrometerschraube das Untersuchungsobjekt scharf einzustellen, indem man das Objektiv vom Beobachtungsgegenstand weg – nicht zu ihm hin – bewegt. Man verhindert dadurch eine Beschädigung von Objektiv und Präparat. Die Kondensorblende ist stark zu verengen.

Das Immersionsöl zwischen Objektträger und Deckglas macht das Präparat lange haltbar. Man kann das Deckgläschen aber auch noch mit einem eigens dafür bestimmten Kitt umranden und auf diese Weise ein »Dauerpräparat« herstellen. Wenn man das Präparat nur kurz durchmustern und nicht länger aufbewahren will, kann man auf das Deckgläschen ganz verzichten. Dann taucht man das Objektiv des Mikroskops direkt in den Immersionstropfen über dem Ausstrich ein (Abb. 82).

Mit dieser einfachen Technik, d. h. ohne weitere Hilfsmittel, bekommt man Bakterien, Sporen und mögliche Begleitgebilde zu Gesicht. Der ausgerüstete Mikroskopiker kann die Methodik durch den Einsatz von Phasenkontrast oder Dunkelfeld noch verfeinern. Einzelheiten hierüber mag man in einer Anleitung zur mikroskopischen Untersuchungstechnik nachlesen. Aber von einer anderen Verbesserungsmöglichkeit der Bakteriendarstellung soll hier noch die Rede sein: Man kann die Präparate färben.

Präparatefärbung – Am einfachsten, aber wirkungsvoll ist die Färbung mit *Methylenblau.* Dazu bereitet man sich eine gesättigte wäßrige Farbstofflösung, d. h. man löst soviel von dem festen Farbstoff in Wasser auf, bis ein ungelöster Rest zurückbleibt. Nach Abfiltern der Lösung von diesem Rückstand – etwa 1–2 Tage nach dem Ansetzen – verdünnt man sie mit der gleichen Menge 96%igen Alkohols. Das ergibt die Stammlösung, welche man zum Gebrauch noch einmal mit destilliertem Wasser (bis etwa 1:1) verdünnen muß. Zur Färbung gibt man einen Tropfen der Lösung auf den Ausstrich, wartet einige Sekunden oder Minuten (je nach dem gewünschten Stärkegrad der Färbung) und spült mit destilliertem Wasser nach. Dann tupft man das Präparat mit Filterpapier vorsichtig ab oder läßt es durch rasches Durchziehen durch eine Gasflamme vollständig trocken werden. Damit ist das Präparat gefärbt.

Es gibt noch eine große Reihe anderer Färbemethoden, deren Beschreibung hier zu weit führen würde. Nur noch eine, recht bequeme sei genannt: die Färbung mit *Giemsa-Lösung*. Die Stammlösung (Azur-eosin-methylenblau-Lösung) bezieht man am besten über eine Laborbedarfshandlung. Man legt das luftgetrocknete Präparat zunächst für 5–10 Minuten in Methylalkohol und läßt es wieder trocknen. Danach wird eine 3%ige Verdünnung der Giemsa-Lösung mit abgekochtem destillierten Wasser auf das Präparat getropft, so daß der Ausstrich damit bedeckt ist. Nach 30–45 Minuten spült man mit destilliertem Wasser ab, trocknet vorsichtig und läßt das Präparat an der Luft fertigtrocknen. Nicht erwärmen, da sonst eine Farbstoffkomponente ausfallen könnte!

Mit diesen beiden Methoden werden die *Bakterien* gefärbt (Positivfärbung). Es gibt aber auch eine ganz simple *»Negativfärbung«*. Dazu rührt man eine winzige Menge des Untersuchungsmaterials in einen auf den Objektträger gebrachten Tropfen gewöhnlicher schwarzer Tusche und zieht diese sehr fein aus. Der Ausstrich muß gut durchsichtig sein. Nach der Trocknung heben sich die Bakterien unterm Mikroskop ungefärbt von dem grauschwarzen Untergrund ab. Dabei werden besonders die Sporen gut sichtbar.

Die Präparatefärbung ist ein sehr reizvolles, aber in ihrer Vielfalt und ihren Möglichkeiten auch sehr umfangreiches Betätigungsfeld des Mikroskopikers. Einzelheiten kann der Interessent aus der dazu vorhandenen Spezialliteratur entnehmen (z. B. B. Romeis: Mikroskopische Technik, R. Oldenbourg Verlag, München).

Erkennungshinweise – Die vorne aufgezeigten Schwierigkeiten der mikroskopischen Identifizierung von Bakterien bestehen uneingeschränkt auch bei den beiden Faulbrutarten der Bienen. Es ist ein Vorteil, daß wir es bei der *Bösartigen Faulbrut* nur mit einem *einzigen Bakterium* als Erreger zu tun haben, welches selbstverständlich bereits nach allen Regeln der Kunst studiert worden ist. Bacillus larvae ist 2,5–5 µm lang und 0,7–0,8 µm dick und besitzt am ganzen

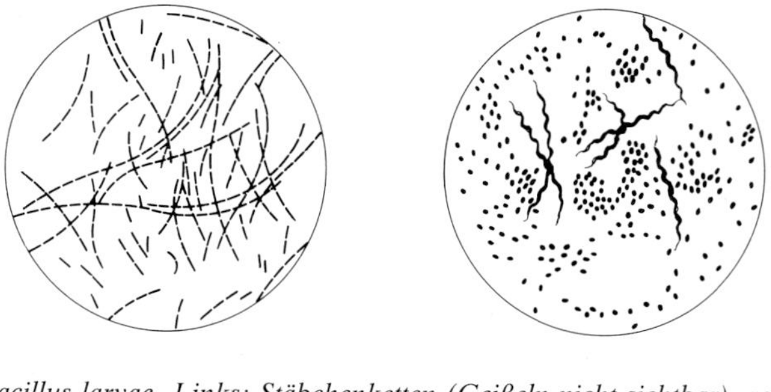

Abb. 83: *Bacillus larvae. Links: Stäbchenketten (Geißeln nicht sichtbar), rechts: Sporen und Geißelverbände 100-fache Vergrößerung.*

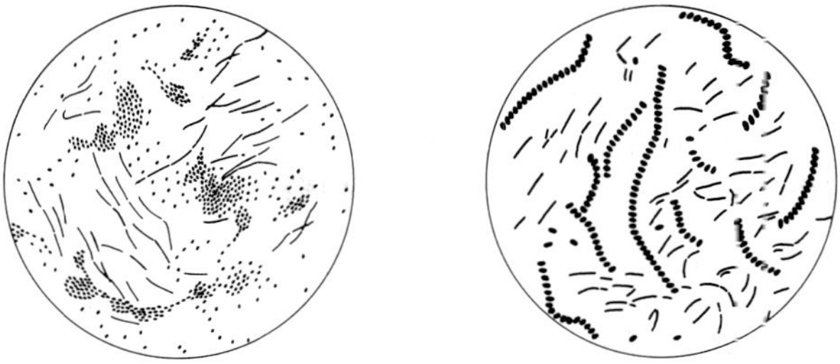

Abb. 84: *Einige bei der Gutartigen Faulbrut häufiger vorkommende Bakterien. Links: Mischpräparat mit Streptococcus pluton und der langgestreckten Form des Bacillus Achromobacter euridice. Rechts: Bacillus alvei in Stäbchen- und Sporenform. 1000-fache Vergrößerung.*

Körper zahlreiche, lange, kurz gewellte Geißeln. Diese sind aber im mikroskopischen Präparat selten an den Bakterien zu finden. Sie fallen leicht ab und schließen sich dann zu sogenannten *Geißelzöpfen* zusammen, welche schraubenförmig gewunden sind und an beiden Enden spitz zulaufen. Die Geißelzöpfe sind sehr beständige Gebilde, die übrigens nicht nur von Bacillus larvae, sondern auch von verschiedenen anderen Bakterien gebildet werden. Sie lassen sich mit und ohne Färbung, aber besonders gut mit dem Phasenkontrastverfahren, erkennen. Das Bakterium selbst präsentiert sich in der Regel als nacktes Stäbchen. In Vermehrung begriffen findet man es häufig zu Ketten oder Fäden aufgereiht (Abb. 83 links).

Wenn sich aus den Bakterien Dauerformen bilden, bauchen sie sich in der Mitte auf, ihren Plasma-Inhalt dorthin zusammenziehend. Es entstehen eiförmige 1,3–1,6 µm lange *Sporen,* welche die Reste der Bakterienhüllen rasch abstoßen. Die Sporen sind regellos angehäuft und in manchen Präparaten oft die einzigen Zeugen für das Vorhandensein des Bakteriums – besonders wenn das Untersuchungsmaterial aus Schorfen stammt (Abb. 83 rechts).

Bei Vorliegen des klinischen Befundes sind diese mikroskopischen Kriterien des Erregers der Bösartigen Faulbrut eine wertvolle Diagnosehilfe. Eine weitere Absicherung bedeutet es, daß in den Präparaten ganz vorwiegend nur dieses eine bestimmte Bakterium mit seinen Abkömmlingen (Sporen, Geißelzöpfen) – und dazu noch in großen Massen zu finden ist. Bacillus larvae scheint antibiotische Stoffe zu entwickeln, welche die Ausbreitung anderer Mikroorganismen in der befallenen Larve verhindern.

Weniger für den experimentierenden Laien als für eingerichtete Untersuchungsstellen besteht auch die Möglichkeit, Faulbrutsporen im Honig nachzuweisen. Der Honig wird mit destilliertem Wasser verdünnt und zentrifugiert. Den Rückstand untersucht man im üblichen Ausstrichverfahren. Natürlich muß der Honig schon erheblich mit Faulbrutsporen verunreinigt sein, wenn man auf diese Weise etwas finden will. Geringere Sporenkonzentrationen können entdeckt werden, wenn man den Satz aus dem Zentrifugenröhrchen auf einen Nährboden ausbringt und das Faulbrutbakterium darauf züchtet. Letzteres wird in den Untersuchungsanstalten auch mit Faulbrutmaterial aus den Brutzellen gemacht, um den Befund zweifelsfrei abzusichern.

In der Regel nicht so stark mit Bakterien überschwemmt sind die Ausstriche aus Larvenmaterial der *Gutartigen Faulbrut.* Indessen darf man dort mit Ausschluß von Bac. larvae die verschiedensten Bakterien erwarten – da es sich bei dieser Krankheit, wie wir wissen, häufig um eine Mischinfektion handelt. Dabei gibt es auch für den Fachmann oft Bestimmungsschwierigkeiten. Gerade das besonders wichtige, als pathogen angesehene Bakterium *Melissococcus pluton* konnte man lange nicht zweifelsfrei ansprechen und kann es möglicherweise auch heute noch nicht. Das kommt schon darin zum Ausdruck, daß es mehrmals seinen Namen wechselte. Heute kennt man es als gedrungenes, an den Polen leicht zugespitztes Körperchen von ca. 1 µm Länge, das keine Sporen bildet (Abb. 84 links). Ein Kugelbakterium ist auch *Streptococcus apis,* das man gerne mit *Str. pluton,* aber auch mit anderen in den Larvenresten auffindbaren Streptococcen (z. B. *Stre. faecalis*) verwechselt. Der häufig im Ansteckungsmaterial gefundene *Bacillus alvei* ist am ersten an seinen ovalen, relativ großen (1,5–2 µm langen und 0,7–1 µm breiten) Sporen zu erkennen, die sich in langen Ketten zusammenschließen (Abb. 84 rechts). Die Stäbchen sind mit 2–7 µm Länge und 0,5–1 µm Breite unterschiedlich groß. Bei ihrer Umwandlung zu Sporen bleiben die Stäbchenreste noch lange als Polspitzen an den Sporen erhalten. Aber es gibt Verwechslungsmöglichkeiten mit einer ganzen Reihe anderer Stäbchenbakterien, die im Untersuchungsmaterial auftreten können. Die Unsicherheit in der Bakterienbestimmung spiegelt sich zweifellos auch in der häufigen Umbenennung der Bakterien wider, z. B. *Bacillus orpheus* in *Bacillus laterosporus* und *Bacillus eurydice* in *Achromobacter eurydice* (Abb. 84 links) – um nur einige zu nennen. Verblüffend ist es, daß sich in den Ausstrichen der Gutartigen Faulbrut oft *überhaupt keine* Bakterien finden lassen, so intensiv man auch danach suchen mag.

Milchtest – Der Kuriosität wegen sei hier noch auf ein Diagnoseverfahren hingewiesen, das, in unterschiedlicher Methodik, in Amerika und England auch heute noch verschiedentlich angewendet wird. Wenn man etwas von dem Larvenmaterial (Schorf oder Larvenschmiere) auf einen Objektträger mit ein paar Tropfen entrahmter Milch – es kann auch Trockenmilchpulver in 1%iger wäßriger Lösung sein – verrührt, gerinnt die Milch bei der Bösartigen Faulbrut nach einer knappen Minute, bei der Gutartigen Faulbrut erst nach der doppelten Zeit. Bei Verwendung von gesundem Larvenmaterial dauert es noch wesentlich länger. Man kann in einem anderen Verfahren auch einige Schorfe oder etwas Larvenbrei in ein Reagenzglas (bzw. Tablettenröhrchen) tun und 3–4 ml Milch dazuschütten. Das Ganze wird kräftig geschüttelt und im Brutschrank bei 37 °C untergebracht. Bei Anwesenheit von *Bacillus larvae* klärt die Flüssigkeit nach 10–20 Minuten. Anderenfalls bleibt die Lösung milchtrüb. Die rasche Gerinnung der Suspension wird durch die Wirksamkeit eines proteolytischen (eiweißspaltenden) Enzyms hervorgerufen, welches die Bakterien der Bösartigen Faulbrut bei der Umwandlung zu Sporen abgeben. Das Verfahren scheint aber nicht unfehlbar zu sein.

7. Blutkrankheit (Septikämie)

Zur Untersuchung der Bienen auf Septikämie brauchen wir ihr Blut oder, wie man bei Insekten besser sagt, ihre Haemolymphe. Es gehört schon etwas Feingefühl dazu, den Bienen diese Flüssigkeit abzuzapfen. Benötigt wird eine möglichst kleinformatige Injektionsspritze mit besonders feiner Hohlnadel. Am besten beschafft man sich in der Apotheke eine Diabetikerspritze. Man hält die Biene zwischen Daumen und Zeigefinger und drückt sie dabei auf eine harte Unterlage. In die andere Hand nimmt man die Spritze und führt die Kanüle ganz flach unter eine der Rückenschuppen in den Bienenkörper (Abb. 85). Es ist wichtig, so flach wie nur möglich zu stechen, weil man sonst den Darm treffen kann. Durch leichtes Zurückziehen des Spritzenstempels tritt etwas Blut in die

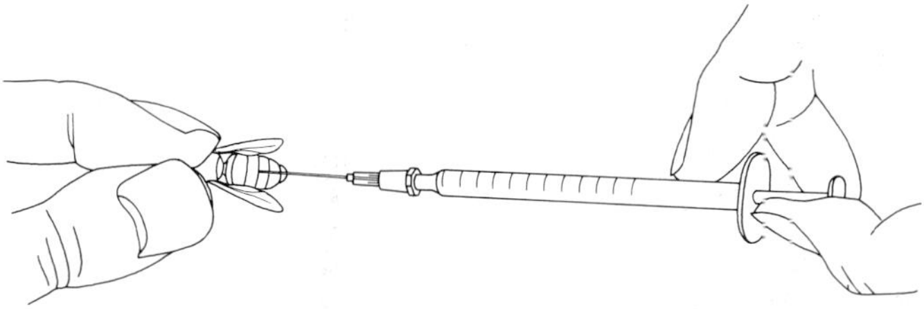

Abb. 85: *Zur Blutentnahme bei der Biene kann man eine Injektionsspritze verwenden. Mit einer besonders feinen Kanüle sticht man flach unter eine der mittleren Rückenschuppen des Hinterleibs und saugt durch Zurückziehen des Spritzenkolbens die Haemolymphe aus dem Bienenkörper.*

Nadel ein. Man kann das mit mehreren Bienen wiederholen. Dann drückt man die Flüssigkeit aus der Spritze auf einen Objektträger. Die Haemolymphe gesunder Bienen ist fast wasserklar. Liegt eine Blutvergiftung vor, ist die Haemolymphe mehr oder weniger milchig-trüb. Wenn man diese trübe Flüssigkeit bei entsprechender Vergrößerung unter dem Mikroskop betrachtet (Ölimmersion), kann man in der Regel massenweise Bakterien finden.

Man kann sich die Prozedur der Blutentnahme etwas erleichtern, wenn man die Bienen vorher in den Kühlschrank legt und etwas steif werden läßt. Der Routinier benützt auch meist keine Injektionsspritze für die Blutentnahme, sondern eine sehr fein ausgezogene Glaskapillare, in der das Blut selbständig hochsteigt. Aber das ist Nebensache. Wichtig ist, daß es auch dem praktischen Imker möglich ist, eine einfache Blutuntersuchung bei den Bienen durchzuführen.

VIII. Amtliche Reglementierung der Bienenkrankheiten

Es sind im wesentlichen drei auf Bundesebene erlassene Verordnungen, die im Zusammenhang mit der Gesunderhaltung der Bienen eine Rolle spielen.

1. Bienenseuchen-Verordnung
2. Verordnung über die Einfuhr und Durchfuhr von Bienen (Bienen-Einfuhrverordnung)
3. Verordnung zum Schutze der Bienen vor Gefahren durch Pflanzenschutzmittel (Bienenschutzverordnung).

Jede Verordnung wird vom Gesetzgeber ausführlich *begründet,* und wenn es nötig erscheint – z. B. bei der Bienenseuchen-Verordnung und Bienen-Einfuhrverordnung –, mit *Ausführungshinweisen* versehen. Letztere sind im Bestreben, praktische Anleitungen zu geben, umfangreicher als die Verordnungen selbst und für den juristisch unbedarften Imker gleichermaßen verwirrend. Sie werden von den Bundesländern entweder als Verwaltungsvorschriften übernommen, oder die Länder erlassen eigene Bekanntmachungen zum Vollzug der Verordnung. Wo solche vorliegen, sind sie besonders wichtig, weil darin die in den Bundes-Verordnungen enthaltenen Kannbestimmungen an die besonderen Verhältnisse in den Bundesländern angepaßt sind.

Wenn sich Verordnungen von Zeit zu Zeit ändern – die Bienenseuchen-Verordnung änderte sich wegen der »neuen« Bienenkrankheit Varroatose in den letzten Jahren mehrmals – gibt es mit jeder »Änderungsverordnung« eine neue Begründung, neue Ausführungshinweise und neue landeseigene Vollzugsbestimmungen.

Im Nachfolgenden sind die oben genannten drei Bundesverordnungen in der derzeitig gültigen Fassung abgedruckt, dazu die Ausführungshinweise für die Bienenseuchen-Verordnung und die Bienen-Einfuhrverordnung. Nur bei der besonders wichtigen Bienenseuchen-Verordnung gibt es in einigen Bundesländern eigene Vollzugsbestimmungen. Im Rahmen dieses Buches würde es zu weit führen, die verschiedenen landesspezifischen Verwaltungsvorschriften abzudrucken. Hier sind als Beispiel die bayerischen Bekanntmachungen zum Vollzug der Verordnungen nach der letzten (6. Änderung) wiedergegeben.

Die Bienen-Einfuhrverordnung ist für den Imker besonders schwere Kost. Da es dazu keine landeseigenen Verwaltungsvorschriften gibt, und da im praktischen Teil dieses Buches die Verordnung bisher noch nicht aufgetaucht ist und somit auch nicht kommentiert werden konnte, habe ich im Anschluß an den Abdruck der jüngsten Fassung der Verordnung (ohne die zahlreichen, langen und verwirrenden Fußnoten) und der dazugehörigen Ausführungsbestimmungen des Bundes (die leider noch nicht der letzten Verordnungsänderung angepaßt sind) versucht, den »Gesetzestext« in die Imkersprache zu übertragen (S. 254ff.).

Ob zur Bienen-Einfuhrverordnung in absehbarer Zeit noch ein – von manchen Imkern dringlich gewünschtes – »Bieneneinfuhrgesetz« hinzukommt, das die heimischen Bienen vor der Einschleppung fremder Bienenrassen mit unliebsamen Eigenschaften schützen soll, ist noch nicht entschieden. Ich verzichte deshalb auf den Abdruck eines bereits vorliegenden Entwurfes des Bundesministeriums, will aber auf Seite 257 verdeutlichen, was man mit einer solchen Regelung zu verhindern oder zu erreichen wünscht.

Die änderungsbedürftige Bienenschutzverordnung ist im Rahmen der Abhandlung über Bienenvergiftungen im Kapitel VI auf S. 190ff. in ihrer Anwendungspraxis bereits besprochen worden. Es genügt deshalb am Schluß dieses Kapitels, die Verordnung noch einmal im Zusammenhang wiederzugeben.

Die Bundesverordnungen und -gesetze werden im *Bundesgesetzblatt (BGBl.)* abgedruckt. Soweit sie die Bienenzucht betreffen, finden sie sich in der Imkerpresse wieder. Wenn die Bundesländer keine eigenen Vollzugsbestimmungen herausbringen, werden in der Regel auch die Ausführungshinweise in den Bienenzeitungen veröffentlicht. Anderenfalls erscheinen hier die landeseigenen Verwaltungsvorschriften, die aus den Ministerial-(Amts-)Blättern der jeweils zuständigen Landesministerien entnommen werden können.

Der Seuchenfachmann sollte die geltenden Bestimmungen jederzeit zur Hand haben.

Bienenseuchen-Verordnung

Vom 10. April 1972 (BGBl. I S. 594), geändert durch 2. VO vom 14. Dezember 1978 (BGBl. I S. 2023), 3. VO vom 18. April 1980 (BGBl. I S. 441), 4. VO vom 29. Juli 1982 (BGBl. I S. 1121), 5. VO vom 20. Juni 1984 (BGBl. I S. 765), 6. VO vom 6. Dezember 1988 (BGBl. I S. 2207). – (Die hier ausgedruckte aktuelle »Arbeitsfassung« der Bienenseuchen-Verordnung stützt sich auf die Neufassung der Verordnung vom 19. November 1984 (BGBl. I S. 1409) und die 6. (bisher letzte) Veränderungsverordnung vom 6. Dezember 1988 (BGBl. I S. 2207), erlassen auf Grund entsprechender Rechtsvorschriften des Tierseuchengesetzes in der Fassung der Bekanntmachung vom 28. März 1980 (BGBl. I S. 386))

I. Begriffsbestimmungen

§ 1

(1) Bienenvolk im Sinne der Verordnung sind die in einer Bienenwohnung lebenden Bienen mit ihrer Brut und ihren Waben.

(2) Bienenstand im Sinne der Verordnung sind die Räume oder Einrichtungen, in denen Bienenvölker gehalten werden oder gehalten worden sind.

II. Allgemeine Vorschriften

§ 2

(1) Betriebe, in denen

1. gewerbsmäßig Honig gelagert oder behandelt wird,
2. Mittelwände für Bienenwaben hergestellt werden oder
3. Seuchenwachs be- oder verarbeitet wird,

unterliegen der Beaufsichtigung durch die zuständige Behörde.

(2) In Betrieben, in denen Honig gewerbsmäßig behandelt wird, müssen zur Aufbewahrung, Be- und Verarbeitung, zum Abfüllen und für die Beförderung von Honig benutzte Gegenstände nach Gebrauch

1. mit kochendem Wasser gründlich gereinigt,
2. für mindestens 20 Minuten einer Temperatur von mindestens 230 °C ausgesetzt oder
3. so aufbewahrt werden, daß sie Bienen nicht zugänglich sind.

Die Betriebsräume sind bienendicht zu halten.

(3) Honig aus Betrieben, in denen Honig gewerbsmäßig behandelt wird, darf nur so beseitigt werden, daß er Bienen nicht zugänglich ist.

(4) Betriebe, die gewerbsmäßig Honig zur Herstellung von Futterteig verwenden, müssen den Honig mit einem Verfahren behandeln, durch das Erreger übertragbarer Bienenkrankheiten abgetötet werden.

(5) Die zuständige Behörde kann die Maßnahmen nach Absatz 2 sowie für Trester die Maßnahmen nach Absatz 3 für Betriebe, in denen Mittelwände für Bienenwaben hergestellt werden oder Seuchenwachs be- oder verarbeitet wird, anordnen, soweit dies zur Verhütung der Verschleppung der bösartigen Faulbrut notwendig ist. Sie kann ferner anordnen, daß Plätze der in Absatz 1 genannten Betriebe, an denen Honig gelagert oder aufbewahrt wird, bienendicht zu halten sind und Wachs, das zur Herstellung von Mittelwänden für Bienenwaben verwendet wird, mit einem Verfahren behandelt wird, durch das Erreger übertragbarer Bienenkrankheiten abgetötet werden, soweit dies zur Verhütung der Verschleppung der bösartigen Faulbrut notwendig ist.

§ 3

Ist zu befürchten, daß sich die bösartige Faulbrut, die Acariose (Milbenseuche) oder die Varroatose ausgebreitet hat oder ausbreitet, kann die zuständige Behörde eine amtliche Untersuchung aller Bienenvölker und Bienenstände des verdächtigen Gebietes anordnen.

§ 4

Der Besitzer von Bienenvölkern und Bienenständen oder sein Vertreter ist verpflichtet, zur Durchführung von Untersuchungen die erforderliche Hilfe zu leisten.

§ 5

(1) Der Besitzer oder die mit der Beaufsichtigung, Wartung und Pflege der Bienenvölker betrauten Personen haben für Bienenvölker, die an einen anderen Ort verbracht werden, unverzüglich nach dem Eintreffen der für den neuen Standort zuständigen Behörde oder einer von ihr beauftragten Stelle eine Bescheinigung des für den Herkunftsort zuständigen beamteten Tierarztes vorzulegen. Aus der Bescheinigung muß hervorgehen, daß die Bienen

1. als frei von bösartiger Faulbrut befunden worden sind und der Herkunftsort der Bienen nicht in einem Faulbrut-Sperrbezirk liegt,
2. nicht aus einem Bienenstand stammen, in dem die Milbenseuche amtlich festgestellt worden ist.

Die Bescheinigung darf nicht vor dem 1. März des laufenden Kalenderjahres ausgestellt und nicht älter als sechs Monate sein.

(2) Die Bescheinigung nach Absatz 1 wird von der für den neuen Standort zuständigen Behörde oder der von ihr beauftragten Stelle einbehalten. Für Bienenvölker, die nur vorübergehend an einen anderen Ort verbracht werden, trägt sie in der Bescheinigung den Ort, den Beginn und das Ende der Wanderung sowie am Ort der Wanderung oder auf dem Bienenstand festgestellte Bienenseuchen ein. Die Bescheinigung wird dem Besitzer oder den mit der Beaufsichtigung, Wartung oder Pflege der Bienenvölker betrauten Personen wieder ausgehändigt, wenn die Bienenvölker aus dem Bezirk der zuständigen Behörde verbracht werden.

(3) Die zuständige Behörde kann Ausnahmen von den Absätzen 1 und 2 zulas-

sen, wenn eine Verschleppung der Seuchen nicht zu befürchten ist.

§ 5a

Der Besitzer von Bienenvölkern, die nur vorübergehend an einen anderen Ort verbracht werden, hat an dem Bienenstand ein Schild mit seinem Namen und seiner Anschrift sowie der Zahl der Bienenvölker in deutlicher und haltbarer Schrift gut sichtbar anzubringen. Er hat dafür zu sorgen, daß die Bienenvölker in seiner Gegenwart oder im Beisein eines von ihm Beauftragten von dem beamteten Tierarzt untersucht werden können, soweit eine solche Untersuchung aus Gründen der Seuchenbekämpfung erforderlich ist.

§ 5b

Die zuständige Behörde kann anordnen, daß in einem Sperrbezirk oder Beobachtungsgebiet die Besitzer von Bienenvölkern diese unter Angabe des Standortes der Bienenstände anzuzeigen haben.

III. Schutzmaßregeln gegen die bösartige Faulbrut

1. Verschluß von Bienenwohnungen

§ 6

Von Bienen nicht mehr besetzte Bienenwohnungen sind stets bienendicht verschlossen zu halten.

2. Schutzmaßregeln vor amtlicher Feststellung der bösartigen Faulbrut oder des Seuchenverdachts

§ 7

Im Falle des Ausbruchs oder des Verdachts des Ausbruchs der bösartigen Faulbrut gilt vor der amtlichen Feststellung für den betroffenen Bienenstand folgendes:

1. An dem Bienenstand dürfen keine Veränderungen vorgenommen werden, insbesondere dürfen
   a) Bienenvölker, lebende oder tote Bienen, Waben, Wabenteile, Wabenabfälle, Wachs, Honig, Futtervorräte, Bienenwohnungen und benutzte Gerätschaften nicht aus dem Bienenstand entfernt und
   b) Bienenvölker und Bienen nicht in den Bienenstand verbracht werden.
2. Der Bienenstand darf nur von dem Besitzer, seinem Vertreter, den mit der Beaufsichtigung, Wartung und Pflege der Bienenvölker betrauten Personen, von Tierärzten und von Personen im amtlichen Auftrag betreten werden.

3. Schutzmaßregeln nach amtlicher Feststellung der bösartigen Faulbrut

§ 8

(1) Ist der Ausbruch der bösartigen Faulbrut amtlich festgestellt, unterliegt der Bienenstand nach Maßgabe folgender Vorschriften der Sperre:

1. Der Bienenstand darf nur von dem Besitzer, seinem Vertreter, den mit der Beaufsichtigung, Wartung und Pflege der Bienenvölker betrauten Personen, von Tierärzten und von Personen im amtlichen Auftrag betreten werden.
2. Bienenvölker, lebende Bienen, Waben, Wabenteile, Wabenabfälle, Wachs, Honig, Futtervorräte, Bienenwohnungen und benutzte Gerätschaften, die sich in dem Bienenstand oder außerhalb des Bienenstandes auf dem Grundstück befinden, dürfen von ihrem Standort nicht entfernt werden; tote Bienen dürfen nur zur unschädlichen Beseitigung nach Anweisung des beamteten Tierarztes entfernt werden.
3. Bienenvölker und Bienen dürfen nicht in den Bienenstand verbracht werden.
4. Waben, Wabenteile verseuchter oder seuchenverdächtiger Bienenvölker sowie Futtervorräte aus Bienenwohnungen verseuchter oder seuchenverdächtiger Bienenvölker dürfen nicht, lebende Bienen nur nach Durchführung eines Kunstschwarmverfahrens in unver-

seuchte Bienenwohnungen des Bienenstandes verbracht werden.

5. In dem Bienenstand gewonnener Honig darf an Bienen nicht verfüttert werden.
6. Aus Bienenwohnungen entfernte Waben, Wabenteile und Wabenabfälle sowie Behältnisse, die Honig enthalten und Gerätschaften, denen Honig anhaftet, müssen so aufbewahrt werden, daß sie Bienen nicht zugänglich sind.
7. Tote Bienen und tote Bienenbrut sowie die übrige Bienenbrut des seuchenkranken Bienenvolkes, ferner Abfälle aus Bienenwohnungen sind nach näherer Anweisung des beamteten Tierarztes unschädlich zu beseitigen.
8. Die Bienenstände und Bienenwohnungen, außer solchen aus Stroh, sowie Gerätschaften sind nach näherer Anweisung des beamteten Tierarztes und unter amtlicher Überwachung zu reinigen und zu entseuchen; Bienenwohnungen aus Stroh sind zu verbrennen.
9. Waben, Wabenteile und Wabenabfälle aus verseuchten Bienenwohnungen, Vorratswaben, Wachs und, soweit aus Gründen der Seuchenbekämpfung erforderlich, auch Futtervorräte sind nach näherer Anweisung des beamteten Tierarztes zu entseuchen oder unschädlich zu beseitigen.

(2) Die Vorschrift des Absatzes 1 findet keine Anwendung auf

1. Wachs, Waben, Wabenteile und Wabenabfälle, wenn sie an wachsverarbeitende Betriebe, die über die erforderliche Einrichtung zur Entseuchung des Wachses verfügen, unter der Kennzeichnung »Seuchenwachs« abgegeben werden, und
2. Honig, der nicht zur Verfütterung an Bienen bestimmt ist.

§ 9

(1) Die zuständige Behörde ordnet die Tötung der seuchenkranken Bienenvölker an. Sie kann hiervon absehen und die Behandlung durch ein Kunstschwarmverfahren zulassen, wenn nach dem Gutachten des beamteten Tierarztes dadurch die Tilgung der Seuche zu erwarten ist.

(2) Frühestens zwei, spätestens neun Monate nach der Tötung oder Behandlung der an der Seuche erkrankten Bienenvölker sind alle Völker des Bienenstandes zweimal durch den beamteten Tierarzt nachzuuntersuchen; der Abstand zwischen den beiden Untersuchungen muß mindestens acht Wochen betragen.

§ 10

(1) Ist die bösartige Faulbrut in einem Bienenstand amtlich festgestellt, erklärt die zuständige Behörde das Gebiet in einem Umkreis von mindestens einem Kilometer um den Bienenstand zum Sperrbezirk.

(2) Ist die bösartige Faulbrut in einem Wanderbienenstand amtlich festgestellt, kann die zuständige Behörde auch das Gebiet um die früheren Standorte des erkrankten Bienenvolkes zum Sperrbezirk erklären, wenn anzunehmen ist, daß die Seuche bereits an den früheren Standorten in dem Bienenstand geherrscht hat. Die zuständigen Behörden können genehmigen, daß der betroffene Bienenstand an seinen Heimatstandort verbracht wird, in diesem Falle ist dort ebenfalls ein Gebiet gemäß Absatz 1 zum Sperrbezirk zu erklären.

§ 11

(1) Für den Sperrbezirk gilt folgendes:

1. Alle Bienenvölker und Bienenstände im Sperrbezirk sind unverzüglich auf bösartige Faulbrut amtstierärztlich zu untersuchen, diese Untersuchung ist frühestens zwei, spätestens neun Monate nach der Tötung oder Behandlung der an der Seuche erkrankten Bienenvölker des verseuchten Bienenstandes zu wiederholen.
2. Bewegliche Bienenstände dürfen von ihrem Standort nicht entfernt werden.

3. Bienenvölker, lebende oder tote Bienen, Waben, Wabenteile, Wabenabfälle, Wachs, Honig, Futtervorräte, Bienenwohnungen und benutzte Gerätschaften dürfen nicht aus den Bienenständen entfernt werden.
4. Bienenvölker oder Bienen dürfen nicht in den Sperrbezirk verbracht werden.

(2) Die Vorschrift des Absatzes 1 Nr. 3 findet keine Anwendung auf

1. Wachs, Waben, Wabenteile und Wabenabfälle, wenn sie an wachsverarbeitende Betriebe, die über die erforderliche Einrichtung zur Entseuchung des Wachses verfügen, unter der Kennzeichnung »Seuchenwachs« abgegeben werden, und
2. Honig, der nicht zur Verfütterung an Bienen bestimmt ist.

(3) Die zuständige Behörde kann für Bienenvölker, Bienen, Bienenwohnungen und Gerätschaften sowie Futtervorräte Ausnahmen von Absatz 1 zulassen, wenn eine Verschleppung der Seuche nicht zu befürchten ist.

4. Aufhebung der Schutzmaßregeln

§ 12

1) Angeordnete Schutzmaßregeln sind aufzuheben, wenn die bösartige Faulbrut erloschen ist.

(2) Die bösartige Faulbrut im Bienenstand gilt als erloschen, wenn

1. alle Bienenvölker des verseuchten Bienenstandes verendet oder getötet und unschädlich beseitigt worden sind oder
2. die an der Seuche erkrankten Bienenvölker des verseuchten Bienenstandes
   a) verendet oder getötet und unschädlich beseitigt oder
   b) behandelt worden sind und
   c) die Untersuchung nach § 9 Abs. 2 einen negativen Befund ergeben hat

und

3. die Entseuchung unter amtlicher Überwachung durchgeführt und vom beamteten Tierarzt abgenommen worden ist.

(3) Die bösartige Faulbrut im Sperrbezirk gilt als erloschen, wenn die Voraussetzungen des Absatzes 2 erfüllt sind und die Untersuchungen nach § 11 Abs. 1 Nr. 1 einen negativen Befund ergeben haben.

IV. Schutzmaßregeln gegen die Milbenseuche

§ 13

(weggefallen)

1. Schutzmaßregeln nach amtlicher Feststellung der Milbenseuche

§ 14

(1) Ist der Ausbruch der Milbenseuche amtlich festgestellt, hat der Besitzer nach näherer Anweisung des beamteten Tierarztes

1. alle Bienenvölker des Bienenstandes gegen die Milbenseuche zu behandeln und
2. tote Bienen unschädlich zu beseitigen.

(2) Die zuständige Behörde kann die Entfernung von Bienenvölkern aus dem Bienenstand, das Verbringen von Bienenvölkern in den Bienenstand oder das Verbringen des Bienenstandes untersagen, wenn dies zur Verhütung der Verschleppung der Milbenseuche erforderlich ist.

(3) Die zuständige Behörde kann die Tötung der an der Seuche erkrankten und auch der übrigen Bienenvölker anordnen, soweit dies aus Gründen der Seuchenbekämpfung erforderlich ist. Sie kann ferner anordnen, daß von allen behandelten Bienenvölkern des verseuchten Bienenstandes Proben des Wintertotenfalles zur Untersuchung an eine von ihr bestimmte Stelle einzusenden sind.

§ 15

(1) Ist die Milbenseuche in einem Bienenstand amtlich festgestellt, kann die zuständige Behörde das Gebiet in einem Um-

kreis bis zu zwei Kilometern zum Beobachtungsgebiet erklären und die Entfernung von Bienenvölkern und Bienen aus diesem Gebiet sowie das Verbringen von Bienenvölkern und Bienen in dieses Gebiet von einer Genehmigung abhängig machen.

(2) Die zuständige Behörde kann ferner anordnen, daß

1. im Beobachtungsgebiet oder in Teilen des Gebietes alle Bienenvölker nach näherer Anweisung des beamteten Tierarztes zu behandeln sind,
2. von Bienenvölkern des Beobachtungsgebietes Proben des Wintertotenfalles zur Untersuchung an eine von ihr bestimmte Stelle einzusenden sind.

2. Aufhebung der Schutzmaßregeln

§ 16

(1) Angeordnete Schutzmaßregeln sind aufzuheben, wenn die Milbenseuche erloschen ist.

(2) Die Milbenseuche im Bienenstand gilt als erloschen, wenn

1. alle Bienenvölker des verseuchten Bienenstandes verendet oder getötet und unschädlich beseitigt worden sind oder
2. a) die an der Seuche erkrankten Bienenvölker des versuchten Bienenstandes verendet oder getötet und unschädlich beseitigt und die übrigen Bienenvölker behandelt worden sind oder
   b) alle Bienenvölker des verseuchten Bienenstandes behandelt worden sind und,
   c) soweit eine Anordnung nach § 14 Abs. 3 Satz 2 ergangen ist, die Untersuchung der behandelten Völker einen negativen Befund ergeben hat.

(3) Die Milbenseuche im Beobachtungsgebiet gilt als erloschen, wenn die Voraussetzungen des Absatzes 2 erfüllt sind und,

1. soweit eine Anordnung nach § 15 Abs. 2 Nr. 1 ergangen ist, wenn alle Bienenvölker behandelt worden sind, oder,
2. soweit eine Anordnung nach § 15 Abs. 2 Nr. 2 ergangen ist, wenn die Untersuchung einen negativen Befund ergeben hat.

V. Schutzmaßregeln gegen die Varroatose

§ 16a

(1) Ist ein Bienenstand mit Varroamilben befallen, so hat der Besitzer alle Bienenvölker des Bienenstandes jährlich gegen Varroatose zu behandeln, soweit nicht eine Behandlung nach Absatz 2 angeordnet worden ist.

(2) Die zuständige Behörde kann, soweit es zum Schutz gegen die Varroatose erforderlich ist, anordnen, daß in einem von ihr bestimmten Gebiet innerhalb einer von ihr bestimmten Frist alle Bienenvölker gegen Varroamilben zu behandeln sind; sie kann dabei die Art der Behandlung bestimmen.

V. Ordnungswidrigkeiten

§ 17

Ordnungswidrig im Sinne des § 76 Abs. 2 Nr. 2 des Tierseuchengesetzes handelt, wer vorsätzlich oder fahrlässig

1. einer Vorschrift des § 2 Abs. 2 Satz 1, Abs. 3 oder 4, § 8 Abs. 1 Nr. 7, 8 oder 9 oder § 14 Abs. 1 Nr. 2 über Reinigung, Entseuchung, Aufbewahrung oder unschädliche Beseitigung zuwiderhandelt,
2. entgegen § 4 nicht die erforderliche Hilfe leistet,
3. der Vorschrift des § 5 Abs. 1 über die Vorlage einer Bescheinigung, des § 5a Satz 1 über das Anbringen eines Schildes oder des § 5a Satz 2 über die Untersuchung zuwiderhandelt,
4. entgegen § 6 eine Bienenwohnung nicht bienendicht verschlossen hält,
5. entgegen § 7 Nr. 1 eine dort bezeichnete Veränderung an einem Bienenstand vornimmt,
6. entgegen § 7 Nr. 2 oder § 8 Abs. 1 Nr. 1 einen Bienenstand betritt,
7. entgegen § 8 Abs. 1 Nr. 2 oder § 11

Abs. 1 Nr. 3 ein Bienenvolk, Bienen oder einen dort bezeichneten Gegenstand entfernt,
8. entgegen § 8 Abs. 1 Nr. 3 oder § 16b Abs. 1 Nr. 2 ein Bienenvolk oder Bienen in einen Bienenstand verbringt oder entgegen § 8 Abs. 1 Nr. 4 Bienen oder einen dort bezeichneten Gegenstand in eine unverseuchte Bienenwohnung verbringt,
9. entgegen § 8 Abs. 1 Nr. 5 Honig verfüttert,
10. einer Vorschrift des § 8 Abs. 1 Nr. 6 über die Aufbewahrung eines dort bezeichneten Gegenstandes zuwiderhandelt,
11. entgegen § 11 Abs. 1 Nr. 2 einen Bienenstand entfernt,
12. entgegen § 11 Abs. 1 Nr. 4 ein Bienenvolk oder Bienen in einen Sperrbezirk verbringt,
13. entgegen § 14 Abs. 1 Nr. 1 oder § 16c Abs. 1 ein Bienenvolk nicht behandelt.

VI. Schlußvorschriften

§ 18

Diese Verordnung gilt nach § 14 des Dritten Überleitungsgesetzes in Verbindung mit Artikel 3 des Gesetzes vom 26. Juli 1965 (BGBl. I S. 627) auch im Land Berlin.

§ 19

(Inkrafttreten, Außerkrafttreten)

Der Bundesminister für Ernährung, Landwirtschaft und Forsten

Zuständigkeitsregelungen der Bundesländer zur Bienenseuchen-Verordnung

(nach Geißler – Rojahn – Stein: Sammlung tierseuchenrechtl. Vorschr. B – 15.1a; zusammengezogen und aktualisiert nach der Fassung der VO vom 29. Juli 1982, BGBl I, S. 1121)

Als zuständige Behörde nach § 2 Abs. 1 u. 5, § 3, § 5 Abs. 1, 2 u. 3, § 9, § 10 Abs. 1 u. 2, § 11 Abs. 3, § 14 Abs. 2 u. 3, § 15 Abs. 1 u. 2, § 16b Abs. 3, § 16c Abs. 2 u. 3, § 16d Abs. 1, 2 u. 3, fungieren in den einzelnen Bundesländern in der Regel die Kreisverwaltungsbehörden (Landkreise, kreisfreie Städte). In *Berlin* ist das Bezirksamt, in *Bremen* die Ortspolizei, in *Hamburg* die Gesundheitsbehörde zuständig.

Für § 2 Abs. 1 und § 5 Abs. 1 u. 2 sind in *Baden-Württemberg* die Veterinärämter Anlaufstelle.

Im Falle des § 5 Abs. 3 sind *in Bayern* der Staatsminister des Innern, in *Niedersachsen* und in *Schleswig-Holstein* der Minister für ELuF und in *Berlin* der Senator für Gesundheit, Soziales und Familie zuständig.

Ausführungshinweise zur Bienenseuchen-Verordnung

Vom 18. April 1972 i. d. F. der 1. Änderung vom 26. November 1974, der 2. Änderung vom 18. Januar 1979, der 3. Änderung vom 25. April 1980 und der 4. Änderung vom 26. Oktober 1982, der 5. Änderung vom 18. Dezember 1984 und der 6. Änderung vom 25. September 1989

(in Geißler – Rojahn – Stein: Sammlung tierseuchenrechtl. Vorschr. B – 15.2)

Nach Abstimmung mit den für das Veterinärwesen zuständigen obersten Landesbehörden werden zur Ausführung der Bienenseuchen-Verordnung vom 10. April

1972, zuletzt geändert durch die Fünfte Verordnung zur Änderung der Bienenseuchen-Verordnung vom 20. Juni 1984 [?], folgende Hinweise gegeben:

I. Die auf Grund der Vorschriften der Bienenseuchen-Verordnung staatlich zu bekämpfenden Bienenseuchen »bösartige Faulbrut«, »Milbenseuche« und »Varroatose« sind unterschiedlich zu beurteilen. Die bösartige Faulbrut kommt im gesamten Bundesgebiet vor, ist relativ leicht übertragbar und kann nur mit strengen veterinärbehördlichen Maßnahmen wirksam bekämpft werden. Die Milbenseuche tritt in unterschiedlichem Umfange, zur Zeit überwiegend im süddeutschen Raum, auf und muß dem regionalen Vorkommen entsprechend bekämpft werden; dabei steht in Gebieten, in denen die Seuche vermehrt auftritt, die medikamentelle Behandlung im Vordergrund. Die Varroatose, eine durch die Milbe Varroa jacobsoni hervorgerufene Krankheit, ist 1977 erstmals in der Bundesrepublik Deutschland festgestellt worden. Sie hat sich seither über das ursprüngliche Befallsgebiet weiter ausgebreitet. Nur wenige Gebiete sind bisher noch frei von Varroatose. Die Maßregeln gegen die Varroatose wurden deshalb denen gegen die Milbenseuche angenähert.
   Bei Feststellung einer Bienenseuche, der Behandlung von Bienenvölkern und der Feststellung des Erlöschens einer Seuche können nach Maßgabe der landesrechtlichen Vorschriften Bienensachverständige unterstützend mitwirken.

II. Zu § 1
   1. Maßnahmen zur Bekämpfung von Bienenseuchen müssen stets die Lebenseinheit der Bienen umfassen: das ist das in einer Bienenwohnung zusammenlebende Bienenvolk, dessen Brut und die von ihm besetzten und auch die eventuell nicht benutzten Waben.
   2. Ein Bienenstand kann eine feste oder bewegliche Einrichtung sein; die Art der Einrichtung ist dabei ohne Bedeutung – ggf. sind auch einzelne Bienenkörbe ein Bienenstand. Die Grundstücksflächen, auf denen die Bienenstände stehen, zählen nicht zum Bienenstand.

   Zu § 2
   1. Die Beaufsichtigung der Betriebe durch die zuständige Behörde dient der besseren Überwachung der Einhaltung seuchenhygienischer Maßnahmen.
   2. Die Vorschrift des Absatzes 2 gilt in erster Linie für das gewerbsmäßige Behandeln unverpackten Honigs, insbesondere in Abfüllstationen; Behälter, in denen Honig von Dritten in abgepackter Form abgegeben wird, fallen nur bei Wiederverwendung zur Abpackung in den betreffenden gewerblichen Betrieben hierunter.
   3. Eine unschädliche Beseitigung von Honig ist nur durch genügend tiefes Vergraben (0,50 m tief) oder durch Verbrennen möglich (vgl. zu § 8 Nr. 2.1).
   4. Geeignetes Behandlungsverfahren von Honig zur Abtötung von Erregern übertragbarer Bienenkrankheiten (Absatz 4) ist die Erhitzung auf mindestens 120 °C für die Dauer von mindestens 30 Minuten. Die Erhitzung wird durch die Bestimmung der Diastaseaktivität und den Nachweis von Hydroxymethylfurfurol (HMF) nachgewiesen (gegenläufiges Prinzip: Bei Erhitzung Abnahme der Diastaseaktivität, dagegen Zunahme des HMF-Gehaltes). Die Untersuchung kann nach einem der in Anlage 1 und 2 beschriebenen oder nach einem sonstigen wissenschaftlich anerkannten Verfahren durchgeführt werden. Honig ist

ausreichend erhitzt, wenn die Diastase vollständig inaktiviert ist und der Gehalt an Hydroxymethylfurfurol 100 ppm übersteigt.

5. Bienenwachs und die bei der Wachsgewinnung anfallenden Abfälle (Trester) können die Erreger übertragbarer Bienenkrankheiten enthalten. Die Reinigungs- und Desinfektionsmaßnahmen nach Absatz 2 sollten für die in Absatz 5 genannten Betriebe angeordnet werden, wenn eine Gefahr der Seuchenverschleppung vorhanden ist. Die Beseitigung der Trester nach Maßgabe des Absatzes 3 sowie die Behandlung von Wachs, das zur Herstellung von Mittelwänden für Bienenwaben verwendet wird, sollte dann angeordnet werden, wenn durch die bei der Wachsgewinnung angewandten Verfahren die Erreger übertragbarer Bienenkrankheiten nicht zuverlässig abgetötet werden. Geeignetes Behandlungsverfahren für Wachs ist die Erhitzung auf mindestens 180 °C für die Dauer von mindestens 30 Minuten.

   Die bienendichte Aufbewahrung und Lagerung von Honig ist anzuordnen, wenn nicht auszuschließen ist, daß der Honig Erreger übertragbarer Bienenkrankheiten enthält. Dies wird z. B. beim Importhonig oder Honig unbekannter Herkunft möglich sein.

Zu § 3

Der Umfang des verdächtigen Gebietes, in dem erforderlichenfalls Ermittlungsuntersuchungen angeordnet werden müssen, ist nach dem Ausmaß der zu befürchtenden Seuchenausbreitung festzulegen.

Zu § 5

1.1 Die Feststellung der Tatsachen nach Absatz 1 Nr. 1 ist von dem zuständigen beamteten Tierarzt nur zu bescheinigen, wenn in dem betreffenden Bienenstand eine zeitgerechte Untersuchung der Bienenvölker durchgeführt und keine Erscheinungen festgestellt worden sind, die das Vorliegen der bösartigen Faulbrut befürchten lassen.

1.2 Die Feststellung der Tatsachen nach Absatz 1 Nr. 2 erfordert keine vorherige Untersuchung durch den beamteten Tierarzt.

2. Die amtstierärztliche Bescheinigung ist sowohl im Falle der Wanderung mit Bienenvölkern und der Beschickung von Belegstellen als auch für Bienenvölker, die für dauernd an einen Ort verbracht werden sollen, vorzulegen.

3.1 Die Befugnis des Absatzes 3 sollte nur von der zuständigen obersten Landesbehörde wahrgenommen werden.

3.2 Ausnahmen von der Vorlage der amtstierärztlichen Bescheinigung können z. B. zugelassen werden für das Verbringen von Bienenvölkern in Gebieten, in denen
   - die bösartige Faulbrut seit mindestens 12 Monaten nicht aufgetreten ist;
   - die Milbenseuche
     a) nicht aufgetreten ist oder
     b) »endemisch« auftritt.

Zu § 6

Die Sporen des Bacillus larvae sind sehr widerstandsfähig; sie können bei allen normalerweise vorkommenden Temperaturen jahrzehntelang infektiös bleiben.

Zu § 8

1. Vor Einleitung der vorgeschriebenen Bekämpfungsmaßnahmen sind alle Bienenvölker des Bienenstandes sowie alle Bienenvölker und Bienenstände im Sperrbezirk auf

Faulbrut zu untersuchen. Die Erkennung der Faulbrut ist makroskopisch bereits im Anfangsstadium möglich. Die Ausbreitung der Seuche erfolgt durch die Tätigkeit der Arbeitsbienen und deren Bestreben, die infizierten Zellen zu entdeckeln und den abgestorbenen Inhalt auszuräumen, wobei in der Regel alle in der Bienenwohnung befindlichen Bienenwaben infiziert und darüber hinaus alle Innenteile der Bienenwohnung mit dem Infektionserreger kontaminiert werden; alles was mit Bienen, Wachs und Honig in Berührung gekommen ist, ist als Infektionsquelle zu betrachten.
Erwachsene Bienen können den Infektionserreger im Sinne einer stummen Infektion beherbergen und durch Ausscheidung übertragen.

2.1 Tote Bienen und tote oder lebende Bienenbrut seuchenkranker Bienenvölker werden am sichersten durch Verbrennen unschädlich beseitigt. Dies gilt auch für Abfälle aus Bienenwohnungen gesperrter Bienenstände – ggf. auch für Futtervorräte –; eine Beseitigung nach vorheriger Entseuchung durch Erhitzung ist nur dann als unschädlich anzusehen, wenn die Einwirkungsdauer der angewandten Temperaturen für die Zerstörung der Faulbrut-Sporen ausreichend ist.
Auf Grund bisheriger Erfahrungen ist das z. B. der Fall bei Einwirkung folgender Temperaturen und Einwirkungszeiten:
+230 °C, für mindestens 20 Minuten (Trockensterilisation),
+120 °C, für mindestens 30 Minuten (im gespannten Wasserdampf mit 1 atü-Autoklav).
Durch Verwendung chemischer Desinfektionsmittel ist eine wirkungsvolle Entseuchung des in Betracht kommenden Materials nicht zu erwarten.

2.2 Der Entseuchung von Bienenständen und Gerätschaften muß stets eine gründliche Reinigung (Auskratzen, Abwaschen mit heißem Wasser) vorausgehen.
Bienenwohnungen und Gerätschaften aus Holz sind abzuflammen; Gegenstände aus Blech, Glas oder Kunststoff sind in heißer 5%iger Sodalösung oder heißem Wasser, dem ein anderes scharfes Reinigungsmittel zugesetzt ist, durch kräftiges Bürsten zu reinigen und mit heißem klarem Wasser nachzuspülen. Gegen chemische Desinfektionsmittel allein sind Faulbrutsporen resistent.

2.3 Brutwaben sind stets zu verbrennen. Vorratswaben können eingestampft und an geeignete Verarbeitungsbetriebe, die die Möglichkeit haben, Wachs bei 1 atü zu desinfizieren, abgegeben werden. Die Abgabe von Wachs, Waben, Wabenteilen und Wabenabfällen als »Seuchenwachs« an derartige Betriebe ist nur in bienendichter und honigdichter Verpackung gestattet. Ist eine solche Entseuchung nicht möglich, müssen Waben, Wabenteile und Wabenabfälle unschädlich beseitigt werden (vgl. Nummer 2.1).

2.4 Die bei Reinigungs- und Desinfektionsmaßnahmen getragene Kleidung sowie das für die Reinigung verwendete Waschwasser sind nach Beendigung der Arbeiten zu kochen. Die Reinigungsabfälle sind zu verbrennen.

Zu § 9

1. Wird die Tötung von Bienenvölkern angeordnet, ist eine Entschädigung nach den geltenden gesetzlichen Bestimmungen zu gewähren.

Zur Ermittlung des gemeinen Wertes sind die in der beigefügten Anlage 3 niedergelegten Grundsätze anzuwenden.

2. Die Behandlung durch das sogenannte Kunstschwarmverfahren ist bei noch nicht stark geschwächten Völkern in gut geleiteten Bienenständen vertretbar. Stark geschwächte und somit unwirtschaftliche Völker sind zu töten (Ausschwefeln).
3. Sofern Erfordernisse der Seuchenbekämpfung nicht entgegenstehen und die Untersuchung auf bösartige Faulbrut durchführbar ist, ist die erste Untersuchung möglichst nicht später als 2 Monate nach der Behandlung der an der Seuche erkrankten Bienenvölker und Durchführung der Desinfektion – jedoch nicht in der brutlosen Zeit – vorzunehmen. Die Nachuntersuchung nach einer im Herbst durchgeführten Behandlung kann daher im allgemeinen erst zu Beginn der Obstblüte erfolgen.

Zu § 10

1. Da die Flugweite der Bienen ggf. mehr als einen Kilometer betragen kann und die Flugweite auch von der Entfernung des Bienenstandes zu besonders trächtigen Bienenweiden abhängig ist, muß der Radius des zu bildenden Sperrbezirkes den gegebenen Verhältnissen angepaßt werden und ggf. größer als nur ein Kilometer sein.
2. Wird die bösartige Faulbrut in einem Wanderbienenstand festgestellt, hat der beamtete Tierarzt hiervon die für die früheren Standorte der Bienenvölker zuständige Behörde zu verständigen. Sperrbezirke um diese Standorte sollten auf Grund gutachtlicher Äußerung des beamteten Tierarztes in Verbindung mit entsprechenden Umgebungsuntersuchungen gebildet werden.
3. Vor der Erteilung der Genehmigung zur Verbringung eines verseuchten Wanderbienenstandes an seinen Heimatstandort ist die Zustimmung der für den Heimatstandort zuständigen Behörde einzuholen.

Zu § 11

1. Es wird darauf hingewiesen, daß die Erstuntersuchung aller Bienenvölker und Bienenstände im Sperrbezirk unverzüglich nach der Seuchenfeststellung durchzuführen ist.

2.1 Ausnahmen von Absatz 1 Nr. 1 sollten nicht zugelassen werden.

2.2 Ausnahmen von Absatz 1 Nr. 2 bis 4 können z. B. zugelassen werden, wenn Bienenstände und Bienenvölker innerhalb des Sperrbezirkes oder ggf. auch in einen anderen Sperrbezirk verbracht werden sollen; am Verbringungsort unterliegen die Bienenvölker den im jeweiligen Sperrbezirk angeordneten Beschränkungen bzw. Untersuchungen. Die jeweils erforderlichen Auflagen sind dem Verfügungsberechtigten schriftlich mitzuteilen und ggf. der für den Verbringungsort zuständigen Behörde zur Kenntnis zu geben. Eine in besonders begründeten Fällen beantragte Verbringungserlaubnis nach Orten außerhalb des Sperrbezirkes ist nur zu erteilen, wenn für die Bienen zwei negative Untersuchungen vorliegen. In allen Fällen, in denen für den Verbringungsort eine andere Behörde zuständig ist, ist vorher deren Zustimmung einzuholen.

Zu § 14

1.1 Verdacht der Milbenseuche liegt zur Zeit der Reinigungsflüge und im zeitigen Frühjahr dann vor, wenn eine größere Zahl flugunfähiger lebender Bienen vor dem Bienenstand beobachtet wird.

1.2 Die Diagnose muß durch mikroskopische Untersuchung der Tracheen befallener Bienen gestellt werden (vgl. Nr. 6).

2.1 Zur Behandlung von Bienenvölkern sind geeignete acaricide Mittel zu verwenden, die den Bienen auf aerogenem Wege zugeführt werden. Die Behandlung sollte abends vorgenommen werden, wenn sich alle Bienen im Stock befinden. Den Völkern ist etwa ein Drittel mehr Raum zu geben, als sie zu diesem Zeitpunkt tatsächlich besetzen, um die durch die notwendige Raucheinwirkung hervorgerufene Aufregung zu kompensieren und die für den Behandlungserfolg erforderliche verstärkte Luftumwälzung bei geschlossenem Flugloch zu ermöglichen. Alle Bienenvölker einer Ortschaft sind möglichst an einem Abend zu behandeln. Die Behandlung ist im Abstand von etwa 8 Tagen in der für das jeweilige Präparat erforderlichen Anzahl zu wiederholen. Die günstigste Behandlungszeit im Frühjahr liegt zwischen der Weiden- und Kirschblüte.

2.2 Zur wirksamen Bekämpfung der Milbenseuche sind in einem Bienenstand, in dem Milbenseuche festgestellt wird, stets alle Bienenvölker zu behandeln.

3. Zur unschädlichen Beseitigung toter Bienen vgl. zu § 8 Nr. 2.1.

4.1 Vor Abschluß der Behandlung gegen Milbenseuche ist die Entfernung von Bienenvölkern aus dem betroffenen Bienenstand zu untersagen.

4.2 In »endemisch« befallenen Gebieten sollte das Verbringen von Bienenständen, in denen Milbenseuche festgestellt worden ist, auch während der Behandlung zur Verbesserung des natürlichen Nahrungsangebotes gestattet werden.

5.1 In größeren, bisher nicht oder nur geringgradig befallenen Gebieten wird die Tötung seuchenkranker oder ggf. aller Bienenvölker als Bekämpfungsmaßnahme zweckdienlich sein. Das gleiche gilt in diesen Gebieten hinsichtlich der Untersagung des Verbringens von Bienenvölkern in und aus einem Bienenstand sowie des Verbringens von den Bienenständen an einen anderen Ort.

5.2 Von einer regelmäßigen Kontrolle des Behandlungserfolges gegen Milbenseuche kann in stärker befallenen Gebieten abgesehen werden.

6. Die Einsendung von Proben – z. B. des Wintertotenfalles oder von zu anderer Zeit verendeten Bienen – an die hierfür bestimmte Untersuchungsanstalt muß in luftdurchlässiger Verpackung erfolgen, z. B. in Streichholzschachteln; ausgetrocknete Bienen sind für die Untersuchung ungeeignet.

Zu § 15

1. In bisher nicht oder geringgradig befallenen Gebieten ist stets ein Beobachtungsgebiet zu bilden, die Entfernung von Bienenvölkern und Bienen aus diesem Gebiet von einer Genehmigung abhängig zu machen und anzuordnen, daß entsprechende Proben des Wintertotenfalles zur Untersuchung auf Milbenseuche an die hierfür bestimmte Untersuchungsanstalt einzusenden sind. Die Genehmigung ist zu erteilen, wenn nachgewiesen wird, daß
   - die Untersuchung der Proben wintertoter Bienen von allen Völkern des Bienenstandes im

laufenden Jahr ein negatives Ergebnis hatte und
- alle Völker des Bienenstandes nach amtlicher Anweisung gegen Milbenseuche behandelt worden sind.

2. In endemisch befallenen Gebieten ist die Bildung eines Beobachtungsgebietes von der allgemeinen Seuchenlage und den Wanderungsgepflogenheiten abhängig zu machen. Das Verbringen von Bienenvölkern aus einem Beobachtungsgebiet an einen Standort in einem anderen Beobachtungsgebiet kann ohne Auflagen gestattet werden. Das Verbringen jedoch an einen anderen Ort, der nicht in einem Beobachtungsgebiet liegt, sollte nur nach vorheriger Behandlung der Bienen gegen Milbenseuche zugelassen werden.
3. Zur möglichst wirksamen Bekämpfung der Milbenseuche empfiehlt es sich, die Behandlung aller Bienenvölker im Beobachtungsgebiet anzuordnen; das gilt insbesondere in befallenen Gebieten. Da die Behandlung relativ einfach und billig durchführbar ist, ist das auch zumutbar.

Zu § 16 a

1. Die Milbe Varroa jacobsoni ist ursprünglich als Parasit der ostasiatischen Honigbiene bekannt geworden, sie wird jedoch seit 1960 auch als Parasit der westlichen Honigbiene aus der UdSSR, Jugoslawien, der CSSR, aus Griechenland und der Türkei beschrieben.
Die Varroa-Milbe ist ein Ektoparasit, der auf erwachsenen Bienen, aber auch auf deren Larven- und Puppenstadien lebt. Die Entwicklung vom Ei bis zur erwachsenen Milbe einschließlich Begattung verläuft während des Bienenbrutstadiums; sie dauert 7 bis 8 Tage. Nur die Milbenweibchen überwintern auf erwachsenen Bienen.
Nach einer nahezu symptomlosen Latenzperiode von 2 bis 3 Jahren, innerhalb der der Milbenbefall im Volk ständig zunimmt, können schließlich Totalverluste von ganzen Bienenständen auftreten.
2. Zur Behandlung von Bienenvölkern sind die Präparate »Folbex VA Neu« der Firma Ciba/Geigy, Ameisensäure in Form der »Illertisser Milbenplatte« der Firma Mack, (Dr. Klinger + Co) Illertissen, sowie »Perizin« der Firma Bayer vom Bundesgesundheitsministerium als Tierarzneimittel zugelassen worden. Die Hinweise der Hersteller zur Anwendung sind zu beachten. Biologische Methoden gegen Varroamilbenbefall können ebenfalls eingesetzt werden.

Der Bundesminister
für Ernährung, Landwirtschaft und Forsten

Als Beispiel einer landeseigenen Regelung:

Bayerische Verwaltungsbestimmungen zur Bienenseuchen-Verordnung

Bekanntmachung des Bayerischen Staatsministeriums des Innern vom 8. Juni 1989 Nr. I E 5-5654-1/4/89 (AllMBl. Nr. 16/1989 S. 559)

Zum Vollzug der Bienenseuchen-Verordnung in der Fassung der Bekanntmachung vom 19. November 1984 (BGBl. S. 1409), geändert durch Verordnung vom 6. Dezember 1988 (BGBl. I S. 2207), wird folgendes bestimmt:

Zu § 1
Maßnahmen zur Bekämpfung von Bienenseuchen müssen stets die Lebenseinheit der Bienen umfassen. Die Lebenseinheit umfaßt das in einer Bienenwohnung zusammenlebende Bienenvolk, dessen Brut und die Waben.

Zu § 2
Honig- und wachsverarbeitende Betriebe sind durch die Veterinärämter regelmäßig zu beaufsichtigen, weil von diesen Betrieben eine erhebliche Gefahr der Seuchenverschleppung ausgehen kann.

Zu § 3
Ist zu befürchten, daß sich die bösartige Faulbrut oder die Varroatose ausgebreitet hat oder ausbreitet, ist grundsätzlich die amtliche Untersuchung aller Bienenvölker und Bienenstände des verdächtigen Gebietes anzuordnen.

Zu § 5
5.1 Die Bescheinigung, daß die Bienen als frei von bösartiger Faulbrut oder von Varroatose befunden worden sind, kann nur ausgestellt werden, wenn die Bienenvölker in dem Bienenstand zeitgerecht untersucht und dabei keine Erscheinungen festgestellt worden sind, die das Vorliegen der bösartigen Faulbrut befürchten lassen.
Die Feststellung der Tatsachen nach Absatz 1 Nr. 2 erfordert keine vorherige Untersuchung des Wintertotenfalls.

5.2 Die Bescheinigung des Veterinäramtes (»beamteten Tierarztes«) ist sowohl im Falle der Wanderung mit Bienenvölkern als auch für Bienenvölker, die für dauernd an einen anderen Ort verbracht werden sollen, vorzulegen.
Für Bienenvölker, die an einen anderen Standort innerhalb Bayerns verbracht werden, genügt eine Bescheinigung darüber, daß der Herkunftsort der Bienen nicht in einem Faulbrutsperrbezirk liegt.
Beim Verbringen von Bienenvölkern innerhalb des Gebietes einer Kreisverwaltungsbehörde entfällt die Bescheinigung des Veterinäramts.
Die Ausstellung der Bescheinigung ist eine kostenpflichtige Amtshandlung nach Art. 1 KG; auf die Erhebung der Gebühr kann jedoch nach Nr. 1.1 der Anlage zu den VV zu Art. 59 BayHO verzichtet werden.

Zu § 5b
Von der Möglichkeit, in einem Sperrbezirk oder Beobachtungsgebiet die Anzeige des Standorts von Bienenständen anzuordnen, ist Gebrauch zu machen, falls dies notwendig ist, um Standorte und Zahl aller Bienenvölker zu erfassen.

Zu § 6
Die nicht mehr besetzten Bienenwohnungen sind dicht verschlossen zu halten, weil die Sporen des Bazillus larvae sehr widerstandsfähig sind und jahrzehntelang infektiös bleiben.

Zu § 8
8.1 Zur Verhütung einer Seuchenübertragung ist beim Betreten eines faulbrutverdächtigen oder eines faulbrutverseuchten Bienenstands Schutzkleidung (Gummistiefel, Arbeitsmantel und Handschuhe) anzulegen.

8.2 Vor Einleitung der Bekämpfungsmaßnahmen sind zur Feststellung des Verseuchungsgrades alle Bienenvölker des betroffenen Bienenstands zu untersuchen.

8.3 Am faulbrutverseuchten Bienenstand sind sämtliche lebenden und toten Bienen, alle Waben in den Völkern und die Vorratswaben, Bienenkästen, Wabenschrank, Wabenbock und alle anderen verwendeten Geräte sowie der Boden im Bienenhaus als Infektionsquellen zu betrachten.

8.4 Tote Bienen, Bienenwaben mit Brut und alle anderen Gegenstände mit geringerem Wert sind zu verbrennen. Bienenwaben dürfen an einen Wachsverarbeitungsbetrieb abgegeben werden, der über Einrichtungen zur Entseuchung des verseuchten Wachses verfügt. Das Wachs darf nur in undurchlässigen Verpackungen versandt werden. Schwer entzündbare Gegenstände sind gründlich abzuflammen. Dies gilt insbesondere für Bienenkästen aus Holz, für den Boden im Bienenhaus sowie für Wabenzange, Stockmeisel und die Bienenpfeife. Stark verschmutzte Gegenstände sollten vor dem Abflammen abgekratzt werden. Gummistiefel und Gegenstände aus Kunststoff sind nach gründlicher Reinigung zu desinfizieren. Die Arbeitskleidung ist durch Auskochen zu entseuchen.

Zu § 9

9.1 Die Entschädigung für auf Anordnung getötete Bienenvölker richtet sich nach dem gemeinen Wert, der nach den in der Anlage enthaltenen Richtlinien zu ermitteln ist.

9.2 Bei geringgradiger Verseuchung von Bienenvölkern kann in gut geleiteten Bienenständen eine Behandlung zugelassen werden.
Als Heilmethode für seuchenkranke und seuchenverdächtige Bienenvölker kommt nur das Kunstschwarmverfahren unter gleichzeitiger Verabreichung von Heilfutter in Betracht. Ansteckungsverdächtige Bienenvölker sollten dem »Schulz-Langner-Verfahren« unterzogen werden.
Auch nach der Kunstschwarmbildung soll noch über einen Zeitraum von etwa drei Wochen Heilfutter verabreicht werden.
Die Bekämpfungsmaßnahmen sollten in der Regel unverzüglich nach der Seuchenfeststellung eingeleitet werden. Für die Behandlung mittels Kunstschwarmverfahren sind die brutarmen Jahreszeiten Frühjahr und Herbst am besten geeignet.

9.3 Während der Brutperiode darf die erste Nachuntersuchung nicht früher als zwei Monate nach der Behandlung vorgenommen werden. Die Nachuntersuchung nach einer im Herbst durchgeführten Behandlung darf nicht vor Beginn der Obstblüte erfolgen. Zur brutlosen Zeit ist von Nachuntersuchungen abzusehen.

9.4 Wabenproben, die zu Untersuchung auf Faulbrut eingesandt werden, sollen in der Regel aus einer ganzen verdächtigen Wabe bestehen.

Zu § 10

10.1 Der Radius des Sperrbezirkes muß den gegebenen Verhältnissen angepaßt sein. Die Flugweite der Bienen, insbesondere bei weiter entfernt liegenden ergiebigen Trachtquellen kann mehr als 1 km betragen.

10.2 Wird die bösartige Faulbrut in einem Wanderbienenstand festgestellt, hat das Veterinäramt die für die früheren Standorte der Bienenvölker zuständige Behörde zu verständigen. Sperrbezirke um die Herkunftsstandorte sind auf Grund gutachtlicher Äußerung des Veterinäramtes zu bilden, sofern anzunehmen ist, daß die Seuche bereits dort geherrscht hat.

10.3 Vor der Erteilung der Genehmigung zum Transport eines verseuchten Wanderbienenstandes an seinen Heimatstandort ist die Zustimmung der für diesen zuständigen Behörde einzuholen.

Zu § 11

11.1 Ausnahmen von Absatz 1 Nrn. 2 bis 4 können für Bienenvölker und Bienenstände zugelassen werden, wenn sie an einen Ort verbracht werden, der in einem Sperrbezirk liegt. Eine Ausnahmegenehmigung zum Verbringen an einen nicht in einem Sperrbezirk liegenden Ort darf nur in besonders dringenden Fällen erteilt werden.
Voraussetzung ist, daß die Bienen am Verbringungsort nicht in die unmittelbare Nachbarschaft von anderen Bienenvölkern verbracht werden und daß sämtliche Völker des Standes vor dem Abtransport einer Untersuchung durch das Veterinäramt mit negativem Ergebnis unterzogen worden sind. Diese Untersuchung darf zum Zeitpunkt der Wanderung nicht länger als drei Tage zurückliegen. Ist für den Verbringungsort eine andere Behörde zuständig, so ist deren Zustimmung vorher einzuholen.

11.2 Es kann zugelassen werden, Bienenköniginnen mit Begleitbienen in nichtverseuchte Bienenstände des Sperrbezirks zu verbringen.

Zu § 14

Sofern imkerliche Maßnahmen nicht ausreichen, sind zur Behandlung aller Bienenvölker geeignete Acarizide anzuwenden.

Zu § 15

15.1 Die Bildung eines Beobachtungsgebietes ist in der Regel entbehrlich. Ein Beobachtungsgebiet ist nur dann zu bilden, wenn ein Gebiet nachweislich länger als ein Jahr besonders stark befallen ist. In diesen Fällen ist die Behandlung aller Bienenvölker des Beobachtungsgebietes anzuordnen.

15.2 Die Entfernung von Bienenvölkern und Bienen aus dem Beobachtungsgebiet ist von einer Genehmigung abhängig zu machen. Die Genehmigung ist zu erteilen, wenn eine Behandlung erfolgt ist. Erforderlichenfalls ist die Genehmigung mit der Auflage zu verbinden, daß die Behandlung am neuen Standort fortgeführt wird.

Zu § 16a

Eine Anordnung nach Absatz 2 ist nur dann zu erlassen, wenn erkennbar ist, daß ohne eine solche Anordnung eine zeitgerechte Behandlung aller Bienenvölker (Herbstbehandlung) nicht zu erreichen ist.

Die Bekanntmachung vom 12. Juli 1983 (MABl. S. 527) wird aufgehoben.

I. A. Dr. Waltner, Ministerialdirektor

Anlage

Ermittlung des gemeinen Wertes von Bienenvölkern

Für die Ermittlung des gemeinen Wertes von Bienenvölkern werden die folgenden Hinweise gegeben:

Es ist zwischen Wirtschaftsvölkern, Ablegern und Schwärmen zu unterscheiden.

Wirtschaftsvölker sind Bienenvölker, die überwintert haben und überwinterungs- und ertragsfähig sind. Der Wert eines Wirtschaftsvolks hängt ab von der Masse der vorhandenen Bienen und Bienenbrut sowie von Zahl und Größe der Bienenwaben. Den geringsten Wert hat ein Bienenvolk nach Abschluß der Honigernte, den höchsten Wert nach guter Überwinterung unmittelbar vor Beginn der Honigernte.

Ableger und Schwärme (Natur- und Kunstschwärme) sind Kleinvölker, die im laufenden Jahr gebildet worden sind und im Spätsommer nicht mehr als 5 Brutwaben aufweisen. Sie sind im Jahr ihrer Bildung in der Regel ertraglos.

Der Wert eines Wirtschaftsvolkes liegt zwischen 110 und 170 DM, der Wert eines

Ablegers bzw. eines Schwarms bei etwa 80 DM.

Bei angeordneter Kunstschwarmbildung wird für jedes abgefegte Volk der Differenzbetrag zwischen dem Wert eines Wirtschaftsvolks und dem Wert des verbleibenden Kunstschwarms entschädigt.

Der Wert von Vorratswaben und Waben abgetöteter oder abgefegter Völker, die vernichtet oder entseucht werden müssen, wird gesondert ermittelt. Der Wert für 1 kg Waben (Wachswert) liegt bei vier DM.

Verordnung über die Einfuhr und die Durchfuhr von Bienen (Bienen-Einfuhrverordnung)

Vom 6. Dezember 1972 (BGBl. I S. 2238), geändert durch VO vom 24. April 1979 (BGBl. I S. 496), VO vom 19. Juli 1983 (BGBl. I S. 958), i. d. Neufassung vom 19. Juli 1983 (BGBl. I S. 995), geändert durch Art. 1 Abs. 1 des Gesetzes vom 24. April 1986 (BGBl. I S. 560) und Art. 6 der VO vom 9. Dezember 1988 (BGBl. I S. 2225)

(aus Geißler-Rojahn-Stein: Slg. tierseuchenrechtlicher Vorschr. C – 11.1. Die Verordnung ist hier ohne die sehr umfangreichen und verwirrenden Fußnoten wiedergegeben.)

§ 1

Die Einfuhr von Bienenvölkern mit und ohne Wabenbau sowie von Bienenköniginnen mit ihren Begleitbienen bedarf der viehseuchenrechtlichen Genehmigung.

§ 2

(1) Der Genehmigung nach § 1 bedarf nicht die Einfuhr von Bienenköniginnen mit ihren Begleitbienen aus europäischen Ländern, wenn sie nachweislich aus einem von der Imkerorganisation oder der für die Bienenzucht zuständigen Behörde des Versandlandes anerkannten Bienenzuchtbetrieb stammen und von einer Gesundheitsbescheinigung begleitet sind, die dem Muster der Anlage entspricht. Als für die Anerkennung von Bienenzuchtbetrieben in den Herkunftsländern zuständig werden nur die Imkerorganisationen und Behörden angesehen, die in der vom Bundesminister für Ernährung, Landwirtschaft und Forsten im Bundesanzeiger bekanntgegebenen Liste aufgeführt sind. Die Gesundheitsbescheinigung ist in deutscher Sprache ausgestellt oder mit einer amtlich beglaubigten deutschen Übersetzung vorzulegen. Sie darf nur aus einem einzigen Blatt bestehen.

(2) Für die eingeführten Bienenköniginnen und ihre Begleitbienen gilt folgendes:

1. Die Bienenköniginnen und ihre Begleitbienen müssen nach der Einfuhrabfertigung unmittelbar zu ihrem Bestimmungsort weitergeleitet werden. Die Zollstelle benachrichtigt die zuständige Behörde des Bestimmungsortes fernmündlich, fernschriftlich oder telegrafisch von der Einfuhr unter Angabe der Zahl der Bienenköniginnen. Der Verfügungsberechtigte hat das Eintreffen der Bienenköniginnen am Bestimmungsort der für diesen Ort zuständigen Behörde unter Vorlage der Gesundheitsbescheinigung unverzüglich anzuzeigen.
2. Die Bienenköniginnen sind nach Eintreffen am Bestimmungsort, bevor sie einem Bienenvolk zugesetzt werden, amtstierärztlich auf Varroatose zu untersuchen. Wird hierbei ein Befall mit der Varroamilbe festgestellt, so sind die befallene Bienenkönigin und ihre Begleitbienen sofort zu töten und unschädlich zu beseitigen.
3. Werden bei der Untersuchung nach Nummer 2 Varroamilben nicht festgestellt, so sind die mit den Bienenköniginnen eingeführten Begleitbienen zu töten, an die von der zuständigen Behörde bestimmte Stelle einzusenden und dort auf Acriose (Milbenseuche) untersuchen zu lassen. Bis zum Abschluß dieser

Untersuchung unterliegen die Bienenvölker, denen die Bienenköniginnen zugesetzt worden sind, der behördlichen Beobachtung.

4. Während der behördlichen Beobachtung dürfen die Bienenvölker, denen eingeführte Bienenköniginnen zugesetzt worden sind, nicht von ihrem Standort entfernt und Veränderungen an den Bienenvölkern nicht vorgenommen werden.
5. Wird durch die Untersuchung der Begleitbienen nach Nummer 3 Milbenseuche festgestellt, so ist das Volk, dem die Bienenkönigin zugesetzt worden ist, unverzüglich nach Anweisung des beamteten Tierarztes gegen Milbenseuche zu behandeln.
6. Die behördliche Beobachtung ist aufzuheben, wenn
   a) bei der Untersuchung der Begleitbienen nach Nummer 3 Milbenseuche nicht festgestellt oder
   b) im Falle der Nummer 5 die Behandlung des Bienenvolkes ordnungsgemäß durchgeführt worden ist.

(3) Abweichend von Absatz 2 Nr. 2 Satz 2 kann die zuständige Behörde auf Antrag des Verfügungsberechtigten eine Behandlung der Bienenkönigin nach Anweisung des beamteten Tierarztes zulassen, wenn hierdurch sichergestellt ist, daß der Befall mit Varroamilben beseitigt wird.

§ 3

Die Einfuhr von nicht mit Bienen besetzten gebrauchten Bienenwohnungen ist verboten.

§ 4

Bienenvölker mit und ohne Wabenbau, Bienenköniginnen mit ihren Begleitbienen sowie nicht mit Bienen besetzte gebrauchte Bienenwohnungen dürfen nur durchgeführt werden, wenn die Bienenwohnungen oder andere Transportbehältnisse bienendicht verschlossen sind.

§ 5

(1) Zuständig für die Entscheidung über Genehmigungen nach dieser Verordnung sind die obersten Landesbehörden. Genehmigungen dürfen nicht erteilt werden, wenn eine Einschleppung oder Weiterverbreitung von Bienenseuchen zu befürchten ist. Bei der Einfuhr von Bienenköniginnen und ihren Begleitbienen müssen Nebenbestimmungen

1. vorsehen, daß mindestens die in dem Muster der Gesundheitsbescheinigung (Anlage) aufgeführten Voraussetzungen erfüllt sind und
2. mindestens den gleichen Schutz gegen eine Einschleppung oder Weiterverbreitung von Bienenseuchen vorsehen wie die Vorschriften des § 2 Abs. 2.

(2) Die zuständigen obersten Landesbehörden können wissenschaftlichen Instituten und staatlichen Besamungslaboratorien, die sich mit Bienenforschung oder Bienenzucht befassen, die Einfuhr von Bienenköniginnen abweichend von Absatz 1 Satz 3 genehmigen; die Genehmigungen sind mit der Auflage zu verbinden, daß die Leiter der Institute und Besamungslaboratorien alle geeigneten Maßnahmen zur Verhütung einer Verbreitung von Bienenseuchen veranlassen und für deren Durchführung Sorge tragen.

(3) Die zuständigen obersten Landesbehörden können ferner in Einzelfällen auf Antrag die Einfuhr von Bienenköniginnen abweichend von Absatz 1 Satz 3 Nr. 1 genehmigen, wenn auf andere Weise sichergestellt ist, daß keine Bienenseuchen eingeschleppt oder weiterverbreitet werden.

§ 6

Ordnungswidrig im Sinne des § 76 Abs. 2 Nr. 2 des Tierseuchengesetzes handelt, wer vorsätzlich oder fahrlässig

1. entgegen § 1 ein Bienenvolk oder eine Bienenkönigin ohne Genehmigung einführt,

2. entgegen § 2 Abs. 2 Nr. 2 Satz 1 eine Bienenkönigin vor dem Zusetzen zu einem Bienenvolk nicht untersuchen läßt,
3. entgegen § 2 Abs. 2 Nr. 4 ein Bienenvolk von dem Standort entfernt,
4. entgegen § 3 eine gebrauchte Bienenwohnung einführt oder
5. entgegen § 4 ein Bienenvolk, eine Bienenkönigin oder eine gebrauchte Bienenwohnung durchführt.

§ 7

Diese Verordnung gilt nach § 14 des Dritten Überleitungsgesetzes in Verbindung mit Artikel 3 des Gesetzes zur Änderung des Viehseuchengesetzes vom 26. Juli 1965 (BGBl. I S. 627) auch im Land Berlin.

§ 8

(1) (Inkrafttreten)
(2) (Außerkrafttreten)

Der Bundesminister für Ernährung, Landwirtschaft und Forsten

Bekanntmachung der für die Anerkennung von Bienenzuchtbetrieben zuständigen Imkerorganisationen und Behörden

Vom 8. Februar 1982 (Bundesanzeiger Nr. 29 vom 12. Februar 1982)

Auf Grund des § 2 Abs. 1 Satz 2 der Bienen-Einfuhrverordnung in der Fassung der Bekanntmachung vom 24. April 1979 (BGBl. I S. 499) wird bekanntgegeben, daß die in der folgenden Liste aufgeführten für die Bienenzucht zuständigen Imkerorganisationen und Behörden als für die Anerkennung von Bienenzuchtbetrieben zuständig angesehen werden:

Herkunftsland Imkerorganisation oder Behörde

Belgien: Chambre Syndicale Belge d'Apiculture
- rôle linguistique neerlandais:
  Grote Singel 5
  B 2120 Scoten (Antwerpen)
- rôle linguistique francais:
  Av. de Broqueville 17, Bte 19
  B 1200 Bruxelles

Bulgarien: Conseil Central Bulgare d'Apiculture, 99 rue Rakovski, Sofia 57

Dänemark: Danmarks Biavlertforening, Nymarksvey 24, DK 7000 Fredericia

Finnland: Mehilalsoitajien Keskusliitto r.y., Ullanlinnankatu I.A. 22, Helsinki

Suomen Meniläishoitajien Keskusjärjesto Sume, pja 100 p
46999 Kouvola

Frankreich: Union des Groupements Apicoles Francais, 28 rue Serpente Paris 75004

Union Nationale de Apiculture Française 38 Bd. Sebastpol, Paris 75004

Syndikat National d Apiculture, 5, rue Copenhague, Paris 75008

Griechenland: Melissokomiki, Cooperative Union of Beekeepers' Associations, 57 I Magrigiannt, Nea Chalkidon, Athens

Irland: Federation of Irish Beekeepers, »Ard Aoibhinn« Curracloe, Co. Wexford

Italien: Federazione Apicoltori Italiani, Corso Vittoria Emanuele 101
I 00186 – Roma

Herkunftsland	Imkerorganisation oder Behörde
Jugoslawien:	Union des Organisations d'Apiculture de Yougoslavie, Malerova 13, Belgrad 11000 Poslovno Udruzenje za Pcelarstvo Jugoslavije, Svetozara Markovića 81 Belgrad 11000
Luxemburg:	Fédération des Unions d'Apiculteurs du Grand-Duché de Luxembourg, 3 rue Th. Reuter, Lorentzweiler
Niederlande:	Stichting Bedrijfsraad voor de Bijenhouderij in Nederland, Spoorlaan 50, Tilburg
Norwegen:	Norges Birokterlag, Bergerveien 15, 1362 Bellingstad
Österreich:	Österreichischer Imkerbund Georg-Coch-Platz 3, Wien I
Polen:	Polski Zwiazek Pszeczelarsky, ul. Kopernika 34, 336 Warszawa
Portugal:	Soziedade dos Apicultores de Portugal, Rua S. Lazaro 130, Lisboa 2
Rumänien:	Asociatia Crescatorilor de Albine, Str. Iulius Fucik 17, 70231 Bucuresti
Schweden:	Sveriges Biodlares Riksförbund, Box 91, 59020 Mantorp
Schweiz:	Fédération des Sociétés Suisses d'Apiculture, CH 6407 Lodrino
Spanien:	Cooperativa Apicola Castellonense, Avenida de Valencia 116, 1°, Castellon de la Plana Asociacion General de Ganaderos del Reino, Sector Apicultura, c/Ramón, Giménez 28, 3°, Madrid 16 Asociacion Nacional de Apicultores de Espana, Poligono San Anton, Ayona, Valencia
Tschechoslowakei:	Ceskoslovensky svaz veelaru, Kremencova 8, Nove Mesto, Praha 1 Slovenský Zväz Vcelarov, Svrcia ul. 14 PSC, 8138 Bratislava
UdSSR:	Ministère de l'Agriculture de l'URSS, Orlikov per 1/11 Moscou I–139
Ungarn:	Szovet-kezetek Orszagos Szovetsege, Szabadsàg-tér 14, Budapest V
Vereinigtes Königreich England:	The British Beekeeper's Association, 35 Fishers Road, Stapelchurst, Kent TN 12 ODD
Schottland:	The Scottish Beekeepers' Association, 56, Abbotsford Crescent, Foxbar Paisley l'A2 OSD

Diese Bekanntmachung ersetzt die Bekanntmachung vom 8. Januar 1973 (BAnz. Nr. 13 vom 19. Januar 1973).

Bonn, den 8. Februar 1982
323–3716

Der Bundesminister für Ernährung,
Landwirtschaft und Forsten

Anlage
(zu § 2 Abs. 1 und § 5 Abs. 1)

Gesundheitsbescheinigung[1]) für die Einfuhr von Bienenköniginnen mit ihren Begleitbienen

Versandland: ....

Ausstellende Behörde (amtlicher Tierarzt): ....

....

I. Zahl der Bienenköniginnen: ....

II. Herkunft der Bienenköniginnen:

....
(Name und Anschrift des Bienenzuchtbetriebes)

III. Empfänger der Bienenköniginnen:

....
(Name und Anschrift)

IV. Angaben über den Gesundheitszustand:

Der Unterzeichnete bescheinigt, daß

1. der unter II genannte Betrieb von ....

....
(Imkerorganisation oder zuständige Behörde des Versandlandes)

als Zuchtbetrieb anerkannt ist und die Bienen aus diesem Betrieb stammen;

2. in dem Herkunftsbetrieb sowie in dessen Umkreis von 2 km während der letzten 12 Monate Acariose (Milbenseuche), bösartige Faulbrut oder Varroatose nicht zur amtlichen Kenntnis gekommen sind und im Herkunftsbetrieb die folgenden amtlichen Untersuchungen mit negativem Ergebnis durchgeführt wurden:

a) im Laufe des letzten Winters die Untersuchung des Totenfalles auf Milbenseuche und

b) nach Beginn der Brutperiode und vor Beginn der Aufzucht der Bienenköniginnen, jedoch längstens 3 Monate vor der Ausfuhr, die Untersuchungen auf bösartige Faulbrut.

V. Diese Bescheinigung ist, vom Tage der Ausstellung an gerechnet, 10 Tage gültig.

Ausgefertigt in .... am .... 19......
(Ort) (Datum)

(Siegel)

Der amtliche Tierarzt

....
(Unterschrift)

[1]) Die Gesundheitsbescheinigung darf einheitlich nur für die Anzahl der Bienenköniginnen ausgestellt werden, die aus demselben Bienenzuchtbetrieb stammen und für denselben Empfänger bestimmt sind.

Zuständigkeitsregelungen der Bundesländer zur Bienen-Einfuhrverordnung

(nach Geißler – Rojahn – Stein: Sammlung tierseuchenrechtl. Vorschr. C – 11.1a; zusammengezogen und aktualisiert nach der Neufassung der VO vom 19. Juli 1983, BGBl I, S. 995)

Als zuständige Behörde für § 2 Abs. 2 Nr. 1 u. 3 u. Abs. 3 fungieren in den einzelnen Bundesländern in der Regel die Kreisverwaltungsbehörden (Landkreise, kreisfreie Städte). In *Baden-Württemberg* sind die *Amtsveterinäre,* in *Berlin* und *Hamburg* das Bezirksamt und in *Bremen* die Ortspolizei zuständig.

Als zuständige oberste Landesbehörden nach § 5 Abs. 1, 2 u. 3 kommen in Frage: für Bayern das Ministerium des Innern, für Baden-Württemberg, Niedersachsen, Nordrhein-Westfalen, Schleswig-Holstein die Ministerien für Ernährung, Landwirtschaft und Forsten, für Hessen das Ministerium für Soziales, für Rheinland-Pfalz das Ministerium für Umwelt und Gesundheit, für Berlin u. Bremen die Senatoren für Gesundheit und für Hamburg die Gesundheitsbehörde.

Ausführungshinweise zur Bienen-Einfuhrverordnung

Vom 31. Mai 1979, geändert am 25. Mai 1983

(nach Geißler – Rojahn – Stein: Sammlung tierseuchenrechtl. Vorschr. C – 11.3. **Achtung:** Diese Fassung der Ausführungshinweise ist noch nicht an die letzte Änderung der Bienen-Einfuhrverordnung vom 9. Dezember 1988 bzw. an die 6. VO zur Änderung der Bienenseuchen-Verordnung vom 6. Dezember 1988 angepaßt, was vorerst auch nicht zu geschehen scheint.)

Die Verordnung über die Einfuhr und die Durchfuhr von Bienen – Bienen-Einfuhrverordnung – vom 6. Dezember 1972 (BGBl. I S. 2238) trat am 10. März 1973 in Kraft; sie wurde durch Verordnung vom 24. April 1979 (BGBl. I S. 496) geändert und ihre Neufassung vom gleichen Datum in dem ab 29. April 1979 geltenden Wortlaut im Bundesgesetzblatt Teil 1 Seite 499 bekanntgemacht.

Die Einfuhr von Bienenvölkern mit und ohne Wabenbau sowie von Bienenköniginnen mit ihren Begleitbienen bedarf, vorbehaltlich der in § 2 Abs. 1 der Verordnung genannten Ausnahme für Bienenköniginnen aus europäischen Ländern, der tierseuchenrechtlichen Genehmigung. Für Bienenköniginnen, die ohne tierseuchenrechtliche Genehmigung aus europäischen Ländern eingeführt werden, schreibt die Verordnung eine amtstierärztliche Untersuchung auf Varroamilben nach Eintreffen am Bestimmungsort und eine Untersuchung der Begleitbienen auf Acariose (Milbenseuche) in einer Untersuchungsstelle vor; die Bienenvölker, denen eingeführte Bienenköniginnen zugesetzt werden, unterliegen der amtlichen Beobachtung.

Für die Erteilung tierseuchenrechtlicher Genehmigungen nach § 5 Abs. 1 der Verordnung sowie für dabei vorzusehende Nebenbestimmungen, für die Untersuchung eingeführter Bienen und die Durchführung der amtlichen Beobachtung werden nachstehende Ausführungshinweise empfohlen.

Die Ausführungshinweise beschreiben den Grundsatz, von dem nur in besonders begründeten Ausnahmefällen abgewichen werden sollte. Wegen des im allgemeinen überregionalen Einflusses und auch wegen des möglichen präjudiziellen Charakters abweichender Entscheidungen sollten diese in der Regel nur nach Abstimmung mit dem Bundesminister für Ernährung, Landwirtschaft und Forsten und den obersten Veterinärbehörden aller Bundesländer getroffen werden.

A. Einfuhr von Bienenvölkern mit und ohne Wabenbau

1. Erteilung von Genehmigungen

1.1 Die Entscheidung über die Erteilung tierseuchenrechtlicher Genehmigungen für die Einfuhr von Bienenvölkern hängt vorrangig von der Seuchenlage im Herkunftsland ab; darüber hinaus sind jedoch die Organisation und das System der veterinärbehördlichen Kontrolle der Bienenzucht im Herkunftsland bei der Beurteilung des Seuchenrisikos zu berücksichtigen.

1.1.1 Die Merkmale der Nr. 1.1 zweiter Halbsatz haben insbesondere Bedeutung in bezug auf die Varroatose. Über die Varroatose gibt es nur in wenigen Ländern eine amtliche Seuchenberichterstattung, so daß Kenntnisse über Vorkommen und Verbreitung dieser Bienenseuche im allgemeinen lückenhaft und wenig genau sind; sie müssen hauptsächlich wissenschaftlichen Veröffentlichungen und anderen Berichten entnommen werden. Es kann davon ausgegangen werden, daß die Varroatose heute über die ganze Welt verbreitet ist.

2. Nebenbestimmungen für die Einfuhr von Bienenvölkern

2.1 In den tierseuchenrechtlichen Genehmigungen für die Einfuhr von Bienenvölkern sind mindestens die sich aus den Nummern 2.1.1 bis 2.2.5 ergebenden Nebenbestimmungen aufzunehmen. Weitergehende Anforderungen können auf Grund einer besonderen Seuchenlage im Ausfuhrland notwendig werden.

2.1.1 Der Zollstelle an der Grenze ist eine Gesundheitsbescheinigung des für den Herkunftsort zuständigen amtlichen Tierarztes vorzulegen, aus der hervorgeht, daß

- in dem Herkunftsbetrieb sowie in dessen Umkreis von 2 km während der letzten 12 Monate Acariose (Milbenseuche), bösartige Faulbrut oder Varroatose nicht zur amtlichen Kenntnis gekommen sind.
- im Herkunftsbetrieb die folgenden amtlichen Untersuchungen mit negativem Ergebnis durchgeführt wurden:
  a) am Ende des letzten Winters die Untersuchung des Totenfalles auf Milbenseuche und des Wintergemülls auf Varroamilben,
  b) nach Beginn der vor der Ausfuhr liegenden letzten Brutperiode, jedoch längstens vier Wochen vor der Ausfuhr, die Untersuchung auf bösartige Faulbrut.

2.1.2 Nach der Einfuhrabfertigung sind die Bienenvölker unmittelbar zu ihrem Bestimmungsort weiterzuleiten. Die Zollstelle benachrichtigt die zuständige Behörde des Bestimmungsortes fernmündlich, fernschriftlich oder telegrafisch von der Einfuhr unter Angabe der Zahl der Bienenvölker. Der Verfügungsberechtigte hat das Eintreffen der Bienenvölker am Bestimmungsort der für diesen Ort zuständigen Behörde unter Vorlage der Gesundheitsbescheinigung unverzüglich anzuzeigen.

2.1.3 Die eingeführten Bienenvölker unterliegen an ihrem Bestimmungsort der behördlichen Beobachtung nach Maßgabe der Nr. 2.2ff. (Aufhebung der Beobachtung vgl. Nr. 2.2.4).

2.2 Durchführung der behördlichen Beobachtung

2.2.1 Werden die eingeführten Bienenvölker in einen Bestand eingestellt, so gilt die behördliche Beobachtung für alle Völker des Bienenstandes.

2.2.2 Während der behördlichen Beobachtung dürfen die Bienenvölker nicht von dem Standort und Bienen, Bienenbrut, Waben, Wabenteile, Wabenabfälle, Wachs, Honig, Futtervorräte, Bienenwohnungen und für die Wartung von Bienen benutzte Gerätschaften nicht aus dem Bienenstand entfernt werden; die Entfernung toter Bienen und toter Bienenbrut kann zum Zweck der unschädlichen Beseitigung nach Weisung des amtlichen Tierarztes stattfinden.

2.2.3 Die eingeführten Bienenvölker sind frühestens drei Wochen nach Eintreffen am Bestimmungsort amtstierärztlich auf bösartige Faulbrut und bei dieser Gelegenheit gleichzeitig auch auf Varroatose zu untersuchen (wegen einer evtl. notwendigen Verzögerung des Untersuchungsbeginns vgl. Nr. 2.2.5). Eine systematische Untersuchung auf Acariose nach der Einfuhr findet nicht statt (vgl. hierzu Nr. 2.2.7).

Da sich die Varroamilben mit Vorliebe in der Drohenbrut aufhalten, sind für die Untersuchung auf Varroatose gedeckelte Drohenzellen zu öffnen, die Maden herauszuziehen und auf Milbenbefall zu prüfen. Außerdem sind die Drohnenzellen, aus denen die Maden entnommen worden sind, auf Entwicklungsstadien der Varroamilbe und auf von der Milbe stammende helle kleine Kotflecke zu untersuchen. Anstelle dieses Untersuchungsverfahrens können, insbesondere wenn Drohnenbrut nicht vorhanden ist, alternativ auch folgende Verfahren vorgeschrieben werden:

a) Etwa 200 Bienen pro Volk sind von offenen Waben abzukehren und nach Abtötung im Tiefkühlfach – als Sammelprobe von allen zu untersuchenden Völkern – an das zuständige Untersuchungsamt einzusenden und dort nach Auswaschen mit Benzin Alkohol auf Milben zu untersuchen, oder
b) die diagnostische Behandlung unter Verwendung eines geeigneten acariziden Mittels.

2.2.4 Die behördliche Beobachtung ist aufzuheben, wenn die Untersuchungen nach Nr. 2.2.3 nicht zur Feststellung der Varroatose oder der bösartigen Faulbrut oder des Verdachts einer dieser Seuchen geführt haben. Führt die amtstierärztliche Untersuchung auf Varroatose und bösartige Faulbrut zur Feststellung der Seuche, so hat der beamtete Tierarzt die entsprechenden Vorschriften der Bienenseuchenverordnung in der Fassung der Bekanntmachung vom 20. Juni 1979 (BGBl. I S. 661) in jeweils geltender Fassung anzuwenden (vgl. auch Nr. 2.2.7).

2.2.5 Die in Nr. 2.2.3 genannte Frist von wenigstens 3 Wochen bis zur Untersuchung auf Faulbrut ist vorgesehen, damit auch Infektionen erkannt werden, die eventuell erst kurz vor der Ausfuhr des Bienenvolkes stattgefunden haben. Sollten die für die Erkennung der bösartigen Faulbrut signifikanten Brutstadien aus irgendwelchen Gründen bei einem Volk jedoch nicht während der ersten 3 Wochen nach der Einfuhr eintreten, so muß diese Mindestzeit für die behördliche Beobachtung entsprechend verlängert werden.

Die Entwicklung der Faulbruterkrankung von der Infektion bis zu ersten deutlich sichtbaren Erscheinungen dauert 8 bis 14 Tage. In der Regel stirbt die infizierte Bienenbrut nach der Verdeckelung der Zelle ab; bereits kurze Zeit nach dem Absterben einer Made werden an dem Zellendeckel typische Veränderungen sichtbar. Da die Zeit einer Brutperiode, d. h. die Zeit, die von der Eiablage bis zur Entwicklung der fertigen Biene vergeht, 3 Wochen beträgt und außerdem während der Jahreszeit, in der bei unseren Klimaverhältnissen Bienenvölker an einen anderen Standort verbracht werden können, meist Bienenbrut in einem Volk vorhanden ist, wird das zur äußerlichen Erkennung der Faulbrut günstigste Brutstadium im Normalfalle während der ersten 3 Wochen nach der Einfuhr auftreten.

2.2.6 Die staatlichen Maßnahmen richten sich nur gegen die sog. »bösartige« oder »amerikanische« Faulbrut (Bacillus larvae). Maßnahmen bei den verschiedenen – wegen ähnlicher Symptome differential-diagnostisch bedeutsamen – anderen Krankheiten der Bienenbrut sind nicht erforderlich, da diese im allgemeinen gutartig verlaufen und sich in der Regel nur auf ein Volk oder ein paar Völker des Bienenstandes beschränken und meist auch nicht zu schweren Volks- und Brutverlusten führen. Zu nennen sind hiervon insbesondere die »gutartige« oder »europäische« Faulbrut – eine Gruppe ansteckender Brutkrankheiten verschiedener Ätiologie (Bacillus alvei, Bac. orpheus, Bac. apidarium usw.) –, weiterhin die Sauerbrut (Streptococcus apis), die Sackbrut (Virus), aber auch Bruterkrankungen nicht infektiöser Ursache, wie z. B. »verkühlte Brut« und »verkümmerte Brut«.

2.2.7 Die Untersuchung der Bienenvölker auf Acariose nach der Einfuhr ist im allgemeinen nicht erforderlich. Im Verdachtsfalle hat der beamtete Tierarzt jedoch die erforderlichen Maßnahmen zu treffen. Bis zur Klärung eines Verdachtes bzw. bei Feststellung der Acariose ist entsprechen Nr. 2.2.3 zu verfahren.

Auf systematische Untersuchungen eingeführter Bienenvölker auf Acariose wird verzichtet, weil vom späten Frühjahr bis zum Herbst (gewöhnlich erfolgt aus biologischen Gründen nur in dieser Zeit eine Einfuhr von Bienenvölkern) kaum eine für den Seuchenschutz ausreichende Chance besteht, bei Bienen eines äußerlich gesund erscheinenden, aber milbenbefallenen Volkes Tracheenmilben (sog. »Innenmilben«) zu finden; dies hängt zum Teil mit der inkongruenten Biologie der Biene und der Tracheenmilbe zusammen. Da die Sommerbiene praktisch nur eine Lebensdauer von 5 bis 6 Wochen hat, die Tracheenmilbe aber zu ihrer Entwicklung und der für eine Ausbildung der Krankheit notwendigen Vermehrung etwa 2 bis 3 Monate braucht, kommt es im allgemeinen bis zum biologischen Tod der Biene nicht zu der Anreicherung von Milben in den Tracheen, die eine ausreichende Wahrscheinlichkeit für ihren Nachweis begründen würde.

Für den Nachweis des Milbenbefalles von Bienenvölkern sind die Wintermonate und das zeitige Frühjahr die günstigste Zeit, weshalb die Untersuchung der während des Winters gestorbenen Bienen (sog. »Wintertotenfall«) auf Acariose bzw. des vor dem ersten Reinigungsflug entnommenen Wintergemülls auf Varroamilben die optimale Methode für die Diagnose der Seuche ist. Zum Schutze gegen die Einschleppung der Acariose und Varroatose bietet deshalb die Untersuchung des Totenfalles auf Acariose und des Gemülls auf Varroamilben am Ende des letzten Winters vor der Einfuhr die wichtigste Garantie.

B. Einfuhr von Bienenvölkern nach vorübergehender Ausfuhr (Trachtwanderung)

3. Erteilung von Genehmigungen (Trachtwanderung)

3.1 Nummer 1.1 findet auf die Erteilung tierseuchenrechtlicher Genehmigungen für die Einfuhr von Bienenvölkern, die zum Zwecke der Trachtwanderung nachweislich nicht länger als drei Monate aus dem Wirtschaftsgebiet ausgeführt waren, entsprechende Anwendung.

4 Nebenbestimmungen für die Einfuhr von Bienenvölkern (Trachtwanderung)

4.1 Bei der Rückführung (Einfuhr) zum Zwecke der Trachtwanderung ausgeführter Bienenvölker ist der Zollstelle an der Grenze eine dem Muster der Anlage entsprechende Gesundheitsbescheinigung des für den Standort der Bienenvölker vor ihrer Rückführung zuständigen amtlichen Tierarztes vorzulegen.

4.2 Nach der Einfuhrabfertigung sind die Bestimmungen der Nummern 2.1.2 bis 2.2.5 anzuwenden. Weitergehende Anforderungen können auf Grund einer besonderen Seuchenlage im Ausland notwendig werden.

4.3 Zusätzlich zu den Maßnahmen nach Nr. 4.2 sind nach Ablauf des auf die Trachtwanderung folgenden Winters vor dem Ersten Reinigungsflug bei allen rückgeführten Völkern der Totenfall auf Acariose und das entnommene Wintergemüll auf Varroamilben zu untersuchen. Bis zum Abschluß dieser Untersuchung dürfen diese Völker von dem Standort sowie Bienen und Bienenbrut dieser Völker aus dem Bienenstand nicht entfernt werden.

C. Einfuhr von Bienenköniginnen

5 Einfuhr von Bienenköniginnen aus europäischen Ländern

5.1 Nach § 2 Abs. 1 der Verordnung bedarf die Einfuhr von Bienenköniginnen mit ihren Begleitbienen aus europäischen Ländern bei Erfüllung bestimmter Voraussetzungen keiner tierseuchenrechtlichen Genehmigung. Die eingeführten Bienenköniginnen mit ihren Begleitbienen unterliegen nach der Einfuhr den Auflagen und Verfahren des § 2 Abs. 2 der Verordnung.

5.1.1 Die Beschränkung der Einfuhr von Bienenköniginnen auf Herkünfte aus Bienenzuchtbetrieben, die von der Imkerorganisation oder der für die Bienenzucht zuständigen Behörde des Herkunftslandes anerkannt sind, stellt eine wesentliche Garantie für die Seuchenfreiheit der eingeführten Bienenköniginnen dar. Erfahrungsgemäß stellen diese Organisationen oder Behörden an die Anerkennung solcher Betriebe strenge seuchenhygienische Anforderungen.

5.1.2 Die amtstierärztliche Untersuchung eingeführter Bienenköniginnen auf Befall mit Varroamilben nach Eintreffen am Bestimmungsort (§ 2 Abs. 2 Nr. 2 der Verordnung) ist tunlichst zum Zeitpunkt ihrer Trennung von den Begleitbienen mittels einer Lupe durchzuführen. Der beamtete Tierarzt kann für diese Untersuchung einen Bienenseuchensachverständigen hinzuziehen. Wird ein Befall mit Varroamilben festgestellt, so erfolgt die vorgeschriebene unschädliche Beseitigung der Bienenkönigin und ihrer Begleitbienen am sichersten durch Verbrennen.

5.1.3 Wird bei der Untersuchung der eingesandten Begleitbienen in der von der zuständigen Behörde benannten Untersuchungsstelle Acariose festgestellt, so ist nach § 2 Abs. 2 Nummer 5 der Verordnung nur die Behandlung des Volkes, dem die betreffende Bienenkönigin zugesetzt worden ist, mit einem acariciden Mittel vorgeschrieben. Diese Beschränkung ist vertretbar, weil eine Verschleppung der Acarpismilbe auf andere Völker des Bienenstandes in der kurzen Zeit, die bis zum Vorliegen des Untersuchungsbefundes vergeht, auf Grund der Biologie des Bienenvolkes nicht möglich ist.

6 Einfuhr von Bienenköniginnen aus außereuropäischen Ländern

6.1 Erteilung von Genehmigungen

6.1.1 Die Einfuhr von Bienenköniginnen mit ihren Begleitbienen aus außereuropäischen Ländern bedarf der tierseuchenrechtlichen Genehmigung nach § 1 der Verordnung. Die Erteilung von Genehmigungen ist von Fall zu Fall zu prüfen. Hierbei sind außer der Seuchenlage die Organisation der Bienenzucht und das System der Anerkennung der Bienenzuchtbetriebe in dem Herkunftsland wichtige Kriterien für die Beurteilung des Seuchenrisikos; vgl. auch Nr. 5.1.1.

6.2 Nebenbestimmungen für die Einfuhr von Bienenköniginnen

6.2.1 In tierseuchenrechtlichen Genehmigungen für die Einfuhr von Bienenköniginnen mit ihren Begleitbienen aus außereuropäischen Ländern ist gemäß § 5 Abs. 1 der Verordnung mindestens die Erfüllung der in dem Muster der Gesundheitsbescheinigung für die Einfuhr von Bienenköniginnen mit ihren Begleitbienen für Herkünfte aus europäischen Ländern (Anlage der Verordnung) aufgeführten Voraussetzungen vorzusehen.

6.2.2 Außer den bei der Einfuhr gemäß Nr. 6.2.1 zu erfüllenden Voraussetzungen sind in die Nebenbestimmungen mindestens die in § 2 Abs. 2 der Verordnung für die Einfuhr aus europäischen Ländern vorgeschriebenen Verfahren und Untersuchungen als Auflagen aufzunehmen.

6.2.3 Die Nummern 5.1.1, 5.1.2 und 5.1.3 gelten für die Einfuhr von Bienenköniginnen aus außereuropäischen Ländern entsprechend.

Der Bundesminister für Ernährung, Landwirtschaft und Forsten

Anlage
(zu Teil B, Nummer 4.1)

Gesundheitsbescheinigung[1])
für die Einfuhr vorübergehend ausgeführter Bienenvölker

I. **Herkunft und Bestimmung der Bienenvölker** (vor der Ausfuhr vom Verfügungsberechtigten der Bienenvölker auszufüllen)

1. Zahl der Bienenvölker: ....

2. Herkunft der Bienenvölker:

....
(Name und Anschrift des Herkunftsbetriebes)

3. Vorgesehener Standort der Bienenvölker außerhalb des Wirtschaftsgebietes:

....
(Ort, Land)

II. **Angaben über den Gesundheitszustand** (vor der Rückführung der Bienenvölker vom amtlichen Tierarzt des in Abschnitt I Nr. 3 genannten Standortes auszufüllen):

1. Der Unterzeichnete bescheinigt, daß an dem in Abschnitt I Nr. 3 genannten Standort der Bienenvölker sowie in dessen Umkreis von 2 km während der letzten 12 Monate Milbenseuche (Acariose), bösartige Faulbrut oder Varroatose nicht zur amtlichen Kenntnis gekommen sind.

2. Diese Bescheinigung ist, vom Tage der Ausstellung an gerechnet, 10 Tage gültig.

Ausgefertigt in .... am .... 19......
(Ort) (Datum)

(Siegel) Der amtliche Tierarzt

....
(Unterschrift)

Raum für Zollvermerke[2]):

1. Tag der Ausfuhr aus der Bundesrepublik Deutschland: .... 19...... (Stempel der Zollbehörde)
2. Tag der Einfuhr in die Bundesrepublik Deutschland: .... 19...... (Stempel der Zollbehörde)

[1]) Die Gesundheitsbescheinigung darf einheitlich nur für die Anzahl der Bienenvölker ausgestellt sein, die aus demselben Herkunftsbetrieb im Wirtschaftsgebiet stammen und an denselben Standort außerhalb des Wirtschaftsgebietes verbracht werden.
[2]) Zum Nachweis, daß nach der Trachtwanderung die Einfuhr (Rückführung) der Bienenvölker innerhalb von 3 Monaten nach dem Tage der Ausfuhr aus dem Wirtschaftsgebiet erfolgt ist.

Was besagt die Bienen-Einfuhrverordnung für den Imker?

In Anbetracht der Gefahren, die der deutschen Imkerei durch die in den 70er Jahren in die mitteleuropäischen Staaten vorgedrungene Varroatose drohten, hat man die (erste) Bienen-Einfuhrverordnung von 1972 zunächst einmal durch eine Reihe von Verordnungsänderungen von 1979 bis 1986 verschärft. Inzwischen ist die Varroamilbe nicht nur weltweit verbreitet, sondern hat auch bereits die ganze Bundesrepublik nahezu lückenlos überzogen. Aus diesem Grund und nicht zuletzt, weil man zur Überzeugung gelangte, daß die Brutmilbenkrankheit weder durch biotechnische noch chemotherapeutische Maßnahmen vollständig zu tilgen ist, wurde 1988 die Bienen-Einfuhrverordnung (ebenso wie die Bienenseuchen-Verordnung) korrigiert und in Hinblick auf die Varroatose wieder entschärft. Sie ist dadurch nicht lesbarer geworden. Eindeutiges sagt sie über die Einfuhr von Bienenköniginnen mit Begleitbienen aus *europäischen* Ländern aus. Diese bedarf keiner Genehmigung durch die Landesbehörde und wird nur behördlich überwacht. Eine solche Genehmigung ist aber bei der Einfuhr von Bienenköniginnen mit Begleitbienen aus *außereuropäischen* Ländern notwendig und ebenso für die Einfuhr von Bienenvölkern *aus dem Ausland schlechthin.* Leider zielen die hierzu in der Verordnung gemachten Angaben hauptsächlich auf Bienenköniginnen ab, so daß man Einzelheiten über die Einfuhr von Bienenvölkern nur aus den zur Verordnung gehörigen *Ausführungshinweisen* entnehmen kann. Diese sind bisher nicht auf die letzte Verordnungsänderung abgestimmt worden. Man darf annehmen, daß für die Einfuhr von Bienenvölkern aus dem inner- und außereuropäischen Ausland auch künftig das gleiche gilt wie für Bienenköniginnen mit Begleitbienen aus außereuropäischen Ländern. *Ich habe deshalb nachfolgend die nach den alten Ausführungshinweisen für die Varroatose geltenden, aber nicht mehr aktuellen Hinweise mit Fragezeichen versehen und in Klammern gesetzt.*

1. Die Einfuhr von
Bienenköniginnen (mit Begleitbienen) aus *europäischen* Ländern (z. B. aus den Bienenausfuhrländern Österreich und Italien)
ist ohne Genehmigung durch die Landesbehörde erlaubt, aber mit aufwendigen Bedingungen verbunden.

a) Die Königinnen müssen aus einem durch die zuständige Stelle des Herkunftslandes anerkannten Bienenzuchtbetrieb stammen. Die zuständigen Stellen sind im Bundesanzeiger Nr. 29 vom 12. Februar 1982 bekanntgegeben worden (S. 245f.). Von diesen Adressen kann man auf Anfrage die Anschriften der anerkannten Zuchtbetriebe bekommen.
b) Die Königinnen müssen von einer amtlichen, d. h. von der zuständigen Veterinärbehörde des ausführenden Landes ausgestellten Gesundheitsbescheinigung begleitet sein. Dafür ist ein Formblatt vorgeschrieben (s. Anlage auf Seite 247). Am besten schickt man das Formular bei der Königinnenbestellung gleich mit an den Versandbetrieb. Beim Eintreffen der Königinnen muß der Empfänger unverzüglich die zuständige Stelle (s. S. 247) unterrichten und das mitgelieferte Gesundheitszeugnis vorlegen.

Aufgabe des Amtstierarztes ist es, die eingeführten Königinnen auf Varroatose zu untersuchen. Bei dieser Gelegenheit müssen die Begleitbienen getötet und an die zuständige amtliche Untersuchungsstelle (s. S. 26) zwecks Nachweises der Tracheenmilbenfreiheit eingesandt werden. Die früher gültige Anweisung, bei Varroabefall zusammen mit den Begleitbienen auch die Königin zu töten, ist nach der letzten Änderung der Verordnung in der Weise abgemildert, daß die Königin auf Antrag des Empfängers nach Anweisung des Amtstierarztes einer Behandlung unterzogen werden kann, die sie sicher von den Varroamilben befreit (§ 2 Abs. 3 der VO).

Danach dürfen die Königinnen zugesetzt werden, der Bienenstand bleibt aber, bis der Untersuchungsbefund der eingesandten toten Begleitbienen vorliegt, unter amtstierärztlicher Beaufsichtigung.

2. Die Einfuhr von
Bienenvölkern aus *europäischen* Ländern und von *Bienenköniginnen* (mit Begleitbienen) und *Bienenvölkern* aus *außereuropäischen* Ländern (Übersee)
ist nur möglich, wenn bei der obersten Landesbehörde (z. B. Innenministerium) eine Genehmigung dafür eingeholt wird (tierseuchenrechtliche Genehmigung!). Zu diesem Zweck muß die Notwendigkeit des Antrags gut begründet werden, wenn er Erfolg haben soll.

Der praktische Imker sollte sich wegen einer Genehmigung zur Einfuhr von *Königinnen* oder *Völkern* aus *außereuropäischen* Ländern bei der zuständigen Landesbehörde schwer tun. In der Regel dürften nur wissenschaftliche Institutionen ein berechtigtes Interesse an solchen Einfuhren haben. Für die Einfuhr von Königinnen und Völkern aus außereuropäischen Ländern bedarf es im Prinzip derselben Bescheinigung wie für die Einfuhr von Bienenköniginnen mit Begleitbienen aus europäischen Ländern.

Leichter einmal könnte ein Imker an der Einfuhr von *Völkern* aus *europäischen* Ländern interessiert sein. Das gilt vor allem für den Sonderfall, daß er im Zuge einer Trachtwanderung über die Staatsgrenze seine eigenen Völker wieder zurückholen will. Der Weg zur obersten Landesbehörde bleibt ihm dann nicht erspart.

Die Behörde wird entscheiden, ob die Einfuhr von Völkern, bzw. Rückführung von Wandervölkern ohne die Einschleppung von Seuchen gestattet werden kann. Die Genehmigung ist wieder mit einer Reihe von Auflagen verbunden:

a) Der Imker hat bei der Zolldienststelle an der Grenze, welche die Völker passieren, eine Gesundheitsbescheinigung des Tierarztes vorzulegen, der für den Herkunftsort, bzw. Wanderstandort der eingeführten Bienenvölker im Ausland zuständig ist. Aus diesem Zeugnis muß hervorgehen, daß im Bereich des Herkunftsortes der Bienen Acarapiose, Bösartige Faulbrut (und Varroatose!??) amtlich nicht zur Kenntnis gekommen sind und daß – im Falle neueingeführter Völker – im Herkunftsbetrieb derselben zeitgerecht die amtlichen Untersuchungen auf die oben genannten Krankheiten durchgeführt wurden. Die Bescheinigung entspricht derjenigen zur Einfuhr von Bienenköniginnen mit ihren Begleitbienen (s. Anlage auf Seite 247). Für die Rückführung von Wandervölkern gibt es ein eigenes Formblatt, das auf Seite 254 abgedruckt ist. In allen diesen Formblättern ist der neuen Situation der Varroatose noch nicht Rechnung getragen.
b) Nach der Einfuhrabfertigung benachrichtigt die Zolldienststelle die zuständige Behörde des Bestimmungsortes. Der Imker hat seinerseits das Eintreffen der Bienenvölker unverzüglich der zuständigen Behörde anzuzeigen und das Gesundheitszeugnis vorzulegen.

Der Amtstierarzt wird die Völker zunächst unter Beaufsichtigung halten, insbesondere entsprechend der gültigen Ausführungsbestimmungen nach 3 Wochen eine Kontrolle auf Faulbrut (und Varroatose!??) vornehmen. Er kann dazu die amtliche Beobachtungszeit auch verlängern. Im Falle einer Rückwanderung wird er für alle rückgeführten Völker im folgenden Jahr eine Untersuchung des Wintertotenfalls und -gemülls auf Tracheenmilbe und (und Varroatose!??) verlangen. Während der amtlichen Beobachtungszeit dürfen weder Bienen, Bienenbrut, Bienenvölker noch Betriebsmittel aus dem Bienenstand entfernt werden.

Die Bescheinigungsformulare muß man über Veterinärämter anfordern oder man erhält sie über die Geschäftsstelle der Imkerverbände.

3. Die Durchfuhr von
Bienenvölkern (mit und ohne Wabenbau), *Bienenköniginnen* (mit ihren Begleitbienen) und nicht mit Bienen besetzten *gebrauchten Bienenwohnungen*
ist ohne jegliche Auflage erlaubt, wenn die Behälter nur bienendicht sind.

Was bezweckt die Bienen-Einfuhrverordnung, und was will man mit dem geplanten Bieneneinfuhrgesetz erreichen?

Während die *Bienen-Einfuhrverordnung* zu dem eindeutigen Zweck erlassen wurde, die Einschleppung gefährlicher Bienenkrankheiten zu verhindern, hat das von vielen Imkern gewünschte *Bieneneinfuhrgesetz* in erster Linie die Aussperrung von fremden, nicht zu den im Lande gezüchteten Bienen passenden Abstammungen zum Gegenstand. Gemeint sind Bienen aus außereuropäischen Ländern und solche, die nicht ausschließlich zu den europäischen Bienenrassen gehören. Man will nicht, daß die mit großer Geduld und Ausdauer im Lande betriebene Zuchtarbeit durch eingeführte Bienen mit unerwünschten Eigenschaften, z. B. Stechlust, mangelnde Winterfestigkeit, unkontrollierbare Schwarmlust, Seuchenanfälligkeit oder andere, die Bienenbehandlung erschwerende Eigenarten, gestört wird. Natürlich können und sollen fremde Bieneneinfuhren, die der Forschung in genetischer und anderer Hinsicht dienen können, nicht ganz unterbunden werden, aber es ist eine behördliche Genehmigung und die Vorlage eines Herkunftszeugnisses vorgesehen und es können weitere Auflagen erteilt werden. Zuständig für das Genehmigungsverfahren sollen die Landesregierungen oder von ihnen beauftragte Stellen sein. Wenn das ins Auge gefaßte Bieneneinfuhrgesetz auch in erster Linie für den Schutz der heimischen Zuchtarbeit vor einer Überfremdung durch Bienen unkontrollierter Herkunft aus dem Ausland gedacht ist, hat es doch automatisch auch einen seuchenhygienischen Aspekt. Es könnte im Ausland verbreitete, bei uns noch nicht oder wenig bekannte Bienenkrankheiten – man denke etwa an Bienenvirosen – von unseren Bienen abhalten. Das Gesetz würde somit der bestehenden Bienen-Einfuhrverordnung für den gesundheitlichen Schutz der heimischen Bienen zur Seite treten.

Die beiden Gesetzesregelungen bringen einen nicht unwesentlichen bürokratischen Aufwand mit sich. Ob sie den hehren Aufgaben gerecht werden, derentwegen sie antreten, bleibt eine Streitfrage. Selbst wenn man den Angaben in der Gesundheitsbescheinigung zur *Bienen-Einfuhrverordnung* rückhaltlos Glauben schenken würde, und wenn die bekannten (aber ohnehin beherrschbaren) Bienenkrankheiten durch die gewissenhafte Einhaltung der Bestimmungen tatsächlich abgehalten werden können, bleiben immer noch genügend Schwachpunkte. So gelang es der Varroatose trotz Einfuhrverordnung, bei uns einzubrechen. Mit Viruskrankheiten könnte ähnliches passieren. Allein die unkalkulierbare Zeitspanne zwischen der Ansteckung und dem Ausbruch solcher Krankheiten müssen alle noch so gut gemeinten Einfuhrbestimmungen unwirksam machen. Beim erwogenen *Bieneneinfuhrgesetz* schließlich ist zu bedenken, daß Bienenrassen oder deren Hybriden aus innereuropäischen Ländern von dem »Bannstrahl« nicht getroffen werden, und somit ein Reinzüchter, gleich welcher europäischen Bienenrasse er sich verschrieben hat, keinen Schutz genießt, wenn sich ein anderer Imker mit einer fremden Rasse europäischen Ursprungs im Flugbereich seiner Bienen niederläßt. Abgehalten werden nur Bienen aus dem außereuropäischen Ausland, etwa die stechwütigen afrikanisierten Hybriden aus Südamerika oder Afrikanische Bienen aus ihrem Ursprungsland selbst.

Verordnung zum Schutz der Bienen vor Gefahren durch Pflanzenschutzmittel (Bienenschutzverordnung)

Vom 19. Dezember 1972 (BGBl I S. 2515)

Auf Grund des § 3 Abs. 1 Nr. 1, des § 6 Abs. 1 Nr. 1 und Abs. 2 und des § 27 Abs. 1 Satz 1 des Pflanzenschutzgesetzes vom 10. Mai 1968 (Bundesgesetzbl. I S. 532), zuletzt geändert durch das Änderungsgesetz vom 27. Juli 1971 (Bundesgesetzbl. I S. 1161), wird im Einvernehmen mit den Bundesministern für Jugend, Familie und Gesundheit und für Wirtschaft und Finanzen mit Zustimmung des Bundesrates verordnet:

§ 1

Im Sinne dieser Verordnung sind

1. bienengefährliche Pflanzenschutz mittel:
   a) Pflanzenschutzmittel, die die Biologische Bundesanstalt für Land- und Forstwirtschaft mit der Auflage zugelassen hat, sie als »bienengefährlich« zu kennzeichnen,
   b) andere zugelassene Pflanzenschutzmittel in einer höheren als der höchsten in der Gebrauchsanweisung vorgesehenen Konzentration;
2. blühende Pflanzen:
   Pflanzen, an denen sich geöffnete Blüten befinden, außer Hopfen und Kartoffeln.

§ 2

(1) Bienengefährliche Pflanzenschutzmittel dürfen nicht an blühenden Pflanzen angewandt werden.

(2) Bienengefährliche Pflanzenschutzmittel sind so anzuwenden, daß blühende Pflanzen nicht mitgetroffen werden.

(3) Innerhalb eines Umkreises von 60 Metern um Bienenstände dürfen bienengefährliche Pflanzenschutzmittel ohne Zustimmung der Imker nur außerhalb der Zeit des täglichen Bienenflugs angewandt werden.

(4) Bienengefährliche Pflanzenschutzmittel sind so zu handhaben und aufzubewahren, daß Bienen nicht mit ihnen in Berührung kommen können. Verschüttete Teile sowie Reste dieser Mittel und ihrer Brühen sind zu beseitigen oder unschädlich zu machen. Leere Behältnisse und Packungen sind zu beseitigen.

(5) Die Absätze 1 bis 4 gelten nicht für die Anwendung, Handhabung und Aufbewahrung bienengefährlicher Pflanzenschutzmittel in bienensicher umschlossenen Räumen.

(6) Ist ein bienengefährliches Pflanzenschutzmittel entsprechend den von der Biologischen Bundesanstalt für Land- und Forstwirtschaft erteilten Auflagen mit der Angabe versehen »bienengefährlich, ausgenommen bei Anwendung nach dem täglichen Bienenflug bis 23 Uhr«, so gelten die Absätze 1 und 2 nicht für die Anwendung dieses Pflanzenschutzmittels während der angegebenen Tageszeit.

§ 3

Wer bienengefährliche Pflanzenschutzmittel an Bäumen im Wald anwenden will, hat dies spätestens 48 Stunden vorher der zuständigen Behörde oder Stelle zu melden. § 2 bleibt unberührt.

§ 4

Die zuständige Behörde kann Ausnahmen zulassen

1. von § 2 Abs. 1 für Forschungs-, Untersuchungs- und Versuchszwecke,
2. von § 2 Abs. 1 bis 3, soweit es zur Verhütung schwerer Schäden oder Verluste an Pflanzen durch Schadorganismen erforderlich ist.

Sie kann die Ausnahmegenehmigung mit den erforderlichen Auflagen verbinden, um sicherzustellen, daß die Imker, deren Bienenstände sich im Umkreis von 2 Kilometern befinden, spätestens 48 Stunden vor Beginn der Anwendung des Pflanzenschutzmittels unterrichtet werden.

§ 5

Ordnungswidrig im Sinne des § 25 Abs. 1 Nr. 1 des Pflanzenschutzgesetzes handelt, wer vorsätzlich oder fahrlässig

1. bienengefährliche Pflanzenschutzmittel entgegen § 2 Abs. 1, 2 oder 3 anwendet oder entgegen § 2 Abs. 4 Satz 1 handhabt oder aufbewahrt,
2. entgegen § 2 Abs. 4 Satz 2 Teile oder Reste bienengefährlicher Pflanzenschutzmittel oder ihrer Brühen nicht beseitigt oder unschädlich macht oder entgegen § 2 Abs. 4 Satz 3 leere Behältnisse oder Packungen nicht beseitigt,
3. eine Meldung nach § 3 Satz 1 nicht oder nicht rechtzeitig erstattet,
4. einer vollziehbaren Auflage nach § 4 Satz 2 zuwiderhandelt.

§ 6

Diese Verordnung gilt nach § 14 des Dritten Überleitungsgesetzes vom 4. Januar 1952 (Bundesgesetzblatt I S. 1) in Verbindung mit § 29 des Pflanzenschutzgesetzes auch im Land Berlin.

§ 7

Diese Verordnung tritt am 1. Januar 1973 in Kraft. Gleichzeitig tritt die Verordnung über bienenschädliche Pflanzenschutzmittel vom 25. Mai 1950 (Bundesanzeiger Nr. 131 vom 12. Juli 1950) außer Kraft.

Bonn, den 19. Dezember 1972

Der Bundesminister für Ernährung, Landwirtschaft und Forsten

In Vertretung des Staatssekretärs
Wittig

Anmerkung: Zur Bienenschutzverordnung gibt es keine Ausführungshinweise. Die geplanten Änderungen für die überfällige Neufassung werden auf Seite 190ff. besprochen.

Übersicht über die Tafeln zu den Bienenkrankheiten

Fachbücher über Bienenkrankheiten und Pflanzenschutz

Bailey, L.: Honey-Bee Pathology. Academic Press, London usw. 1981

Bindernagel, J.: Bienenkrankheiten leicht erkennen und behandeln. Salix Verlag, Bremen 1982

Borchert, A.: Schädigungen der Bienenzucht durch Krankheiten, Vergiftungen und Schädlinge der Honigbiene. S. Hirzel Verlag, Leipzig 1974

Fritsch, W.; Bremer, R.: Bienengesundheitsdienst. VEB Gustav Fischer Verlag, Jena, 3. Aufl. i. Dr.

Fyg, W.: Anomalien und Krankheiten der Bienenkönigin. Symposium pathologie apicole de l'O.I.E., Bern 29.–30. Oktober 1962 Bulletin Apicole – Tome VI – Nr. 1, 1963

Gerlt-Seifert Liselotte: Krankheiten und Schädlinge der Biene. Lizenzausgabe im Verlag J. Naumann-Neudamm, Melsungen 1985

Giordani, Giulia; Vecchi, Maria Adelaide; Nardi, M.: Nozioni pratiche sulle malattie delle api. Federazione Apicoltori Italiani, Roma 1982

Hauck, Eva; Küthe, K. H.; Stute, K.; Wahl, O.: Giftschäden an Bienenvölkern. Ehrenwirth Verlag, München 1979

Hoffmann, G.; Nienhauf, F.; Schönbeck, F.; Weltzien, H. C.; Wilbert, H.: Lehrbuch der Phytomedizin, Verlag Paul Parey, Berlin und Hamburg, 2. Auflage 1985

Krieg, A. u. Franz J. M.: Lehrbuch der biologischen Schädlingsbekämpfung. Verlag Paul Parey, Berlin und Hamburg 1989

Morse, R. A.: Honey Bee Pests, Predators and Diseases. Cornell University Press, Ithaca and London 1978

Schwendner, J.: Handbuch Bienenrecht. Ehrenwirth Verlag, München 1989

Stehle, G.; Braun, S.: Gesetzliche Bekämpfung der Bienenseuchen. Verlag Paul Parey, Berlin und Hamburg 1981

Zander, E. u. Böttcher, F. K.: Krankheiten der Biene. Verlag Eugen Ulmer, Stuttgart 1984

Namen- und Sachregister

Fett gedruckte Seitenzahlen geben die Hauptfundstelle an; Seitenzahlen mit * weisen auf sachbezogene Abbildungen hin; Seitenzahlen mit T beziehen sich auf Fundstellen innerhalb der Tafeln.